FOCA **INVESTIGACIÓN**

11

Diseño de cubierta
**Sergio Ramírez**

© Pilar Cernuda, Fernando Jáuregui y Manuel Ángel Menéndez, 2001
© Foca, ediciones y distribuciones generales, S. L., 2001
Sector Foresta, 1
28760 Tres Cantos
Madrid - España
Tel.: 91 806 19 96
Fax: 91 804 40 28
ISBN: 84-95440-17-2
Depósito legal: M. 3.314-2001
Impreso en COFÁS
Móstoles (Madrid)

Pilar Cernuda
Fernando Jáuregui
Manuel Ángel Menéndez

# 23-F

# LA CONJURA DE LOS NECIOS

*En un libro como éste no resulta fácil de expresar pública y detalladamente nuestro agradecimiento a cuantos nos han ayudado. Hay fuentes que no desean ser citadas, ni sería conveniente, acaso, hacerlo. Pero sí debemos nombrar expresamente a algún colega, que, como Fernando Reinlein, protagonista de tantas cosas en los tiempos a los que se refiere este volumen, nos ha prestado su memoria y sus papeles. También es de justicia citar aquí a Joaquín Bardavío, que tanto sabe sobre el tema que nos ocupa y que tan cercano ha estado siempre a esta obra. Y, por fin, no podemos dejar de traer aquí a la periodista Mamen Fernández López-Monís, que realizó para nosotros una impresionante y eficaz labor de documentación.*

# Introducción

## Cuatro frases para la historia

Lérida, 22 de octubre de 1980. El almuerzo discurría, dadas las circunstancias, bastante distendido. Alguno de los contertulios dijo luego que el general Alfonso Armada Comyn, gobernador militar de la plaza, podía llegar a ser, pese a su talante algo taciturno, un hombre agradable. Casi cordial. Educado y amable en todo caso. Los tres socialistas que compartían mesa y mantel con el general que en aquellos días empezaba a estar en boca de todos coincidieron después en que Armada parecía un demócrata, un hombre preocupado por la actualidad. Uno de los raros jefes militares de la época en los que se podía, aparentemente, confiar.

O eso creyeron, al menos, Enrique Múgica, un histórico del antifranquismo, miembro de la comisión de Defensa del Congreso de los Diputados y de la ejecutiva federal del PSOE, en la que desempeñaba la importante secretaría de Relaciones Políticas. Y Antoni Siurana, el alcalde de la ciudad catalana, en cuyo domicilio se celebraba el almuerzo. Y Joan Raventós, otro «histórico» del socialismo, entonces secretario general del PSC-PSOE, y que más tarde, ya gobernando Felipe González, sería embajador en París y, luego, presidente de las Cortes catalanas. Los tres interlocutores de Armada habían sido enviados a sondear al general. Fue una decisión tomada por la dirección socialista en una tensa reunión en la que probablemente no midieron bien las consecuencias de ese encuentro; Armada malinterpretó lo que allí se habló, creyendo que aquellos tres dirigentes socialistas, al manifestarse molestos y críticos con la situación política, en cierto sentido podían respaldar una acción que provocara un cambio de gobierno.

La reunión con Armada, dijeron entonces los tres interlocutores del general, la había autorizado personalmente Felipe González. Un Felipe González a quien todos querían de perejil en su salsa respectiva y que, por aquellas fechas, se encontraba patentemente desconcertado en medio de un panorama político desolador.

Durante aquel año de 1980 la fórmula de la coalición era la salida preferida por Felipe González, como ha confirmado uno de los hombres que gozaron de su confianza y que al que después haría ministro de Educación, José María Maravall. El líder socialista pensaba en un gobierno con un amplio apoyo parlamentario y social para afrontar la crisis política, económica y social que se estaba viviendo y que, al mismo tiempo, diera a los socialistas experiencia política en la tarea de gobernar. En agosto de 1980 González dispuso de un informe reservado acerca de las ventajas e inconvenientes de tal fórmula «de concentración» o «de coalición», como les gustaba matizar; es decir, acerca de sus posibles consecuencias sobre la economía, la política autonómica, las conspiraciones antidemocráticas, sus efectos internos en el partido y hasta de sus repercusiones electorales. Ahí se fue fraguando el ambiente para la reunión de Lérida, que sería clave en toda esta historia.

Hay que recordar que, en septiembre de ese año, el golpe militar en Turquía había producido un considerable impacto, tanto en el PSOE como en el mundo político en general. El Comité Federal socialista se reunió los días 18 y 19 de octubre (un día antes de la reunión de Lérida) para analizar el vuelco que se estaba dando a la situación y la posibilidad de que se produjera un «efecto dominó» entre los militares españoles más próximos al golpismo. En esa reunión Felipe González planteó el golpe turco como una lección de la que extraer consecuencias para anticiparse a las involuciones, preguntando a los asistentes si acaso no se habían encendido ya en España lo que calificó como «las luces», es decir, las condiciones para la participación del PSOE en el Gobierno. De ahí provino el encargo hecho a Múgica y Raventós de sondear a Armada.

Pero hicieron algo más que sondear al general Armada, uno de los hombres que más cerca había estado del Rey, junto a Nicolás de Cotoner, Marqués de Mondéjar. Tras la intentona golpista,

Múgica, Raventós y Siurana, posiblemente inquietos por las interpretaciones que se estaban haciendo sobre la reunión de Lérida, trataron de convertirla en un almuerzo de rutina, uno de los muchos que mantenían en aquella época los dirigentes socialistas con personalidades de distintos sectores sociales. Sin embargo, lo cierto es que aquel 20 de octubre habían discutido ampliamente con el gobernador militar de Lérida acerca del tema del momento: la necesidad de dar al panorama político lo que Tarradellas llamaba un «golpe de timón» para remendar los descosidos de la gobernación de Adolfo Suárez. Muchas cosas iban mal, y los socialistas no tenían tanta prisa por hacerse con el poder, que la tenían, cuanto por pulsar el ambiente en la milicia ante los rumores de golpismo que circulaban a lo largo y ancho de la geografía nacional.

El propio Armada puso la gran cuestión sobre la mesa ante sus interlocutores: «No falta quien opine que lo mejor sería un gobierno de amplio espectro, presidido por un civil de prestigio», arriesgó Armada.

Fue Raventós, un hombre que, pese a su brillante y larga carrera, no pasará a la historia precisamente por su sagacidad política, quien soltó lo que luego sería una auténtica bomba de neutrones, por las consecuencias que habría de tener en el inmediato futuro.

Una frase para la Historia, hasta ahora no revelada en estos términos: «Y... ¿por qué no presidido por un militar, mi general?».

¿Cuántas expectativas, cuánto malentendido, iban a desencadenar estas palabras de Raventós? ¿Eran casuales? Alguno de los asistentes, como Enrique Múgica, asegura que sí, que nada había sido hablado previamente. Quién sabe. Raventós, un hombre importante en las filas del socialismo de entonces, era y es imprevisible e incontrolable. Pero, por otro lado, existen no pocos vestigios de que en poder de la Ejecutiva socialista, entonces operando en la calle Santa Engracia de Madrid, obraban diversos informes sobre algunas de las cosas que se estaban preparando.

Armada, la noche tensa del 23 de febrero de 1981, cuando el Secretario General de la Casa del Rey, Sabino Fernández Campo, trataba de hacerle entrar en razón, llegó a decir: «Cuento con el apoyo de los socialistas». Un comentario que, sin duda, tiene su base en aquel almuerzo leridano y, en concreto, en aquella frase imprudente de Raventós.

Muchos años más tarde, en 1996, el ex presidente Adolfo Suárez rompería parcialmente su silencio y afirmaría que estaba al tanto de las reuniones que diferentes líderes políticos mantenían para lograr un Gobierno de salvación nacional presidido por un militar:

- «¡Pero si estaba en la prensa!», diría Suárez.
- «¿Estaba al tanto de las reuniones de algún socialista con mandos militares?», le interrogan.
- «Sí, lo leías en la prensa. Preguntaba a los dirigentes de los partidos y, naturalmente, te decían que no había nada. Yo podía tener otra información, como presidente de Gobierno, de los servicios de información, que la tenía, y podía darle mayor o menor verosimilitud. Lo que no cabía, ni cabe, es que una fuerza política realmente democrática estuviera jugando a operaciones de esa índole. Eso no lo creí entonces, ni lo creo ahora», respondería Suárez.

Para entender el 23-F hay que tener en cuenta, como base de partida, que, al margen de sus innegables ambiciones personales, Armada siempre pensó que contaba con la benevolencia de la clase política en general, y de los socialistas en particular, para llevar adelante sus planes. Como estuvo seguro, hasta que comprobó lo contrario ya con el golpe en marcha, de contar con un apoyo tácito, pero apoyo al fin, del Rey.

Armada, que está en la génesis, en el desarrollo, en la gestión y en el fracaso de varios de los golpes simultáneos que confluyeron en el 23-F, cometió, en suma, algunos graves errores de análisis. Dejó que sus ansias de poder se antepusiesen a sus dudas, y quizá hasta llegó a convencerse de que él era el hombre designado por el dedo divino para resolver la situación que vivía España, una situación que, analizada en las salas de banderas, adquiría tintes aún más dramáticos. Quizá no todos los errores le fueran imputables al ultrarreligioso general Alfonso Armada, marqués de Santa Cruz de Rivadulla, representante típico de una aristocracia militar que tantos disgustos ha dado, a lo largo de la historia, a los españoles. Quizá hubo demasiadas posiciones ambiguas, demasiados temores a expresar claramente opiniones que deberían haberse manifestado de manera más tajante.

Porque la del 23-F es una historia poco clara y, por tanto, oscura. Una historia de sobreentendidos y malentendidos, de silencios y excesos verbales, de miopías políticas, de ambiciones sin fundamento y de arriesgadas operaciones de precisión, no muy comprendidas y peor contadas durante estos veinte años. El

23-F es el resultado de un cúmulo de circunstancias, un hecho al que lo mismo se podría calificar de casual como de causal, y, por tanto, susceptible de ser enfocado desde muy distintos ángulos y sometido a muy variadas interpretaciones, sean éstas interesadas o de buena fe.

Todavía veinte años después, el brazo armado visible de aquella intentona, el ex teniente coronel de la Guardia Civil Antonio Tejero Molina, a quien desde hace mucho tiempo ya no inundan de cartas de apoyo sus partidarios, dedicado, dicen, a la pintura y la oración, desengañado de todo y de casi todos, repite la misma frase que pronunció en el juicio que contra él y otros 32 procesados se siguió en las instalaciones del Servicio Geográfico del Ejército en Campamento, en 1982: «Quisiera que alguien me explicase, algún día, qué fue todo aquello del 23-F».

La frase está llena de significados. ¿Fue Tejero un tonto útil? ¿Alguien pensó en él, un militar rudo, con escasos estudios y aún menos luces, un auténtico espadón que parecía venido del siglo XIX, como posible vacuna contra las constantes tentaciones golpistas de los militares españoles de la época? ¿O fue simplemente Tejero el único militar «testicular», el único verdaderamente «Necio», que se ofreció a dar un paso que significaba nada menos que secuestrar a todos los diputados y al Gobierno salido de las urnas?

Las preguntas siguen siendo pertinentes. Porque, veinte años después, incluso muchos de quienes participaron activamente en el golpe, reconocen privadamente carecer de todas las claves. Y algunos de quienes, como Armada, tienen en sus manos muchos de los datos y algunas de las interpretaciones, no todas, guardan un pertinaz silencio. Un silencio que, dicho sea de paso, ha sido aprovechado por unos y por otros para llevar el agua a su molino. Una especie de mordaza ha sido colocada, por unos y por otros, sobre un episodio vergonzoso que nadie parece tener interés en recordar. Una mordaza que afecta a varios documentos de gran importancia y que, como narraremos a lo largo de este libro, han desaparecido misteriosamente (algún otro, hasta ahora inédito, sí lo ofrecemos a nuestros lectores).

Leopoldo Calvo Sotelo, el hombre que iba a ser investido presidente del Gobierno aquella jornada infausta, y que luego tuvo el coraje de llevar adelante, ya como presidente, el juicio contra los golpistas, dijo a los autores: «No hay nada nuevo sobre el 23-F, no hay secretos ni misterios desconocidos. Todo ha sido investigado ya».

Sin dudar por un solo momento de la sinceridad de las palabras de Calvo Sotelo, habría que preguntarse: ¿Todo? ¿De verdad no hubo interés en «olvidar» algunos aspectos del 23-F? Porque aún se recuerdan aquellas palabras del presidente del tribunal que juzgó a los golpistas: ¿Dónde parar? Porque los encausados podrían haber sido, quizá, cientos...

Solamente existe una razón para justificar tanto silencio, tanto desprecio por la historia, tanta incuria: las complicidades que, por acción u omisión, llevaron a la impresentable acción de Antonio Tejero y sus guardias civiles tenían muy amplias ramificaciones. Ramificaciones militares, institucionales, mediáticas, políticas y también civiles. Alguien que vivió de cerca los hechos comentó jocosamente a los autores:

> «Los únicos que no tenían ni idea de lo que se preparaba, los únicos que sabían perfectamente que tenían todo que perder con aquello, fueron los tres que permanecieron de pie cuando Tejero gritó "todos al suelo", es decir, Suárez, el general Gutiérrez Mellado y Santiago Carrillo».

La frase es, obviamente, exagerada y no pretende ser otra cosa que una *boutade*. Obviamente, ninguno de los diputados que se hallaban en el Congreso, comenzando por el líder de Fuerza Nueva, Blas Piñar, mudo de asombro en su escaño del grupo mixto cuando vio entrar a Tejero y sus guardias, tenía la menor idea de la intentona que se preparaba. No, al menos, con la impresentable estética con la que se estaba llevando a cabo.

No, el «golpe de timón» del que se hablaba en todos los cenáculos y mentideros y en el que sin duda creía Armada, aunque no Tejero y Milans, representantes del militar duro de ideología ultraderechista, era otra cosa. No un golpe de Estado en el sentido clásico, un golpe como el que los españoles habían estudiado que eran frecuentes a lo largo del siglo XIX. No un golpe a lo general Pavía. No un golpe como el de Primo de Rivera. No un golpe como el del general Franco contra la República. Era un «viraje de timón» presuntamente constitucional, como demostraba (más bien quería demostrar) algún documento que circulaba entre la clase política. Era otra cosa, y no lo que acabó saliendo: aquella teatralización increíble protagonizada por un grupo de guardias civiles mal uniformados, malencarados y maleducados. No era, desde luego, aquella burda puesta en escena que, probablemente y sin embargo, salvó las esencias de la democracia española. Porque ¿qué hubiera ocurrido si hubiese triunfado un «golpe de timón» más presentable, con el «Gobierno de salvación» que proponían Armada y quienes tácitamente le respaldaban? ¿Hubiera ello salvado la Constitución? ¿Hubiera evitado el fraccionamiento de la familia militar, que aquella noche del 23-F se reveló dividida, pero timorata ante la duda de si el Rey apoyaba el golpe? ¿Se hubiera, en último término, salvado la Corona?

La citada frase sobre los tres valientes que no quisieron humillarse aquella noche tremenda, Suárez, Gutiérrez Mellado y Carrillo, no es más que un buen titular. Pero esa frase no deja de reflejar, a la luz del análisis histórico, un cierto estado de cosas. Porque la simplicidad de la explicación del 23-F, en sus silencios, en las medias verdades contadas hasta ahora, en sus omisiones, evidencia algo que, por lo demás, es una constante: la Historia la escriben los vencedores. Y de aquella noche, que vacunó a España contra nuevas tentaciones involucionistas (aunque habría, como veremos, otras intentonas posteriores, alguna de ellas no conocida hasta ahora; ninguna de ellas pasaría, en todo caso, del papel a los hechos), salimos vencedores casi todos los españoles.

Quizá ahora, veinte años después de esos sucesos, haya llegado por fin el momento de aproximarse a la objetividad histórica. Porque los datos a introducir en el ordenador son muchos y variopintos. Y porque, afortunadamente, nada de todo aquello sería ahora no sólo posible, sino ni siquiera imaginable: piénsese, por ejemplo, en toda la controversia generada durante el juicio en Campamento acerca de quién telefoneó a quién, en qué momento y delante de quién. O en el corte de las líneas telefónicas del Congreso, o en la peligrosísima saturación de las líneas de La Zarzuela. O en los avatares que tuvieron que sufrir las cintas de televisión grabadas en el palacio donde habita el Rey, con el dramáticamente clave discurso del Monarca. Los posteriores avances en telefonía móvil (inexistente entonces salvo a niveles tan restringidos que no había ni uno solo en el Congreso), la irrupción de las televisiones privadas, los nuevos métodos de comunicación, hacen que todo aquel relato, al que se aferraron algunos de los acusados para hacer constar que no se enteraron hasta última hora de la condena de La Zarzuela al golpe, parezca una novela del medioevo, o casi. Quizá lo fue.

# 1

## Un país que era un caos, o casi

### ¿Por qué dimitió, de verdad, Adolfo Suárez?

Adolfo Suárez González, el primer presidente de Gobierno democrático tras la dictadura franquista, el hombre que, a trancas y barrancas, había pilotado hasta entonces la transición, presentó inesperadamente la dimisión en un mensaje televisado a la nación el 29 de enero de 1981, veinticinco días antes de la intentona golpista encarnada por Tejero. Iban a ser los días más tensos vividos, antes y después, por la entonces jovencísima democracia española.

Aquel 29 de enero comenzaban los interrogantes sin respuesta. ¿Por qué dimitió, de verdad, Adolfo Suárez? El periodista José Oneto, que, en marzo de 1981, publicó el libro *Los últimos días de un presidente*, reconocía en el prólogo:

> Durante semanas he intentado encontrar la espoleta de la bomba que estalla el 29 de enero con la dimisión ante el país y a través de la radio y la televisión. Pero la espoleta, a pesar de que continúan existiendo lagunas y hechos inexplicables, no la he encontrado.

Quedaban, dos meses después de la salida de Suárez de La Moncloa, muchas incógnitas. Veinte años después, esas incógnitas se mantienen.

¿Por qué dimitió, de verdad, Adolfo Suárez? ¿Porque le faltaba el apoyo de una buena parte de su partido? ¿Por el deterioro de la situación económica, que llevó a los banqueros a darle la espalda? ¿Por presiones militares? ¿Porque pensó que ya no contaba con la confianza del Rey con quien, era muy evidente, ya no compartía la complicidad de los primeros años de la transición? ¿Dimitió porque el Rey se lo pidió? ¿Por cansancio y porque tenía abandonada a su familia? ¿Porque supo de alguna operación en marcha que, con él en la Presidencia, podría haber tenido un resultado cruento? ¿Porque, como incluso se dijo (sin que nadie haya aportado pruebas al respecto, por cierto), algunos generales llegaron a ponerle una pistola encima de la mesa? ¿Por una combinación de todas o algunas de estas hipótesis?

El propio Adolfo Suárez no ha querido jamás explicar a fondo las circunstancias de su dimisión, pero sí advierte —y seguro que es cierto— que de haber sabido que se preparaba una intentona golpista, jamás habría dimitido. No en aquel momento.

Pese a que continuaría un tiempo en política a través del malogrado partido Centro Democrático y Social, formado en julio de 1982 a partir de una escisión de UCD, pese a haber mantenido un cierto protagonismo político posterior, pese a seguir desarrollando una cierta vida social, de la que sólo últimamente, debido a circunstancias familiares, se ha apartado notablemente, Suárez parece decidido a pasar a la historia llevándose algunas importantes incógnitas. La mayor, el porqué de su inesperada marcha, a cuatro días de la celebración del luego aplazado congreso de su partido, en medio de un clima de enorme inestabilidad política; una inestabilidad que en buena parte se debía a los militares, amenazantes cada vez que se daba un paso adelante.

En estos veinte años Suárez ha recibido tentadoras ofertas por sus memorias. Incluso presiones para que narrara qué sucedió realmente entre el sábado 24 de enero, cuando aseguran que tomó la decisión de dimitir y celebró las primeras consultas con su partido, y el jueves 29, cuando apareció ante las cámaras de TVE para, en un mensaje algo críptico, anunciar que se marchaba. En medio, una consulta, martes 27, con el Rey. Una consulta sobre la que, lógicamente, han circulado especulaciones de todo tipo. Ni Suárez ni el Rey han dicho una palabra al respecto en todo este tiempo. Aunque algo sí ha trascendido de cuanto pudo ocurrir en aquel encuentro y en otros anteriores.

El relato de una parte de lo que ocurrió aquel 27 de enero de 1981 ha de recomponerse en base a las escasas fuentes de las que disponemos, dado que ni el Rey ni Suárez han hablado jamás de lo que ocurrió entre ellos aquel día. Sí se sabe que, antes que el propio don Juan Carlos, fue el secretario de la Casa, Sabino Fernández Campo, quien primero conoció el deseo de Suárez de dimitir, un deseo que, no obstante, ya había transmitido horas antes a algunos «barones» de su partido, aunque no al sector crítico que encabezaba Landelino Lavilla.

El presidente, que todos los martes despachaba con el Rey y a continuación celebraban un almuerzo, llamó a Fernández Campo para confirmar el despacho y el almuerzo. Le dijo al entonces Secretario General de la Casa que iba a acudir media hora antes porque quería hablar con él, con el propio Sabino. Una vez en Zarzuela, le comentó a Fernández Campo: «Vengo a dimitir». Simplemente, sin más. El Secretario General, con el que tenía gran confianza, le preguntó si lo había pensado bien, si era definitivo, y el Presidente le explica que la oposición se mantiene en unas posiciones cada vez más duras, que la prensa le ataca sin piedad y que su partido, UCD, está plagado de traidores. Por si no fuera suficiente, las Fuerzas Armadas no le pueden ni ver y además tiene la sensación de que ya no cuenta con la confianza del Rey. Concluye diciéndole a Sabino: «Dimito antes de que me echen. A mí no me cesa nadie, ni me van a hacer lo que a Arias Navarro».

Carlos Arias Navarro, el último presidente franquista y el primero posfranquista, que no democrático, fue cesado en la práctica —en la teoría se trató de una dimisión— por el Rey al comprobar que, con Arias al frente del gobierno, la reforma democrática era imposible. ¿Veía ahora el Rey un nuevo peligro para la democracia, aunque por muy otras causas, con Suárez en La Moncloa?

Después de esa breve reunión con el Secretario General, Suárez subió al despacho del Rey, conversaron y, a la salida, se vio a un Suárez visiblemente molesto. Quizá había esperado más insistencia del Rey para que no presentara la dimisión. Pero don Juan Carlos escuchó sus razones, aceptó su decisión de dimitir y, eso sí, le anunció que le concedería un título nobiliario. Durante mucho tiempo sus relaciones fueron frías, aunque al cabo de los años el Rey demostró sentir un afecto muy especial por el que fue el primer presidente de la democracia. Situación muy parecida la vivió Suárez con su entonces adversario político, Felipe González, con el que años más tarde le uniría una sólida y sincera amistad después de mucho tiempo de tensiones, discrepancias y malos gestos.

A pesar de que, como hemos comentado, ni el Rey ni Suárez han hablado nunca sobre el contenido de la conversación que mantuvieron en Zarzuela, sí parece que analizaron, conjuntamente, el retrato robot del sucesor, y se citaron dos nombres: Calvo Sotelo y... Agustín Rodríguez Sahagún. El nombre del primero iba a ser el más votado en una reunión de urgencia celebrada en La Moncloa pocos días después, a petición de Adolfo Suárez, que deseaba que todo quedase atado y bien atado antes del congreso de Palma de Mallorca. Rodríguez Sahagún apenas tuvo dos votos. No era ni siquiera una sorpresa: Calvo Sotelo era el sucesor natural de Suárez. Jamás pudieron imaginar, uno y otro, en qué circunstancias tan dramáticas iba a producirse formalmente esa sucesión.

Finalmente, antes de las cinco de la tarde del jueves 29 de enero de 1981, Adolfo Suárez concluyó la grabación de su mensaje al país.

«Hoy tengo la responsabilidad de explicarles, desde la confianza y desde la legitimidad con las que me invistieron como presidente constitucional, las razones por las que presento irrevocablemente mi dimisión como presidente del Gobierno y mi decisión de dejar la presidencia de Unión de Centro Democrático...»,

dice un Adolfo Suárez algo más nervioso, de voz más alterada, de mirada más acuosa que habitualmente. Pero los técnicos, comenzando por el realizador José Marín, sólo creen necesario hacer una toma.

Suárez pronunciaría su discurso de despedida de un tirón. Salió perfecto. Amparo Illana, la mujer del presidente, y Marián, su hija mayor, estaban allí, escuchándolo todo. Como Calvo Sotelo, quien, al igual que el resto de los presentes en el salón de columnas del palacio de La Moncloa, se sorprende al escuchar algunos pasajes del discurso presidencial, incluyendo la célebre frase: «no quiero que por mi culpa el sistema democrático sea un paréntesis en la historia de España». Una frase dirigida... ¿a quién? ¿Por qué se incluyó a última hora, cuando quienes habían sido previamente consultados acerca del texto no habían podido conocerla? ¿Qué quiso decir Adolfo Suárez con tan enigmática alusión? Probablemente, nada. Quién sabe.

## La despedida de Abril

Quienes siguieron con minuciosidad de entomólogos la marcha errática de la UCD, aseguran que el principio del fin de Adolfo Suárez como presidente del Gobierno fue la dimisión de su hasta entonces amigo Fernando Abril Martorell, que se había distanciado progresivamente de Suárez sin que, como ocurre con tantas amistades y sociedades rotas, exista una sola razón que explique el deterioro de las relaciones.

Hasta comienzos de 1980 Suárez había conseguido capear el temporal, aunque el prestigio que había adquirido en los primeros tiempos de la transición parecía desvanecerse como la espuma durante los dos últimos años de gobierno.

El 1 de marzo de 1979 había revalidado la victoria electoral de UCD, obteniendo 168 escaños frente a sólo 121 del PSOE de Felipe González y fue entonces cuando formó un equipo de Gobierno sólido, con Manuel Gutiérrez Mellado en la vicepresidencia de Seguridad y Defensa. Se trataba de un militar combatido por sus compañeros, que hasta entonces había sido ministro de Defensa. La familia militar no soportaba de Suárez su respaldo al aperturismo, su apuesta decidida por la democracia y, lo que era más grave, pensaban que les había engañado en todo lo relacionado con la legalización del Partido Comunista.

Suárez, en gesto que pareció inexplicable en muchos cuarteles, designó a Agustín Rodríguez Sahagún ministro de Defensa, primer civil que lo ostentaba desde la IIª República. Fernando Abril era el otro pilar del elenco ministerial. Pero ya había comenzado a alejarse políticamente de su amigo el presidente.

En julio de 1980, aprovechando que el ministro de Transportes, José Luis Álvarez, que acababa de sustituir a Salvador Sánchez Terán, autorizó, sin que él lo supiese, el paso de cítricos marroquíes por la península, Abril dimitió como vicepresidente del Gobierno, forzando así una crisis que Suárez no podría resolver hasta septiembre. La dimisión, era muy obvio, no sólo se debía al problema de los cítricos, sino al hecho de que Abril ya no compartía al cien por cien el proyecto del presidente de gobierno y, hasta entonces, su mejor amigo. Fue Leopoldo Calvo Sotelo, que tanto tiene que ver con la historia de la transición, quien finalmente, y después de que varias personas rechazasen la oferta, se convirtió en el sustituto de Abril como «superministro» económico. Ninguno de los dos lo sabía entonces, por supuesto, pero no muchos meses después Calvo Sotelo estaba destinado a suceder también a Suárez, en circunstancias dramáticas, como presidente.

La crisis de Abril no había hecho sino agravar la situación caótica que se vivía en el interior del conglomerado de UCD, el partido gubernamental. El democristiano Landelino Lavilla ya había dado el paso de constituirse en alternativa a Suárez, encabezando el movimiento crítico; Miguel Herrero Rodríguez de Miñón agitaba el grupo parlamentario, cada día más levantisco; los socialdemócratas de Fernández Ordóñez, los liberales herederos de Joaquín Garrigues Walker, y los «azules» de Martín Villa, andaban cada uno en lo suyo, lanzándose andanadas a través de los medios de comunicación, desunidos, odiándose.

El liderazgo de Suárez estaba en entredicho, y ello se veía también muy claro desde la oposición. Incluso Luis Solana, diputado por Segovia y miembro entonces de la Ejecutiva socialista, se atrevió a lanzar un pronóstico, a la postre certero, en un artículo titulado «Adiós, señor Abril, adiós»: «Usted y yo, señor Abril, veremos desde distintos balcones la caída del señor Suárez bien pronto: los dos sabemos por qué» (*Diario 16*, 12.8.1980).

Aquel partido, oportunista en el mejor sentido de la palabra, que era UCD, creado rápida y artificialmente en 1977 para concurrir a las primeras elecciones democráticas, se desmoronaba a ojos vista. Era hasta cierto punto lógico: se trataba de un partido fundado en base a materiales y personas heterogéneos para salir de la dictadura y entrar en la democracia. En 1981, cuatro años después, aquella obra de ingeniería comenzaba a deshacerse como la arcilla y arrastraba catastróficamente a su líder.

Suárez salió de aquellas batallas profundamente dañado. Los críticos de su propio partido eran quienes más empeño ponían en que la imagen del presidente quedase tocada en los medios de comunicación: los columnistas se lanzaban ferozmente, cada día, a la yugular de un presidente que, hay que reconocerlo, merecía muchos de los ataques que recibía. Muchos, pero no todos. Algunos de aquellos escribanos eran, por cierto, los mismos columnistas que años después, durante la última etapa del Gobierno socialista de Felipe González, pedían nostálgicamente el «retorno del duque». Un político mucho más odiado por la ultraderecha —responsable de la disparatada «Operación Galaxia» y también de algunos asesinatos y de bastantes complots— que por la izquierda, donde sabían que, de todas maneras, el Gobierno de UCD caería como fruta madura, a mucho tardar, en las elecciones generales previstas para 1983.

Y luego, entre los temas que no se le debían achacar a Suárez, estaba la ofensiva terrorista: casi ciento veinte asesinatos de ETA sólo en 1980, año trágico. El balance arrojaba 58 civiles, 12 militares, 7 policías nacionales, 27 guardias civiles, dos inspectores de policía, dos guardias municipales, un vigilante privado... Sí podía criticarse al presidente del Gobierno por su actitud absentista: rechazaba ir a los funerales y a los entierros en el País Vasco. Y ello, pese a que algunos de los crímenes de la banda terrorista se cometieron en Euskadi contra militantes de la UCD, como Jaime Arrese o el profesor de Derecho Juan de Dios Doval. Veinte años después, un hijo de Doval ejerce el periodismo en una radio española, ha visto libre —desde hace trece años, al menos— al asesino de su padre y ha tenido que cubrir profesionalmente, tragándose el enorme sapo, algunos funerales de víctimas del terror y manifestaciones contra ETA.

Decía Suárez, para justificar su actitud, que, si acudía a un entierro, tendría que acudir a todos. Y eso no podía ser, dada la frecuencia con la que, lamentablemente, se producían los entierros de los asesinados por la banda.

Para acabar de empeorar las cosas, el lunes 26 de enero los controladores aéreos de Barcelona, Madrid y Palma de Mallorca decidieron iniciar una huelga salvaje. El congreso de UCD, que debía celebrarse en la capital balear, se tambaleaba también por ese lado. Al final, debió aplazarse unos días. Una decisión que fue adoptada por el comité ejecutivo del partido centrista en la tarde del martes, 27 de enero de 1981. Dos horas antes, Suárez había comunicado al Rey su deseo irrevocable de dimitir.

## EL CONTENCIOSO CON EL GENERAL ARMADA

No poco pesó en el ánimo de Suárez a la hora de dimitir, según ha confesado él mismo en privado, el hecho de que, a primeros de enero de 1981, el Rey impulsase la presencia de Alfonso Armada en Madrid, como segundo jefe de Estado Mayor del Ejército. Algo a lo que Suárez se había opuesto, aparentemente por contar con informes más o menos confidenciales, más o menos seguros, del equipo de militares «cabezas de huevo», procedentes de los servicios de inteligencia, que rodeaban al ministro de Defensa Rodríguez Sahagún, entre ellos el entonces comandante Aurelio Madrigal, posteriormente secretario general del CESID en el primer y segundo gobiernos de Aznar. Este equipo asesor de Sahagún había advertido en contra de algunos traslados y nombramientos, y a ese grupo se achacaba el alejamiento de Jaime Milans del Bosch a la Capitanía General de Valencia y el del jefe de la Acorazada Brunete, general Luis Torres Rojas, a La Coruña.

Sobre el general Alfonso Armada pesaban ya algunas sospechas de connivencias extremistas, o al menos algo así pensaba, quizá algo exageradamente, el presidente del Gobierno (en realidad, lo que estaba claro eran las simpatías del general por la Alianza Popular de Fraga, un partido por el que el propio hijo del general pensaba concurrir como candidato). Suárez estuvo detrás del abandono por Armada de la Secretaría General de la Casa del Rey, en octubre de 1977, por más que el general oficialmente alegase que se marchaba porque deseaba ir a mandar una unidad militar, ya que su vocación castrense se lo demandaba. Llevaba más de veinte años desempeñando tareas en la Casa de su Majestad.

Su salida de La Zarzuela se produjo tras haber mantenido una fuerte discusión con Adolfo Suárez a cuenta de la inminente introducción de una legislación sobre el divorcio, cuestión al parecer demasiado fuerte para las creencias religiosas de Armada. Así se lo expuso éste a Suárez mientras el presidente hacía antesala en La Zarzuela para entrevistarse con el Rey. De la discusión casual pasaron a la irritación, y a voz en grito estaban cuando el propio don Juan Carlos irrumpió en la estancia.

Aquel mismo día Suárez pidió al Monarca el cese de Armada, alegando que le parecía «peligroso» que alguien que ocupaba una posición tan elevada como la secretaría general de la Casa del Rey tratase de inmiscuirse en asuntos del Gobierno en los términos en los que lo había hecho el general. El Rey no tuvo otra opción que relevar a Armada. Fue la oportunidad para que –por cierto, a sugerencia del propio Armada, entre otros– el general Sabino Fernández Campo se convirtiera en el nuevo secretario general de la

Casa del Rey. Sin saberlo, Armada había colocado en el sitio clave al hombre clave. Al hombre que el 23-F dinamitaría sus ambiciones de dar un giro, en beneficio propio, a la Historia de España.

Ni que decir tiene que este episodio, cuya existencia nunca se admitió oficialmente, iba a ser decisivo para enemistar para siempre a dos personajes, por otra parte tan dispares, como Adolfo Suárez y Alfonso Armada. Y tendría también su influencia en el desarrollo de los hechos del 23 de febrero de 1981.

Armada trató de no romper definitivamente con La Zarzuela. Periódicamente, consta, telefoneaba al Rey para ofrecer su opinión en torno a determinados temas, siempre refiriéndose en tono catastrofista a la situación política, de la que invariablemente culpaba a la actuación del presidente del Gobierno. Así, no resulta extraño que en mayo de 1980, coincidiendo con la presentación de una moción de censura contra el Ejecutivo de UCD por parte del PSOE, el general enviara al Rey un memorándum muy especial.

Según el general, se trataba de un informe en el que un constitucionalista —al que Armada no identifica— explica cómo, sin violentar las leyes fundamentales, se podía formar un gobierno de coalición, colocando a su frente a un independiente. Un independiente que (claro, eso no lo decía el informe del constitucionalista) bien podría ser un militar.

Ninguno de los constitucionalistas consultados por los autores conoce el citado informe, y dudan que haya sido elaborado por un experto, pues, de ser así, con toda seguridad sabrían de su existencia. Lo que sí es cierto, y en ello coinciden, es que la mayoría de los miembros del Congreso puede elegir un presidente de gobierno sin necesidad de que se haya presentado previamente como candidato en unas elecciones generales. Lo único de lo que se tiene constancia es de que Armada le entregó un sobre a Sabino Fernández Campo pidiéndole que se lo diera al Rey, y fue Armada quien dijo a Sabino que se trataba de un informe elaborado por un experto. El secretario de la Casa no abrió el sobre y jamás el Rey le hizo ningún comentario sobre ese documento.

NO HA HABIDO PRESIONES MILITARES

¿Qué sabía Suárez para decidir tan súbitamente su dimisión? Él lo ha explicado, aunque insuficientemente y siempre en privado, con posterioridad: nada. Como el resto de los españoles, estaba al tanto de los sones del golpismo militar y del descontento civil. Pero jamás hubiese sospechado que todo acabase derivando en un vodevil como el del 23 de febrero de 1981, y su reacción aquella tarde dramática no hace sino confirmar las hipótesis de que todo aquello estaba siendo, para él, una trágica sorpresa.

Suárez es un depresivo, pero nunca un cobarde: jamás se hubiese dejado atemorizar por un grupo de generales, tuviesen o no una pistola sobre la mesa, quien se atrevió a permanecer gallardamente en pie en el hemiciclo del Congreso de los Diputados ante las metralletas. Simplemente, no era su estilo. Suárez tenía madera de héroe, de mártir, ya que no de estadista de los que se aferran al timón capeando temporales. Y algunas de las hipótesis que corrieron por la geografía española tras la dimisión de Suárez no son, definitivamente, sino una versión más de los locos rumores a los que tan aficionados son los ciudadanos españoles. Y, sobre todo, algunos políticos y periodistas.

Un país inmaduro desde el punto de vista democrático se inquietaba más por su presente que por su futuro. Adolfo Suárez, en sus horas más bajas, sintiéndose poco querido por su propio partido, por las instituciones, por los militares, por el Rey, encerrado en La Moncloa porque apenas se atrevía a salir de ella, ensayó la huida hacia adelante. Quería entrar en la historia y, para ello, el político intuitivo más que instruido sabía que debía salir previamente de La Moncloa. No parece haber más secretos que estos. Pero ocurre que los acontecimientos posteriores, es decir, el pasaje del 23-F, confirieron a su dimisión unos tintes de mayor misterio. Es la vieja manía española de explicar siempre la historia en base a la causalidad, sin dejar la menor oportunidad a la casualidad.

Definitivamente, no parece haber mucho más que capítulos de desamor (de su partido, de su Rey, de su pueblo) en el libro de la dimisión de Adolfo Suárez como presidente del Gobierno. Como señalaba Calvo Sotelo, no hay revelaciones sensacionales veinte años después: las cosas fueron como fueron, mientras no se demuestre lo contrario. Y, mientras no se demuestre lo contrario, o Suárez rompa inopinadamente su silencio pertinaz, la explicación última de aquella dimisión que tanto conmocionó a España se encuentra en las palabras que pronunció el presidente dimisionario ante el Consejo de Ministros, aquella misma tarde en la que grabó, y difundió, su despedida:

He perdido la credibilidad, he perdido a la prensa, he perdido a la opinión pública, he perdido a la calle y ahora he perdido a mi propio partido. Quiero que mi gesto sirva de algo. Quiero que mis hijos no me miren con el recelo de que realmente es verdad lo que dicen de mí los periódicos. No soy tan desalmado. No estoy aferrado al poder ni al cargo. Soy capaz de hacer un gesto noble que pueda devolver a este país su fe en las instituciones democráticas.

¿Quién no ha vivido alguna vez en sus carnes la necesidad de pronunciar palabras semejantes a estas? Por si quedasen algunas dudas, ahí van unas palabras de Suárez, pronunciadas pocas horas después de que se hubiese emitido su discurso, y escuchadas por, al menos, dos de los «barones» de UCD más señalados:

Estoy preocupado porque sé que ya se han producido llamadas insinuando que ha habido una presión militar. No ha habido presiones militares. Se trata de una decisión personal meditada y sin ninguna relación con la actuación de los poderes fácticos.

Uno de sus ministros en ese su último Gobierno, Alberto Oliart, que luego continuaría en el Gabinete de Calvo Sotelo, pero ya como titular de Defensa, tampoco cree que mediara ninguna presión fáctica:

Se va porque en UCD le hicieron la vida imposible. Es consciente de que las cosas van mal y tenía a todos en contra: no sólo los militares, sino el mundo económico, financiero, empresarial, industrial, incluso el diplomático... Los norteamericanos no le perdonaron los abrazos a Castro y Arafat.

¿Un misterio menos?

## 2

# LA ESPAÑA DEL GOLPE

### TRES CONJURAS, POR LO MENOS

La historia no ha hecho del todo justicia al tiempo que precedió al intento de golpe de Estado del 23 de febrero de 1981, el suceso más ignominioso de cuantos han jalonado la azarosa marcha de España hacia la plena democracia. ¿O deberíamos decir los distintos golpes, tres al menos, que confluyeron en un mismo día, en una misma intentona?

Al año 1981 se llegaba casi en estado político de coma: Suárez acababa de dimitir tras una etapa que –luego se analizaría de otro modo, gracias en parte a la gallarda actitud del ya ex presidente en aquella noche tremenda– se caracterizó por la falta de músculo político: el presidente estaba encerrado en La Moncloa, aquejado durante largas temporadas de insoportables dolores de cabeza, producidos por un problema en la boca. Pero, en realidad, acorralado por múltiples problemas a los que no acababa.de hallar solución, y sentado en la inestabilidad propiciada por la ciega rebelión en su propio partido, la UCD.

El terrorismo ejercía una actividad sin precedentes (1980 fue un año récord en crímenes). La ultraderecha estaba pujante como nunca, gracias, sobre todo, a sus aliados mediáticos, eternos conspiradores contra la democracia. El «Estado autonómico» entraba en un cierto desmadre; la Constitución, combatida por los extremismos, apenas iniciaba sus primeros y titubeantes pasos, la economía estaba lejos de hallarse consolidada. España era un país internacionalmente indefinido, internamente inseguro, deseoso de un cambio de verdad, como se vería en las elecciones de 1982. El cambio era, a ojos de los españoles, un partido, el PSOE, que, al menos, se presentaba unido tras la catarsis de Suresnes, en 1974. Un partido que nada tenía que ver con el pasado franquista, al que estaba atada y bien atada la Alianza Popular de Fraga, por ejemplo, ni estaba cuarteado y profundamente dividido como la gobernante Unión de Centro Democrático.

Las Fuerzas Armadas, por el contrario, se habían configurado como la gran espada de Damocles sobre la tierna democracia española. Aguijoneados por periódicos como *El Alcázar* o *El Imparcial* y revistas como *Fuerza Nueva*, los militares lo veían todo mal. Una catástrofe: el legado de Franco que se diluía; el Partido Comunista, legalizado pese a las promesas en contra; las comunidades autónomas, acelerando la ruptura de España; los usos sociales, degradándose; lo que llamaban la «partitocracia», ofreciendo un espectáculo tan lamentable como el de la UCD en los preparativos de su congreso de Palma de Mallorca...

Los historiadores militares del 23-F, alguno de ellos condenado por participar en la intentona, como el ex comandante Ricardo Pardo Zancada (que, en su libro *La pieza que falta*, publicado en 1998 y del que apenas se vendieron dos mil ejemplares, es quien más se acerca a la verdad en su relato «desde dentro» y es, por tanto, quien hace válidas las grandes mentiras), aseguran que fue este clima de deterioro el que propició el ambiente para un «golpe de timón». Un golpe auspiciado desde las Fuerzas Armadas y las Fuerzas de Seguridad. Olvidan estos interesados historiadores y cronistas, que tratan de acentuar complicidades institucionales en la intentona, que uno de los factores más importantes de inestabilidad era, precisamente, la actitud levantisca de señalados sectores castrenses en contra del poder civil constituido y votado en las urnas.

Un talante reaccionario, nostálgico de la dictadura, anclado en los rencores de la ya lejana Guerra Civil, antimonárquico —porque consideraban que don Juan Carlos de Borbón era un «perjuro al testamento del Generalísimo»— y refractario a cualquier cambio; un talante, en suma, que se concretaba en una permanente actitud de conspiración.

En el otoño de 1980 emanaba una cierta sensación de catástrofe y los militares no eran del todo ajenos a las aprensiones populares. Era un rumor extendido por todo el territorio nacional que existían numerosas operaciones en marcha para, según unos, enderezar las cosas que iban mal, que eran muchas; o, según otros, para fortalecer la democracia y las instituciones, o simplemente para obligar a España a retornar a los grandes valores de siempre. Es decir, ni siquiera había acuerdo acerca de las razones que justificarían un viraje en el rumbo de la nación. ¿Cómo, entonces, iba a haber consenso sobre los detalles que jalonaron la marcha que desembocó en la gran opereta de Tejero?

La preocupante situación de España y el riesgo de involución fueron recogidos en un documento del CESID en el que se analizaban las tentaciones golpistas de grupos que todavía no habían asumido las reglas de juego de la incipiente democracia. Un documento que hoy resulta enormemente revelador, porque data de noviembre de 1980, el mes de las grandes conspiraciones dentro del año conspirador por excelencia.

## Los golpes del CESID

El documento se titula «Panorámica de las operaciones en marcha», y comienza afirmando que las operaciones que más abajo se enumeraban «acaso no sean las únicas que existen; menos aún todas las posibles, pues nos tememos que estas últimas podrían ser casi infinitas dado el clima de anarquía y el desbarajuste socio político existentes». Así, el documento tomaba ya posiciones previas, que sin duda delataban las simpatías y antipatías de sus autores, aunque no cabe duda de las pretensiones de objetividad con las que fue redactado, pese a sus evidentes carencias.

La existencia de este documento desmiente la versión posterior de responsables del CESID, según los cuales, «la Casa» no tenía por qué haberse enterado de los preparativos del 23-F, dado que los servicios de inteligencia «no se ocupaban de esas cosas». Es posible y hasta probable que el CESID no se enterase de lo que se preparaba, o, al menos, de lo que preparaban Milans y Tejero en toda su crudeza. Pero, como se verá, no es cierto que los agentes del Centro Superior de Investigaciones para la Defensa estuviesen ajenos al clima de hervor existente en todo el territorio nacional. Tampoco hubiera sido lógico su apartamiento de tales cuestiones. Pero ello no quiere decir que los responsables del CESID de finales de 1980 y principios de 1981 gozaran de toda la confianza de la Presidencia del Gobierno, ni que sus informes fueran creídos al pie de la letra por el aún presidente Adolfo Suárez. Es más, parece que La Moncloa no recibía toda la información que le debía llegar sobre el ambiente conspiratorio militar, o, al menos, sobre lo relativo a la asonada del 23-F. Así lo ha confirmado el propio Suárez, que se caracteriza por mantener un hermético silencio sobre aspectos tan cruciales en la historia reciente de España como las causas reales de su dimisión, como hemos visto, o las circunstancias que rodearon el intento de golpe de Estado y las conexiones golpistas. Pero en una entrevista reveladora («Memoria de la Transición», 1996), aportó algunos datos que pueden ayudar a recomponer parte de este inmenso puzzle:

— Todos los días llegaban rumores de este tipo, y todos los días estábamos haciendo investigaciones. Las que había a nuestro alcance, claro, porque lo que supimos después nos hizo entender que no nos llegara ninguna información al respecto. Al parecer, algunos de los que podían informarnos estuvieron directa o indirectamente implicados en el golpe –afirma Suárez.
— ¿Se fiaba Suárez entonces del CESID? –le preguntan.
— Como fuente de información no me fiaba. Me fiaba de alguno de sus miembros.
— ¿Era una fuente intoxicadora? –se insistía en la pregunta.
— En algunos momentos podía ser intoxicadora; en otros, la información no se correspondía con la realidad y en otros era correcta.

En cualquier caso, el informe del CESID que comentamos dividía esas «operaciones» en marcha a finales de 1980 en tres grandes grupos: a) Operaciones civiles; b) Operaciones militares, y c) Operaciones de ámbito cívico-militar. También contaba con la ventaja de aportar una valoración de la viabilidad de cada una de ellas.

## EL ENTRAMADO DE UCD

Entre las «operaciones civiles» para recomponer la situación política analizadas por el CESID, la primera listada era «de ideología democristiana» y estaba protagonizada por Miguel Herrero Rodríguez de Miñón, uno de los padres de la Constitución y una de las cabezas de la disidencia frente a Suárez dentro de UCD. También se hallarían involucrados en esa operación de tinte democristiano «José Luis Álvarez, acaso Landelino Lavilla y otros». Algunos de los citados desmintieron haber mantenido cualquier contacto tendente a la formación de un gobierno de amplio espectro o al derrocamiento de Suárez por cualquier procedimiento irregular. El redactor del CESID concedía escasa viabilidad a esta operación, cuyo desarrollo no se detalla.

Veinte años después es obvio que si tenemos en cuenta que el informe del CESID está fechado en noviembre de 1980 y que la dimisión de Suárez se produjo el 29 de enero 1981, los agentes de la contrainvolución del servicio secreto español no afinaron excesivamente en su análisis: no hizo falta derrocar a Suárez, puesto que él mismo presentó la dimisión y dejó abierta la puerta, por tanto, a cualquier fórmula sucesoria.

En la ya citada entrevista Suárez admite que en su decisión de dimitir pesaron varias circunstancias, pero le concede un marcado peso a una determinada:

> Mi candidato para portavoz del grupo parlamentario de mi partido era Santiago Rodríguez Miranda; y yo, teniendo el compromiso de las distintas fuerzas políticas de UCD de que saldría él, me encontré con la sorpresa de que fue elegido Herrero de Miñón. Eso fue un varapalo absoluto, una prueba clara de que mi autoridad como presidente del partido había sufrido una grave erosión. Ni siquiera me fueron comunicados los acuerdos alcanzados por algunos dirigentes del partido la noche anterior. Herrero era y es una gran persona, pero entonces se tenía la sensación de que su elección significaba un rechazo a mi persona dentro de UCD.

Es decir, la «operación Herrero de Miñon» o del grupo democristiano de UCD y hasta de los representantes de este sector dentro de AP, si se quiere, sí funcionó a medias.

Volviendo al documento del CESID, otra operación civil, en esta ocasión de «ideología mixta», tendría como promotor principal a Rodolfo Martín Villa, jefe de los llamados «azules» de UCD, que presuntamente quería incorporar «en un futuro Gobierno de composición mixta» al PSOE y a la Alianza Popular de Manuel Fraga, que sería quien presidiese el gabinete en un primer momento. Luego, los martinvillistas contaban con que el veterano ministro de Información y Turismo de Franco se «quemaría» por la dureza de su política antiterrorista, lo que daría paso hacia la Presidencia, en víspera de unas elecciones que se celebrarían en 1983, al no menos veterano en lides políticas don Rodolfo, más templado que don Manuel.

## LAS OPERACIONES SOCIALISTAS

El informe del CESID analizaba igualmente otra operación supuestamente en marcha y «de ideología socialista», que estaría subdividida en dos tesis: la primera tenía por objeto presentar una moción de censura contra el Gobierno Suárez en enero o febrero de 1981, previo pacto con un grupo disidente de UCD y contando con una «abstención benevolente» del PCE de Santiago Carrillo.

La segunda variante de la operación alentada por el PSOE, según el CESID, tendría un «complemento militar», un remedo de la «operación De Gaulle», tan citada aquellos días en los mentideros madrileños. Consistiría en la presentación de una moción de censura con el mismo pacto con UCD y PCE, pero con la Presidencia del Gobierno «detentada por un general del Ejército de talante liberal, a ser posible progresista y con el visto bueno de la Corona (Gutiérrez Mellado, Sáenz de Santamaría, Díez Alegría, etc.)». Con esta medida, los socialistas, según el CESID, pensaban ofrecer un antídoto al temor golpista, «que les obsesiona».

El documento de los servicios secretos españoles otorgaba bastante viabilidad a esta segunda posibilidad, siempre y cuando se consiguiesen las bendiciones de la Corona, algo, sin embargo, improbable «por los nombres que se barajan». Sobre este aspecto tendremos ocasión de incidir en otra parte de este libro.

En definitiva, el «documento CESID» combina una información que pudiera tener visos de verosimilitud con algunos aspectos chapuceros, y obviamente confunde —una constante, por cierto, en el análisis político español durante el devenir de la transición y hasta bastante recientemente— conversaciones de café con operaciones conspiratorias en marcha.

Incluía este informe entre las operaciones civiles una de ideología liberal protagonizada nada menos que por Antonio Garrigues Walker, quien no era ni siquiera diputado y, por no tener, no tenía ni grupo parlamentario propio para ensayar cualquier aventura política. El mismo documento reconoce que la viabilidad de cualquier «operación Garrigues» es prácticamente nula, «pues nula es su realidad intencional u operativa, de momento, al menos». Pero, entonces, ¿por qué se incluyó junto a las otras? ¿Mero afán recopilador de los redactores del papel?

## LOS MILITARES LEVANTISCOS, SEGÚN EL CESID

Más interés tiene el análisis que hacían los servicios secretos en lo referente a las operaciones militares. Las dividía en tres: la «operación de los tenientes generales», la de «los coroneles» y la «operación espontáneos», de la que advertía, *a priori*, que «otros la denominan de una forma más chusca».

Reconocían los servicios de inteligencia que la operación de los tenientes generales «no ha tenido, hasta ahora, ninguna concreción», al margen de contactos frecuentes entre las cabezas de algunas Capitanías Generales, en los que las conversaciones no pasaban de «una revisión crítica de la situación». Se citaba a Manuel Fraga y a «un general en situación "B"» (¿el teniente general De Santiago?) como alma de esta operación, presentada como excesivamente lábil e inconcreta.

La operación «de los coroneles» estaba descrita de una manera cuando menos extraña. Sin dar un solo nombre, el informe los definía como «fríos, metódicos, racionales» y de una calidad humana y profesional «excelente». Para ser incapaz de ofrecer mayores precisiones, el documento se mostraba bastante informado:

Su meticulosidad –a contrapelo del típico carácter español– al parecer les lleva a veces a caer en ingenuidades, como tener permanentemente actualizada una lista de posibles ministros, directores generales, etcétera.

En cuanto a la «operación de los espontáneos», el CESID la conectaba con la «operación Galaxia», «que posiblemente fuese abortada en sus mismos inicios». La violencia de este golpe «sería total, no excluyéndose ejecuciones fulminantes si encontrasen resistencia o negativas a la dimisión (del presidente, ministros, dirigentes políticos, etc.)». Por lo que se refiere al Rey, «se llega a proponer por algunos incluso el subordinar la existencia o no de la Corona y la vida de su titular a la aceptación o no del hecho consumado». Luego, el peculiar redactor del informe llegaba a señalar: «Hay indicios de que intentan conectar esta operación con la de los coroneles. En caso de lograrlo, no hay duda de que se mezclarían raciocinio y audacia, lo cual sería una mezcla explosiva».

Quien escribió este informe estaba pensando, con bastante probabilidad, en un nombre, que, sin embargo, no se cita para nada en el documento: el del teniente coronel Antonio Tejero Molina, el protagonista de aquella locura que estuvo a punto de ser la «operación Galaxia», de tan escaso coste penal para sus inspiradores. De hecho, Tejero, libre como un gorrión no mucho después de haberse denunciado la intentona gestada en la cafetería de la zona madrileña de Moncloa, sin padecer vigilancia alguna, ni del CESID ni de nadie, no había dejado de conspirar contra el orden constituido ni un solo segundo.

## Un militar a la Presidencia

Finalmente, el informe de los servicios secretos hablaba de «operaciones de ámbito mixto cívico-militar», lo más interesante, probablemente, de todo el análisis. Esta operación, a la que el documento concedía, sin que se supiera muy bien por qué, un titular en plural, estaría promovida por

> un grupo mixto, compuesto por un lado de civiles sin militancia política pero con experiencia en tal campo y, por otro lado, por un grupo de generales en activo, de brillantes historiales y con capacidad de arrastre.

La operación, explicada con mayor meticulosidad que las otras analizadas, se plantearía forzando, en primer lugar, la dimisión de Suárez (no mediante la presentación de una moción de censura, se especificaba). Se haría necesaria «la discreta intervención de la Corona para rematar y asegurar la citada dimisión». «Se considera imprescindible (*sic*) los mayoritarios apoyos de UCD y PSOE —a niveles parlamentarios— para asegurar la mayoría precisa en el momento de la investidura» (de un nuevo presidente del Gobierno, que sería «un general con respaldo, pero no protagonismo público, del resto de la estructura militar»).

Este último punto, como se ve, parece un diseño anticipado de lo que sería la «operación Armada».

Más tarde, el informe advertía que «el Gobierno estaría formado al menos en su 50 por ciento por civiles y algún que otro militar [...]». Se configuraría como un «Gobierno de gestión» o de «salvación nacional» y se impondría (esto no lo dice así el informe) el recorte legal de una serie de libertades y avances sociales. Entre las prioridades, desde luego, estaba la de «erradicar legalmente y de hecho al comunismo», signifícase ello lo que signifícase.

Esta operación, para la que tampoco se citaban nombres, en contraste curioso con lo que ocurría con las intentonas civiles, llevaría gestándose cerca de un año, según el informe secreto. «Se ha profundizado en los contactos y compromisos y han mostrado su conformidad (en ocasiones muy sospechosa por lo vehemente) líderes de UCD y del PSOE». Esta operación se advierte también, «podría culminar para antes de la primavera de 1981 (salvo imponderables)».

LOS INFORMES RESERVADOS DE RODRÍGUEZ SAHAGÚN

Es evidente que en el otoño de 1980, a doce semanas escasas del golpe, había cosas que estaban muy claras, o demasiado oscuras, según se mire. El CESID, en todo caso, estaba ahí, informando a su manera, con cierto amateurismo y con no pocos silencios corporativistas, a las más altas autoridades del país. Nos consta que el informe que acabamos de resumir llegó a estar, entre otros despachos importantes, sobre la mesa del ministro de Defensa, Agustín Rodríguez Sahagún, lo que evidencia que el ministro nunca estuvo tan ignorante como se contó sobre los preparativos involucionistas de algunos de sus subordinados.

Se ha podido saber, igualmente, que algunos hombres del CESID, que trabajaron junto a Rodríguez Sahagún en su gabinete, le indujeron a realizar determinados nombramientos y algunos traslados que quizá impidieron o dificultaron el triunfo del golpe. El más llamativo fue el cese del general Torres Rojas al mando de la División Acorazada Brunete y su traslado al Gobierno Militar de La Coruña (enero de 1980). Y también fueron los informes presentados por oficiales como Ruiz de Conejo o Aurelio Madrigal, los que indujeron igualmente el rechazo de Suárez a los intentos del Rey de promocionar a Alfonso Armada a la segunda jefatura del Estado Mayor del Ejército. Suárez, entre otras cosas, veía a Armada como «excesivamente proclive» a la Alianza Popular de Manuel Fraga.

Rodríguez Sahagún, en resumen, sabía mucho más de lo que se dijo después del golpe. Pero, como el luego alcalde de Madrid narraría a algunas personas de su confianza, era incluso demasiada la información que le llegaba. Demasiada y demasiado confusa. Rodríguez Sahagún estaba en el centro de todas las tormentas y es posible que, a veces, la corteza de la madera de los fusiles no le dejase ver los árboles del bosque del golpismo. Porque, por ejemplo, ¿llegó en verdad a saber Rodríguez Sahagún, el íntimo amigo de Adolfo Suárez, su confidente, el más fiel de sus seguidores políticos, por qué dimitió, de verdad, el presidente del Gobierno? ¿Qué presiones se dieron para forzar esta dimisión, anunciada, por cierto, en una parte del informe del CESID que acabamos de resumir?

## UNA ESPAÑA EN CRISIS

«Mi general, lo que yo quisiera es que alguien me explicara lo del 23-F, porque yo no lo entiendo». La frase, pronunciada ante la Justicia militar por el ex teniente coronel Antonio Tejero, según consta en el folio 339 v. del acta, da idea del disparate que supuso el frustrado golpe de Estado que este mismo militar ejecutó en la tarde del 23 de febrero de 1981. «El 23-F será un misterio mientras el general Armada no hable y cuente el principio y los pormenores de la historia», señalaría más tarde Santiago Segura, abogado defensor del teniente de la Guardia Civil Vicente Carricondo, también condenado por la intentona golpista. Es evidente que el golpe no surgió de forma espontánea, sino que fue consecuencia directa de un conjunto de factores que, a lo largo de las siguientes páginas, intentaremos descifrar a la luz de nuevos datos tras veinte años de silencios.

Como hemos visto y veremos seguidamente, 1980 fue el año conspiratorio por excelencia. Las variadas tramas golpistas de la ultraderecha convergían en un mismo análisis sobre la realidad social española. Civiles y militares progolpistas recalcaban con demasiada vehemencia los atentados terroristas de ETA como elemento letal, distorsionador y separatista, pero obviaban la violencia de la extrema derecha, alentada por ese mismo entramado ultra que añoraba la vuelta al antiguo régimen. Eran los encargados de mantener en tensión los cuarteles con datos que, sin duda, eran graves, pero en absoluto achacables al sistema democrático.

Cierto es que, entre el 20 de noviembre de 1975 y el 23 de febrero de 1981, se produjeron 386 víctimas del terrorismo, con un recuento de 6 generales, 6 coroneles, 14 tenientes coroneles y comandantes, 3 oficiales, 10 suboficiales, 4 soldados, 79 guardias civiles, 42 policías nacionales, 20 funcionarios de policía, 15 policías municipales, 2 magistrados y 188 civiles asesinados. Algunas de las acciones que dieron lugar a ese macabro balance tuvieron una especial resonancia dentro y fuera de los cuarteles, como el atentado de la cafetería California 47, en Madrid (26.5.1979) con 8 muertos y 40 heridos; el del hotel Corona de Aragón, en Zaragoza (12.7.1979), con un siniestro saldo de 76 víctimas –aunque no se quiso reconocer en aquel momento que fuera un atentado, sino un «accidente fortuito», en una polémica versión de los hechos que muchos no creyeron–; el secuestro del diputado de UCD Javier Rupérez (11.11.1979); el atentado al también diputado centrista Gabriel Cisneros (3.7.1979), o los sucesos en la central de Lemóniz, con dos obreros muertos y el posterior secuestro, tortura y asesinato del ingeniero José María Ryan (6.2.1981), por citar sólo algunos casos.

Olvidaban los extremistas consignar, sin embargo, que la acción policial ofrecía también cifras significativas de actuación. Por ejemplo, durante el primer trimestre de 1980 se practicaron nada menos que 375 detenciones, de las cuales 176 correspondían a miembros de ETA; 43 a miembros del GRAPO; 60 de GAPEL, y 19 de extrema derecha. Curiosamente, estas cifras no aparecen en ninguno de los libros o documentos escritos por reconocidos progolpistas cuando han intentado justificar la necesidad de una intervención militar.

En cualquier caso, el balance que la extrema derecha esgrimía como justificación del golpe no incluía, naturalmente, la campaña desestabilizadora montada por tramas negras ultras a lo largo de todo este periodo: Guerrilleros de Cristo Rey y Frente de la Juventud (FJ), en Madrid; PENS, en Barcelona; ATE y Batallón Vasco Español, en Euskadi, y un largo etcétera de grupúsculos más o menos activos, sin olvidar la propia violencia policial (asesinato a golpes en la DGS del etarra Joseba Arregui, en febrero de 1981).

En la conciencia del ciudadano de la calle estaba, por ejemplo, la matanza de abogados laboralistas de la calle Atocha de Madrid (24.1.1977), con cinco muertos y cuatro heridos; el asesinato a golpes, en la cárcel de Carabanchel, del joven anarquista Agustín Rueda (13.3.1978); las andanzas trágicas de los bateadores del Retiro, también en Madrid, alguno de ellos hijo de un conocido general aún en activo, que asesinaron a palos al joven oscense José Luis Alcazo (14.9.1979); los sucesos en el bar San Bao y en la Facultad de Derecho, ambos en Madrid, y un largo etcétera de acciones de suma violencia.

## EL GRAN ENGAÑO: LA LEGALIZACIÓN DEL PCE

La inquietud por lo que los ultras consideraban desmembración de España a través del Estado de las Autonomías, la voracidad asesina de ETA y la débil respuesta del gobierno a la violencia callejera se venían a sumar a un asunto que los sectores más extremistas de la derecha, y un número considerable de militares, consideraban el elemento más reprobable del gobierno de Adolfo Suárez: la legalización del Partido Comunista el 9 de abril de 1977, sábado santo. Para ellos había sido un golpe tan duro que en 1981, cuatro años después, todavía pesaba como una losa esa legalización, que se consideraba no solamente una agresión contra aquellos que habían ganado la guerra, sino como un engaño, un gran engaño.

Desde el mismo día que se hizo cargo de la Presidencia del Gobierno, en julio de 1976, Adolfo Suárez quiso legalizar el PCE, de acuerdo con el Rey. Sin el PCE, pensaban ambos, no se podían celebrar unas elecciones plenamente democráticas. Pero había que actuar con cautela, con tacto, conscientes de que un sector muy amplio de españoles estaba educado en el odio al PCE y durante décadas había considerado a los comunistas como un factor seguro de desestabilización y de antiespañolismo.

De cara a esa operación política de alto alcance y de gran riesgo, Alfonso Osorio, vicepresidente segundo y ministro de la Presidencia del Gobierno de Suárez surgido en julio de 1976, pensaba que se hacía preciso organizar una reunión de altos jefes militares para explicarles que la legalización del PCE era inevitable, pero que se formalizaría en el momento oportuno y, por supuesto, con plenas garantías de que los comunistas aceptarían el juego democrático y con absoluto respeto al orden constitucional y al veredicto de las urnas. Precisamente, uno de los negociadores para que el Partido Comunista aceptara ciertas modificaciones en sus estatutos para que pudiera ser finalmente legalizado fue el propio Osorio, quien tenía como interlocutor al dirigente del PCE Jaime Ballesteros, con quien establecía condiciones a través del abogado y presidente de la agencia Europa Press José Mario Armero.

En ese sentido, en Castellana 3, sede de la Presidencia del Gobierno, el 3 de septiembre de 1976 se reunieron los mandos militares convocados por el presidente Suárez. Una treintena de tenientes generales y almirantes, entre los que se contaban el vicepresidente segundo del Gobierno y ministro sin cartera, De Santiago y Díaz de Mendívil; los tres ministros militares Félix Álvarez-Arenas Pacheco, del Ejército; Gabriel Pita da Veiga, de Marina, y Carlos Franco Iribarnegaray, del Aire, y los jefes de Estado Mayor de los tres ejércitos. Uno de los tenientes generales convocados era Manuel Gutiérrez Mellado. La reunión se prolongó cerca de tres horas, durante las cuales el presidente utilizó todas sus armas de seducción y convicción: les explicó que era necesaria la legalización del PCE, que no debían temer ningún conflicto, que respetarían los símbolos patrios y aseguró a los jefes de la milicia que en cualquier caso no se tomaría ninguna iniciativa sin que ellos la conocieran de antemano.

Los militares comprenden las razones del presidente y salen de la reunión muy satisfechos por la confianza que les ha demostrado al adelantarles sus planes y, sobre todo, por su promesa de que en ningún caso se legalizará el PCE sin avisarles previamente, para darles tiempo a preparar el ambiente en la familia castrense. A los pocos días, llegó a los responsables de los acuartelamientos una nota del ministro Álvarez-Arenas en la que les decía que no debían temer los rumores sobre la legalización del PCE, que de momento no era contemplada por el gobierno. El ministro negó posteriormente haber enviado esa nota, que era de origen interno, y explicó que su secretaria había cometido un error al mandarla fuera del Ministerio.

Ya en Semana Santa de 1977, el ministro de Información y Turismo, Andrés Reguera Guajardo, llamó a su subsecretario, Sabino Fernández Campo, para que interrumpiera sus vacaciones y acudiera a una reunión importante en la sede de Interior. Se trataba de una reunión a dos, con el ministro Martín Villa, que entregó a Sabino una nota para que la distribuyera a los medios de comunicación por los cauces habituales. Se trataba de un texto breve en el que se responsabilizaba a la Fiscalía de haber informado favorablemente respecto a los estatutos que había presentado el PCE para su legalización. Fernández Campo, un militar que ocupaba en ese momento un cargo civil, comentó al ministro que se trataba de una decisión política, no jurídica, y preguntó si habían sido informados los jefes militares, recordando que se les había prometido que tendrían comunicación previa. Martín Villa, visiblemente preocupado, se levantó y salió del despacho para regresar poco después afirmando que todo estaba ya arreglado y que al día siguiente se podía dar la información. Fernández Campo creyó entonces que los militares habían sido ya contactados o que iban a serlo de inmediato.

No había sido así, y el 9 de abril quedaba legalizado por sorpresa el PCE. Los ministros militares, al día siguiente, no ocultaron su decepción, su malestar y hasta su rabia. Dimitió el ministro de Marina, almirante Gabriel Pita da Veiga, y durante la reunión del Consejo Superior, tres días después, presentaría la dimisión el ministro del Ejército, Félix Álvarez-Arenas, a quien, no obstante, no le fue aceptada. La legalización del PCE cayó como un mazazo entre los militares y los sectores más ultras, más que por el hecho en sí, por sentirse engañados. De hecho, para sustituir a Pita, Suárez se lo tuvo que pedir directamente al almirante Pascual Pery Junquera, que se encontraba en la reserva, ya que «no existió ningún almirante en activo que aceptase el cargo», según explicó posteriormente el propio Pery, fallecido en 1989. No sería posible entender el 23-F sin conocer previamente toda esta sucesión de hechos.

Un alto cargo que había asistido a la reunión de Suárez y que había expresado a sus compañeros de armas su admiración por la forma en que habían sido tratados por el presidente, decía sentirse «despreciado y humillado por un jovenzuelo que rompe sus promesas. Primero, las que juró como secretario general del Movimiento; ahora, las que nos hizo a los militares». La tensión entre el Ejecutivo y las Fuerzas Armadas estuvo a punto de provocar una auténtica catástrofe. En la reunión del Consejo Superior del Ejército que se realizó tres días después de la legalización del Partido Comunista, todos los tenientes generales se manifestaron disconformes con tal medida y quisieron pedir al Rey la desautorización de Adolfo Suárez y de Gutiérrez Mellado, a quienes dirigieron ataques de gran dureza.

Las iras se centraron, más que en el propio Suárez, en el vicepresidente para Asuntos de Defensa, el teniente general Gutiérrez Mellado, que había sustituido el 22 de septiembre de 1976, pocos días después de la reunión de Castellana 3, al teniente general Fernando de Santiago y Díaz de Mendívil, de Caballería, quien había dimitido por la legalización de los sindicatos y quien nunca se creyó las promesas de Adolfo Suárez respecto, por ejemplo, al PCE.

Gutiérrez Mellado, el «Guti», como se le conocía cariñosamente, nunca había sido plato de buen gusto para un buen número de jefes que hicieron la guerra con Franco y que le menospreciaban porque durante la contienda había trabajado en el servicio de información y no en el frente de batalla, minusvalorando su delicada y peligrosa labor. Desde el mismo día que entró en el gobierno de Suárez contó con la animadversión de la mayoría de sus compañeros de armas, pero la legalización del PCE, sin aviso previo, lo convirtió en una especie de maldito al que nunca perdonaron.

En las primeras semanas de enero de 1981, a la lista de agravios que manejaban los golpistas para intentar justificar su actuación —asesinatos terroristas, abucheos al Rey en el parlamento de Guernica, supuesta división de la unidad de España, investigación del Gobierno a los policías implicados en las torturas y muerte del etarra Joseba Arregui, inestabilidad del Gobierno de Suárez— se sumó el engaño a los militares al legalizar el PCE, por sorpresa e incumpliendo la palabra dada.

## La ultraderecha se calienta

En el contexto de violencia y desestabilización ultra que se vivía a principios de 1980, un año crucial para la democracia española, había que apuntar un brutal asesinato a bocajarro que horrorizó a la ciudadanía de bien: el de la joven Yolanda González Martín, estudiante de electrónica y militante del PST (Partido Socialista de los Trabajadores, cuyos militantes acabarían integrándose, en su mayoría, en el ala más izquierda del PSOE) por los ultras Emilio Hellín e Ignacio Abad, pertenecientes ambos a Fuerza Nueva, y que motivó una intervención en el Parlamento, escasamente clarificadora, del entonces ministro del Interior, Antonio Ibáñez Freire. Poco después se conocía la sentencia por los asesinatos de los abogados laboralistas del PCE en la calle Atocha: 464 años para los autores de la matanza, algo que enervó a la extrema derecha nostálgica en un año en el que se encontraba más crecida que nunca.

Un informe confidencial de la Brigada de Interior de la Comisaría General de Información elaborado en esas fechas y que han podido consultar los autores, afirmaba ya entonces que el sector crítico de Fuerza Nueva, el partido dirigido por Blas Piñar, se afanaba en «propiciar, para mejor servicio a la Patria, una línea de acción al margen del cauce democrático parlamentario». Es decir, buscaban alentar:

> la formación de elites de mando y organizarse militarmente, aun cuando sea en la clandestinidad, para lograr «mover» al Ejército y junto al mismo dar el necesario golpe de Estado que se hace ya imprescindible si no se quiere la destrucción total de España.

El informe de la Brigada de Interior señalaba, sin embargo, que Piñar se mantenía a favor del cauce parlamentario, pero no así sus principales correligionarios, ni mucho menos sus «cachorros», que veían en la desestabilización habida en los últimos tiempos de la IIª República un ejemplo a imitar para forzar la intervención del Ejército. En definitiva, el Ministerio del Interior sabía perfectamente que la extrema derecha se estaba organizando con el objetivo confeso de desestabilizar.

A finales de marzo la Brigada Central de Información se anotó un importante tanto al interceptar a la ultraderecha una imponente partida de nada menos que cinco mil bolígrafos-pistola que iban a ser repartidos entre grupos juveniles violentos de Valladolid y Sevilla. Estos artilugios tenían ya historia, porque la primera partida —unos doscientos— había sido fabricada por un comandante de Ingenieros, Alejandro Molinero Cámara, a finales de septiembre de 1978. El comandante había sido arrestado, pero la técnica de los bolígrafos-pistola, por lo que se ve, había sido puesta en circulación. No es difícil imaginar qué hubiera ocurrido si esos bolígrafos hubieran llegado a sus destinatarios. Una vez más, los detenidos, Juan Amor Blázquez y Carlos Casado Yonte, pertenecían a Fuerza Nueva.

El ambiente, pues, estaba sumamente cargado en las filas de la derecha más montaraz. El 18 de abril se presentaba en Valencia un nuevo partido político, Derecha Democrática Española (DDE), presidido por Federico Silva Muñoz, vicepresidido por Jesús Barros de Lis y el abogado Luis Jáudenes y con el periodista de *El Alcázar*, Ismael Medina, como secretario regional de Andalucía. Los cuatro citados firmaban abundantes artículos «incendiarios» contra el sistema, fundamentalmente a través de las páginas de *El Alcázar*, nexo de unión entre todos ellos.

Por su parte, Falange Española consiguió reunir el 2 de mayo en Madrid, contra las autonomías y el sistema en general, a sesenta mil ultras. Se trataba en realidad de una especie de *tour de force*: las banderas, los himnos, los uniformes y la perfecta organización a lo militar convirtió la manifestación ultra por la «unidad nacional» en un desfile de gran espectacularidad. En la tribuna, como siempre, los principales dirigentes de la extrema derecha: Pilar Primo de Rivera, Blas Piñar y representantes de Falanges Juveniles de España, Centurias del SEU, Unión Nacional del Trabajo, ex combatientes, Fuerza Nueva, AJT, Fuerza Nacional del Trabajo...

En el ínterim Suárez había cambiado su Gobierno una vez más y había sustituido a Ibáñez Freire por Juan José Rosón al frente de Interior. Apenas llegado al cargo, Rosón se vio obligado a comparecer en el Parlamento para explicar la nueva escalada de terror ultra. La borrascosa comparecencia tuvo lugar el 8 de mayo y el recién estrenado ministro no tuvo más remedio que reconocer que, «efectivamente, en esta última quincena se observa un paulatino incremento de actos de violencia, violencia grave, cometidos por jóvenes de extrema derecha, cuyas edades oscilan entre los dieciséis y los veinte años» (*Diario de Sesiones del Congreso*, sesión plenaria núm. 88).

Y en el mes de agosto, arropado por Blas Piñar, el líder ultra francés Pascal Gauchon, de Forces Nouvelles, junto con el de la extrema derecha italiana, Giorgio Almirante, hizo «campaña electoral» en Alicante para adoctrinar a sus compatriotas que veraneaban en la costa levantina. Original idea que contaba «con el apoyo de un partido hermano español: Fuerza Nueva», según palabras del propio Gauchon (*Diario 16*, 6.8.1980). Pero lo peor vino después, cuando, tras el atentado de la extrema derecha en la estación de Bolonia (Italia), se supo que la Internacional Fascista había preparado en Barcelona una campaña de atentados terroristas en diversos países mediterráneos con el objetivo de desestabilizar (*Corriere della Sera*, 8.8.1980). Esas noticias se vieron confirmadas en noviembre, cuando la policía francesa descubrió que había una «conexión española» en el atentado con bombas contra una sinagoga en París, donde murieron cuatro personas y hubo decenas de heridos.

Haber, lo que se dice haber, trama civil golpista... la había. Al menos, en sustrato. Pero no se investigó a fondo.

## ¿LA «BATALLA DE ARGEL»... EN VITORIA?

En cualquier caso, esa situación, en su conjunto, originaba una inquietud general, tanto en la clase política y democrática como en la jerarquía militar y franquista y en las tramas negras de la ultraderecha civil. Y todo ello iba a dar paso a un sinfín de reuniones conspiratorias a lo largo de 1980: conspiraban financieros y empresarios, políticos, militares y hasta periodistas. La diferencia es que unos «conspiraban» con el objetivo final de salvar el sistema, aun cuando pudieran estar equivocados en las formas, y otros lo hacían simplemente para destruirlo.

Hoy, veinte años después de aquellos hechos, no cabe duda de que la práctica totalidad de la clase política democrática estaba movilizada en torno a un gobierno de «salvación nacional», o de «concentración», que de varias formas se le denominaba, para salir de la grave crisis social, política, económica e institucional en la que sin duda se había caído. Esto es lo que pensaba, por ejemplo, el más que conservador Juan de Arespacochaga, antiguo alcalde de Madrid, ya fallecido, gran especulador inmobiliario de la época y uno de los hombres de confianza de Manuel Fraga dentro de la Federación de Partidos de Alianza Popular:

Las circunstancias nos iban acercando, por momentos, a la necesidad de un Gobierno de Salvación, con los partidos más importantes representados en él, porque históricamente resulta ser ésta la forma más idónea, en tiempos de dificultades graves, para modificar una política e incluso una Constitución, pero sin poner en riesgo todo el sistema («Carta a unos capitanes», Madrid, 1994).

Jorge Verstrynge, secretario general de AP en aquellos momentos y, por tanto, en la pomada de muchos de los secretos de esa fuerza política, mantuvo una increíble conversación con Antonio Cortina Prieto, hermano de José Luis, que era (José Luis) jefe de la Agrupación Operativa de Medios Especiales del CESID cuando el 23-F y que, aunque inicialmente implicado, fue absuelto en esa causa, como veremos.

La conversación está reflejada en su libro *Memorias de un maldito* (Grijalbo, Barcelona, 1999), pero también la ha ampliado verbalmente a los autores. Afirma Verstrynge:

«El propio Antonio Cortina –el de Godsa (Gabinete de Orientación Democrática)– me citó, bastante antes del 23-F, para sondearme respecto a una intervención militar. Fue en un edificio del final de la calle Juan Bravo y me llevé como testigo, por si las moscas, a Javier Carabias. El diálogo, más o menos fue éste:

– ¿Podría AP colocar 30.000 personas en Burgos? Luego te explico para qué. En todo caso nosotros pondríamos los autobuses, la comida, el alojamiento.
– AP tiene ahora unos 20.000 afiliados... pero sí, se podría alcanzar esa cifra.
– Se concentrarían en Burgos y, de allí, la columna iría a pie hacia el País Vasco. Fraga se pondría al frente.
– Pero habrá enfrentamientos.
– Claro, conforme nos acerquemos a Vitoria. Cuando la columna quede bloqueada por los contramanifestantes, un helicóptero del Ejército embarcará a Fraga para Madrid. Y, en Madrid, Fraga quedaría encargado de formar gobierno.
– Bien, debo consultar con Fraga.
– Claro, claro; coméntale esta conversación.
Carabias y yo salimos lívidos de aquel inmueble. Tras contárselo a Fraga, éste me preguntó cuál era mi opinión:
– Pues que estos locos intentan reproducir el golpe en la Rue d'Isly, durante la batalla de Argel.
– Bien –me dijo Fraga–, suspenda usted inmediatamente el contacto. Yo seré el único en contactar con el señor Cortina.

Nunca sabré, me imagino, hasta dónde llegaron los contactos una vez fui apartado de las «transacciones». Lo cierto es que no estoy seguro de quererlo saber, y si los contactos siguieron, suerte tuve de no ser considerado "de confianza"».

La cita es larga, pero merecía la pena, porque sobre los hermanos José Luis y Antonio Cortina tendremos ocasión de hablar más adelante.

## LAS TENTATIVAS DE LA DEMOCRACIA CRISTIANA

Más allá de ese tipo de operaciones radicales, la idea de un Gobierno de concentración apuntada por Arespacochaga se hallaba muy extendida a lo largo de 1980. La democracia cristiana, representada por Alfonso Osorio (dentro de AP), Miguel Herrero y Rodríguez de Miñón, Oscar Alzaga o Landelino Lavilla (en UCD), apostaba por esa misma fórmula. A esa fórmula, puesta en práctica en plan (decía la prensa de la época) «termita», horadando el edificio de la UCD suarista, no fue ajeno Manuel Fraga, animados todos, a su vez, por la gran patronal, la CEOE, entonces presente en todos los guisos; el día en el que José María Cuevas, el inteligente y eterno presidente de la Confederación Empresarial, escriba sus memorias, van a temblar muchos templos hasta ahora inamovibles. Pero, claro, será muy difícil, estiman todas las fuentes, que Cuevas escriba sus memorias...

El propio Osorio ha confirmado a los autores de este libro que, a lo largo de 1980, mantuvo una frenética actividad de contactos con dirigentes de la práctica totalidad de las fuerzas parlamentarias. Una de las entrevistas mantenidas por el que fuera vicepresidente en el primer Gobierno de Suárez se celebró a principios del verano de 1980 en el restaurante Tattaglia, en el Paseo de la Habana, en Madrid, a invitación del abogado Antonio García López. Eran los comensales el propio García López, un hombre con una conspicua y extraña trayectoria dentro del propio socialismo durante la clandestinidad, Osorio y los dirigentes socialistas Pablo Castellano y Luis Gómez Llorente, inscritos ya entonces en la corriente crítica del PSOE. «En esa comida se abordó la vieja teoría de la izquierda socialista de, ante la grave crisis por la que atravesaba el país, conseguir un gobierno de concentración o, lo que es lo mismo, el "golpe de timón" que había pedido Josep Tarradellas».

En conversación con los autores de este libro, Osorio confirmó que:

convinimos en que ese Gobierno debía tener un amplio respaldo parlamentario; es decir, debía implicar a todos los partidos políticos con representación parlamentaria y, una vez conseguido el consenso, se le debía de exponer al Rey, del que sabíamos que lo iba a aceptar.

Dos días después, Osorio mantuvo una segunda entrevista en el mismo sentido, pero esta vez con el «oficialista» Javier Solana. Todo ello fue confirmado por Pablo Castellano.

A Osorio le unía una gran amistad con el general Alfonso Armada. Incluso había firmado como testigo en la boda de su hija, casada a principios de julio de 1977. Pero niega que en el transcurso de las reuniones –y de otras muchas que mantuvo a lo largo de ese año– hablara de la llamada «solución Armada». Al frente del gobierno se colocaría a un «independiente», pero en ningún caso, según Osorio, a un militar, y mucho menos a Armada. «En esa comida salió ese nombre, pero también se recordó el "error Berenguer", en el sentido de que no se volviera a caer en lo mismo, ya que con la llamada "dictablanda" de Berenguer, lo único que se consiguió fue llegar a la II² República. Se dijo que Armada había estado demasiado cerca del Rey y, por lo tanto, no debía ser el presidente que sustituyera a Suárez. En ese momento había dos nombres en el candelero: José María de Areilza, en primer lugar, y el mío propio. Estaban en los periódicos».

## LA ALTERNATIVA NO ACEPTADA

Osorio fue uno de los testigos principales de ese galimatías político que se extendió a lo largo de 1980. De hecho, sobre esos pormenores conversó con Josep Tarradellas, quien el 19 de noviembre presentó en Barcelona su libro *Trayectoria política de un ministro de la Corona*. El honorable ex presidente le explicó punto por punto en qué consistía su famoso «golpe de timón» («un gobierno de concentración presidido por una personalidad independiente que intentase resolver el problema del terrorismo y afrontase el mapa autonómico tal y como lo querían catalanes y vascos: con el hecho diferencial», recuerda Osorio). Pero antes y después, el ex vicepresidente del Gobierno había tratado el mismo tema con su Grupo Parlamentario, especialmente con José María de Areilza y Manuel Fraga, y con dirigentes de diversas corrientes de UCD, como Álvarez de Miranda, Oscar Alzaga, Iñigo Cavero, Herrero de Miñón, por parte democristiana, y hasta con los liberales que habían estado agrupados en torno a Joaquín Garrigues Walker hasta su fallecimiento (julio de 1980).

«Todos aceptaban ese "golpe de timón" y eso hubiera sido perfectamente factible si al Rey le hubiera parecido bien», dijo Osorio a los autores. Pero al Rey no le pareció bien.

¿No le pareció bien al Rey? Osorio ha confiado un dato muy revelador al respecto, pero también ha abierto una nueva incógnita:

> Cuando Adolfo Suárez dimite, el Rey celebra dos rondas de contactos. Al salir de la primera, todos los líderes políticos, menos Suárez, dicen que la cosa no está madura y que el Rey celebrará un segundo periodo de consultas. ¿Por qué? Bueno, Fraga nos dijo que porque el Rey les había pedido que hicieran una declaración en ese sentido. ¿Verdad o mentira? Habría que preguntárselo a Fraga, pero eso es lo que nos dijo en el Grupo Parlamentario.

Finalmente, el Monarca se decantó, como es notorio, por Leopoldo Calvo Sotelo, que era el candidato de Suárez para su propia sucesión. Pero, ¿le habían propuesto otra opción, al margen del nombre alternativo, y sin posibilidades, de Rodríguez Sahagún? Es decir, ¿le habían planteado durante las consultas de rigor la posibilidad de formar un Gobierno de concentración? En caso afirmativo, ¿por qué el Rey rechazó esa solución y se decantó por un gobierno monocolor presidido por Calvo Sotelo? Así lo cuenta Osorio veinte años después:

> Yo creo que el Rey tenía sus dudas sobre si proponía un presidente llevado por Suárez (Calvo Sotelo) o un presidente de consenso en el que estuviesen todos de acuerdo. Al final, por las razones que fuesen, se decidió por Calvo Sotelo. A éste le proponía Suárez y los demás grupos no lo aceptaban. Por eso, en la sesión de investidura no le votó nadie más que la UCD y Senillosa, Areilza y yo.

Osorio también añadió algo que no había dicho hasta ahora, un dato muy significativo si se tiene en cuenta quién es la fuente: «Yo creo que el Rey nombra a Armada segundo JEME para tranquilizarlo... ¿De qué? Eso habría que preguntárselo a Alfonso, pero no os lo va a decir». Volveremos sobre este tema un poco más adelante.

## SOLUCIONES SOCIALISTAS

Siguiendo con el hilo narrativo, no son sólo los democristianos los que «conspiran» para salvar el sistema que, creían, estaba amenazado. Era un análisis ampliamente compartido. «Si no se toman medidas y se hace algo positivo, el golpe será inevitable», había dicho Manuel Fraga a mediados de 1980, aunque meses después, el 13 de noviembre, el líder aliancista cambiaría de opinión: «Nadie plantea el golpe de Estado», dijo, añadiendo su ya famosa coletilla: «Y no tengo nada más que decir».

Los dirigentes del PSOE también estaban preocupados y trabajando por una salida institucional que salvara el sistema de un más que posible cuartelazo. En este contexto se inscribe la reunión del 18 de octubre del Comité Federal, en el que se informa de la solución de un gobierno de salvación nacional. Y en ese mismo contexto se celebra el tan traído y llevado almuerzo, el día 22, tan sólo cuatro días después de la reunión del Federal, máximo órgano socialista entre congresos, entre Alfonso Armada, Enrique Múgica y Joan Raventós en el domicilio del alcalde de Lérida, el socialista Antonio Siurana. Reunión de la que ya hemos informado en otra parte de este libro y en la que una indiscreción de Raventós, entonces diputado por Barcelona y secretario general de los socialistas catalanes, estuvo a punto de costarle un serio disgusto al PSOE tras el 23-F.

A este respecto, ocho días después de que Tejero y sus guardias civiles tomaran las Cortes, Múgica publicó un artículo periodístico en el que, señalaba que no hubiera sido posible un intento de golpe con un gobierno fuerte:

> Si el lunes 23 de febrero en lugar de unos diputados votando con inconsciente complacencia, fatalismo y oposición, según los casos, hubiera existido un Gobierno con amplios respaldos populares y parlamentarios, no hubiera irrumpido en el hemiciclo un teniente coronel iluminado, sujetando a su voluntad mediante la fascinación o el engaño a un tropel de metralletas despiadadas, de gritos obscenos, de talantes achulapados o domesticados» (*Diario 16*, 3.3.1981).

No es posible pensar, por tanto, que el posicionamiento socialista anteriormente descrito fuera producto de la espontaneidad: se había ido conformando a lo largo de todo el año, pero se hizo particularmente patente desde el momento en que los propios «barones» de la UCD abrieron la veda contra Suárez a partir de la reunión de la «casa de la pradera», auspiciada, como ya se ha dicho, por Joaquín Garrigues Walker.

La caída de Suárez estaba en el ambiente mucho antes de su dimisión. «Suárez es humano... Es decir, se acabaron los budas irrompibles, los santones perpetuos», había editorializado en junio de 1980 un rotativo madrileño, cinco meses antes de que se fuera Suárez. Y así lo veía también el propio secretario general del PSOE, Felipe González, quien, en una de las cenas políticas organizadas por Julián Cortés Cabanillas, afirmó dos meses antes de la dimisión:

Es anticonstitucional que el Rey acabe con Suárez o conmigo. Pero aun así, la vida política de Suárez depende más del Rey que la vida de Felipe González. Es probable, sólo probable, que el Rey le diga a Suárez que se vaya, pero ese no sería mi consejo» (*Diario 16*, 8.11.1980).

Pero no eran sólo los democristianos ni los socialistas los que andaban en reuniones de «conspiración política» para salvar el sistema: también el propio Partido Comunista había tenido sus escarceos en tal sentido. Uno de los golpistas condenados por el 23-F, Pardo Zancada, recoge en su libro *La pieza que falta* una cita de Pilar Urbano en su columna «Hilo directo» que mantenía en el diario *Abc* («Todos estamos conspirando», 3.12.1980). Urbano escribía sobre unas «lentejas de Mona Jiménez» (una especie de tertulia política que se organizaba en casa de la relaciones públicas peruana) a las que había sido invitada y en la que, hablando con el ya citado abogado Antonio García López (el promotor de la comida entre Osorio, Pablo Castellano y Gómez Llorente), dice que se le escapó la siguiente frase: «Este gobierno de gestión, con Osorio o con un militar a la cabeza, va a votarse en el Parlamento ¡con votos de todos los partidos! Al Partido Comunista también se le ha consultado». Claro que García López, una de esas figuras que saltaban de flor en flor durante la inestable transición, siempre pasó por ser algo «chisgarabís», en definición de un importante político de la época.

Sin embargo, respecto de este tema el abogado José María Mohedano, entonces en la dirección del PCE, declararía: «Yo sé que ha habido una comunicación con los comunistas... sin compromiso». Lo cierto es que hasta Ramón Tamames, también entonces en la dirección del PCE, se pronunció dos veces por la entrada de algún general en el Gobierno, y por dos veces seguidas Santiago Carrillo lo desautorizó públicamente: «Hay que ver las cosas que tiene Ramón...».

Santiago Carrillo, el viejo saurio que dirigía contra viento y marea a los comunistas españoles en una alianza táctica de hecho con Suárez, abordado por los periodistas despachaba con esas palabras su irritación ante algunas de las «cosas de Ramón». Veinte años después, un muy lúcido Carrillo, cuya vitalidad desmiente la fecha de nacimiento que se escribe en su carné de identidad, dijo a los autores estar convencido de que «a Tamames le contactaron para formar parte de ese gobierno de concentración, aunque nunca se lo dijo a la dirección del partido; de Solé Tura no estaría yo tan seguro de que fuese contactado».

Ramón Tamames, el economista oficial del PCE, que luego, con los años, experimentaría una muy notable variación en su pensamiento y en sus intereses, fue siempre, no obstante, el *enfant terrible* del Partido. Todo se lo consentían, incluyendo hablar públicamente de «eso» de lo que todos hablaban en voz baja, pero casi nadie en voz alta. O sea, la rumoreada solución al caos político, consistente en formar un Gobierno de salvación nacional, de amplio espectro, tal vez encabezado, como decía Raventós, por un militar. Pero incluyendo a políticos de la derecha, del centro y de la izquierda, sin excluir a algunas figuras «homologables» del PCE, como el propio Tamames o Jordi Solé Tura; porque el PCE, cuya legalización fue, dijeron, la gota que colmó la paciencia de unos militares a quienes se había asegurado que tal paso jamás se daría, era ya, incluso para los más reaccionarios, un partido con el que había que contar.

Tamames no había hecho otra cosa que hablar en voz alta, sin condenarla explícitamente, de una salida política de la que muchos, más o menos enterados e informados, hablaban ya en voz baja: un Gobierno con militares, o de militares, o auspiciado desde los cuarteles.

A nadie debe sorprenderle este dato si se tiene en cuenta que el propio secretario general del PCE venía reclamando desde principios de año que el PSOE entrara en un Gobierno de coalición con UCD: «La presencia del PSOE en un posible Gobierno tendría el apoyo comunista tanto en el Parlamento como en la calle», había dicho Carrillo el 28 de febrero en una intervención en el Club Siglo XXI de Madrid. Y remacharía poco después: «Nosotros podríamos considerarnos representados por el PSOE en un Gobierno de coalición» (*Cambio 16*, 12.4.1980).

## INQUIETUD EN LOS CUARTELES

La «rumorología» aseguraba que muchos dirigentes políticos, en sus análisis para superar la crisis que evidentemente se vivía, se expresaban con naturalidad sobre la posibilidad de un gobierno de coalición o concentración, en el que podría incluirse a algún militar. Y, aseguraba también la «rumorología», muchos de aquellos políticos, que luego figurarían en una presunta «lista de gobierno» que habría sido mostrada por Armada a Tejero en la noche fatídica, habían sido contactados... ¿Por quién? ¿Por el propio Armada, que se sugería portavoz real? ¿Por otros militares? ¿Por políticos que tuvieron una indudable influencia en la transición, como Alfonso Osorio? Ahí, la «rumorología» no se ponía de acuerdo, y sigue sin ponerse veinte años después. Pero contactos, los hubo. En varias direcciones.

A finales de 1980 las cosas ya habían cambiado considerablemente. Se había producido el golpe de Estado en Turquía. En Madrid y en muchos cuarteles circulaba el famoso «Informe Quintero» sobre ese golpe y la posibilidad de que Alfonso Armada pudiera encabezar un «gobierno de gestión» estaba en boca de todos. El Comité Central del PCE analizó la nueva situación, vio el riesgo que existía y se decantó en contra del mismo (8.12.1980).

Ya en esa fechas, la inquietud era tal que hasta el propio Osorio, muy preocupado por conocer la situación en los cuarteles, llegó a asistir a una reunión en la que también se encontraba «un grupo de militares inquietos» de ese período, según definición de Pardo Zancada, que era uno de los asistentes a la reunión. Allí estaban Fernando Alcázar, Juan Peñaranda, Eduardo Fuentes Gómez de Salazar, alias «Napo», y Eduardo Guillén Gosálvez, entre otros. La reunión tuvo lugar a ocho días escasos del golpe del 23-F, y en la misma Osorio pudo apreciar de primera mano que el ambiente militar no estaba, precisamente, para bromas. No, al menos, con aquellos comensales.

## NO ERAN LA TRAMA CIVIL

Las reuniones políticas anteriormente descritas han servido para que los golpistas condenados por el 23-F elaboraran posteriormente una teoría, como ha expuesto con brillantez, sin duda, pero confundiendo los términos, el ex comandante Ricardo Pardo Zancada en su libro autoexculpatorio:

> Fue ésta, pues, la verdadera trama civil en pos de una solución que en esas fechas quizá no sea la misma que la posterior de los militares condenados pero que, por procedimientos distintos si se quiere, apunta en la misma dirección.

Pardo olvida que los demócratas querían salvar el sistema, y el pensamiento de los que intentaban un golpe militar, como él mismo, era destruirlo o, cuando menos, «reconducirlo» sin que estuviera muy clara la dirección de esa reconducción.

Pero siguiendo el razonamiento de esa tesis golpista

> es la solución que va a contar, que cuenta ya en ese momento, con todas las bendiciones. Todas, menos una de la que aún no se ha hablado, porque no es el momento. Una solución que siempre he conocido como el golpe institucional o la cara institucional del golpe, como se prefiera. Hay quien la llama constitucional, pero tal y como se gestó y se puso en marcha es muy dudoso que le cuadre ese calificativo. Es obvio que pudo haber sido una moción de censura sin más, pero alrededor de esa posibilidad hubo mucho más que la mera vía política.

Pardo vuelve a olvidar que la dimisión de Suárez descabaló cualquier plan de «salvación nacional» y que el Rey, al que alude veladamente, pudo haber optado por esa solución, como, anterioridad explicó Osorio, pero no lo hizo..., dejó que los partidos políticos siguieran el cauce previsto en la Constitución.

En cualquier caso, los golpistas llevan razón en una sola cosa: los políticos de entonces actuaron, quizá, demasiado irreflexivamente en sus actuaciones políticas. Unos, los de UCD, rompieron un partido a veces por ansias de poder, a veces por venganzas personales; otros, los socialistas y, a su frente, Felipe González, querían gobernar a toda costa. Sin embargo, los ultras querían, simplemente, la vuelta al antiguo régimen y los militares se encontraban divididos en varias opciones, casi ninguna constitucional.

## FLORECEN LOS ALMENDROS

Mediados de octubre de 1980. En un piso de la Avenida Islas Filipinas, de Madrid, se va a producir una reunión de gran trascendencia. Esa reunión se habría mantenido en permanente secreto si el semanario *Sábado Gráfico* no hubiera dado cuenta de la misma en su edición del 5 de marzo de 1981; es decir, diez días después de la toma del Congreso de los Diputados por el teniente coronel Antonio Tejero. Era el día 17 y a la reunión asisten veintiséis personas, todos civiles. Esa noche no sólo se tomaría la decisión de propiciar y alentar un levantamiento militar, sino que se establecería un plan concreto de actuación en los primeros momentos del futuro golpe, incluyendo la financiación del mismo.

El orden oficial del día consistía en decidir la actitud a adoptar si se producía el golpe. La unanimidad fue rotunda: apoyarlo, sin duda. Se fijó una fecha: el 2 de mayo, «cuando florezcan los almendros». Tomada esa decisión, se hizo prioritario establecer un plan de acción, para lo que se pidió a los asistentes que señalaran con qué personas se podría contar en cada provincia, que fuesen de su absoluta confianza. Esas personas deberían ponerse a las órdenes directas del mando militar cuando éste se hiciera con el poder, cumpliendo y ejecutando todas sus órdenes. Más tarde tendremos ocasión de hablar de este tema y conoceremos qué pasó con las investigaciones que realizó al respecto la Brigada Antigolpe del Ministerio del Interior.

Siguiendo con la reunión, los asistentes fijaron también un plan de financiación para los primeros momentos: se acordó establecer contactos con empresarios, y se habló de conectar con los vascos a los que ETA extorsionaba con el llamado «impuesto revolucionario». Esta idea fue rechazada, pero se aprobó hablar con familias «potentes» y con una ideología similar a la de los reunidos —surgió el nombre de los Oriol Urquijo, sin que exista constancia alguna, pese a todos los rumores que circularon, de que tal familia fuera contactada y mucho menos que cedieran fondos para los «primeros gastos»–.

El punto siguiente consistió en establecer un plan informativo en una doble vertiente: por un lado, la campaña publicitaria previa, y, por otro, la nueva situación informativa que se establecería tras el golpe. Respecto a este segundo punto, se acordó el cierre de numerosos medios de comunicación y la potenciación de otros como *El Alcázar, El Heraldo Español* y *Fuerza Nueva*, así como el cese de todos los responsables del ente público RTVE y de la SER. Respecto al primero, no se adoptarían medidas concretas hasta un mes después, cuando se constituyó el colectivo «Almendros», que ejercería su labor de propaganda a través de las páginas de *El Alcázar*.

Sobre estas fechas aún hoy no existe una precisión absoluta, pues las distintas fuentes llegan a señalar días distintos para una misma reunión, si bien existe coincidencia en cuanto a los meses citados. No obstante, parece más fiable que la constitución del colectivo «Almendros» tuviera lugar el 19 de noviembre en una reunión celebrada en la calle San Romualdo, de Madrid, donde se situaba la sede el desaparecido diario ultraderechista *El Alcázar*. A esa reunión asistirían el director del diario, el consejero delegado y dos columnistas. Se decidió pedir colaboración a los tenientes generales Fernando de Santiago y Carlos Iniesta Cano; al capitán de navío Camilo Menéndez Vives, sobrino del que fuera ministro del Ejército durante el régimen franquista (1964-1969), Camilo Menéndez Tolosa, y que luego se uniría a Tejero en el Congreso el 23-F; al coronel José Ignacio San Martín, del que luego hablaremos, y a los ex ministros franquistas Gonzalo Fernández de la Mora y Federico Silva Muñoz. En su conjunto, ellos fueron los responsables de alguno o de todos los artículos firmados como «Almendros», publicados en *El Alcázar* en diferentes fechas y que ensombrecieron el mapa político español en las semanas inmediatamente anteriores al intento de golpe de Estado.

El primer artículo de «Almendros» apareció en *El Alcázar* el 17 de diciembre y en él ya se anunciaba el divorcio entre el Gobierno y las Fuerzas Armadas. El segundo apareció el 22 de enero de 1981 y en él se indicaba que había llegado la «hora de las otras instituciones». En el tercero, publicado el 2 de febrero, se achacaba al Rey la caída de Suárez y se endilgaba una intervención militar si se daba una solución a la crisis «inequívocamente democrática»; es decir, desde el diario ultra se proponía una salida anticonstitucional para la crisis:

> Cuando nadie en el Estado parece poder desarrollar esa función, quizá sea la hora de no apelar a congresos, partidos, Gobierno, de los que nada decisivo ya puede salir, sino a las restantes instituciones del Estado.

Menos de una semana después, el 8 de febrero, aparecía, también en *El Alcázar*, el famoso artículo «Situación Límite», firmado por el teniente general Fernando de Santiago y Díaz de Mendívil, en el que, tras afirmar que «los partidos políticos no representan al pueblo», hacía una llamada al Ejército para «salvar a España»:

> En nuestra historia hemos vivido momentos tan difíciles como el presente, pero siempre en situaciones parecidas a ésta, hubo españoles que rescataron y salvaron a España.

Más claro, imposible.

Pero volviendo a la reunión de Islas Filipinas, los conjurados previeron, igualmente, preparar una intensa actividad diplomática para que, al producirse el golpe, se reconociera inmediatamente el nuevo Gobierno que se crearía por parte de Portugal, Filipinas, Chile, Argentina, Uruguay, Brasil, Paraguay y la Santa Sede, en un primer golpe de efecto. Según todos los indicios, para la ejecución de esas gestiones exteriores se propusieron tres nombres: Alfonso de Borbón Dampierre, Cristóbal Martínez Bordiú y Luis Valero. Nada de ello fue necesario, como todo el mundo sabe, ya que Tejero se adelantó y con su fracaso «vacunó» al Ejército para nuevas tentativas golpistas.

También se acordaron en Islas Filipinas las primeras medidas civiles a adoptar, tales como la formación de una Junta Nacional de Defensa Civil y una Junta Conjunta Cívico-Militar. Para ambas Juntas «sonaron» diversos nombres, muy conocidos en las filas ultras: Raimundo Fernández Cuesta, Blas Piñar, José Antonio Girón de Velasco, José Utrera Molina, Luis Peralta y hasta Diego Márquez Horrillo, quien capitaneaba los Círculos Doctrinales José Antonio, incluidos en FE de las JONS, a cuya dirección pertenecía y organización de la que, años después, se haría con su control.

¿Quiénes asistieron a esas y otras reuniones para el «golpe duro» de mayo? ¿Por qué sus nombres no fueron investigados o, al menos, no salieron a la luz pública? En primer lugar, porque el golpe de mayo nunca se pudo ejecutar, como hemos dicho. Pero, en segundo lugar, tendremos ocasión de saber más adelante qué pasó con las investigaciones que durante año y medio realizó la Brigada Antigolpe del Ministerio del Interior.

Lo que sí resulta curioso, no obstante, es que en el escrito de acusación del fiscal del 23-F, conocido en febrero de 1982, no se descubriera ninguna trama civil del golpe. Aparecen reseñados, sin embargo, algunos civiles, pero la mayoría figuraban como extras de una película cuyo argumento, al parecer, ninguno conocía: Margarita Aracil, novia del entonces procesado comandante del CESID José Luis Cortina y secretaria en Aseprosa, empresa del hermano de éste, Antonio, de quien ya hemos hablado anteriormente (conversación con Verstrynge); la propia Aseprosa (Asesoramiento, Seguridad y Protección, SA), a la que estaban vinculados algunos de los miembros del estudio jurídico de la calle de Pintor Juan Gris, de Madrid, donde Tejero afirma que se reunió el 21 de febrero —dos días antes del asalto al Congreso— con el general Armada y con José Luis Cortina para preparar el golpe; Carmen Díaz Pereira, la mujer de Tejero, a cuyo nombre se compraron los seis autobuses que desplazaron a los asaltantes al Congreso; Jesús Gómez García y Nicolás Rodríguez González, miembros del estudio jurídico de Pintor Juan Gris cuyos nombres aparecen —sin acusación— en el escrito del fiscal; el propio hijo del coronel Diego Ibáñez Inglés, desde cuyo estudio particular habló telefónicamente Milans con Armada el día 22 de febrero; Antonio Izquierdo —ya fallecido-, director entonces de *El Alcázar*, a quien Armada telefoneó alrededor de las tres de la mañana del 24 de febrero para pedirle que no publicara en su periódico el manifiesto preparado por Tejero, que seguía atrincherado en el Congreso de los Diputados... O los propios colaboradores del colectivo «Almendros».

Ninguno de esos nombres fue acusado, probablemente porque no tenían relación directa con los hechos; pero lo cierto es que las investigaciones no se completaron en ningún caso. Por ejemplo, el fiscal togado general José Manuel Claver Torrente nunca explicó quién era el misterioso «portavoz parlamentario» que apoyaría el golpe cuando la autoridad «militar, por supuesto» llegara al

Congreso de los Diputados. Sin embargo, en su escrito se recoge la afirmación de Tejero en el sentido de que el comandante Cortina le explicó que, después de la toma del Congreso, entraría una autoridad militar que hablaría con los diputados (el famoso «elefante blanco») y que «incluso se levantaría algún portavoz del grupo parlamentario para callar a los demás». ¿De cuál grupo? El fiscal puso mucho cuidado en no citarlo.

En la instrucción del sumario quedó patente que no hubo ningún interés en desentrañar la trama civil golpista. ¿Por qué? Muchos años después, el ex presidente Calvo Sotelo, con su conocido pragmatismo, añadió algún dato de interés en este punto:

«Si se hubiera perseguido sañudamente la trama civil o militar, por gradaciones insensibles se hubiera llegado muy lejos. Hubieran aparecido hasta Felipe González y el PSOE en Lérida. Un día le dije a Felipe: "Yo no sé tú, pero a Múgica desde luego lo cita el juez militar, porque en el golpe blando, en el golpe constitucional, estabais muchos: yo no, pero estabais muchos, y con este plural me refiero a una parte del PSOE. Si yo pincho con un compás en el centro de la trama y llego hasta Múgica y doy la vuelta, ¿cuántos españoles metemos? Dos mil, ¿no?"» (*Memorias de la Transición*)

# 3

## Los «españoles» que nos dominaron

### Un país de golpe en golpe

La «Operación Galaxia» fue, por si hiciera falta, el anuncio de que algo andaba muy, muy mal en el seno de las Fuerzas Armadas españolas. Tras el estallido de la malhadada «operación», grupos de oficiales demócratas se pusieron a la tarea de denunciar al Gobierno de Suárez –y, en concreto, al teniente general Gutiérrez Mellado, entonces paradigma de la apertura– todo aquello que sonase a complot para conspirar a favor de un retorno al pasado. El capitán Fernando Reinlein, varias veces citado en este libro, formaba parte de uno de estos grupos de «vigilancia», si así pudiera llamárseles, como más adelante veremos. Grupos clandestinos, cuya existencia sólo ahora, veinte años después, sale a la luz.

En concreto, el grupo de Reinlein lo formaban diez militares y algún policía nacional, que se reunían, bajo severísimas condiciones de clandestinidad, en el polígono de Saconia, en Madrid, una urbanización que, en los últimos tiempos del franquismo, llegó a ser llamada «Rojonia», por entender que muchas parejas «progres» se habían ido a vivir a la zona. Los militares no quieren siquiera que sea el PCE de Carrillo quien organice su sistema de buzones, mediante los cuales pretendían avisar a las gentes de Gutiérrez Mellado de las tendencias golpistas de tal o cual oficial: serían los dirigentes del Partido del Trabajo, animado por

Nazario Aguadio y Eladio García de Castro quienes se convertirían en contactos «políticos» de los militares conjurados con la democracia.

El «grupo Saconia» informó, por ejemplo, de que el jefe de la División Acorazada, Torres Rojas, iba diciendo a quien quisiera oírle que la DAC tenía «un plan para acabar con este estado de cosas». Un teniente coronel demócrata de la DAC, José Luis Crespo, se lo oye decir en directo, y lo transmite a un miembro de los «de Saconia», el teniente coronel Rafael Tejero, hermano del dirigente comunista Alfredo Tejero. ¿Cuánta influencia tuvo esta información en el traslado de Torres Rojas a La Coruña? Difícil saberlo. Pero, en cualquier caso, la anécdota ilustra perfectamente el estado de cosas en las Fuerzas Armadas en vísperas del 23 de febrero.

Porque hay que retrotraerse a aquellos locos días para entender el pasado y el presente en la siempre complicada (al menos, en la versión española) familia castrense.

Hoy, en el siglo XXI, las Fuerzas Armadas españolas se han europeizado. Los mandos del Ejército se han rejuvenecido y no hay entre las altas jerarquías ninguna que haya participado en la Guerra Civil española, o en los momentos más duros y represivos de la posguerra, o que, en definitiva, hayan sostenido el régimen de Franco de una manera directa y abierta. Los actuales tenientes generales con mando en Capitanía ni han pasado por la División Azul ni cuentan con la laureada de San Fernando por hechos de guerra.

Veinticinco años después de la muerte del general Franco y veinte años después del 23-F, el Ejército es ya un servidor del pueblo y un defensor del orden constitucional. Ello se consiguió, en gran parte, por la «vacuna» que supuso, precisamente, el intento de golpe de Estado de Tejero y los suyos. Por fin, ha dejado de sonar el terrible «ruido de sables» en los cuarteles, que fue el tintineo insistente y penetrante que se escuchó a lo largo de toda la transición y que culminó en la intentona del 23-F. Afortunadamente, los mandos se encuentran integrados en el Eurocuerpo, conviven con militares de otros países y aprenden de forma empírica el valor de las palabras «derechos humanos», «libertad», «democracia»...

Muchas cosas han cambiado en nuestro Ejército, del que se puede afirmar rotundamente –hoy por hoy– que se ha librado de los «espadones» que presidieron la vida político-militar española de todo el siglo XIX y de gran parte del XX. Por cambiar, el Ejército se ha profesionalizado, se ha admitido la objeción de conciencia, la insumisión y hasta la insumisión sobrevenida. Ya han salido las primeras promociones de mujeres oficiales y se ha abierto directamente la polémica sobre el derecho de los homosexuales a «salir del armario» y permanecer en filas sin que nadie les recuerde su condición sexual.

Hoy, sin duda, el nuestro es otro Ejército. Pero no siempre ha sido así: desde hace dos siglos y hasta hace relativamente poco tiempo ha habido unos militares «duros», refractarios a todo cambio, que le pusieron muy difícil la convivencia pacífica al pueblo español. Y los herederos de esos «espadones» eran, precisamente, los que pusieron en peligro la democracia en 1981.

## UN GOLPE CADA 3,8 AÑOS

Para ese núcleo duro del Ejército, operativo y con mando a finales de los años setenta e inicios de los ochenta en España, parece como si los pronunciamientos militares habidos desde principios del siglo XIX justificaran una nueva intervención para arreglar una situación que querían caótica. En nuestro país, en general, los pronunciamientos militares han coincidido con época de catástrofes económicas. Pero en otras sociedades que también han conocido crisis semejantes, no ha ocurrido lo mismo porque el Ejército no era un poder fáctico como en España y se encontraba más desligado de la función del orden interior.

En realidad, los grandes mandos del Ejército durante la transición parecían sentirse como herederos de una «tradición», la del golpismo militar, que fue una de las características más destacadas de la vida política durante el siglo XIX. De signo moderado o progresista, según las ocasiones, fue evolucionando hacia posiciones más conservadoras, especialmente en sus grandes éxitos del siglo XX: el que dio lugar a la dictadura del general Miguel Primo de Rivera y el que llevó al poder al general Francisco Franco.

No parece ser casualidad que desde el 12 de abril de 1814 y hasta ahora, es decir, en menos de doscientos años, en España haya habido más de veinticinco intentonas golpistas. O sea, una cada 3,8 años. Todo un récord que refleja el espíritu de «salvación de la patria», en el peor de sus sentidos, del que han adolecido nuestros militares hasta nuestros días.

Comprender a fondo lo que ocurrió el 23 de febrero de 1981 exige un breve repaso por la historia de la inestabilidad militar en España, que es casi como decir la Historia de España.

## LA ESPAÑA DE GALDÓS

El 12 de abril de 1814 se presentó en Valencia a Fernando VII el «Manifiesto de los persas» –curiosamente, con ese mismo nombre, un grupo de escalones secundarios de UCD presentaría una alternativa a la crisis del partido centrista, que se acercaba ya a su ocaso final–. En el documento presentado al Rey se preconizaba la vuelta a una monarquía basada en la antigua tradición. Y poco después, el 11 de mayo, el general Eguía dio un golpe de Estado en Valencia –curiosamente– y se hizo público un comunicado del monarca que marcó las líneas del absolutismo integral.

Ahí comenzó esa larga etapa de la España agitada que tan magistralmente retrató Benito Pérez Galdós en sus *Episodios Nacionales* y que tendría, incluso hasta mediados de la década de 1980, como veremos más adelante, continuos pronunciamientos militares y actitudes claramente golpistas.

Como reacción al golpe de 1814, en septiembre de 1815 se produjo la rebelión fallida de Porlier, en Santiago y La Coruña, que terminó con su apresamiento y muerte en la horca. Hasta que el 1 de enero de 1820, el general Riego proclamó la Constitución de 1812, en Cabezas de San Juan, e inició el trienio constitucional que terminaría en septiembre de 1823 con la intervención de los «Cien mil hijos de San Luis» y la ejecución pública de Riego en la Plaza de la Cebada, en Madrid, dos meses después. Y de ese mismo periodo es la intentona contra Fernando VI de Torrijos y sus 52 compañeros, que habían desembarcado en Fuengirola y que acabó en fusilamientos el 10 de septiembre de 1831.

En enero de 1835 se produjo el pronunciamiento liberal de Cayetano Cardero que, aunque no consiguió sus objetivos, no fue castigado por el gobierno, pese a haber causado la muerte del capitán general de Madrid. En agosto de 1836 se produjo el famoso motín de los sargentos de La Granja, con el resultado del restablecimiento de la Constitución de Cádiz de 1812 y la promulgación de una nueva Constitución el año siguiente, en el que igualmente se produjo un levantamiento de militares progresistas.

Poco duró la tranquilidad militar, porque en mayo de 1843 los militares, tanto moderados como progresistas, se pronunciaron contra el general Espartero, que dos meses después se vio obligado a huir a Londres. Un año después, en febrero, los progresistas se pronuncian en Alicante, Cartagena y Valencia contra el Gobierno de González Bravo; en 1846 hace lo propio Solís en Lugo; en 1948, Narváez consigue sofocar diversos levantamientos progresistas y en 1852 se produce el golpe de Estado de Bravo Murillo.

## DE PAVÍA A PRIMO DE RIVERA

En junio de 1854 estalla la sublevación de la guarnición de Vicálvaro, y en julio entra Espartero en Madrid para formar un Gobierno de signo progresista. Relativa tranquilidad hasta junio de 1865, con la tentativa de pronunciamiento de Prim en Valencia y su levantamiento frustrado, un año después, en Villarejo, año en el que, el 22 de junio, se pronuncian los sargentos en San Gil. Prim vuelve a intentarlo en Cádiz en 1868, pero esta vez consigue que la reina Isabel II abandone España (30 de septiembre). Y así se llega al golpe del general Pavía, enero de 1884, que supuso, de hecho, el fin de la I República y el pronunciamiento (29 de diciembre de ese año) del general Martínez Campos en Sagunto, que terminará con la proclamación de Alfonso XII.

En septiembre de 1886, inspirado por Ruiz Zorrilla y dirigido por los generales Villacampa y Merelo, se produjo un pronunciamiento republicano que acabó con un fracaso y el encarcelamiento de Villacampa. Y llegamos hasta el golpe de Estado del 13 de septiembre de 1923 del general Miguel Primo de Rivera, que interrumpe la legalidad constitucional e instaura un directorio general. Primo de Rivera gobernará con mano dura, tanta, que pudo acabar fácilmente con los generales Valeriano Weyler, Aguilera y Batet que el 24 de junio de 1926 iniciaron una tentativa de golpe militar conocido como «la Sanjuanada», lo que vino a demostrar que la dictadura, no sólo contaba con una creciente oposición civil, sino que tampoco atraía a los militares. Primo de Rivera también pudo acabar con la sublevación republicano-militar de Jaca (12 de diciembre de 1930), que terminó con el fusilamiento de sus líderes, los capitanes Fermín Galán y Ángel García, pero las condiciones para el fin de la monarquía de Alfonso XIII y la instauración de la II República ya estaban marcadas.

Con el periodo republicano se inició un nuevo tipo de levantamientos, esta vez con claros elementos fascistas: el golpe contra la República dirigido por el general Sanjurjo (10 de agosto de 1932), y el golpe de Estado de julio de 1936, originado en Melilla, dirigido por un grupo de militares que iniciaron la Guerra Civil y que terminó por llevar al general Franco al poder durante casi cuarenta años.

## CONSPIRACIONES CONTRA FRANCO

No es que en la etapa franquista no haya habido convulsiones militares. Muy al contrario, las hubo, aunque de signo monárquico, pero fueron «silenciadas» de forma expeditiva, como la operación diseñada por el conde de Ruiseñada, en 1958, con el fin de traer a España a don Juan de Borbón. En esa operación estaba implicado el capitán general de Cataluña, Juan Bautista Sánchez; tanto él como su ayudante fallecieron misteriosamente mientras ejecutaban unas maniobras militares en Lérida. Ruiseñada se autoexilió en París, escribió artículos laudatorios hacia Franco y consiguió volver ocho meses después a Madrid, donde apareció muerto de un infarto. En esos intentos monárquicos algo tuvo que ver Rafael Calvo Serer, miembro del consejo personal de don Juan.

En esas circunstancias, con el Ejército conformado de esa manera y sus mandos impregnados de «fervor patrio» franquista, a nadie sorprendía realmente que un buen número de militares españoles tuviera intenciones golpistas desde el mismo nacimiento del sistema democrático, e incluso antes de las elecciones generales de junio de 1977. Se daba, además, la circunstancia de que los mismos nombres y el mismo hilo conductor servían de guía a cualquier analista cualificado a la hora de explicar todos los intentos golpistas que se estaban produciendo en esos años, algunos conocidos por la opinión pública en el mismo momento de los hechos y otros con posterioridad.

Hoy en día, veinte años después de los sucesos del 23 de febrero, nadie duda de que los militares involucrados en aquella loca intentona participaron en la conspiración convencidos de que era posible repetir con éxito en España lo que se conoce como «modelo turco» de golpe de Estado. Pero no era más que tratar de justificar lo injustificable y sin más conexión entre ambos que las que los propios golpistas quisieran darle. Nada más.

## QUINTERO Y EL «MODELO TURCO»

La intentona de Tejero fue un golpe contra el sistema de partidos. Escudándose en la figura del Rey e invocando la «incapacidad de los políticos» para resolver los problemas del país, los militares golpistas trataron de hacerse con el poder «para acabar de una vez por todas con la lacra del terrorismo», como repetirían más tarde hasta la saciedad. De igual manera, el general Evren y las Fuerzas Armadas turcas tomaron el poder el 12 de septiembre de 1980 esgrimiendo argumentos parecidos. Pero basta un pequeño vistazo a la realidad para comprobar que se trataba únicamente de coincidencias verbales.

En España, el sistema democrático, a pesar de todos los problemas reconocidos y relatados en este libro, funcionaba. A medio gas, pero funcionaba. En Turquía estaba absolutamente bloqueado. Suleyman Demirel, líder del Partido de la Justicia, encarnaba el centro-derecha. Bulent Ecevit, jefe del Partido Republicano del Pueblo, era el líder de una oposición a caballo entre la socialdemocracia y el centro-izquierda.

Los dos hombres se alternaron en el poder durante una decena de años, poniendo en evidencia la impotencia de ambos para acabar con la galopante crisis económica que asfixiaba el país y para dominar el terrorismo. Pero, a pesar de las presiones empresariales y del Ejército, fueron incapaces de llegar a un acuerdo, lo que les obligó a ponerse en manos de los fundamentalistas islámicos o de la ultraderecha para poder gobernar, situación que, evidentemente, no se daba en España.

Los militares turcos multiplicaron sus advertencias, sin que el pragmatismo o el peligro inminente fueran suficientes para empujar a los políticos a un acuerdo, y el 12 de septiembre las Fuerzas Armadas se hacían con el poder sin disparar un solo tiro. Ciento cincuenta políticos, incluidos Demirel, Ecevit y los dirigentes de los otros partidos, fueron detenidos en la primera noche. Más de doscientos presos políticos fueron torturados y ejecutados sin juicio en los primeros meses.

Eso, en definitiva, era lo que refería el famoso «Informe Quintero», a través del cual los militares españoles creyeron ver tales similitudes que hacían del golpe de Estado turco un modelo a imitar. ¿O serían acaso las ganas de imitar cualquier modelo golpista?

El autor del informe, el coronel Federico Quintero Morente, era agregado militar en la embajada española en Ankara en esos momentos, fue jefe superior de Policía de Madrid (1976), coautor, siendo teniente coronel, del famoso manifiesto cuasi golpista del Consejo Superior del Ejército tras la legalización del PCE y testigo clave de la abortada «Operación Galaxia» (octubre de 1978). El 23-F estaría en Madrid, supervisando todas las fases del asalto al Congreso, aunque no se le imputó. Siguió en el Ejército, se retiró con el grado de coronel y se dedicó a dar conferencias y estudiar las milicias.

El informe de Quintero confirió al golpe de Turquía un supuesto carácter ejemplar y un auténtico modelo a imitar en España, basándose en la amable acogida que a la asonada se le dispensó internacionalmente, su limpieza, su inicial naturaleza incruenta y, sobre todo, la rapidez con la que fue erradicado el terrorismo político. Para los golpistas españoles, aferrados a esquemas maniqueos de buenos y malos, no importaba que ambas situaciones no fueran en absoluto comparables.

## GOLPISMO A LA CARTA: EL FASCIO ITALIANO

Parece exagerado afirmar que existía una psicosis de golpismo en el mundo cuando Tejero secuestra a los diputados y al Gobierno en el Congreso con sus doscientos guardias civiles; pero es cierto que, además del golpe de los coroneles en Grecia, que supuso la caída de la Monarquía, y el ya relatado de Turquía, el área mediterránea, los países de nuestro entorno, también se habían visto en algún momento conmocionados por actitudes golpistas: hubo intentonas en países como Francia, Italia y hasta Gran Bretaña, este último con un sistema parlamentario asentado y con un Ejército del que no cabrían pensar actitudes golpistas.

¿Podían aferrarse los militares que prepararon el 23-F o los golpes en marcha en España a los casos reseñados como justificativos o atenuantes de su acción? Sin duda no, pero lo que estaba claro es que la tentación militar por llevar las riendas del poder no estaba solamente asentada en España. En Italia, por ejemplo, unas explosivas declaraciones del general Gian Adelio Maletti, ex jefe de los servicios secretos italianos (semanario *L'Espresso*, 10 de marzo de 1981) provocaron un estupor internacional. «Al menos, cinco han sido las tentativas de golpe militar en Italia, desde 1970 hasta hoy», reveló Maletti, quien añadió: «Los golpes intentados han sido más o menos cinco en estos últimos años. Digo más o menos, porque no todos fueron igualmente peligrosos, y sólo dos fueron semejantes, al menos en las premisas, al de Tejero».

Según Maletti, el golpe militar más peligroso por el que pasó Italia fue el del 10 de agosto de 1974, noche de San Lorenzo. Un grupo de oficiales de grado medio entró en contacto con un grupo de altos oficiales y prepararon la toma de Roma y el apresamiento del presidente Leone, quien, una vez hecho prisionero, debía pronunciarse a través de la radio y de la televisión a favor del golpe. «Fue contrarrestado en el último momento», afirma Maletti, «cuando los altos oficiales se dieron cuenta de que los servicios secretos habían logrado saber y habían señalado los nombres a la Magistratura». Una diferencia notable, sin duda, con el caso español, donde los servicios secretos o no se enteraron o apoyaban el golpe, aunque tesis hay para todos los gustos, como veremos a lo largo de este libro, y no falta quien diga que el CESID contribuyó no poco a «desarticular» el «tejerazo» a base de fomentar la tesis del «golpe de timón».

En Italia, el de la «noche de San Lorenzo» fue el intento de golpe más peligroso en la década de los setenta, pero no el primero, que estuvo protagonizado por el «príncipe negro» y que tuvo, como se verá, un reflejo inmediato en nuestro país. La noche del 7 al 8 de diciembre de 1970, un millar de fascistas italianos recibieron la orden de concentrarse en diferentes puntos de Roma y tomar el Ministerio del Interior y el edificio de la Radiotelevisión. En este caso la ausencia de la colaboración militar abortó la intentona dirigida y planeada por el príncipe Valerio Borghese, quien, con otros encartados, se refugió en España.

Elio Messagrande, Pietro Benvenuto y Eliodoro Pomar, tres de los setenta y siete fascistas contra los que se dictó orden de busca y captura internacional, participaron luego en España, junto con grupos ultras nacionales, en una auténtica campaña de desestabilización de la reforma política: los tres citados estuvieron implicados en la fábrica clandestina de armas de la madrileña calle de Menéndez Pelayo desarticulada por la policía, y otro ilustre extremista y progolpista italiano, Augusto Delle Chiae, participó en los sangrientos sucesos de Montejurra (1976).

De la amabilidad con que las fuerzas de seguridad españolas trataban a los extremistas italianos refugiados en nuestro país da buena cuenta el hecho, por ejemplo, de que Valerio Borghese, el «príncipe negro», que al finalizar la II Guerra Mundial fue juzgado y condenado por colaboracionista con los alemanes, no sólo no fue entregado a las autoridades italianas que lo reclamaban a España, sino que murió apaciblemente en 1974 en Cádiz, donde había residido en una finca propiedad del barón alemán Bnoblovh. Numerosos de esos fascistas italianos fueron utilizados por la extrema derecha española para desestabilizar y llegar al caldo de cultivo que justificara, o que incluso impulsara, una acción militar contra la democracia y hasta contra la monarquía.

## LA «OPERACIÓN DE GAULLE»

Madrugada del sábado 22 de abril de 1961. Los franceses se despiertan atónitos con una proclama difundida por Radio Argel que hubiera firmado en todos sus puntos Antonio Tejero Molina: «El Ejército ha tomado el destino de Argelia en sus manos. Seguid estrictamente las consignas que os daremos. No toleraremos cualquier otra iniciativa...», que no fuera, por supuesto, la militar. El texto había sido redactado por el coronel Argoud. Minutos después, las ondas lanzaron como un mazazo el llamamiento oficial de los sediciosos: «Oficiales, gendarmes, marinos, aviadores, en Argel, con los generales Zeller y Jouhaud en contacto con el general Salán, debemos cumplir nuestro juramento: conservar Argelia...»

En Francia estaban atónitos. El ministro de Defensa, Pierre Messmer —que luego sería primer ministro y emulado por su homólogo español en 1981, Rodríguez Sahagún, en cuanto a no enterarse de nada al menos en teoría—, había tranquilizado a unos periodistas ingleses dos días antes: «No digo que no haya brotes de mal humor, reacciones de descontento, pero es inimaginable que el Ejército se indiscipline». Por cierto, que uno de los promotores del golpe, el general Salán, lo anduvo preparando esos días precisamente por Madrid.

La noticia cayó en París en pleno desayuno. Los ministros, reunidos en el hotel Matignon bajo la presidencia de Michel Debré, estaban consternados. El propio Debré hizo un patético llamamiento a los parisienses para que fueran a enfrentarse con las manos vacías a unos imaginarios paracaidistas que aterrizaban en el aeropuerto parisino de Orly. El desembarco no era real, pero el golpe sí que lo era y con ramificaciones importantes en la metrópoli. En el domicilio parisiense del general Faure la policía descubrió un plan preciso, metódico, perfecto, de ocupación inmediata de la capital (como, en 1981, Valencia) elaborado por el coronel Godart.

El final de la historia es bien conocido por todos: el general Charles de Gaulle asumió plenos poderes, en nombre de Francia ordenó que se utilizaran «todos los medios, insisto en que todos los medios» para detener a los levantiscos y prohibió a los soldados que ejecutasen las órdenes dadas por sus mandos golpistas. La revuelta se desinfló y a los jueces no les temblaron las manos a la hora de imponer sentencias: general Jouhaud, condenado a muerte (amnistiado en 1966); coronel Gardes, condenado a muerte por contumacia; general Salán, cadena perpetua (amnistiado en 1968); general Challe, quince años de arresto mayor (amnistiado en 1966); general Zeller, quince años de arresto mayor (amnistiado en 1967); general Faure, diez años de arresto mayor; comandante Sabouret, diez años; capitán Saint Rémy, diez años...

Las diferencias con España son, pues, brutales, a la luz de la historia. El odio entre los militares creció contra el general De Gaulle –en España, las iras se las llevaría fundamentalmente el teniente general Manuel Gutiérrez Mellado–, pero De Gaulle se mantuvo inflexible e hizo algo que, probablemente, también hubiera necesitado el Ejército español y que se haría más adelante, poco a poco, con múltiples precauciones, durante la etapa socialista.

De Gaulle había parado el golpe, pero se encontró con que la independencia de Argelia le arrojó a la metrópoli un aluvión de oficiales extremadamente politizados por las guerras y las derrotas en Indochina y en África (España había perdido Marruecos, perdió el Sahara en 1975 y se encontró con el mismo problema). Así que intensificó la tecnificación del Ejército (la force de frappe atómica) y desmitificó a los oficiales, convirtiéndolos en funcionarios de la defensa nacional. Algo, insistimos, que no se había realizado en España antes del 23-F y que no empezaría a hacerse hasta bastante después.

Entre las medidas de De Gaulle, que no fueron copiadas en los primeros años de la transición española por temor, precisamente, a los militares más franquistas, estaban: reducción de las responsabilidades de los militares en el mantenimiento del orden interior; reducción de 4.000 oficiales en el Ejército de Tierra a través de privilegios tentadores para el abandono de las armas (derecho al retiro sin reducción de salario, acumulación de jubilación con un salario en un ente público, posibilidad de reemplazar en la administración de los ejércitos a los civiles que se jubilasen, etc. Algunas de estas medidas fueron aplicadas por el Gobierno de Felipe González), y la transformación del reglamento del Ejército, en el que se reconoció a los subordinados la posibilidad de tomar ciertas distancias ante su superior y, en todo caso, de desobedecer si las órdenes dadas no correspondían al espíritu de la nación.

El caso francés es importante a la hora de analizar la situación española, y no sólo por la cercanía geográfica. A bote pronto, surgen dos importante conclusiones: primera, que los golpistas, como se ve, se inspiran en métodos similares de control de ciudades, arresto de gobiernos, etc., y que muchos de los involucionistas acabaron finalmente en España –ya hemos visto el caso italiano, y en cuanto al francés, la Costa del Sol se convirtió en refugio de fascistas de la OAS–; segunda, que esa inspiración, sin embargo, no llega a los gobiernos a la hora de adoptar medidas similares para situaciones parecidas. La «Operación De Gaulle», auspiciada por algunos para su puesta en marcha en España, muchos años después, y sobre la cual alertó a los militares demócratas el periodista hispano-británico Tom Burns, no tenía, en nuestro país, la menor viabilidad, por mucho que ciertos espadones se empeñasen.

## INGLATERRA: UN LORD CONTRA WILSON

Gran Bretaña sería, sin duda, el último país en el que nadie pensaría que pudiera planearse un golpe de Estado. Sin embargo, hubo un conato de intentona en mayo de 1968, que la flema y secretismo británicos mantuvieron oculto hasta marzo de 1981 (*The Sunday Times*, 28.3.1981). Según la exclusiva periodística, Londres fue el escenario de una conspiración para derrocar, mediante un golpe de Estado, al Gobierno de Harold Wilson y colocar a su frente a Lord Mountbatten de Birmania (asesinado luego por el IRA provisional, en 1979).

Las informaciones del rotativo londinense fueron confirmadas por el propio Wilson: «Una o dos personas de las altas esferas de la Prensa abordaron a lord Mountbatten para discutir un plan destinado a hacerse con la maquinaria del Gobierno». Parece inaudito, pero hay que tener en cuenta que en mayo de 1968 el país atravesaba por una situación algo difícil, con una crisis monetaria internacional, tensión en Checoslovaquia, una manifestación contra la guerra de Vietnam ante la Embajada americana en Londres que se saldó con 250 detenciones, apuros económicos y un potente movimiento estudiantil y sindical que, especialmente tras los sucesos en Francia, comenzaron a hacerse sentir con fuerza en el país, con rumores incluso de una posible huelga general.

En esa situación el 8 de mayo de 1968 se celebró una extraña reunión en la residencia londinense de lord Mountbatten, a la que asistieron, además del que fuera primo del príncipe Felipe de Edimburgo, almirante y virrey de la India, *sir* Solly Zuckerman, principal consejero científico del Gobierno; Cecil King, entonces presidente del grupo de prensa editor del *Daily Mirror*, la International Publishing Corporation, y su adjunto Hugh Cudlipp. En esa reunión se discutió la impopularidad del Gobierno de Wilson y su posible derrocamiento, y Mountbatten preguntó qué podía hacer él personalmente.

Según afirmaría Cecil King, Mountbatten les contó las graves preocupaciones de la reina Isabel II de Inglaterra ante el gran número de cartas que recibía quejándose del Gobierno del laborista Wilson –¿algún paralelismo con el caso de Adolfo Suárez en 1980-1981?–. Y, según la autobiografía escrita por Cudlipp, King le pidió a Mountbatten que sirviera como jefe de Gobierno una vez expulsado Wilson.

El complot fue lo suficientemente grave como para que el servicio de seguridad británico, el MI5, lo investigara y que su jefe, *sir* Martin Furnival Jones, describiera a los conspiradores como «funcionarios y militares» y como una «banda de locos», entre la que se encontraba un general de división. *Sir* Martin pasó el informe al entonces ministro del Interior, James Callaghan, quien «actuó prontamente» y frenó en seco la conspiración.

# 4

## AQUELLOS GENERALES DEL 36, SUSTITUIDOS POR LOS DE LA OTAN...

### MILANS, EL INSUMISO

Toledo. 27 de julio de 1997. La cripta del Alcázar recibe los restos del ex teniente general Jaime Milans del Bosch. Los mismos muros que defendió a los 19 años, al comienzo de la Guerra Civil como cadete, sirven ahora de guardianes para el reposo del hombre que puso en auténtico peligro la democracia en España el 23 de febrero de 1981.

Milans del Bosch, ex capitán general de la III Región Militar desde cuyo puesto ordenó tomar las calles de Valencia por los tanques, fallecía a los 82 años sin haber expresado jamás arrepentimiento por haber promovido y ejecutado el intento de golpe de Estado del 23-F. En unas declaraciones a la revista *Interviú* en 1985, llegó a afirmar, incluso, que renunciaba a pedir un indulto al Gobierno y que si se encontrara ante las mismas circunstancias volvería a actuar como lo hizo. En cambio, sí batalló para recuperar la condición de militar, pero el Tribunal Supremo ratificó en 1988 su expulsión de las Fuerzas Armadas españolas. Con su fallecimiento se ponía fin a una larga saga de «espadones» que han presidido la vida política nacional desde principios del siglo XIX.

Justamente dos años antes, el 26 de julio de 1995, los restos del teniente general Ángel Campano López, de 79 años, que fue consejero nacional del Movimiento y director general de la Guardia Civil, fueron inhumados en El Pardo (Madrid). Con Campano desaparecía otro de los militares duros que aún quedaban en España.

A fecha de hoy, veinte años después del intento de golpe de Estado del 23-F, de los llamados «generales de la guerra» que en 1975 se oponían al cambio político, o que en 1977 dimitieron por la legalización del Partido Comunista, o que torpedearon la reforma militar de Gutiérrez Mellado, ninguno está ya en activo. O bien son unos ancianos que ven pasar lacónicamente el río de la historia, o bien han fallecido, como Ángel Campano, Gabriel Pita da Veiga, Félix Álvarez-Arenas, Luis Cano Portal, Fernando de Santiago y Díaz de Mendívil, Francisco Coloma Gallegos, Carlos Iniesta Cano, Pedro Merry Gordon, Juan Atarés Peña o Manuel Prieto López, por relacionar a los considerados como «más ultras», sin olvidarnos de una de las cabezas visibles de la intentona golpista, el teniente general Jaime Milans del Bosch y Ussía.

Todos tenían un mínimo común denominador. Habían hecho la guerra al lado de Franco y ocupaban las altas jerarquías del Ejército. Muchos habían pasado por la aventura de la División Azul (González del Yerro, Merry Gordon, Milans del Bosch, Fernando Soteras, Ricardo Arozarena...) e incluso mostraban orgullosos la Cruz de Hierro alemana (Arozarena, Milans...) o la Laureada de San Fernando (Carlos Iniesta Cano). Habían pasado por La Legión durante la Guerra Civil o en sus momentos más duros (González del Yerro, Iniesta Cano, Merry Gordon, Milans...). Mantenían excelentes relaciones con la extrema derecha civil, de la que se retroalimentaban en un proceso simbiótico (Álcazar Sotoca, Rafael Beneyto, Cabeza Calahorra, Ángel Campano, Elícegui Prieto, Gómez de Salazar, Iniesta Cano, Pérez de Lema, Díaz de Mendívil...) y estaban agrupados en torno al «espíritu de Xátiva» (Coloma Gallegos, Milans, Merry Gordon, Del Yerro, Díaz de Mendívil).

Algunos habían pasado a la situación B cuando ocurrieron los sucesos de febrero de 1981, pero estaban ahí, de una o de otra manera y, con esos moldes, España se iba a enfrentar a su aventura democrática.


## EL EJÉRCITO, FRANQUISTA

El 25 de abril de 1974, el diario falangista *Arriba* publicaba el capítulo «y 5» de una serie, escrita por el periodista ultra José

Luis Gómez Tello, titulada genéricamente «Portugal, en calma». Le habían enviado a Lisboa exclusivamente para que escribiese un serial con este antetítulo.

El 25 de abril de 1974, el corresponsal del diario *Abc*, José de Salas y Guirior, marqués de Salas y Guirior, un tipo estupendo que se dedicaba, en Estoril, a seguir los avatares de don Juan de Borbón, recibió una llamada telefónica en su casa, frente al golf de la bella localidad portuguesa:

– Pepe, ¿qué está pasando ahí?, le preguntó el redactor jefe del periódico.

Pepe se asomó a la ventana. El día, calmo, primaveral. El green del golf, más verde que nunca.

– Nada. ¿Qué va a pasar?

Salas, uno de los personajes mejor informados de lo que ocurría en la sociedad lusa, desconocía, no obstante, que, en esos momentos, en Lisboa, los tanques llegaban a la plaza del Rossío.

Porque el 25 de abril de 1974, un año antes de la muerte de Franco, había caído la dictadura de Marcelo Caetano en Portugal con la «Revolución de los Claveles». En España la oposición se movía en todos los frentes, pero la represión se había endurecido por temor a un posible efecto «dominó» del abril portugués, que en principio parecía destinado a tener una influencia sobre el espectro político español mucho mayor de la que en realidad tuvo. A través de un diario de tirada nacional (*Abc*, 16.5.1975), el entonces jefe de la Escuela Mayor del Ejército, general Jesús González del Yerro, que el 23-F sería el capitán general de Canarias, lanzó una seria advertencia al conjunto del país: «El Ejército español no tiene sus fusiles para adornarlos con claveles, ni los claveles florecen en la embocadura de un fusil». Del Yerro siempre fue un militar muy claro.

La suerte, pues, estaba echada para los miembros de la Unión Militar Democrática (UMD), el primer intento de democratización desde dentro del Ejército que preocupó seriamente a la jerarquía franquista y la llevó a una mayor «bunkerización». Al final, sólo hubo nueve procesados y condenados (el comandante Luis Otero y los capitanes Fermín Ibarra, Manuel Lago, Restituto Valero, Jesús Martín Consuegra, Fortes Bouzán, Fernando Reinlein, Antonio García Márquez y Abel Ruiz Cillero), pero había sonado la alarma entre la jerarquía franquista que iba a determinar su posterior posicionamiento respecto a la democracia.

En esos momentos una gran parte de los mandos militares superiores del Ejército que recibe en herencia el Rey había combatido en la Guerra Civil a las órdenes de Franco. Entre ellos, todos los que ostentaban los empleos en el generalato e, incluso, los que lo ostentarían después, en los años cruciales de la democracia.

En esas circunstancias la existencia de un grupo organizado en la milicia, como era la UMD, fue considerada como profundamente desestabilizadora y, para aquel poder fáctico, se convirtió en el primer síntoma de que las cosas empezaban a no marchar bien. De ahí, que hubiera un interés generalizado en circunscribir la UMD a sólo un comandante y ocho capitanes. Pero había más, según desvela a los autores de este libro el comandante de Caballería José Luis Pitarch:

Todo el mundo sabía en Valencia que yo estaba en la UMD, pero no quisieron que se viera lo extendido que estaba el movimiento y solamente metieron mano al grupo de Madrid. De hecho, el capitán general de Barcelona, teniente general Bañuls, se sintió celoso y procesó a tres militares: Julián Delgado, luego jefe de la Guardia Urbana, López Amor y Juan Diego; pero le ordenaron sobreseer la causa, para que pareciera un tema localizado sólo en Madrid, cuando había una red que se extendía a Valencia, Zaragoza, etcétera. En Valencia, por ejemplo, convocábamos las reuniones en la calle Primado Reig, 48, y venían capitanes de Murcia y Castellón y hasta unos suboficiales de Aviación de Madrid.

Y había más, naturalmente. La UMD se extendía como un reguero de pólvora por las Fuerzas Armadas, en las que habían entrado gentes de procedencia social distinta, ajenas a la Guerra Civil y a las teorías autoritarias del momento.

En la propia noche del 23 al 24 de febrero de 1981, por ejemplo, un capitán hasta ahora desconocido, Miguel Gervás Camacho, de la División Acorazada Brunete, asiste a una reunión en la que su inmediato superior, un coronel que jamás sería sancionado por su comportamiento, José Ramos Peña, se decanta claramente por las tesis golpistas. «Aquí pasa algo raro», dice Gervás, próximo al Partido Socialista y, además, economista. Se levanta el capitán a telefonear a sus contactos para advertirles de cómo andan las cosas en la DAC. Es inmediatamente inmovilizado por algunos de sus compañeros, y colocado en medio del patio de carros, en El Goloso. Allí le advierten: «Hay dos ametralladoras apuntándote;

al menor movimiento, dispararán». De cuando en cuando, alguno de sus compañeros de armas, no movido precisamente por la compasión, se le acerca: «Te vamos a matar y diremos que te has suicidado, rojo de mierda». A través de un leal, consigue enviar un mensaje al presidente del Colegio de Economistas, alertando sobre su situación. Dada la alarma, el propio Gabeiras llama al coronel Ramos, ordenándole la puesta en libertad de Gervás.

– Puede usted irse– le dijo, lacónico, el coronel.

– Y tanto que me voy, mi coronel. Pero para siempre– replicó Gervás.

Y lo hizo. Se marchó para siempre del Ejército, aquel mismo día. Le perdimos la pista como jefe de la Policía Municipal de La Coruña.

La gran pregunta que todos se formulaban es qué pasaría con el Ejército en una situación de cambio radical como la portuguesa. La lucha por la ruptura con el régimen anterior y la instauración de un gobierno provisional (objetivo que figuraba en el programa de la oposición democrática) hubiera llevado a cuestionar seriamente las estructuras armadas del franquismo. Pero ello implicaba también –sobre todo si se aplicaba el programa máximo de las fuerzas opositoras– el no reconocimiento de la institución monárquica, y lo cierto es que la izquierda reformista no estaba dispuesta ni a lo uno ni a lo otro: ni a enfrentarse a la disposición sucesoria de Franco, según la cual el príncipe Juan Carlos debía ser rey, ni a correr los riesgos de forzar una transformación de las Fuerzas Armadas en contra de la voluntad de sus jerarquías.

Las palabras de González del Yerro antes citadas, sin ser las únicas ni las más duras en tal sentido, eran clarísimas al respecto y definían el pensamiento de los mandos provenientes del franquismo, que luego tendrían altas responsabilidades cuando el 23-F. Pero más clara era aún la confesión que un año antes había hecho el entonces ministro del Ejército, teniente general Francisco Coloma Gallegos, otro de los «duros», reflejando la actitud de numerosos generales en las postrimerías de la dictadura:

No entiendo qué quiere decir de derechas ni conservador. El Movimiento Nacional se hizo para restablecer el orden y la justicia, lo que se logró a costa de muchos sacrificios [...]. En este sentido, el Ejército es conservador y defensor del orden institucional establecido por las Leyes Fundamentales del Reino» (*Actualidad Económica*, 23.3.1974).

El 10 de octubre de 1975 –con Franco, pues, ya al borde de la muerte–, en el discurso de toma de posesión del nuevo almirante de la Armada, el ministro de Marina, Gabriel Pita da Veiga, prevenía también a los partidarios de la reforma política: «Estamos firmes para que los políticos hagan su política. Nosotros velamos por la seguridad de la Patria y porque no se alteren sus esencias, de las que somos depositarios». Para algunos analistas militares, he ahí enunciada ya la teoría de las Fuerzas Armadas como «institución tutelar» y monopolizadora del criterio del bien y del mal por encima de la voluntad popular. Esta teoría conduciría, el 23 de febrero de 1981, al más serio intento de golpe de Estado que pondría en peligro la convivencia libre en España.

## Tendencias internas

A la muerte de Franco el Rey se encontró con un Ejército que durante treinta y seis años había sostenido una autocracia; que desde 1938 –primer gobierno provisional de Franco, en Burgos– había tenido treinta y siete ministros en los sucesivos gobiernos franquistas; que en ese mismo año de 1975 tenía veintidós militares de alta graduación –entre ellos diecisiete tenientes generales y generales– formando parte de las Cortes franquistas, y que, en virtud del Decreto sobre Bandidaje y Terrorismo de 1960, los militares podían juzgar las actividades políticas de los civiles. Era preciso desmontar ese Ejército, cambiando estructuras y personas. Pero, ¿se hizo lo que se tenía que hacer? Más aún, ¿se hizo correctamente? ¿Se hubiera podido evitar el 23-F?

Durante la transición en el Ejército coexistieron tres tendencias: un importantísimo sector ultra que promovía la continuidad estricta de los valores e instituciones del Estado franquista; un sector conservador, también franquista, pero más tolerante respecto a ciertas transformaciones consideradas inevitables, siempre y cuando al Ejército se le respetase su autonomía, y, por último, un grupo infinitamente menor de tendencia liberal que podía aceptar la adecuación del Ejército a una nueva estructuración moderna, democrática y pluralista.

Los dos primeros grupos, que conformaban el 90 por ciento del estamento militar, compartían valores muy cerrados en cuestiones sensibles en la sociedad: la unidad territorial de España y el rechazo total al estado autonómico; la unidad de bandera y lengua, el anticomunismo, el respeto al pasado, su orden institucional y los valores que, aseguraban, estaban amenazados en las nuevas relaciones sociales por el materialismo, la pornografía y la secularización. Añadiendo, naturalmente, los problemas derivados de la crisis económica y el paro y del terrorismo.

## VACÍO DEMOCRÁTICO

En julio de 1976, con la sustitución de Carlos Arias Navarro por Adolfo Suárez en la Presidencia del Gobierno, las posibilidades de encontrar demócratas entre los altos jefes militares para flexibilizar la actitud de la cúspide jerárquica eran tan nulas que, en vez de una depuración de los generales más comprometidos con la dictadura, el nuevo gobierno reformista de Suárez prefirió pasar a construir toda una nueva «clase política militar» con aquellos elementos fieles a la Monarquía y al programa de cambios políticos que él mismo llevaba en cartera, con el objetivo de poder gobernar también sobre las Fuerzas Armadas. Ese es el sentido del nombramiento, el 21 de septiembre de 1976, del capitán general Manuel Gutiérrez Mellado como vicepresidente primero del Gobierno, encargado de los asuntos de la Defensa, en sustitución del dimitido De Santiago y Díaz de Mendívil.

La tarea, ciertamente, no era fácil. Incluso hasta 1981 la cúspide jerárquica del Ejército estaba compuesta mayoritariamente por militares que hicieron su carrera en la Guerra Civil y en la aventura de la División Azul y que se consideraban portadores de la ideología de los vencedores y conscientes de su rol de guardianes del régimen que contribuyeron a crear. Fue significativo el hecho de que, coincidiendo con la entrada en el Club Siglo XXI, en Madrid, de Gutiérrez Mellado, se desafiliara de este club un grupo de generales entre los que figuraban Jaime Milans del Bosch –que por aquellas fechas era el jefe de la División Acorazada Brunete Número 1 y presidente del Consejo de Administración del diario *El Alcázar*– , Luis Cano Portal –antiguo jefe de la Guardia de Franco, columnista de *El Alcázar* con el seudónimo de «Jerjes»–, y Pedro Merry Gordon –capitán general de la VII Región Militar–.

En los comienzos de la transición, los que habían ingresado en la Academia Militar después de la Guerra Civil sólo llegaban hasta el grado de teniente coronel y, además, habían pasado por una Academia con una formación totalmente franquista. Así nos lo ha relatado el coronel Amadeo Martínez Inglés, apartado luego del Ejército por otras razones bien distintas:

En 1953, cuando yo ingresé en la Academia, el ídolo del ejército español era, naturalmente, Francisco Franco. Era una disciplina totalmente prusiana. Nos hacían aprender su vida casi de memoria, todas sus arengas, todos sus discursos... Era el culto al líder, al general carismático que había ganado la guerra y que había salvado a España de una auténtica catástrofe. Era el culto a la personalidad de Franco y a los valores de su régimen.

En ese mismo análisis, aunque en una vertiente diametralmente opuesta a la de Martínez Inglés, coincide el coronel Eduardo Fuentes Gómez de Salazar, poco entusiasta del Estado democrático y el hombre que firmó el «pacto del capó» con Tejero y Pardo Zancada para la rendición de los guardias civiles que habían asaltado el Congreso el 23-F. En su libro (*El pacto del capó*, Temas de Hoy, Madrid, 1994), se refiere así a los principios inculcados en la Academia Militar franquista, principios que él, naturalmente, da por válidos:

En lo político, nuestro comportamiento era consecuencia lógica de los planteamientos ideológicos [...] Nuestra ubicación política era simplista y elemental. No nos gustaban los profesionales de la política, de cualquier género que fuesen, por estimarles proclives a la intriga y a la desunión, pero comprendíamos que eran inevitables. Sentíamos alergia a los partidos porque se nos había inculcado la idea de que fueron los culpables de pasados desórdenes y tragedias, pero la aversión sólo era general y radical frente a las opciones separatistas y comunistas. La primera por atentar directamente contra la integridad de la Patria. La opción comunista, por su doctrina atea e internacionalista, agravada por la convicción histórica de su culpabilidad en los horrores cometidos en la sangrienta contienda civil.

En tales condiciones, a nadie extrañaba que, incluso hasta después de 1981, una gran mayoría de los mandos del Ejército pensara y actuara de forma refractaria ante determinados cambios. No era sólo la jerarquía militar, sino también los segundos y terceros escalones en la milicia. Siempre tuvieron claro que, a la muerte de Franco, el poder tenía que revertir a los militares, porque de ellos lo había recibido el Caudillo el 12 de septiembre de 1936 en el aeródromo de San Fernando, cerca de Salamanca. Incluso Franco había dado algunas respuestas a las demandas de continuidad que le estaban pidiendo sus fieles, como el 27 de mayo de 1962, ante los ex combatientes que se concentraron en el madrileño Cerro Garabitas, en la Casa de Campo: «Todo quedará atado y bien atado bajo la guardia fiel de nuestro Ejército», les había dicho. Las garantías de continuidad se verían reflejadas en el papel cuando, en 1966, el artículo 37 de la Ley Orgánica del Estado encomendó a las Fuerzas Armadas la defensa del orden institucional: los Principios del Movimiento y demás Leyes Fundamentales del régimen.

Pero todas esas promesas las rompió la Constitución de 1978, que ya se anticipaba como uno de los signos distintivos y clave de la transición. Lo vio muy claro el teniente general Fernando de Santiago y Díaz de Mendívil, uno de los generales más ultras y que planteó el primer «pulso» serio a Adolfo Suárez al dimitir el 21 de septiembre de 1976 como vicepresidente primero del Gobierno en protesta y repulsa por la legalización de UGT y de Comisiones Obreras. Esos «pulsos» iban a condicionar la política del Ejecutivo respecto al Ejército y a conducir, en definitiva, al golpe del 23-F y a otras intentonas anteriores y posteriores, como veremos.

Para algunos, Díaz de Mendívil era el famoso «elefante blanco» del 23-F, esa autoridad «militar, por supuesto» que Tejero esperaba que llegara al Congreso de los Diputados y que debía asumir el poder. Los autores de este libro no compartimos esa tesis (tampoco las de quienes aseguran que Tejero y Milans llegaron a pensar en algún momento que el «elefante» era el Rey), pero de lo que no cabe duda es de que De Santiago y Díaz de Mendívil fue un conspirador nato desde las posiciones más ultras del Ejército. El comandante Pitarch nos ha facilitado una carta que el citado teniente general hizo circular clandestinamente en 1977 en los cuarteles buscando firmas para pedir al Rey que interviniera ante la gravísima situación en la que, según ellos, se hallaba España.

La carta, firmada «respetuosamente y en nombre de todos los reunidos» por el teniente general De Santiago, se iniciaba así:

Señor, los abajo firmantes, reunidos ante el total deterioro de la situación española en los momentos cruciales en los que se dice que se va a dar paso a la democracia, consideramos nuestro deber (sin ninguna mira de interés personal) advertir a S.M. de que los tres Ejércitos, guardadores de la paz externa e interna de la Nación, no podemos seguir con total pasividad los actos que se producen a diario en contra de las más sagradas instituciones de España. Así, la falta de respeto a las Fuerzas de Orden Público, los gritos contra la unidad de la Patria y la certeza de que mañana España será republicana, hacen temer lo peor. Ya no son frases hechas, es que, verdaderamente, existe una conjura internacional para desestabilizar nuestra querida patria y ante ello no podemos menos que anteponer nuestro espíritu de orden, disciplina y seguridad nacional, por encima del mal llamado orden Constitucional».

Añadía, más tarde, que

se han burlado todas las promesas, se han hecho falsos todos los juramentos y todas las seguridades dadas en un sentido o en otro, han sido sistemáticamente olvidadas. Por ello, no podemos confiar más que en S. M. Esperamos se digne tomar en cuenta nuestro cálido sentido del patriotismo y del mejor servicio a la Nación Una e Indivisible (*sic*). Señor, el separatismo es un crimen que no Consentiremos».

La carta, cuyas peculiaridades de redacción hemos respetado, llegó hasta el teniente general José Vega Rodríguez, Jefe del Estado Mayor del Ejército, y ahí se paró su difusión, pero no se adoptaron medidas excepcionales contra sus promotores, aunque se creó una gran tensión interna. La carta en sí representa uno más de los pronunciamientos militares que se sucederán en aquellos años.

## LA OFENSIVA MILITAR

Las posturas eran, pues, muy claras. La transición se había iniciado con una importante contraofensiva militar contra el vicepresidente Gutiérrez Mellado, que fue el único que aceptó sustituir a Díaz de Mendívil en el cargo, razón por la que sus compañeros de armas más irreductibles le acusarían de «traición». El 29 de enero de 1977, en el curso de los funerales por el general de Intendencia Muñoz Vázquez, asesinado por la banda criminal ETA, el vicepresidente fue desobedecido e increpado por el capitán de navío Camilo Menéndez Vives —el hombre que después se sumó individualmente al golpe de Tejero en la noche del 23-F, ya fallecido–, entonces subdirector de la Escuela de Guerra Naval. «¡Por encima de la disciplina está el honor!», le grita Menéndez Vives, mientras otros reclaman: «¡Menos proceso democrático y más autoridad!» Estos son los lemas que empleará en adelante el golpismo latente en las Fuerzas Armadas.

Un coronel del Ejército, actualmente en la reserva, afirma que en los primeros meses de 1977 se intentó acabar con el pretendido papel de «sujeción» del Ejército por la sociedad civil y que se sientan las bases de lo que, desde entonces, sería la tónica de la política gubernamental hacia las Fuerzas Armadas: una combinación del ensalzamiento de los generales «liberales» y «moderados», con la adulación al conjunto del aparato militar y la timidez a la hora de sancionar los cada vez más frecuentes actos de indisciplina.

Desde 1975 a 1977, el Ejército no sufre variación, va por libre, sigue siendo un Estado dentro de otro Estado. Los mandos no aceptan la democracia, de manera que es la cúpula militar la que luego da el golpe el 23 de febrero. Ahí seguían estando los generales franquistas: Campano, Milans del Bosch, Merry Gordon, Álvarez-Arenas, Santiago y Díaz de Mendívil, Coloma Gallegos... Eran la cúpula militar y eran franquistas puros. Son los que asisten a la reunión de Xátiva, en septiembre de 1977, primera gran conspiración golpista y confabulación para vigilar de cerca la democracia. Ellos venían a decir: «No tomamos los cuarteles, pero, cuidado, como esto se separe un ápice del legado del Caudillo, que ha puesto ahí al Rey, damos el golpe». Para ellos, la legalización del PCE ya era el primer toque de que esto no iba bien. El golpe del 23-F se veía venir desde lejos», afirma hoy un general de reconocida solvencia, que en aquellos agitados tiempos era comandante de Estado Mayor en Madrid.

Franco había construido el Ejército como una gran guardia pretoriana para salvaguardar el Régimen. Lo utilizaba si eran traspasadas las fuerzas de seguridad. El suyo era un despliegue hacia el interior, de tal manera que los cuarteles estaban al lado de las ciudades. Eso es lo que tenía que desmontar Gutiérrez Mellado, quien unificó de alguna manera el mando, suprimiendo los ministerios de Aire, Ejército y Marina y creando un solo Departamento; reestructuró la Jefatura del Estado Mayor, como primera autoridad de la cadena de mando militar del Ejército de Tierra, y colocó a su frente a un general considerado «menos duro» que los otros, José Vega Rodríguez, aunque duro también, como se vería luego. El objetivo de los cambios era llegar a la creación de la Junta de Jefes de Estado Mayor (JUJEM) y, de este modo, ir consiguiendo la «neutralidad» del Ejército ante la reforma política.

Durante ese periodo, las confrontaciones entre el Gobierno de Suárez y el Ejército antes de las primeras elecciones generales libres (junio de 1977) fueron decisivas para marcar el comportamiento del sector involucionista en los años siguientes, hasta el apogeo golpista del 23-F.

## La conspiración permanente

A partir de la legalización del PCE (abril de 1977), la conspiración golpista contra la democracia estaba ya en marcha. En Xátiva (Valencia) se reúne, del 13 al 16 de septiembre de 1977, un elevado número de altos mandos militares, entre los que se encuentran los ex ministros del Ejército García Barroso y Álvarez-Arenas (ya fallecido, a quien en círculos del Cuartel General del Ejército se le conocía por el sobrenombre de «Clausewitz», por todo lo contrario de lo que hiciera famoso al estratega), así como los generales del «núcleo más duro» De Santiago, Campano, Prada Canillas, Coloma Gallegos, Milans del Bosch y Pita da Veiga. Los conjurados se pusieron de acuerdo en que había que obligar a la Corona a cambiar el Gobierno por otro encabezado por el teniente general Ángel Campano o por Fernando de Santiago y Díaz de Mendívil, y a disolver el Congreso por un periodo de dos años, bajo la amenaza de un golpe de Estado.

También entonces había una trama civil que, igual que ocurrió en el 23-F, nunca se investigaría a fondo. Pero, no obstante, entre quienes se manifestaban públicamente por esa solución –una solución que, por otra parte, estará latente a lo largo de la transición– se encontraban los ultraderechistas Blas Piñar y Juan García Carrés; los ex ministros franquistas José Utrera Molina (suegro del presidente de la Comunidad de Madrid, Alberto Ruiz-Gallardón), y Fernández de la Mora, Enrique Thomas de Carranza y el empresario José María Oriol, quienes el 8 de octubre se reunieron con el general Iniesta Cano para determinar su posición en caso de producirse un golpe de Estado. Paralelamente, se fueron creando organizaciones que harían mucho ruido en la antesala del golpe del 23-F, como la Unión Patriótica Militar, dirigida por el coronel Delgado de la Rioja, el Movimiento Patriótico Militar y las Juntas Patrióticas.

Tras las reuniones de Xátiva, el gobierno decidió quitar el mando de la División Acorazada a Milans, pero le nombraron capitán general de la III Región Militar, con sede en Valencia, con evidente disgusto por parte de éste, ya que aspiraba a la Capitanía General de la I Región, con sede en Madrid. Milans creyó luego ser merecedor del ascenso a jefe del Estado Mayor del Ejército, siendo ministro de Defensa Agustín Rodríguez Sahagún, pero el cargo recayó en el artillero teniente general José Gabeiras Montero, un hombre que resultó clave para desbaratar luego el 23-F, aunque en un primer momento nadie entendió las razones de la designación de un militar considerado «relativamente gris». El propio Múgica, evidentemente poco atinado en cuestiones castrenses en la época, indignó a un reducido grupo de militares demócratas ante los que afirmó, tras conocer la designación de Gabeiras: «Ha sido un error. Yo hubiera nombrado Jefe de Estado Mayor a Milans y luego lo enamoro para la democracia», comentó el hoy defensor del pueblo.

El enfado de Milans, lejos de enamorarse de la democracia, fue tan grande que acabó por no ponerse al teléfono cuando le llamaba Gabeiras, su superior.

La relativa postergación de Milans provenía de sus declaraciones públicas y privadas sobre los derroteros de las iniciales andaduras democráticas. ETA alcanzaba entonces las más altas cotas sanguinarias de su historia y Milans llegó a afirmar: «El Ejército deberá intervenir cuando se evidencie que las leyes, la actuación policial y la judicial sean insuficientes» (*Abc*, 23.9.1979). Incluso en sus chanzas, Milans evidenciaba su talante involucionista: «El cuerpo me pide seguir a mis abuelos y dar un golpe», bromeó en cierta ocasión ante un testigo consultado por los autores. En otra ocasión, departiendo con el Rey, el general dijo al jefe del Estado: «Majestad, si me tomo otro cuba libre saco los tanques a la calle». Hubo risas corteses y algo nerviosas.

Con tanta presión, la reforma militar empezaba a languidecer y a paralizarse. Es cierto, sin embargo, que en 1978 comenzaron ya a desaparecer de la escena militar activa un grupo de tenientes generales de marcada trayectoria franquista. Pasaron a la reserva, por edad, Carlos Iniesta Cano, Pérez de Lema y Juan Herrero, y al grupo B, los tenientes generales Villaescusa Quilis –quien había sido secuestrado en 1976-1977, junto con Oriol, por un comando de los GRAPO–, Coloma Gallegos, Prada Canillas, Cabeza Calahorra y Gómez de Salazar, entre otros. Pero ello no modificó sustancialmente la naturaleza de la cúspide jerárquica presente en febrero de 1981.

De estos generales que pasaron a la escala B en 1978, Cabeza Calahorra vive retirado en Zaragoza, sin ninguna ocupación desde que se cerrara el diario *El Alcázar*, del que era colaborador habitual. Francisco Coloma Gallegos y Carlos Iniesta Cano han fallecido, y los restantes viven jubilados sin ningún tipo de actividad. Pero incluso en la situación B tenían una gran capacidad de influencia. Sectores involucionistas, tanto civiles como militares, muy activos desde el inicio de la transición, cobraron nuevos bríos en 1980 como resultado de la grave crisis política de UCD.

La política seguida por Suárez y Gutiérrez Mellado pretendía que la jerarquía franquista se fuera extinguiendo por la fuerza del tiempo. En abril de 1980 el Consejo de Ministros aprobó tres proyectos del Ley del Ministerio de Defensa considerados como el inicio de un programa para lograr el rejuvenecimiento de los cuadros de mando del Ejército. Era obvio lo que había detrás: creación de la situación de reserva activa, fijación de nuevas edades de retiro y nuevo sistema de calificación de mandos y ascensos. Era una seria tentativa de llevar el cambio a los cuarteles, pero, según datos oficiales de la época, de los 738 alféreces cadetes pertenecientes a las últimas cinco promociones, 430 eran hijos de militares; es decir, el 58 por ciento del total, a los que se les suponía en parte imbuidos, vía familiar, del antiguo espíritu castrense.

Por otra parte, publicaciones como *El Alcázar*, *El Heraldo Español*, *El Imparcial*, *Reconquista* o *Empuje*, donde se refugiaron muchos de los generales retirados, actuaron de portavoces permanentes de la involución. Mientras, la ultraderecha y grupos de dudoso origen, como el GRAPO, la emprendían a bombazo limpio con la prensa libre para atemorizarla: bombas, incendios provocados o cócteles molotov fueron lanzados a lo largo de esos años contra *El Papus*, *Diario 16*, *El País*, *El Ideal de Granada*, *El Ideal Gallego*, *Radio España* o *Radio Madrid*. El comandante Pitarch confirmó a los autores de este libro cómo en los cuarteles los mandos protegían la presencia de su prensa afín, anteriormente citada, mientras se impedía especialmente la entrada de los rotativos *El País* y *Diario 16* y de la revista *Cambio 16*, convertida en aquel momento en la más prestigiosa publicación semanal de la democracia.

Un hecho sucedido en julio de 1980 disparó la alarma entre los llamados «príncipes del Ejército». Se temió que con el fallecimiento, el día 15, del teniente general Luis Otero Saavedra, presidente del Consejo Supremo de Justicia Militar, el Gobierno provocara una amplia combinación entre las jerarquías militares. A lo largo de 1980 no estaba prevista ninguna vacante en el escalafón de tenientes generales, mientras que en 1981 serían ocho los que tendrían que dejar el mando para pasar a la situación B: Fernando Sanjurjo de Carricarte (Jefatura Superior de Apoyo Logístico); Antonio Delgado Álvarez (capitán general de la IX Región); Ricardo Aguilar Carmona (consejero del Consejo Supremo); Manuel Fernández Posse (capitán general de la VIII Región); Manuel de la Torre Pascual (capitán general de Baleares); Jaime Milans del Bosch (capitán general de la III Región); Ángel Campano López (capitán general de la VII Región), y Antonio Elícegui Prieto (capitán general de la V Región).

Si se analiza esa lista, se observa que a Milans le quedaba sólo hasta junio de 1981 como capitán general, prácticamente lo mismo que a los otros tenientes generales calificados en su día como «dudosos» frente a una conspiración militar: Campano, Elícegui y de la Torre Pascual, fundamentalmente. Una vez reemplazados en sus Capitanías Generales, no era probable que pudieran ni siquiera proyectar un golpe. Para algunos analistas ese fue un elemento más que contribuyó a que al menos uno de los mencionados, Milans, diera el paso definitivo en la tarde del 23-F.

## LOS ENSAYOS DEL GOLPE

Los intentos golpistas no dejan de sucederse, con un hilo conductor que lleva los mismos nombres y parecido entorno, como piezas de un mismo rompecabezas. A cada intento fallido le sucede otro, con parecidos protagonistas y continuación del anterior. Se confirmaba así que el árbol golpista era muy concreto y contumaz. Los nombres se repiten una y otra vez: Milans, Torres Rojas, Tejero, Ynestrillas... Pero cuando la opinión pública comienza a conocer lo que se trama es en noviembre de

1978, cuando se desmantela la llamada «operación Galaxia», promovida por el teniente coronel de la Guardia Civil Antonio Tejero Molina y el capitán de Infantería Ricardo Sáenz de Ynestrillas. El objetivo era secuestrar al Gobierno en La Moncloa con efectivos de la Guardia Civil y la Policía Armada –qué paralelismo con el 23-F– y hacer posible la formación de un Gobierno de «salvación nacional» opuesto al sistema democrático. También se dictó orden de detención contra el director y el subdirector del diario *El Imparcial*, Julio Merino y Fernando Latorre, respectivamente, si bien éstos fueron puestos en libertad tras prestar declaración.

Lo verdaderamente curioso fue que se pudo desmantelar la operación casi en sus inicios gracias a la «delación» de un militar que luego, sin embargo, daría mucho que hablar a finales de 1980: el coronel Federico Quintero Morente, antiguo miembro del triunvirato que con José Ignacio San Martín (condenado por su implicación en el 23-F) y José Ramón Pardo de Santayana formó la cúpula del SECED, los servicios de información del almirante Luis Carrero Blanco. Otra vez los mismos nombres. En esta ocasión, sin embargo, Quintero informó a su inmediato superior, el general Sáez Larumbe, jefe de la Sección de Operaciones del Estado Mayor del Ejército en ese momento, de la visita que le había hecho el teniente coronel Tejero a su domicilio para exponerle el plan. Sólo dos años más tarde, Quintero, que, como hemos narrado, se encontraba de agregado militar en la Embajada en Estambul, haría un informe sobre el golpe de Estado en Turquía que corrió por los cuarteles como una solución para el «caso español».

En 1978, sin embargo, el intento fue considerado por muchos como «descabellado» e incluso se le denominó como «una charla de café sin más trascendencia». Fue un grave error, como un grave error fue que, al parecer, en los años sucesivos nadie se ocupara de vigilar a Tejero pese a que todos sabían de sus actividades golpistas. ¿Por qué? Pardo Zancada, uno de los que se sumaron a Tejero en su asalto al Congreso, ha revelado alguna clave:

> Con el tiempo sí pude hacer algo por los ya detenidos en prisión preventiva: trabajar a su favor en la División Acorazada, restándole importancia a aquello, que no pasaba de haber sido más intención o propósito que verdadero plan de acción. El ambiente, cuando fueron juzgados, estaba a su favor. Las penas que les impuso el conse-

jo de guerra, al que asistí como parte del público, fueron bastante benignas – siete y seis meses, respectivamente– y los condenados a ellas ya las tenían cumplidas con creces».

Otra de las puntas del iceberg del golpismo saltó a la luz pública cuando se informó (*Diario 16*, 25.1.1980) de un intento de rebelión militar del general Luis Torres Rojas, que había sido nombrado jefe de la División Acorazada Brunete el 6 de junio de 1979. La información fue considerada por el entonces ministro de Defensa, Agustín Rodríguez Sahagún, como «mera elucubración» y le costó el procesamiento por la jurisdicción militar al director del periódico, Miguel Ángel Aguilar. Pero lo cierto es que el Gobierno decidió el cese de Torres Rojas al frente de la Acorazada –aunque se le confió el Gobierno Militar de La Coruña– y en Melilla fueron detenidos los capitanes José Tormo Rico, del Tercio Gran Capitán I de La Legión, y González de las Cuevas, de Artillería. Ambos habían mantenido reuniones con otros oficiales y mandos, en las que habían informado sobre un supuesto proyecto de intervención militar. Torres Rojas sería condenado por su participación en el 23-F.

El plan que Rodríguez Sahagún calificó de «elucubraciones», sería luego desvelado por el diario *El País* (27.1.1980) con todo lujo de detalles: preveía el asalto al Palacio de La Moncloa por fuerzas de la Brigada Paracaidista –en la que Torres Rojas había pasado la mayor parte de su vida militar y de la que llegó a ser general jefe–, mientras que el control de Madrid lo llevarían a cabo unidades de la División Acorazada. El objetivo no era la implantación de una dictadura militar propiamente dicha, sino obligar al Rey a declarar ilegal el Partido Comunista y poner en el Gobierno al teniente general José Vega Rodríguez.

Pese a las protestas del Gobierno, el dirigente socialista Enrique Múgica confirmó esos extremos: «Los socialistas estábamos enterados» (*Diario 16*, 28.1.1980). El secretario general del PCE, Santiago Carrillo, a quien no se le respetó el *off the record* en un almuerzo con periodistas (*Abc*, de Madrid, y *El Noticiero Universal*, de Barcelona, 31.1.1980), indicó que estaba al tanto de la iniciativa, a la que comparó con la que en 1923 llevó al poder al general Miguel Primo de Rivera y que hubiera consistido en una comparecencia conjunta de altos militares ante el Rey en el mes de febrero o marzo. Y hasta el secretario general del PSOE, Felipe

González, diría más tarde: «Por primera vez siento que hay peligro para la democracia» (*Diario 16*, 28.4.1980). Nuevamente los mismos nombres y similares planes, incluso en la operatividad.

El caldo de cultivo de la escalada golpista, que alcanzaría su punto de no retorno en enero de 1981, se estaba cocinando a marchas forzadas. El teniente general José Gabeiras, como jefe del Estado Mayor del Ejército, tiene que acudir a Melilla para afirmar ante los mandos que «las espadas no deben condicionar la política» (30.1.1980); Fraga, Silva y Blas Piñar se reúnen para analizar los acontecimientos políticos en una casa particular (31.1.1980); Carrillo comienza a advertir que estamos ante «una dictadura solapada» (Comité Central del PCE, 4.2.1980); en el XXV aniversario de la Academia de la Guardia Civil, el propio Rey tiene que escuchar impasible cómo el director del centro, coronel Francisco Javier Cereceda, acompañado del hombre que insultó a Gutiérrez Mellado en Cartagena, general Atarés Peña, dedica un «emocionado recuerdo» al general Franco «como ejemplo de virtudes militares» a seguir (9.5.1980); en una asamblea de ex combatientes se abuchea e insulta al Rey con asistencia de los más granado de la ultraderecha: Blas Piñar, Pilar Primo de Rivera, Raimundo Fernández Cuesta, De Santiago y Díaz de Mendívil, Silva Muñoz, González Fernández de la Mora y el director de *El Alcázar*, Antonio Izquierdo (6.7.1980)... y suma sigue.

En definitiva, en febrero de 1981 el ambiente español estaba cargado de electricidad, muy particularmente en el sector ultra y en el militar. El «Esto no puede seguir así» se pronunciaba casi obsesivamente en las salas de bandera. Los rumores apuntaban a un Gobierno de concentración e, incluso, en los periódicos se hablaba abiertamente de una posible presencia militar en el nuevo Gabinete. Muchos coincidieron en un nombre: el del general Alfonso Armada, pero también se llegó a citar a los tenientes generales Iniesta Cano, José Vega Rodríguez y Fernando de Santiago y Díaz de Mendívil.

Curioso: no muchas semanas antes del 23-F, el *Diario 16*, sin duda el periódico más enterado de chismes militares, merced a la presencia en la redacción del ex capitán Reinlein, publicó una página en la que se contenía una operación ficticia, llamada «Operación Zalamea». Era un anticipo calcado de lo que iba a ocurrir en la intentona de Tejero. Años después, Reinlein comentaba a los autores que el ayudante de Milans, Pedro Mas, enseñó a Armada el recorte del periódico:

— Si esto lo sabe Reinlein, lo sabe más gente —dijo Mas al marqués de Rivadulla.

— No importa. Adelante con los planes —respondió Armada.

## EL «DESPISTE» DE LA II BIS

Entre tanto, ¿qué hacían los servicios de información militar? Los autores de este libro han tenido acceso a un documento calificado como «secreto», aprobado en mayo de 1981, apenas dos meses después del intento de golpe de Estado del 23-F, por la División de Inteligencia del Estado Mayor del Ejército. Se trata de la «Instrucción General 2/81», relativa a la «Organización y funcionamiento del servicio de información interior». Esta instrucción ha permanecido inédita hasta nuestros días, pero su importancia es casi fundamental para explicar por qué los servicios de información militar (la IIª bis) no se enteraron, supuestamente, de lo que estaba sucediendo en los cuarteles. ¿O sí se enteraron?

El 29 de octubre de 1980 el Boletín Oficial de la Defensa publicaba el Real Decreto 2288/1980, de 20 de octubre, por el que se destinaba al general de Brigada de Infantería, diplomado de Estado Mayor, Fernando Morillo Flandes, al Estado Mayor Conjunto de la Junta de Jefes de Estado Mayor. Para cualquier observador se trataba, simplemente, de un nuevo destino. Sin embargo, lo que no se decía es que Morillo acababa de ser cesado como jefe de los Servicios de Información del Ejército de Tierra. Tampoco a nadie se le había ocurrido ligar ese cambio de destino de Morillo con otro hecho trascendente: el cese unos meses antes del general Gerardo Mariñas Romero como director del CESID, a cuyo frente había quedado en funciones el coronel de Infantería de Marina Narciso Carreras Matas, quien por edad estaba ya en situación B. Es decir, habían quedado vacantes los dos puestos más importantes de la inteligencia militar en un momento de intensísimo ruido de sables en los cuarteles.

¿Por qué el cese de Morillo? Las causas nunca fueron suficientemente aclaradas, pero coincidió con el descubrimiento de las llamadas «cintas aleatorias». Según confirma el ya mentado comandante Pitarch, autor del libro *Diario de un militar constitu-*

*cionalista*, algunos oficiales de segundas secciones de Estado Mayor de Capitanías Generales habían montado un sistema especial de cifrado para comunicarse entre sí fuera de los circuitos establecidos. A la cabeza de la trama, según este comandante, estaban las Capitanías de Valencia y Sevilla. El cabeza de la trama en Valencia era, justamente, el jefe de la II Sección (Información), teniente coronel de Infantería Joaquín Pacheco Miquel, quien era ayudado por los comandantes de Infantería, Silla y Fernández Hidalgo. Curiosamente, este último se vio luego implicado en la intentona golpista prevista para el 27 de octubre de 1982 por los hermanos Crespo Cuspinera, si bien resultó finalmente exculpado por falta de pruebas.

Lo realmente sorprendente es que, con estos antecedentes, la reorganización del Servicio de Información Interior de la División de Inteligencia del Estado Mayor del Ejército no se llevara a cabo hasta mayo de 1981; es decir, ocho meses después de descubrirse la trama de las «cintas aleatorias» y dos después del intento de golpe de Estado. Otro dato más que revela hasta qué punto no se tomaron medidas serias contra las actitudes progolpistas de algunos mandos castrenses, que, por otra parte, solían ser siempre los mismos.

En cualquier caso, después del estrepitoso fracaso de la información militar que no supo prever y mucho menos atajar el 23-F, la Instrucción General 2/81 reorganizó la Sección de Contrainformación de la División de Inteligencia, las segundas secciones de Estado Mayor, las S-2 de las Planas Mayores, las Oficinas y Oficiales de Información y Seguridad en Unidades y los Centros y Dependencias del Ejército. Entre otras cosas, la Instrucción advertía que «los órganos auxiliares desarrollarán su actividad informativa bajo la dependencia directa del Mando correspondiente y solamente difundirá la información autorizada por él, tanto en el sentido ascendente, como en el descendente y lateral» y añadía que «ninguna razón puede justificar el ineludible deber de informar al Mando».

# 5

## PERO ¿ES QUE HAY ALGÚN MILITAR QUE NO CONSPIRE?

EL GOLPISMO UNIFORMADO

A estas alturas, de lo que ya no cabe ninguna duda es que son dos generales los que convocan la intentona de febrero de 1981 y generales son, en su mayoría, los que asisten a la principal reunión conspiratoria del 18 de enero de 1981, en el número 15 de la calle General Cabrera, de Madrid, domicilio del comandante de Infantería Pedro Mas Oliver. Veinte años después se puede afirmar que el 23-F es el resultado de un movimiento de arriba hacia abajo y no al revés. Es obvio que alguien estaba moviendo los hilos para que el malestar saltara, para que se produjera una reacción que justificara un cambio. Pero, ¿también una vacuna contra las tentaciones intervencionistas del Ejército?

Visto desde la actual perspectiva, es obvio que el informe elaborado por el CESID en noviembre de 1980 titulado «Panorámica de las operaciones en marcha», al que ya nos hemos referido, acertó en la diana. Sólo le faltó determinar el día, la hora y el lugar concreto del golpe. Y los nombres, claro. Pero ello no se decidió hasta última hora, como veremos después. Muchos se han preguntado: si estaban informados los servicios secretos –y el Gobierno– sobre las operaciones anticonstitucionales en marcha, ¿por qué no se les puso coto? Un miembro del CESID en la época, y que salió de «La Casa» en no muy buenos términos con sus posteriores responsables, comentó a los autores: «Pero ¿es que había algún militar que no conspirase?».

Aunque, como hemos visto, la conspiración militar era permanente, a lo largo de 1980 se van a producir cuatro movimientos importantísimos y definitivos en el seno de las Fuerzas Armadas: dos grupos de coroneles actuando de forma paralela; el grupo en el que se encuadra Tejero, con civiles y militares, y, finalmente, el grupo de los tenientes generales.

## EL GRUPO DE LOS CORONELES

Al frente del primero de los grupos de los coroneles se encontraba José Ignacio San Martín López, antiguo jefe del Servicio Central de Documentación (SECED 1972/19.1.1974) de la Presidencia del Gobierno con el almirante Luis Carrero Blanco y director general de Tráfico, en el Ministerio de la Gobernación, con Manuel Fraga como ministro. San Martín poseía una dilatada vida militar, como lo prueba su currículum: fue profesor de la Escuela de Estado Mayor del Ejército; participó en la última campaña en el Sahara al mando del Grupo de Artillería Autopropulsada XII, y perteneció a los Estados Mayores de la antigua División de Caballería Jarama y de la Acorazada Brunete número 1, de la que era jefe del EM cuando el 23-F. Fue también el hombre que le comunicaría al general José Juste, su responsable, que la Brunete calentaba motores para marchar sobre Madrid por orden de Armada y con conocimiento del Rey.

A principios de 1980 San Martín comenzó a mantener reuniones más o menos clandestinas con una serie de militares de su mismo rango, que —creía él— compartían una visión tan apocalíptica sobre el futuro inmediato de España como la suya propia. Esas reuniones han quedado perfectamente descritas por Ricardo Pardo Zancada, uno de los golpistas luego condenados, como el propio San Martín, en su ya citada obra *La pieza que falta*.

Según el testimonio de Pardo, a partir del otoño de 1980 San Martín se reunió en diferentes ocasiones con los coroneles Diego Ibáñez Inglés, actualmente fallecido, entonces segundo jefe de Estado Mayor de la Capitanía General de Valencia y condenado por el 23-F; con Emilio Alonso Manglano, jefe de Estado Mayor de la Brigada Paracaidista, que el 23-F se mantendría leal a la

Constitución y que luego sería nombrado director general del CESID, desde donde lucharía contra las tramas involucionistas en el Ejército; con José Ramón Pardo de Santayana, hijo de un general y con otros tres hermanos militares, y que representaría más tarde a España ante el Comité Militar de la OTAN (cesó el 18.5.1990) y se retiraría como teniente general; con José Luis Carrasco Lanzas, quien llegaría a ser, ya con los socialistas, capitán general de la IV Región Militar (Cataluña), y con Armando Marchante Gil, retirado más tarde como general de División y a quien diversas fuentes vincularon con el grupo que escribía en *El Alcázar* bajo el seudónimo colectivo de «Almendros».

En los primeros días tras el 23-F, el periodista Miguel Ángel Aguilar, en un artículo titulado «Altas personalidades militares leales al poder expresan su inquietud» y con el antetítulo de: «Un extraño clima de admiración se fomenta en torno a los sediciosos» (*El País*, 3.3.1981), relacionó a Marchante con el intento de golpe de Estado. El coronel reaccionó con la interposición de una querella, que sería archivada en septiembre de 1989 por haber prescrito las supuestas responsabilidades. Aguilar describía el ambiente que rodeaba la acogida de los golpistas en los acuartelamientos en los que fueron recluidos, así como la preocupante paralización de las investigaciones para el esclarecimiento de los hechos y de las complicidades, mientras los golpistas eran objeto de todas las deferencias imaginables.

El periodista, que había sido director de *Diario 16* y redactor del dinamitado diario *Madrid*, y estaba considerado como un bastante buen conocedor de los ambientes castrenses, escribía en *El País* que varios jefes y oficiales, entre ellos el coronel Marchante, trabajaron en el servicio de información en una entidad bancaria a favor del golpe militar. Esa información no fue posteriormente confirmada. Marchante siguió en el Ejército y alcanzó el generalato con los socialistas, a propuesta del ministro de Defensa Narcís Serra.

San Martín, por su parte, como representante de los servicios de Información militares, disponía de datos precisos sobre muchos de sus compañeros y sobre los movimientos en las filas castrenses. Algunas de sus entrevistas en la fase preparatoria del golpe fueron realmente sorprendentes, como la que, según Pardo Zancada, mantuvo con el entonces comandante Santiago Bastos Noreña. Es conveniente detenerse un momento en este nombre, porque luego tendrá una gran importancia en los servicios secretos españoles, reorganizados tras el 23-F. Bastos era el responsable del grupo antiinvolucionista del CESID desde 1980, pero sólo cuando llegó Manglano a la Dirección General del centro, unos meses después del 23-F, y decidió mantener su confianza en él, el grupo recibió los medios y los hombres necesarios para llevar a cabo su tarea.

Cuando Santiago Bastos fue ascendido a general por el Gobierno de Felipe González (1995), llevaba ya veinticinco años dedicándose exclusiva e ininterrumpidamente a tareas relacionadas con el espionaje. Había entrado en el SECED (antecedente del CESID) a principios de los setenta, donde se relacionó directamente con San Martín —de ahí, quizá, el encuentro que ambos mantuvieron en 1980— y fue uno de los varios que no cumplieron con la primera exigencia del SECED, relativa a no permanecer en el servicio más de tres años.

Bastos se había especializado en cuestiones eclesiásticas (uno de los primeros pilares de espionaje montado por San Martín; otro era el de la Universidad y un tercero era el laboral), pasando después al CESID, en el área sobre involucionismo en el seno de las Fuerzas Armadas. Bastos iba a ser, por ejemplo, uno de los máximos responsables de la desarticulación de la siguiente intentona golpista, prevista para el 27 de octubre de 1982, como veremos luego, así como de la detención (mayo de 1986) del coronel ultraderechista Carlos de Meer —abogado defensor del capitán Francisco Dusmet, uno de los condenados por el intento de golpe de Estado del 23-F— por un posible delito de conspiración para la rebelión.

Pero entonces, en los convulsos meses previos a la intentona golpista, Bastos «no se enteró» de lo que se estaba preparando, pese a haber mantenido al menos dos encuentros con el coronel San Martín, uno de los procesados y condenados por el 23-F. ¿Por qué? Diversos medios conectados con el CESID han respondido a esta pregunta señalando que Cortina Prieto, entonces responsable de la poderosa Agrupación Operativa de Medios Espaciales de «La Casa» (AOME), punteaba a la división de Bastos, la de Involución. Este dato vendría a añadir más cargos contra la supuesta implicación de Cortina y la AOME en los sucesos del 23-F, como desarrollaremos después. Cortina, sin embargo, iba a ser absuelto en el juicio por la intentona golpista. Claro que otras versiones hablan de una cierta «incapacidad» de Bastos para llevar adelante las investigaciones que tenía encomendadas, y hasta de «mirar hacia otro lado» para no ver lo evidente: que había al menos tres golpes en marcha, con decenas de jefes y oficiales presuntamente involucrados. La polémica interna en el CESID no ha concluido ni siquiera hoy.

Siguiendo con el hilo principal, San Martín también informó de todos sus contactos al que más tarde sería capitán general de Zaragoza, pero que en esos meses de 1980 era el jefe de la Sección Operativa del Estado Mayor del Ejército, general Sáez Larumbe. En definitiva, que los contactos de San Martín eran, por lo que se ve, un secreto a voces... Así que, o hubo demasiados «mudos» a lo largo de ese periodo y posteriormente durante la instrucción y juicio por el 23-F, o hubo instrucciones desde arriba para no buscar toda la verdad. Veinte años después, los autores podemos afirmar que hubo un poco de ambas cosas. Así lo ha confirmado el ministro de Defensa al que le tocó todo el periodo de instrucción sumarial y el juicio por el Consejo Superior de Justicia Militar, Alberto Oliart:

> El general García Escudero vino a verme en pleno juicio para decirme: «Ministro, si aplico el Código Militar a rajatabla tengo que procesar a todos los oficiales y suboficiales de la División Acorazada y del Maestrazgo». Eso suponía varios miles, 4.000 como mínimo, así que le dije que procediera sólo contra los jefes» (*Memorias de la Transición*, 1996).

Gravísimas declaraciones las de Alberto Oliart, que complementan otras de Calvo Sotelo en el mismo sentido, pero, sin duda, han arrojado un poco más de luz sobre el porqué no se investigó más a fondo.

## Silva, presidenciable

En cualquier caso, veinte años después de esos sucesos, no cabe la menor duda de que 1980 era un hervidero de contactos militares conspiratorios. Junto a lo que se podría llamar como el «grupo de San Martín», se reunían paralelamente otros militares que pasarían desapercibidos en la investigación del 23-F, pero algunos de cuyos nombres ocuparían la primera plana de todos los periódicos en octubre de 1982. Se trataba de los coroneles Luis Muñoz Gutiérrez y Jesús Crespo Cuspinera y el teniente coronel José Crespo Cuspinera, hermano del anterior, todos del Arma de Artillería, así como del comandante Fernández Hidalgo, a quien ya se ha mencionado en este libro cuando se ha hablado de las «cintas aleatorias», pero en cuya figura se hace necesario detenerse un momento en este punto de la narración.

Las Capitanías Generales disponían de cuatro Secciones de Estado Mayor; la I$^a$, de Personal; la II$^a$, de Información, donde se encuadraban las «bises»; la III$^a$, de Operaciones, y la IV$^a$, de Servicios. En 1980, en la Capitanía General de Valencia bajo el mando de Milans del Bosch, el jefe de la II$^a$ Sección era el ya citado en este libro teniente coronel de Infantería Joaquín Pacheco Miquel, quien estaba asistido por dos comandantes de Infantería que también han aparecido en estas páginas: Silla y... Fernández Hidalgo. Según datos facilitados por el comandante Pitarch:

> [...] entre ellos tres llevaban la II$^a$ Sección. Había una sala especial de Operaciones, forrada en corcho, insonorizada y con muchas precauciones, que era donde se hacía la preparación de maniobras. La llave de esa sala la tenía la III$^a$ Sección, pero un día de principios de 1981, por orden del coronel Ibáñez Inglés –jefe accidental de Estado Mayor porque no había en ese momento un general– cuando llegó el general Urrutia, lo puntearon, no contaron con él para la preparación del golpe, Pacheco, de la II$^a$, llegó al jefe de la III$^a$ y le dijo: «Me tenéis que dar la llave de esa sala, porque estamos preparando un ejercicio». Los de la III$^a$ quedaron muy sorprendidos, pero les dejaron la sala.

El interés de esta historia radica en que en esa sala, según Pitarch, los responsables de la II$^a$ Sección de la Capitanía General planificaron con mucha antelación al 23-F la toma de Valencia por efectivos de la División Maestrazgo, que mandaba el general León Pizarro. Ibáñez Inglés sería juzgado y condenado y Pacheco, que pertenecía a la VI Promoción y había sido profesor en la Academia de Infantería de Toledo a principios de los sesenta, fue cesado al frente de la II$^a$ Sección, pero le dieron el mando del Grupo Logístico de Bétera.

En conclusión, en Valencia no se investigó o se archivó la posible implicación de Pacheco, Silla y Fernández Hidalgo. Sin embargo, como ya hemos dicho, el nombre de Fernández Hidalgo, que había mantenido reuniones supuestamente conspiratorias con el grupo de los Crespo Cuspinera, aparecería relacionado –aunque no condenado– en el posterior intento de golpe del 27 de octubre de 1982, como veremos más tarde.

En relación con estos coroneles que pertenecían o habían pasado por el SIBE (Servicios de Información Bis del Ejército), Pardo Zancada facilita un dato muy interesante, que reproducimos de forma literal:

> Creo poder asegurar que estuvieron en contacto con un grupo de hombres del mundo del capital, de apellidos sonados, algún banquero incluido. Su candidato para presidir un eventual gobierno, también procedente del régimen anterior, no comulgaba demasiado con la solución Armada. La criticó en una conferencia pronunciada en el seno de la Confederación Nacional de Combatientes, comparándola, para mí con toda razón, con la solución Berenguer, en la de la «dictablanda» que hizo posible la caída de Alfonso XIII y el advenimiento de la Segunda República. Estoy aludiendo al que se conoció como ministro-eficacia, Federico Silva Muñoz, fallecido en octubre de 1997.

¿Era ésta una de las aristas del supuesto golpe duro que iban a dar algunos tenientes generales el 2 de mayo?

## CARRÉS, TEJERO Y LOS TENIENTES GENERALES

De todas las reuniones conspiratorias que se sucedieron a lo largo de 1980, la única que llegaría al final, como es de sobra conocido, sería la representada por el ultra Juan García Carrés y el teniente coronel Tejero Molina. Fue también la más complicada de todas, porque alrededor de la misma giraron una serie de figuras cuyo protagonismo en los hechos no quedó suficientemente aclarado en la Causa 2/81. En este punto conviene conocer la trayectoria de Tejero.

Guardia civil desde su ingreso en el Cuerpo en 1951, su biografía está salpicada de episodios progolpistas. Tejero protagonizó el primer incidente con trascendencia pública cuando estaba destinado en San Sebastián, con ocasión de la legalización de la «ikurriña»: envió un telegrama al entonces ministro del Interior, Rodolfo Martín Villa, en el que mostraba su enérgica disconformidad con la medida. A raíz de este incidente fue trasladado a Málaga como jefe de la Comandancia de la Guardia Civil. En su nuevo destino, volvió a ocupar espacio en las páginas de los periódicos cuando (octubre de 1977), al frente de una compañía de la Benemérita, impidió la celebración de una manifestación política autorizada por el Gobierno Civil de Málaga. ETA acababa de asesinar al presidente de la Diputación de Vizcaya y, al dirigirse a los manifestantes, Tejero dijo: «Hoy es un día de luto en España y aquí no se manifiesta nadie». Se le retiró el mando y se le arrestó en su domicilio.

Menos de un año después, Tejero volvió a ser noticia, al publicar, a través del desaparecido diario ultra «El Imparcial», una carta al rey Juan Carlos en la que se mostraba abiertamente disconforme con la Constitución que luego sería aprobada mayoritariamente en referéndum (diciembre de 1978). Con motivo de la carta, titulada «Majestad: no más sangre», Tejero fue expedientado.

Pero, sin duda, el episodio más serio protagonizado por Tejero fue la llamada «Operación Galaxia», entre finales de octubre y mediados de noviembre de 1978, junto con el capitán de Infantería Ricardo Sáenz de Ynestrillas, de la que ya hemos hablado. El Consejo de Guerra impuso penas mínimas a los encartados: siete meses de prisión para Tejero y seis meses y un día para Sáenz de Ynestrillas, con el natural alborozo de los elementos más ultras. Tejero permaneció en Madrid en un destino burocrático, pero en la capital se creció; fue donde, con sus contactos con grupos de extrema derecha, adquirió el convencimiento de que la solución de España pasaba por un golpe de Estado, por la instalación de los militares en el poder, y que él tenía que ser el que encendiera la mecha.

La misma sentencia del 23-F establecerá como hechos probados que el origen de este grupo, que culminó con el asalto al Congreso de los Diputados, habría que situarlo en mayo de 1980, cuando se planteó la posibilidad de que la Guardia Civil perdiera su carácter militar. En plena campaña de recogida de firmas en contra, se afianzó la amistad entre Tejero y Juan García Carrés, el único civil que fue condenado por el 23-F, antiguo presidente del vertical Sindicato de Actividades Diversas y procurador en las Cortes franquistas, actualmente fallecido.

Carrés era hijo de Vicente García Ribes, que presidió el sindicato nacional del Transporte. La matanza de los cinco abogados laboralistas de la calle Atocha, de Madrid (enero de 1977), descubrió algunas conexiones del terrorismo ultra con los sindicatos dirigidos por la familia García Ribes/Carrés. Por ejemplo, Francisco Albadalejo, que pasaba por ser jefe de los pistoleros, llevaba cuatro años como secretario del sindicato provincial del Transporte, y Simón Fernández Palacios, también implicado en la matanza, trabajaba igualmente en el sindicato de García Ribes. El puesto de trabajo se lo había conseguido García Carrés, quien no tenía empacho en declarar abiertamente que su líder era sin duda José Antonio Girón de Velasco, «el león de Fuengirola».

Como dato curioso, Carrés se casaría el 15 de febrero de 1982 en la clínica Covesa, de Madrid, mientras estaba en prisión por el 23-F, con Dolores Sánchez Berber, viuda de militar y con un hijo, Luis Eugenio Togores Sánchez, que ofició de padrino junto con el abogado Arturo de Gregorio, antiguo secretario de García Carrés y el hombre que compró, en nombre de la mujer de Tejero, los autobuses en los que se trasladaron los guardias que tomaron el Congreso el 23-F.

Tejero y García Carrés conectaron desde el primer momento: sus puntos de vista sobre la situación española y la necesidad de «salvar a la Patria» eran plenamente coincidentes, como coincidente iba a ser la solución: un golpe militar «duro», en el que estaría también de acuerdo desde los primeros momentos un teniente general en la reserva, Carlos Iniesta Cano.

Tras los primeros contactos, el 30 de mayo salieron para Valencia García Carrés y el teniente general Iniesta para entrevistarse, en El Saler, con el capitán general de la III Región, Jaime Milans del Bosch. Milans escuchó lo que tenían que decirle y se mostró de acuerdo con todo, pero les señaló que no intervendría en ninguna actuación si no recibía órdenes del Rey (hasta el 23-F, Milans sería un monárquico convencido; después... las cosas cambiaron, como veremos). Quedan para posteriores contactos y Milans les facilita el nombre del enlace: el teniente coronel Pedro Mas Oliver, ayudante de campo de Milans. De esa reunión, Carrés informará cumplidamente a Tejero sólo dos días después. La maquinaria comenzó así a ponerse en marcha.

En ese mes de junio Mas Oliver conocerá al que será el ejecutor del plan, Antonio Tejero, a lo largo de un almuerzo en el «Mesón Gerardo», en las inmediaciones de la calle madrileña de Goya, invitados por García Carrés. En este primer encuentro a tres bandas, se analizó la situación política española y los posibles modos de resolverla. Hay acuerdo prácticamente en todo. En una segunda entrevista, Tejero recibirá de Mas, por orden de Milans, el encargo de elaborar un plan para la ocupación por la fuerza del Congreso de los Diputados.

La actividad de este grupo, en ese verano de 1980, comenzó a ser frenética y sin que, aparentemente, lo detectasen ni el CESID ni los servicios de Información del Ejército, de la Policía o de la Guardia Civil. El número de implicados, aunque todavía reducido, comenzó a aumentar: además de con Iniesta, a quien mantenían permanentemente informado, Tejero y Carrés se reunían con un hombre que les merecía total confianza, el general de Brigada Francisco Dueñas Gavilán, a quien le cuentan todos sus planes. Dueñas había sido director general de Seguridad en los cruciales años de 1973 a 1976, y en 1980 estaba destinado como jefe de Estado Mayor en la Capitanía General de La Coruña, cuyo titular era Fernández Posse. Dueñas Gavilán será, según informaciones que no han sido desmentidas, uno de los asistentes a la reunión de la calle General Cabrera, como se verá más adelante, y, posteriormente, ejercerá como defensor del capitán José Pascual Gálvez en el juicio por el 23-F.

Siguiendo con Tejero, el guardia civil tiene casi a punto su plan. A lo largo del verano se ha ocupado de conocer «la plaza a tomar», es decir, el Congreso de los Diputados y sus alrededores. Ha hecho fotos, ha levantado planos, ha calculado efectivos, incidencias, necesidades, todo con lo que él considera como una gran precisión militar. Está prácticamente dispuesto para someterlo a la aprobación de Milans. Paralelamente, el capitán general de Valencia está manteniendo una serie de encuentros con el general Alfonso Armada, en esos momentos gobernador militar de Lérida y jefe de la División de Montaña Urgel número 4.

Entre las necesidades previstas por Tejero se hallaba la compra de seis autobuses para trasladar a sus fuerzas. Este problema logístico lo solucionaría, como hemos dicho, el abogado madrileño Arturo de Gregorio, ex secretario de García Carrés, quien se lo había presentado a Tejero en Bilbao. En sólo unos días, De Gregorio convenció al empresario Martín Berrocal de que sus autobuses, de la empresa Larrea-Doaldi, los iba a comprar una amiga suya llamada Carmen Pereira, es decir, la mujer de Tejero, dama definida como «de carácter más bien exaltado» de quien luego, para evitarle problemas, dijeron en la instrucción sumarial que habían falsificado su firma. El 30 de diciembre De Gregorio entregó finalmente a Berrocal dos talones del Banco Español de Crédito por valor de dos millones y medio de pesetas por la adquisición de seis autobuses de segunda mano. Un precio barato, pagado ¿por quién? Mucha tinta ha corrido al respecto.

Con la propiedad ya de los autobuses que llevarían a los guardias civiles al Congreso, el grupo contrató la nave 417 del polígono industrial de Fuenlabrada, a nombre de Saneamientos Reyes, cuyo propietario, Amador Fraile Ríos, recibió un mes por adelantado y dos de fianza: en total, 171.000 pesetas, a razón de 57.000 por mes, abonadas con cheques de la Caja de Ahorros y Monte de Piedad de Madrid. Como arrendatario se utilizó nuevamente el nombre de la mujer de Tejero.

Paralelamente, Milans estaba moviendo sus hilos. Ya se había reunido con Armada en noviembre de 1980, con quien se volverá a reunir el 10 de enero en la Capitanía General de Valencia, como veremos en su momento, y dos días después, el 12, también en Capitanía General, hará lo propio con el general Carlos Alvarado Largo, con quien le unía un fuerte lazo desde que fuera su jefe de Estado Mayor en la División Acorazada Brunete. Según todos los indicios, Milans puso al corriente a su antiguo subordinado y le pidió que fuera él mismo el que estudiase el plan de acción que ya tenía elaborado Tejero, cosa que haría Alvarado en la citada reunión del 18 de enero en la calle General Cabrera. El general Alvarado no se sentará en el banquillo de los acusados por una razón, que explica Pardo Zancada: durante el juicio se dejó en la sombra la personalidad de algunos implicados, personalidad que el propio Pardo se encargaría de revelar diecisiete años después.

Así se llegó a la reunión crucial del 18 de enero, en el domicilio madrileño del teniente coronel Pedro Mas Oliver, en el número 15 de la calle General Cabrera. En la sentencia del Consejo Superior de Justicia Militar se afirma que fueron cinco personas las que acudieron a esa reunión. Más tarde se difundió que estaban diecisiete personas presentes. Pero este dato también era falso. Hoy se puede afirmar que fueron siete militares y un civil: tenientes generales Milans del Bosch e Iniesta Cano; generales Torres Rojas, Carlos Alvarado y Francisco Dueñas Gavilán; tenientes coroneles Mas Oliver y Tejero Molina, y el civil Juan

García Carrés, a quien se invitó a abandonar la reunión por deseo expreso de Milans, que no quería «paisanos».

En esa reunión, Alvarado hizo un análisis negativo del plan de Tejero, basándose en que el teniente coronel estaría muy vigilado después de la «Operación Galaxia», pero lo que no sabía el general es que el guardia civil iba a contar con algún efectivo del propio CESID, como el capitán Vicente Gómez Iglesias, que sería condenado a seis años de prisión por la intentona golpista.

Poco más se puede añadir sobre esta reunión, cuyo contenido quedó claramente explicado en la sentencia del Consejo Supremo de Justicia Militar:

> Por los presentes se acordó la ocupación del Congreso mediante el empleo de fuerzas militares, para sustituir al gobierno de la nación por otro nuevo que encauzara la democracia y terminara con el terrorismo, si bien se acordó, igualmente, congelar la operación durante un mes, a la espera de acontecimientos como que el general Armada fuese nombrado segundo jefe del Estado Mayor del Ejército, estimándose que la mejor oportunidad para la proyectada operación sería la presentación de una esperada moción de censura contra el presidente del gobierno señor Suárez; se trató asimismo de la participación en los hechos de la División Acorazada Brunete número 1, y de la actuación de su antiguo jefe, general Torres Rojas, para apoyar, con su prestigio y su presencia, las posibles acciones de aquélla. En la reunión, a la que no asistió el general Armada, se acordó que la operación fuese incruenta en todo caso, y que se guardase el secreto de lo en ella tratado.

## UN GOLPE PREPARADO EN 48 HORAS

Los planes fallaron, como todo el mundo sabe, porque, entre otras cosas, Suárez presentó inesperadamente su dimisión al Rey el 28 de enero. A partir de entonces los sucesos se fueron desarrollando de forma vertiginosa. Alfonso Armada fue nombrado Segundo JEME (3 de febrero); el Rey fue insultado en la Sala de Juntas de Guernika por parlamentarios de HB (4 de febrero); en la Dirección General de Seguridad, el etarra José Aguirre Isaguirre fue torturado hasta la muerte (13 de febrero), lo que originó una auténtica tormenta política y la dimisión en bloque de altos cargos del Cuerpo Superior de Policía, entre ellos el director general, José Manuel Blanco (17 de febrero); el nacionalismo radical se levantó en Euskadi y originó un gravísimo enfrentamiento civil; en sus dos rondas de contactos políticos, el Rey descartó cualquier otra solución y nombró candidato a Calvo Sotelo, y para colmo, Calvo Sotelo no consiguió la mayoría suficiente en la primera sesión de investidura.

Todo está a punto de caramelo, pero la decisión final sobre la toma del Congreso se adoptó a última hora. El 18 de febrero Tejero le contó parte de sus planes al capitán de la Guardia Civil y agente del CESID Vicente Gómez Iglesias. ¿Buscando qué? Veremos más adelante lo que dice a este respecto el famoso «Informe Jáudenes». Paralelamente, Milans, a través del coronel Ibáñez Inglés, preguntó al guardia civil si su operación sobre el Congreso podría realizarse el día veinte, viernes, en la votación de investidura de Calvo Sotelo. Tejero alegó que tendría dificultades para reunir la fuerza necesaria en fin de semana y se le dijo que, dado que la votación se repetiría, muy probablemente el día veintitrés, ésa sería la fecha adecuada y que recibiría órdenes concretas. Es decir, como afirma Alfonso Osorio a los autores, el golpe final se planificó realmente en tan sólo 48 horas.

Llegados a este punto, hay dos datos que aún hoy no han podido ser plenamente confirmados. Sin embargo, algunas fuentes dignas de crédito confirman que Tejero no miente cuando afirma que se reunió el 19 de febrero, cuatro días antes del golpe, con el capitán de la Guardia Civil y miembro del CESID Vicente Gómez Iglesias y con el responsable de la AOME, comandante José Luis Cortina, en el domicilio de éste, en la calle Biarritz, en el Parque de las Avenidas de Madrid, un encuentro que Cortina desmiente a los autores y sobre el que caben algunas dudas razonables. Tras esa reunión Tejero mantuvo diversos encuentros con efectivos de la Benemérita: los capitanes Gil Sánchez-Valiente y Lázaro Corthay, para preparar las unidades que intervendrían en el asalto.

La figura de Sánchez-Valiente no deja de tener su misterio. Este capitán tenía ascendiente sobre los también capitanes Pérez de la Lastra, Bobis y Lázaro Corthay; pero tras el fracaso del golpe, se fugó a Estados Unidos. En torno a él se montó toda una leyenda sobre un famoso maletín lleno de importante documentación sobre las tramas militar y civil del golpe, maletín que nunca apareció y cuya existencia real se ha calificado siempre de invento. Sánchez-Valiente regresaría a España en 1987, y sería juzgado y condenado a dos años de prisión por abandono de servicio. Salió en libertad de la prisión militar de Alcalá de Henares el 9 de junio de 1990, tras cumplir dieciocho meses de condena.

Sin embargo, en unas declaraciones a la agencia estatal EFE (8.6.1990), 24 horas antes de salir en libertad, Sánchez-Valiente afirmó que no se le había condenado por su implicación en el 23-F, sino porque «abandoné mi destino ese mismo día», pero evitó revelar la causa por la cual abandonó el destino y salió de España, limitándose a decir que «a estas alturas» él ya lo considera «algo privado e íntimo», aunque en su momento la razón fue «muy importante». Añadió enigmáticamente que «aún queda por resolver algún misterio».

¿A qué misterio se refería Sánchez-Valiente? Ángel López Montero, que fue abogado del teniente coronel Antonio Tejero en la Causa 2/81, ofreció a uno de los autores de este libro un dato realmente inédito. En una conversación mantenida en el despacho del letrado, próximo a la Audiencia Nacional, López Montero reveló que él mismo había visto en la celda de Tejero a su paso por La Coruña una carpeta del tipo «A-Z» en la que había, perfectamente ordenados por profesiones, una serie de folios con un mismo encabezado y firmas distintas: un apoyo a la «reconducción» del sistema. «Había muchos políticos y empresarios», afirmó López Montero en ese encuentro, «pero también había muchos periodistas». El abogado citó el nombre de uno de ellos a los autores. Se trataba del director —ya ex director— de un importante diario, que desmintió tajantemente lo dicho por López Montero.

¿Qué pasó con esa carpeta? «No lo sé, cuando volví a interesarme por ella, Tejero me dijo que estaba a buen recaudo, fuera de España».

Pero volviendo a la preparación del golpe, el mismo día 20 de febrero Tejero recibió el visto bueno para asaltar el Congreso aprovechando el pleno del lunes, día 23. Ese mismo día se había reunido en el Hotel Don Jaime, en Valencia, García Carrés con el teniente coronel Mas Oliver y el coronel Ibáñez Inglés. Horas antes, en Madrid, Carrés había visto a Tejero y a Iniesta. En la reunión en Valencia se cerraron los detalles de la operación, detalles que Carrés le contó a Tejero y a Iniesta el día 21, en el transcurso de un almuerzo. Es este mismo día, sólo que a las 20 horas, cuando Tejero afirma que se citó en el Hotel Cuzco, de Madrid, con unos agentes, presumiblemente del CESID, que le acompañan hasta la

3ª planta del piso de la calle Pintor Juan Gris, «número 3 ó 5». Esa es la famosa reunión que siempre quedó en el aire, en la que Tejero afirma que estaban José Luis Cortina y Alfonso Armada.

Según el testimonio de Tejero, en el encuentro Armada le dijo que el golpe lo respaldaba el Rey, pero que, como el Rey era «voluble», a partir de las seis de la tarde del día 23 estaría él mismo en La Zarzuela para que no cambiara de opinión. La reunión duró 45 minutos, según Tejero, y Pardo Zancada añade que aquel piso estaba arrendado por los servicios de inteligencia, y que incluso el teniente coronel Crespo Cuspinera había dado conferencias en este local, en el marco de los ciclos de formación. Tanto Cortina como Armada han negado esta reunión, fundamental en el golpe de ser cierta, y la investigación judicial eludió en todo momento practicar la prueba que pedían las defensas, además de que Tejero incurrió el alguna contradicción de detalle. Por eso, Cortina resultó finalmente absuelto.

En la sentencia, sin embargo, sí figura el encuentro que el día 22, fecha previa al golpe, mantuvo en la Capitanía General de Valencia Pardo Zancada con Mas Oliver y el propio Milans, quien le dijo que el golpe estaba apoyado por el Rey y la Reina y que contaban «con el apoyo de Estados Unidos y del Vaticano». A su regreso a Madrid, Pardo informó a San Martín en la División Acorazada, quien le nombró enlace con el general Torres Rojas para que el día 23 estuviera en la División, ya que Juste iba a ir a supervisar unas maniobras en San Gregorio, Zaragoza, como así fue.

Cuando el día 20 de febrero Tejero recibió la confirmación de que el golpe sería tres días después, ya no era posible volverse atrás. Tejero había ido desarrollando su estrategia golpista buscando aliados entre sus hombres de mayor confianza en la Guardia Civil. Dos días antes, el 18, el teniente coronel golpista le había contado sus planes a su amigo y compañero en el País Vasco el capitán de la Guardia Civil y agente del CESID Vicente Gómez Iglesias, con un testigo en la conversación, el también capitán de la Benemérita García Mochales. Un día después, el 19, tras la entrevista ya citada entre Tejero, Gómez Iglesias y Cortina en el domicilio de este último, Tejero sabía que el golpe era inminente. Ese mismo día mantuvo una reunión con sus capitanes Gil y Lázaro, quienes, sin embargo, le informaron de que las unidades con las que esperaban contar se habían echado atrás. La solución planteada, entonces, fue que había que sacar guardias de la

Academia de Tráfico, algo que se planificará ese mismo día en el transcurso de una cena en el domicilio de Vicente Gómez Iglesias a la que asiste Gil Sánchez-Valiente. Este último confirmó que contaba con el apoyo de los capitanes Pérez de la Lastra, Bobis y Lázaro Corthay.

Paralelamente al encuentro que el día 22 tiene Pardo Zancada con Milans en la Capitanía General de Valencia, Tejero, siguiendo las indicaciones de Gil y Lázaro, dio cuenta de sus planes a los capitanes José Luis Abad Gutiérrez, al mando del Subsector de Tráfico de Madrid, y Jesús Muñecas Aguilar, al mando del Escuadrón de la Primera Comandancia Móvil, en Valdemoro. Los dos sitios desde donde, un día después, saldrán las fuerzas que iban a ocupar militarmente el Congreso de los Diputados. Así, cuando Tejero llegue al Parque de Automovilismo de la Guardia Civil a las once de la mañana del 23 de febrero, ya todo estaba prácticamente preparado para la toma del Congreso.

# 6

## LA NOCHE DE TEJERO

### UN DÍA MÁS... Y MÁS

Iba a ser un día más, en el que, aparentemente, todo estaba previsto. El 23 de febrero amaneció tranquilo en Madrid, como cualquier otro lunes. La prensa deportiva de la capital recogía la resaca de la vigésimoquinta jornada liguera a grandes titulares: después de cinco meses de fracasos, el Real Madrid, por fin, había conseguido una victoria, derrotando al Osasuna en Pamplona por 1 a 2. El Atlético de Madrid del doctor Alfonso Cabezas también había derrotado al Hércules, en el Vicente Calderón, por un gol a cero, y, como colofón de las victorias deportivas madrileñas, el Rayo había conseguido ganar al Alavés en su feudo de Vallecas, aunque por la mínima ventaja.

La prensa general exhibía titulares tranquilos y hasta lacónicos, en contraste con la tensión vivida en días pasados. En la sección de internacional, los periódicos se hacían eco del comienzo del Congreso del Partido Comunista de la Unión Soviética (PCUS) y destacaban la decisión de la URSS de condenar el eurocomunismo, algo que ya no le afectaba demasiado al secretario general del PCE, Santiago Carrillo, en el punto de mira de Moscú desde hacía muchos años.

En nacional, todos se volcaban en la definitiva sesión de investidura que Leopoldo Calvo Sotelo iba a afrontar esa misma tarde en el Congreso de los Diputados. No iba a haber ningún problema, porque el candidato obtendría los 165 votos de su propio partido, la UCD, más los votos favorables de los diputados José María de Areilza, Antonio de Senillosa y Alfonso Osorio, de la Coalición Democrática de Fraga, y el de Jesús Aizpún, de Unión del Pueblo Navarro (UPN). Saldría, como estaba previsto, por mayoría simple.

Más allá de la aritmética de los números, *Diario 16*, dirigido por Pedro J. Ramírez, iba más lejos que sus colegas madrileños y comenzaba su larga crónica titulando a cuatro columnas: «Calvo Sotelo ya ha formado su empresa», una «empresa» cuyos hombres fuertes, según el rotativo, iban a ser José Pedro Pérez-Llorca, Pío Cabanillas, Juan Antonio García Díez y Rodolfo Martín Villa, y cuyos perdedores serían Rafael Arias-Salgado, Luis González Seara, Eduardo Punset, Sebastián Martín Retortillo y Félix Manuel Pérez Miyares. Eran las típicas «quinielas» periodísticas previas a la formación de cualquier Gobierno. Nada reflejaba, por tanto, la tensión que sobrevendría horas más tarde.

Los periódicos también recogían unas declaraciones de Felipe González en la clausura del Congreso extraordinario de las Juventudes Socialistas, en el que Juan Antonio Barragán fue sustituido en la Secretaría General por Federico «Quico» Mañero. Dirigiéndose a sus jóvenes, Felipe había dicho que la resolución de la crisis política, con la investidura de Calvo Sotelo, implicaba que «la transición se ha parado». No sabía entonces el secretario general del PSOE lo cerca que se estaba de un «parón» real. Otro socialista, Enrique Múgica, secretario de Relaciones Políticas, insistía ese día en lo adelantado por su líder en una tribuna libre titulada «La derecha sigue cabalgando»: «La derecha cabalga de nuevo», escribía Múgica, «y si alguna vez pareció diferente es simplemente que desensilló el tiempo necesario para reponer fuerzas».

Todo parecía rutinario. O casi. No lo iba a ser para nadie, y tampoco, naturalmente, para el notario y diputado de UCD por La Rioja, José Antonio Escartín Ipiens, que ese día, a las ocho de la tarde, una vez acaba la votación en el Congreso, tenía que pronunciar una conferencia en el Club Siglo XXI con el título «La reforma del derecho de familia en España». La conferencia quedaría pospuesta para tiempos mejores. De hecho, no llegó a pronunciarse nunca, que recordemos.

La programación televisiva tampoco prometía nada especialmente atractivo en ese 23 de febrero, en particular teniendo en cuenta que sólo había dos canales estatales: la Uno y el UHF. En la Primera, los más pequeños se sentían perjudicados por la Universiada 81, que comenzaba al día siguiente en Jaca y que había hecho desaparecer de la parrilla a sus dos series preferidas, la *Gallina Caponata* y *Barrio Sésamo*, aunque los programadores les respetaron *El libro gordo de Petete*. Para el horario nocturno, los mayores podrían ver, a partir de las 22.35 horas y dentro del espacio *Grandes Relatos*, el primer capítulo de *Ambición Ciega*, una adaptación para la televisión del «caso Watergate» que le había costado la dimisión seis años antes al presidente norteamericano Richard Nixon. En UHF, los cinéfilos tenían una cita, a las 20.35 horas, con un especial sobre el Festival de Berlín, dentro del espacio *Revista de Cine*, en el que *Maravillas*, la película dirigida por Manuel Gutiérrez Aragón e interpretada por Fernando Fernán-Gómez, había logrado un notable éxito de crítica.

Un día frío en toda España y chubascoso en el norte, como tantos otros días de febrero, pero también tranquilo y rutinario. Nada hacía presagiar el caos que sobrevendría unas horas más tarde.

Aquella mañana, Fernando Jáuregui, corresponsal en Madrid del vespertino portugués *Diario de Lisboa*, envió una crónica a su periódico: «Si nada ocurre esta tarde, Leopoldo Calvo Sotelo será investido nuevo presidente del Gobierno». Quisieron los famosos hados de las imprentas, o la mala pata de algún redactor del periódico, que las palabras «si nada ocurre esta tarde» apareciesen publicadas en cursiva, lo que les daba un especial realce dentro de una crónica en la que, por lo demás, ninguna noticia especial se contenía. Jáuregui jamás lograría convencer a los responsables del *Diario de Lisboa* de que no tenía ni idea de lo que se preparaba para aquella tarde en el Congreso de los Diputados.

## TEJERO SE PREPARA

Eran las once de la mañana cuando el teniente coronel Antonio Tejero Molina llegó al Parque de Automovilismo de la Guardia Civil, en la calle General Mola (luego Príncipe de Vergara). La temperatura en el exterior rondaba los 10º C. Hacía frío en

Madrid. En el Parque se encontraban el Subsector y la Academia de Tráfico, entre cuyos guardias iba a reclutar Tejero parte de la dotación necesaria para asaltar el Congreso de los Diputados. Nada más ver aparecer a Tejero, el jefe del Parque, coronel Miguel Manchado García, ordenó que se convocara a la Segunda Compañía (talleres) para las 16 horas, para una revista de armas. Todo había sido tratado en anteriores reuniones.

Miguel Manchado, de 56 años, era profesor de educación física y maestro en artes marciales. Había ingresado en el Cuerpo en 1945 y era amigo personal de Tejero, quien le había convencido fácilmente de que «había que hacer algo» para evitar que continuaran los atentados terroristas contra miembros del Ejército y de las fuerzas de orden público. Comprometido ya con el engranaje conspiratorio, la misión de Manchado consistía en buscar seis conductores para recoger los seis autobuses que Tejero había estacionado en Fuenlabrada y facilitar, igualmente, 50 hombres de la Segunda Compañía para «prestar un servicio a España, la Corona y la democracia». Manchado aportaría finalmente once suboficiales y 128 clases y guardias, a las órdenes del teniente Cándido Blanco. Este teniente no sería procesado, ya que fue el único que, tras el asalto al Parlamento, siguió las órdenes de Aramburu Topete de retirar a las tropas y subió a un autocar con todos los guardias de su unidad que pudo reunir.

Con las órdenes de Manchado en la mano, el capitán José Luis Abad, jefe del Subsector de Tráfico, dispuso igualmente una revista de armas de su personal para primera hora de la tarde y reunió a sus tenientes Manuel Boza Carranco, Pedro Izquierdo Sánchez, Vicente Ramos Rueda y Santiago Vecino Núñez, a quienes les explicó que se proyectaba «un servicio extraordinario». Abad aportaría a la operación, además de a los tenientes citados, siete suboficiales, veintitrés cabos y noventa y cinco guardias.

Abad, a sus 38 años, con 18 de servicio y vinculado al Opus Dei, era uno de los conspiradores que habían asistido a las reuniones previas de Tejero, García Carrés e Iniesta Cano. Una vez producido el asalto, Abad sería el hombre que, con Tejero, iría a la centralita del Congreso para hablar con el teniente general Milans del Bosch y también la persona que franquearía el paso al general Armada cuando éste, ya por la noche, se presentase en el edificio de la Carrera de San Jerónimo y pronunciara la consigna golpista «duque de Ahumada» para formar un Gobierno de «salvación nacional».

A lo largo de la mañana, Abad intentó convencer a sus tenientes, a quienes informó someramente del plan: les habló de la situación de peligro en la que se hallaba la Patria, la descomposición del Estado y la lacra del terrorismo, pero los oficiales respondían planteando serias dudas sobre la acción, que preveían claramente como inconstitucional. Serían Manchado, Tejero y el capitán Vicente Gómez Iglesias, cuya pertenencia al CESID era por todos conocida, quienes finalmente les convencieran hacia las 14.30 horas, asegurándoles que todo estaba bajo control y aprobado y supervisado por las más altas instancias.

Paralelamente, en el sur de la Comunidad madrileña, otro de los conspiradores que había asistido a las reuniones previas, el capitán Jesús Muñecas Aguilar, destinado en el Escuadrón de la I Comandancia Móvil de Valdemoro, comunicó a sus fuerzas que a las 16 horas debían salir para instrucción a la Comandancia Móvil de Madrid, en la calle Batalla del Salado, al tiempo que, al igual que Abad, alertaba a sus oficiales sobre el «servicio extraordinario» que tendrían que emprender esa misma tarde. Muñecas aportó al total de la fuerza asaltante a los tenientes César Álvarez Fernández, Jesús Alonso Hernáiz y Vicente Carricondo Sánchez, a tres suboficiales, a cinco cabos y a catorce guardias civiles.

## EL DURO MUÑECAS

A sus 42 años, con 22 de servicio y su ideología de extrema derecha, Muñecas Aguilar, un «duro» en el peor sentido de la palabra, era uno de los hombres de confianza de Tejero, con quien había «combatido» en el Norte, en donde había sido acusado de torturar a una mujer en Tolosa. Durante el asalto al Congreso, fue el guardia que intentó desarmar al coronel Félix Alcalá Galiano, jefe de la Primera Circunscripción de la Policía Nacional, cuando trató de reducir a Tejero al negarse éste a abandonar el Parlamento. En el historial de Muñecas figuraba que había sido el principal impulsor de un Servicio de Información dentro de la Agrupación de Tráfico de la Guardia Civil en Madrid, precisamente una de las tres unidades de las que procedían las fuerzas asaltantes del Congreso. Iba a ser uno de los guardias civiles con un comportamiento más grosero en el bochornoso episodio de la toma del Congreso.

Avisado por el propio Tejero, en esa fría mañana del 23 de febrero Muñecas preparó el escuadrón a su mando para la cita de las cuatro de la tarde. Luego, jugaría un papel relevante en la intentona al ser el primero que se dirigiera a los diputados para comunicarles la «próxima» llegada de la «autoridad, militar, por supuesto». También se ocuparía de dirigir el grupo armado que tuvo a su cargo la vigilancia de las puertas del Parlamento y del acompañamiento de los diputados a los lavabos del local.

A lo largo de la mañana, Tejero sumó a sus planes a los capitanes Enrique Bobis González, Carlos Lázaro Corthay y Juan Pérez de la Lastra Tormo, quienes se encontraban en la Academia de Tráfico realizando un trabajo en grupo con motivo de un curso de ascenso a jefe. Los tres se sumarían de buen grado a la intentona, a cuya fuerza añadieron un suboficial y cincuenta y cuatro guardias que se encontraban realizando el curso de tráfico y que habían recibido órdenes de acudir con su armamento. También se sumaron voluntariamente los capitanes Francisco Ignacio Román y Francisco Acera Martín, así como el teniente José Núñez Ruano.

Bobis, Lázaro y Pérez de la Lastra desarrollarían luego en el Congreso funciones diferentes: Bobis, de 42 años y 12 de servicio, permanecería en los jardines exteriores del edificio; Lázaro, con 40 años y 23 en la Guardia Civil, se ocuparía del botiquín del Palacio, vigilando los movimientos de la doctora Carmen Echave, y Pérez de la Lastra, de 41 años y 23 en la Benemérita, se movería esa noche por los alrededores del Hotel Palace, en Neptuno, negándose a cooperar con el director general del Cuerpo, Aramburu Topete.

A lo largo de la mañana el cabo primero José García de la Torre, siguiendo órdenes del coronel Manchado, fue con seis conductores a Fuenlabrada, entró en la nave 417 del Polígono de Saneamiento y recogió los seis autobuses de segunda mano comprados por la esposa de Tejero en el mes de diciembre al empresario Martín Berrocal. Cuatro de esos autobuses, con el letrero de «transporte escolar» bien visible en el parabrisas, se encontraban perfectamente alineados en los garajes del Parque de la calle Príncipe de Vergara a las dos de la tarde. Todo salía según lo previsto.

Cuando, dos horas más tarde, Tejero, con los ojos desorbitados, la voz destemplada y el gesto duro, comenzó a informar a los guardias civiles que estaban formados en el patio de que se preparaba una acción terrorista y que, después de oídas las ordenanzas militares, el que quisiera participar contra ella y salvar el honor de España tenía que dar un paso al frente, los autobuses ya estaban frente a los agentes formados.

«Guardias, España peligra y no tenemos más remedio que salvarla. Hay que salvar a España y al Rey. El que quiera participar en ese salvamento que dé un paso al frente», les dijo un Tejero encumbrado, iracundo, casi místico. Probablemente, se sentía heredero del alcalde de Móstoles arengando a los hispanos frente a las tropas napoleónicas.

Los más de trescientos guardias civiles formados oyeron también cómo el coronel Miguel Manchado, jefe del Parque, afirmaba que ya era hora de que la Guardia Civil saliera a la calle para dar la cara. Manchado también se hallaba exaltado, nervioso.

Las primeras dudas de los guardias se desvanecieron y todos dieron un paso al frente. Les habían dicho que se trataba de salvar a España y al Rey contra ETA, la gran enemiga del país. Ya no dudaban cuando en el patio volvió a retumbar la voz aguda y potente de Tejero que, protegido por los gritos de una quincena de oficiales, gritaba aún más que ellos: «Vamos, a los autobuses, a los autobuses».

La fuerza total asaltante sería de un teniente coronel, siete capitanes, nueve tenientes, veintidós sargentos, veintiocho cabos y doscientos noventa y un guardias civiles. En total, trescientos cincuenta y ocho hombres.

No todos lo que subieron a los autobuses eran «voluntarios». Algunos fueron «cazados» hasta en el bar de la Academia de Tráfico, labor que le había sido encomendada al sargento Sánchez Martín. Era el caso de Juan, un jovencísimo e inexperto guardia que esa misma tarde había quedado con su novia para ir al cine, cuyas entradas llevaba en el bolsillo de su guerrera. El «servicio especial» le cogió tan desprevenido que ni siquiera tuvo tiempo de avisar a su novia. En el transcurso de esa noche, ese guardia le pidió a la doctora del Congreso, Carmen Echave, que, por favor, le firmara un papel en el que ella, como responsable en ese momento del Gabinete médico, certificara a su novia que... había pasado toda la tarde y toda la noche en el Congreso de los Diputados. «Es que no me ha dado tiempo de avisarle y no se lo va a creer. Usted no sabe qué genio tiene...», le diría el joven guardia civil a la doctora.

En Valdemoro, mientras tanto, el capitán Muñecas Aguilar había cumplido lo pactado con puntualidad. Mientras Tejero arengaba a sus agentes, los veinticuatro guardias civiles de Muñecas se hallaban perfectamente equipados en Valdemoro y preparados para subir al vehículo llegado desde Fuenlabrada, convencidos de que se dirigían a la Comandancia Móvil, en la céntrica calle Batalla del Salado. Pero cuando circulaban por el Paseo de las Delicias, a escasos metros de la Comandancia, Muñecas dio a conocer a la fuerza a su mando su verdadero destino: «Vamos al Congreso de los Diputados», el lugar donde debían de unirse las dos columnas de la Guardia Civil.

## CASSINELLO PREPARA EL ASALTO AL CONGRESO

Mientras esas escenas tenían lugar en el Parque de Automovilismo de Príncipe de Vergara y en la Comandancia Móvil de Valdemoro, agentes del Servicio de Información de la Guardia Civil, subordinados del coronel Andrés Cassinello, jefe del Estado Mayor del Instituto, estaban preparando, paralelamente, el camino para el asalto. Esta es una de las escenas menos conocidas del 23-F. La función de esos guardias, según las fuentes de la Benemérita consultadas por los autores de este libro, era impedir cualquier eventualidad con las fuerzas de vigilancia del Congreso que hubiera puesto en peligro la misión. Claro que también podrían estar asegurando una vigilancia externa para que nada se desmandara y el golpe quedara circunscrito físicamente al edificio del Congreso... Este episodio ha sido también estudiado por el coronel Amadeo Martínez Inglés, que llegó a entrevistarse, incluso, con un destacado miembro de ese equipo.

Los autores han podido consultar algunos informes realizados con posterioridad a los hechos por agentes que pasaron por aquellos servicios. Parte de uno de esos informes, firmado bajo el seudónimo de Luis Quiñones, fue publicado por un diario de tirada nacional al cumplirse el décimo aniversario del golpe (20.2.1991) y nunca fue desmentido.

En ese informe se asegura que la operación «vigilancia y control» de los servicios de información de la Guardia Civil comenzó a las 10 horas del mismo 23-F, cuando Tejero, antes de dirigirse al Parque de Automovilismo de la calle General Mola, pasó por las dependencias del Servicio de Información de la Agrupación de Tráfico, ubicadas en la calle General Ibáñez de Ibero. Tejero buscaba el apoyo logístico que, según esos informes, le había sido prometido por jefes y oficiales de esa unidad. Tejero llegó al servicio con evidentes síntomas de nerviosismo. La hora fijada para el asalto se aproximaba y tenía que estar todo a punto. ¿Qué ocurrió en esas dependencias? Según esas mismas fuentes, Tejero habló con el coronel Carlos Villanueva Retuerta, jefe de la Agrupación de Tráfico; con el comandante Jesús Aguirre García, y con el capitán Francisco Morales Utrabo, un antiguo jefe del GOSSI-2 (Grupo Operativo de Servicios Secretos de Información en Tenerife) y ex jefe del Servicio de Información de Tráfico.

A las 16.20 horas del día 23 de febrero; por tanto, dos horas antes del golpe, cinco coches camuflados del Servicio de Información de la Guardia Civil llegaron hasta la Carrera de San Jerónimo. De cada coche descendieron cuatro guardias de paisano que, bajo las órdenes de un teniente (hoy retirado con el grado de capitán), establecieron un cordón de seguridad alrededor del Congreso de los Diputados. Quince minutos después de su llegada, cuando el cordón quedó establecido y cada guardia se encontraba en su posición prefijada, el oficial se acercó hasta la verja de entrada al Parlamento, donde se dio a conocer al guardia civil jefe de seguridad exterior del palacio, el sargento Angulo, que escuchó con disciplina las explicaciones de su superior. El teniente le informó que se acababa de montar un servicio de control para identificar a unos coches de importación ilegales.

Oídas las explicaciones, el suboficial no vio ningún elemento que le hiciera cuestionar la información recibida del teniente, le brindó todo tipo de facilidades para reconocer las entradas y salidas del complejo parlamentario e, incluso, le mostró la estructura del servicio de seguridad interior, compuesto en esos momentos, como pudo comprobar el oficial del SIGC, por un comisario y cuatro inspectores del Cuerpo Superior de Policía, que se distraían jugando a las cartas en una sala próxima a la entrada, y por un destacamento de la Policía Nacional, mandado por el teniente Pedro Contreras. En el exterior la vigilancia había sido reforzada, como cada vez que había pleno parlamentario, con veintiún policías al mando del teniente Poyatos.

La misión de la avanzadilla de los agentes del SIGC era, teóricamente, facilitar la entrada a Tejero y sus guardias en el edificio, evitando posibles enfrentamientos con la guarnición que custodiaba la entrada. La inspección ocular del terreno le confirmó al teniente de la Benemérita que la operación se presentaba sencilla y que únicamente había que mantener «neutralizados» al sargento Angulo y a sus dos guardias en la verja para evitar cualquier reacción imprevista por su parte.

De nuevo en la calle, el oficial del servicio de información hizo una señal convenida a un capitán del Cuerpo que se encontraba en las cercanías, quien partió inmediatamente hacia el Acuartelamiento del Parque de Automovilismo de la Guardia Civil, en Príncipe de Vergara (entonces, calle del General Mola), justamente donde Tejero tenía ya reunidos a sus hombres. ¿Qué ocurrió allí? Esa pregunta aún queda en el aire, pero lo cierto es que los autobuses de Tejero salieron a la hora convenida y no encontraron ninguna resistencia a su llegada al Parlamento, que estaba prevista para las 18.30 horas.

Estos pormenores no se vieron en el juicio en el Tribunal Superior de Justicia Militar, celebrado en 1982 en el Servicio Geográfico del Ejército, ni menos aún en la revisión de las sentencias por el Tribunal Supremo, un año más tarde. Ante el juicio por la Causa 2/81 hubo un auténtico «pacto de silencio» de los conjurados, pacto que solamente muchos años después comienza a resquebrajarse en parte. En cualquier caso, de lo que parece que no hay duda es del conocimiento que algunos servicios de información poseían sobre el asalto al Congreso.

Pero, ¿lo sabía Andrés Cassinello, el responsable de uno de esos servicios? La pregunta está en el aire. De Cassinello se ha dicho casi todo: desde que fue el inspirador de la democratización de los «servicios» de inteligencia hasta que fue un cómplice, por omisión de datos, del crimen de los abogados laboralistas de la calle Atocha, cometido en enero de 1977, como le acusó en su día el jefe de los Guerrilleros de Cristo Rey, Mariano Sánchez-Covisa. Hasta que era el jefe de los GAL, como le acusaron medios próximos a los terroristas de ETA a mediados de los ochenta. Un periodista le preguntó sobre este último aspecto en julio de 1984. He aquí su respuesta: «La última vez respondí: "Pues mira, hijo mío, publícalo. Primero, pide a Dios que sea verdad. Pero, además, no sabes la suerte que tienes de que no sea verdad. Fíjate, si fuera verdad y tú lo hubieras descubierto. Tu vida valdría sólo dos pesetas"» (*El País*, 22.7.1984). Así de sencillo. Cassinello era, y es, en todo caso, un militar inteligente, que ha hecho muchas cosas por su país, como han dicho de él en más de una ocasión Adolfo Suárez y otros políticos.

## TORRES ROJAS, EN LA BRUNETE

Entretanto, en otro de los escenarios golpistas, la División Acorazada Brunete, acantonada en las inmediaciones de Madrid, amaneció con una suave neblina. En la Acorazada, una de las unidades del Ejército español con mayor potencia de fuego, los sucesos comenzaron a desarrollarse a una hora muy temprana. Antes, incluso, de que Tejero llegara al Parque de Automovilismo de la Guardia Civil.

Eran las diez de la mañana cuando el general José Juste Fernández, jefe de la División, acompañado de su jefe de Estado Mayor, coronel José Ignacio San Martín, iniciaba un viaje por carretera hacia el campo de tiro de San Gregorio, en Zaragoza, donde se encontraban tres batallones de carros de combate de la División y un grupo de artillería autopropulsada desde hacía semanas, realizando un ejercicio denominado «Beta». Juste y San Martín salieron de Madrid por la Nacional II, pero hicieron una parada en las instalaciones de la Brigada Paracaidista (BRIPAC) en Alcalá de Henares, que conmemoraba el XXVII aniversario de su creación y que se hallaba de paso, en el camino a Zaragoza. En el acuartelamiento de la BRIPAC, Juste mantuvo un breve encuentro con el JEME, José Gabeiras Montero, y su segundo, Alfonso Armada, con los que intercambió unas palabras.

Juste, de 63 años, con 47 en el Ejército, no era un militar convencional. Amigo íntimo del capitán general de Madrid, Guillermo Quintana Lacaci, Juste había ascendido a alférez en plena Guerra Civil, en la que combatió en los frentes más duros: Levante, Ebro, Cataluña y Toledo. Ascendió a teniente una vez finalizada la contienda y, a lo largo de su historial militar, había desempeñado el cargo de jefe de la sección de Información (las antiguas «segundas bis») del Estado Mayor del Ejército. Había sido nombrado jefe de la Brunete en 1980, relevando al general Luis Torres Rojas, cesado, como hemos visto, en enero de aquel año tras conocerse los planes de otra intentona golpista.

En los difíciles años de la transición democrática, Juste, precisamente, había presidido el consejo de guerra contra el teniente coronel Tejero por la «Operación Galaxia», consejo del que, como ya hemos narrado, resultaron penas ridículas. Pero nada indicaba que Juste estuviera ahora al tanto de la maniobra involucionista; más bien al contrario. Su jefe de Estado Mayor, coronel San Martín, mano derecha del almirante Carrero Blanco hasta su asesinato por ETA en 1973 y uno de los importantes eslabones golpistas, había dejado al margen a su general, a quien no informaría de los sucesos involucionistas hasta poco antes de que estos se produjeran, como seguidamente veremos.

Mientras Juste y San Martín viajaban hacia Zaragoza, a las 14.00 horas aterrizaba en el aeropuerto de Madrid-Barajas un DC-9 procedente de La Coruña. El vuelo IB-754, rutinario entre ambas ciudades, traía un pasajero excepcional: el general Luis Torres Rojas, anterior jefe de La Brunete y actual gobernador militar de La Coruña, que había pedido permiso a su superior, el teniente general Manuel Fernández Pose, para viajar a Madrid para «unos asuntos privados». «Tengo que firmar unos papeles ante el notario», le había mentido al capitán general de la Región.

Nada más aterrizar en Barajas, Torres Rojas fue recibido casi a pie de escalerilla por el comandante de Estado Mayor Ricardo Pardo Zancada y ambos se dirigieron en automóvil hacia el Cuartel General de la Acorazada, donde, según los planes golpistas, Torres debía de hacerse con el mando y enviar los tanques a Madrid en cuanto Tejero asaltara el Parlamento y Milans proclamara el estado de excepción en Valencia. Durante el trayecto, Pardo le informó de los pormenores de la entrevista que él mismo había mantenido con Milans el día anterior. De esos planes estaba al tanto en la Acorazada el propio José Ignacio San Martín, una de cuyas misiones era la de alejar a Juste de la División.

Hijo de militar, Pardo Zancada, de tendencias ultraderechistas y considerado cercano al Opus Dei (cosa que algunos también decían de Armada), a sus 46 años y con 31 en el entramado militar (había ingresado en la Academia de Infantería de Toledo en 1950 como educando de Banda, pasando a ser soldado de segunda en 1951, desde donde aprobó el ingreso a la Academia General Militar de Zaragoza) era una pieza casi fundamental en el entramado del 23-F. Tras su ascenso a comandante, Pardo se había hecho cargo de la Sección de Doctrina, Investigación y Experiencia, desde donde pasó al Estado Mayor divisionario (1977), en el que fue jefe de su II Sección (1980) y desde donde se había incorporado al CESEDEN para realizar el Curso de Estados Mayores Conjuntos en septiembre de 1980, justamente en los meses de más febril conspiración, como hemos visto.

El día anterior al golpe, Pardo había sido el encargado de informar en Valencia al teniente general Milans del Bosch del desarrollo de la operación. De regreso a Madrid, informó igualmente a su superior, el coronel San Martín, de su conversación con Milans y le avisó de la llegada del general de División Torres Rojas el día del golpe con el mensaje en clave «la bandeja está grabada», absurda frase que significaba que el entonces gobernador militar de La Coruña se haría con el mando de la Brunete mientras Juste se encontraba en Zaragoza y ordenaría la marcha de los tanques sobre Madrid. Pardo fue quizá uno de los golpistas que más coherencia mantuvo en todo el proceso, tanto en el desarrollo del golpe, sumándose con 113 hombres de la Policía Militar de la Acorazada a la ocupación del Congreso en la madrugada del día 24, cuando ya todo estaba perdido, como en las posteriores sesiones en el juicio de Campamento.

## JUSTE ORDENA MEDIA VUELTA

Mientras todo esto ocurría en Madrid, el general Juste, camino de Zaragoza, comenzaba a mostrarse inquieto. Aunque aquel lunes había amanecido como un día normal, su olfato de viejo militar le hizo advertir algo raro en el ambiente. Se ha dicho que la operación del 23-F fue llevada a cabo en el máximo secreto, pero eso no es del todo cierto. Según testigos de la época, corroborados por testimonios de los propios golpistas, el hecho de que se estaba preparando una intervención militar similar a la llevada a cabo era la conversación casi obligada en todas las salas de banderas, y mucho más en la Brunete, una potente unidad que venía «calentando motores» desde la primavera de 1977, cuando Milans del Bosch estaba a su frente y cuando Suárez decidió legalizar el PCE.

Todo ello rondaba en la mente de Juste mientras almorzaba con su jefe de Estado Mayor en el Parador Nacional de Santa María de Huerta, cerca de Calatayud. Exactamente a las 14.30 horas, San Martín, por orden de Juste, llamó al Estado Mayor de la División. Minutos después, el coronel informó a su general de que pasaba algo raro en la Acorazada, aunque no le habían querido facilitar detalles por teléfono, pero que allí se encontraba Torres Rojas. ¿Qué tenía que hacer el gobernador militar de La Coruña en la Brunete?, se preguntaba Juste. El almuerzo acabó inesperadamente: Juste ordenó el inmediato regreso a Madrid.

Por el camino de vuelta, San Martín comenzó a explicarle a su general los acontecimientos que estaban previstos para poco después. Pasadas las cinco y media de la tarde, el Seat 1.500 negro, matrícula del Ejército de Tierra, que transportaba a Juste y San Martín, atravesó la puerta de entrada de los cuarteles de El Pardo, donde el jefe de la Brunete se encontró con el general Torres Rojas.

San Martín, Pardo Zancada y el propio Torres informaron a Juste y a sus jefes sobre los planes establecidos con Milans del Bosch y le afirmaron, igualmente, que en la operación estaban también Alfonso Armada y el propio Rey, prueba de lo cual sería que a partir de las 18 horas Armada se hallaría en el Palacio de la Zarzuela, coordinando toda la operación con el Rey. «Ah, si Armada y el Rey están detrás, todo cambia», se tranquilizó Juste.

Ganada la confianza de Juste, Torres Rojas le convenció para que la División Acorazada actuase como garante del orden sin derramamiento de sangre, por lo que no hubo objeción alguna a la distribución de misiones a las unidades de la División, entre ellas la ocupación de Radiotelevisión Española y de las emisoras de radio, así como el Parque del Retiro y el Campo del Moro. Los presentes estuvieron de acuerdo, siguiendo los más elementales planes de operaciones de este tipo, en que no se tolerarían grupos de paisanos y, ante posibles ataques a las fuerzas, que se disparase primero al aire, después al suelo y sólo en tercer lugar al cuerpo.

Poco después, a las 18 horas, veinte minutos antes de que Tejero asaltase el Congreso, los jefes de las unidades de la División Acorazada Brunete número 1 rompieron los sobres de la «operación Diana».

## MILANS CALIENTA MOTORES

En el tercer escenario golpista, Valencia, la actividad era aún más febril. El capitán general de la III Región Militar, Jaime Milans del Bosch, se había levantado esa mañana muy temprano, se había colocado un uniforme inmaculado de teniente general, adornado con múltiples condecoraciones, y se había presentado en su despacho poco después de las ocho. A esas horas, siguiendo los planes previstos, ya estaban reunidos el coronel segundo jefe de Estado Mayor de la Capitanía General, Diego Ibáñez Inglés; el coronel jefe de Estado Mayor de la División Maestrazgo número 3, y el teniente coronel jefe de la sección de operaciones del Estado Mayor de la División Maestrazgo. Se hallaban ultimando la composición de los distintos grupos tácticos y las zonas de intervención de la operación «Alerta Roja», de la cual, por orden de Milans, debía ponerse en marcha inmediatamente la fase de alerta 3.

La División Motorizada Maestrazgo número III, que mandaba el general José León Pizarro, se componía de dos Brigadas, la XXXI, con sede en Castellón, y la XXXII, con su cuartel general en Cartagena (Murcia). La Brigada XXXI contaba con el Regimiento de Infantería Vizcaya 21, con sede en Alcoy, el cual disponía de un batallón de carros de combate acuartelados en Bétera, a veinte kilómetros escasos de Valencia. Esos carros, por cierto no municionados, fueron los que tomaron las calles valencianas aquella noche.

En el transcurso de la mañana se sucedería una multitud de anécdotas en Valencia, como la que le hicieron protagonizar al capitán de Estado Mayor Cervera Torrejón, al cual «lo quitaron de en medio: lo mandaron a llevar un sobre cerrado a la División, porque no se fiaban de él», según contó a los autores el comandante:

> Debido a su talante democrático y leal a las altas instituciones, consideraban que Cervera Torrejón no era fiable para secundar el golpe. Además, tenía un hermano, catedrático de la Facultad de Derecho de la Universidad de Valencia, íntimo amigo del catedrático de Economía Sánchez Ayuso, militante del Partido Socialista Popular, de Enrique Tierno. Ese simple hecho convertía a Cervera en una persona incómoda para los golpistas. Cuando he visto que alguien tan profesional y buen oficial como Cervera no ascendió a general, se quedó en puertas, me he preguntado si no fue ése el precio que pagó por aquella factura.

No sería el capitán Cervera al único oficial o mando militar a quien los conjurados valencianos «quitaran de en medio» o ignoraron a lo largo de esa jornada. También lo hicieron con el general Urrutia, jefe del Estado Mayor de la Capitanía General, que hacía escaso tiempo que se había incorporado a su destino.

Siguiendo con el hilo narrativo, unos minutos después de las nueve y media de la mañana, Milans ordenó al coronel Ibáñez Inglés que redactara un manifiesto sobre las bases que le dio el propio Milans. Media hora después descolgó su teléfono de Capitanía y ordenó a su ayudante, el teniente coronel Pedro Mas Oliver, que citara a su despacho inmediatamente al general jefe del Estado Mayor, el citado Urrutia, al coronel segundo jefe, el propio Ibáñez Inglés, y a los cuatro jefes de sección. Las operaciones «Turia», «Diana» y «Alerta Roja» estaban a punto de comenzar.

## Como en el siglo XIX

A sus 66 años, hijo, nieto y tataranieto de militares (su padre fue teniente general y su abuelo capitán general de Cataluña y jefe del cuarto militar del Rey Alfonso XIII), Jaime Milans del Bosch y Ussía era en esos momentos el general de más prestigio –entienda cada cual este término como quiera– dentro del Ejército español. Se había ganado muchas enemistades entre los políticos, que le veían como un potencial enemigo de la Constitución, un golpista en potencia y un adversario de cualquier libertad democrática: un especimen bien caracterizado en la trágica España del XIX, en suma. Pero había ganado también muchos amigos e incluso admiradores entre gran parte de sus subordinados. Era monárquico de tradición, porque todos sus ascendientes lo habían sido, pero del Rey don Juan Carlos le distanciaba el hecho de que se había convertido en un monarca constitucional, lo que, para el general ultra, sólo había traído al país desunión, terrorismo, paro, miseria y pornografía.

Para Milans, un hombre que había combatido en el Alcázar de Toledo y en la Legión durante la Guerra Civil, que luchó en la División Azul junto a los alemanes en Rusia, que había sido herido en cinco ocasiones y que fue testigo entusiasta de golpes de Estado en Latinoamérica, la situación de España tras la muerte de Franco había ido de mal en peor. Así se lo había comunicado al Rey en diferentes ocasiones, e, incluso, antes de los sucesos del 23-F, cuando pidió una entrevista con el Monarca, que éste, pese a todo lo que se ha contado en contra, sí le concedió, como ya hemos visto.

Ya no podía haber marcha atrás para Milans. El día anterior había dado las últimas instrucciones al «enlace» de Madrid, Pardo Zancada, y ahora llegaba el momento de poner en marcha el operativo previsto. Contaba como «seguros» con su amigo Pedro Merry Gordon, capitán general de Sevilla, y también con el capitán general de Baleares, Manuel de la Torre Pascual; creía contar, igualmente, con el capitán general de Zaragoza, Antonio Elícegui, y, desde luego, con la Acorazada Brunete.

Milans estaba convencido de que, tras el asalto al Congreso por Tejero y sus guardias civiles, con las calles de Valencia tomadas por la División Motorizada Maestrazgo y la Acorazada marchando sobre Madrid, las Capitanías «dudosas» se irían sumando inmediatamente a la intentona, en un previsible efecto «dominó».

Veinte minutos después de la convocatoria, Milans miró fijamente a los mandos que habían acudido ya a su despacho. El teniente general les informó que se podía producir en Madrid un hecho grave e incruento, que se conocería por la radio, y con el que se pretendía reconducir un movimiento, a su juicio prematuro, manifestando que él asumía toda la responsabilidad de lo que iba a ordenar. Les afirmó que dicho movimiento no se podía detener, que el Rey estaba al corriente de todo y que el general Armada daría las oportunas instrucciones desde el Palacio de La Zarzuela. Milans puntualizó a sus subordinados que el desenlace sería un nuevo Gobierno presidido por el general Armada y con él mismo, Milans del Bosch, como presidente de la Junta de Jefes de Estado Mayor.

Acto seguido, sin abrir un turno de palabra, Ibáñez Inglés leyó a los presentes el manifiesto que ya estaba redactado y que entraría en vigor nada más se asaltase el Congreso. En el mismo, tras invocar un vacío de poder, se establecía la sumisión a la Jurisdicción Militar de diversos delitos, la prohibición de los *lock-outs* y huelgas, considerando sedición el abandono del trabajo, así como de todas las actividades de los partidos políticos y las reuniones superiores a cuatro personas, y la sumisión al capitán general de la región de todos los Cuerpos de Seguridad del Estado y del poder judicial y administrativo, tanto del ente autonómico como de los provinciales y municipales.

El propio Milans dijo a sus jefes que no se trataba de proclamar el estado de guerra, porque estaba dentro de la Constitución, e hizo que se les entregaran sobres cerrados y lacrados que contenían el manifiesto e instrucciones para las plazas de Alicante, Cartagena, Lorca y Alcoy, y otros sobres e instrucciones para las plazas de Murcia y de Castellón, dependientes de la III Capitanía General.

Tras la reunión, sobre las 15.35 horas comenzó en Valencia la «Operación Turia» y se fijaron los objetivos finales para la «Operación Alerta Roja», asignando las tropas a puntos concretos del casco urbano. Próxima la hora del asalto al Congreso, Milans reunió al general jefe de su Estado Mayor; al de la División Motorizada Maestrazgo, José León Pizarro; al gobernador militar de Valencia, Luis Caruana y Gómez de Barreda, y a los generales jefes de Ingenieros, Intendencia y Sanidad. Les habló de «graves acontecimientos» que iban a ocurrir en Madrid, les leyó el manifiesto y les invocó nuevamente el nombre del Rey. Eran las 18.23 horas. Todos los presentes supieron de golpe cuáles eran esos acontecimientos: en la radio se oían ráfagas de metralleta en el Congreso.

## COMIENZA EL ASALTO

«Vamos, a los autobuses, a los autobuses», volvió a tronar la potente voz de Tejero en el patio del Parque de Automovilismo de Madrid.

La sesión plenaria del Congreso, fijada para las 16.30, se había iniciado con media hora de retraso. Hacia las 18 horas, cuando comenzaba la votación nominal para la investidura del nuevo presidente del Gobierno, los guardias, a la voz de sus jefes, subieron apresuradamente a los autobuses dispuestos en el patio que, en perfecto orden, salieron por la puerta principal y bajaron despacio por la calle General Mola en dirección al centro de Madrid. Los vehículos llegaron a la Puerta de Alcalá y bajaron por la calle Alfonso XII, paralelamente a las verjas del Parque del Retiro. Doblaron por la calle Antonio Maura en un corto recorrido que desembocó en Cánovas del Castillo y la plaza de Neptuno, donde subieron por la Carrera de San Jerónimo.

El oficial del SIGC, que aún permanecía en la verja de acceso al Congreso de los Diputados, miró su reloj y pensó que los autobuses se habían adelantado diez minutos sobre la hora prevista, fijada a las 18.30. Previamente, había comentado al suboficial encargado de la verja que seis autobuses de la Guardia Civil habían salido para prácticas de tiro. Al verlos subir por la Carrera de San Jerónimo, el suboficial no pudo por menos que exclamar, un tanto ingenuamente: «Anda, esos deben de ser los autobuses del tiro. Deben haberse despistado al regreso».

No era un «despiste», como el sargento Angulo pudo comprobar un minuto después. No habían terminado de parar los autobuses, cuando el ingenuo oficial pudo ver incrédulo al teniente coronel Tejero saltar pistola en mano del primer autobús y gritando: «En nombre del Rey». El sargento duda, pero la disciplina, el reflejo condicionado, la sorpresa se imponen: «A sus órdenes, mi teniente coronel, sin novedad en el servicio», exclama el sargento, cuadrándose militarmente ante su superior. El policía nacional de la puerta saludó igualmente a los oficiales que comenzaban a entrar metralleta en mano. El primer obstáculo que podía haber encontrado Tejero a su entrada en el Congreso se había salvado satisfactoriamente, gracias en gran medida, probablemente, a la labor de ese grupo de agentes del SIGC que pertenecían a los grupos operativos de Andrés Cassinello.

Tampoco encontró la fuerza asaltante ningún obstáculo en el interior del Congreso, donde lo ocurrido en las dependencias es sobradamente conocido. Tejero obligó a arrojarse al suelo a los que se encontraban en los pasillos próximos al hemiciclo, desde el comisario Oria hasta el teniente Pedro Contreras, que mandaba el destacamento de la Policía Nacional, pasando por periodistas y funcionarios. Irrumpió en el salón de sesiones y, pistola en mano y rodeado de guardias, se situó en la tribuna de oradores, ante el presidente del Congreso, Landelino Lavilla, para exclamar su mundialmente famoso: «Todo el mundo al suelo... al suelo, coño», abriendo fuego con su pistola, disparo que fue secundado por ráfagas de metralletas de algunos de sus hombres.

La toma del Congreso no estuvo tan planificada como creían los golpistas. Las cámaras de televisión siguieron grabando todos los acontecimientos, como cuando Tejero intentó tirar al suelo, sin conseguirlo, al todavía vicepresidente primero para Asuntos de la Defensa, teniente general Manuel Gutiérrez Mellado, quien increpaba a los oficiales y guardias, exhortándoles a obedecerlo y deponer su actitud. Tras los disparos, sólo Gutiérrez Mellado y el presidente en funciones, Adolfo Suárez, lo mismo que Santiago Carrillo, fumando tranquilamente en su escaño uno de sus Peter Stuyvesant, permanecieron en pie: todos los demás se arrojaron al suelo. Ya sólo se oía la voz de Tejero, quien afirmaba que estaba a las órdenes del Rey y del teniente general Milans.

¿Por qué disparó Tejero? Diversos analistas han sostenido a lo largo de los años que ahí, en ese justo momento, con esa dantesca puesta en escena, estuvo el principio y el fin del intento de golpe de Estado. El abogado defensor de Tejero, Ángel López Montero, ha afirmado a los autores de este libro que el teniente coronel sabía que numerosos diputados contaban con licencia de armas, y que algunos llevaban la pistola siempre encima. Como está prohibido pasarlas al hemiciclo, las armas eran depositadas por sus titulares en los cajetines personales que, con su correspondiente llave, tiene cada diputado en el corredor exterior al hemiciclo conocido como la «M-30». Tejero, según esta nueva versión, revisó los cajetines y habría observado que estaban vacíos, suponiendo, por tanto, que las armas estaban dentro. Según López Montero, de ahí vinieron los disparos al aire de Tejero y sus guardias. Una versión, desde luego, muy conveniente.

Sea como fuere, lo único cierto es que, a las 18.23 horas del 23 de febrero de 1981, los españoles pudieron oír en directo, a través de la Cadena Ser y comentado por el periodista Rafael Luis Díaz, cómo se estaba ametrallando al Parlamento y al Gobierno en pleno, sin poder distinguir si los tiros iban dirigidos al techo o a las personas. De este modo, Tejero se hizo con el control del edificio, de lo que dio inmediata cuenta telefónica al teniente general Milans del Bosch.

## TOQUE DE QUEDA EN VALENCIA

Se ha oído un golpe. Se ha oído un disparo... Se ve a la policía. Entra la guardia civil... la guardia civil entra en estos momentos en el Congreso de los Diputados. Hay un teniente coronel que en estos momentos sube a la tribuna. En estos momentos apunta. Es un guardia civil que apunta... que está apuntando con la pistola... Entran más policías. Están apuntando al presidente del Congreso de los Diputados con la pistola. Cuidado. Cuidado, la policía, la policía... No podemos emitir más porque... llevan metralletas...

La voz de Rafael Luis Díaz suena nítida en los altavoces de la radio instalada en el despacho de Milans del Bosch.

Los mandos de la III Capitanía General, reunidos por Milans en su despacho, pueden aún escuchar la voz gangosa de Tejero: «¡Alto! ¡Todo el mundo quieto! ¡Quieto todo el mundo! ¡Silencio! ¡Quieto todo el mundo...!».

Milans, después de recibir la novedad que telefónicamente le dio Tejero, y tras impartirle nuevas instrucciones, asumió todos los poderes dentro de la región y ordenó al gobernador militar de Valencia, Luis Caruana, que tomara el Gobierno Civil, lo que efectivamente cumplió el general, instalándose en el despacho del gobernador civil de Valencia, José María Fernández del Río. Horas más tarde, Caruana recibiría la orden tajante del jefe del Estado Mayor del Ejército, José Gabeiras, de detener a Milans, como veremos.

De 64 años y procedente de una familia con tradición castrense y aristocrática valenciana, Luis Caruana y Gómez de Barreda era el menor de los hijos del Barón Sampetrillo. La Guerra Civil le había sorprendido como cadete y, al finalizar la contienda, continuó en la milicia, en la que había llegado a general de División en mayo de 1978 y meses después del golpe ascendería a teniente general. Curiosamente, Caruana había sido nombrado por Milans, años atrás, juez instructor para el «caso Atarés» (los insultos dirigidos al teniente general y vicepresidente del Gobierno, Manuel Gutiérrez Mellado, en Cartagena por el general de la Guardia Civil Juan Atarés Peña), caso que se saldó con una mínima sanción. Ahora, y en relación con los hechos del 23-F, Caruana, como otros mandos de la plaza, no sería procesado, a pesar de haber ocupado el Gobierno Civil.

Siguiendo con la narración, hacia las 18.45 horas se inició en Valencia, por orden de Milans, la transmisión, a través de las emisoras de radio, del bando elaborado esa mañana y se comunicó a la División Maestrazgo la palabra clave «Miguelete», que movilizó a una fuerza de 1.800 hombres y sesenta carros de combate, además de vehículos de todas clases y cañones. A las 22.30 horas, los objetivos habían sido cubiertos y Valencia estaba totalmente tomada por el Ejército.

Entretanto, los jefes de las guarniciones de la región abrieron los sobres que les habían sido enviados. Algunos pidieron confirmación de las órdenes e, incluso, el gobernador militar de Cartagena no las cumplimentó al recibir contraorden telefónica del teniente general Gabeiras. Por su parte, Milans telefoneó a los capitanes generales de las regiones militares Segunda, Quinta y Octava y al de Baleares, para informarles de las medidas que había tomado y recabar su apoyo. En ese momento dio comienzo una auténtica «guerra de teléfonos» entre partidarios del golpe y los que querían pararlo.

Sobre esas horas, Gabeiras, que ya había hablado con el Rey, ordenó a Milans retirar las tropas que había sacado a la calle. Milans mintió a su superior al afirmarle que eran únicamente fuerzas de regreso de ejercicios. Ante la insistencia de Gabeiras en la retirada de tropas y del bando que ya había empezado a emitirse, Milans le respondió que no quería saber nada de él y que solamente hablaría con el segundo JEME, general Armada. No era el primer desaire que Milans dirigía a su superior, como ya sabemos, pero sí el más grave. Sintiéndose impotente ante Milans, tanto Gabeiras como el también teniente general Alfaro Arregui, presidente de la Junta de Jefes de Estado Mayor (JUJEM), solicitaron al Rey que ratificara estas órdenes a Milans, cosa que hizo don Juan Carlos, aunque no conseguiría que los tanques se retiraran de Valencia hasta pasadas las cinco de la madrugada, como veremos después.

Sabiéndose respaldado por el Rey, Gabeiras ordenó a los gobernadores militares de Valencia, Castellón y Alicante, que procedieran a arrestar a Milans. El de Valencia, Caruana, abandonó el Gobierno Civil, que había ocupado horas antes, y llegó a presentarse en Capitanía General, pero Milans se opuso al arresto señalando un arma de fuego que tenía sobre la mesa: «¡Atrévete!», le dijo Milans a su subordinado, cuando éste le comunicó que venía a arrestarle. Y señaló la pistola. Fue, probablemente, el acto de mayor peligro potencial que se registró aquella noche ya de por sí llena de peligros, junto con la controversia entre el general Alcalá Galiano y Tejero, en el Congreso.

La tensión continuó en Valencia hasta la retirada de Milans de su puesto de mando, con el golpe ya fracasado, hacia las seis y media de la madrugada del 24 de febrero. El viejo general se retiró a dormir. Dejaba solo a un Tejero que ya iba intuyendo con claridad su destino.

## LA BRUNETE, DETENIDA

En los acuartelamientos de La Brunete, la actividad era febril. A las 18.30 horas todo estaba preparado para el asalto a la capital, con unos mandos integrados en la intentona golpista –Torres Tojas, San Martín y Pardo– y con su general –Juste– convencido de que el Rey apoyaba la asonada.

Pocos minutos antes de las siete de la tarde, cuando algunas unidades habían iniciado la operación «Diana», Juste habló telefónicamente con el secretario de la Casa del Rey, general Sabino Fernández Campo, conversación providencial para el desarrollo de los acontecimientos. Sabino le preguntó sobre la situación en la Acorazada, la unidad más potente de fuego del Ejército español. Juste le respondió que todo se desarrollaba conforme a lo previsto y que los tanques iban a iniciar su salida hacia Madrid. Sabino, preocupado, le pidió que frenase a los tanques inmediatamente. Juste, sorprendido, le replicó: «¿Pero no está ahí Armada?», a lo que Sabino respondió con un providencial «Ni está, ni se le espera». «¡Ah! Esto cambia las cosas», dijo Juste, que comprendió todo súbitamente.

Acto seguido, Juste se puso en contacto telefónico con su amigo el capitán general de la Primera Región Militar, Guillermo Quintana Lacaci, y le dio cuenta de que ya habían salido unidades de la División a ejecutar la operación «Diana». Quintana le ordenó que acuartelara inmediatamente a esas unidades, orden que Juste cumplimentó en el acto.

Durante todo ese tiempo, el general Torres Rojas permaneció en el despacho de Juste, pero, al conocer por éste que el general Armada no se encontraba en el palacio de La Zarzuela, entendió que la operación proyectada había fracasado. No obstante, no abandonó la dependencia militar hasta que Quintana Lacaci, en nombre del capitán general de la VIII Región, su inmediato superior, le ordenó que se incorporase a su destino en el Gobierno Militar de La Coruña, orden que Torres Rojas cumplió exactamente a las 21.50 horas.

EL ULTRA DE MEER

Pero en Madrid no todo estaba tranquilo, ni mucho menos. Es cierto que las unidades dispersas por la región no se sumaron al golpe, pero no fue por falta de ganas de algunos de sus mandos. Por ejemplo, en el Regimiento de Caballería Pavía, con base en Aranjuez, donde estaba destinado Carlos de Meer. Este militar ultraderechista había sido gobernador de Baleares y jefe provincial del Movimiento de Mallorca entre 1974 y 1976, cargos desde los que prohibió al cantautor Lluis Llach, expulsó a los obreros de las iglesias y a los «inmorales» de las playas y descalificó, entre otros, a Olof Palme, entonces primer ministro sueco. De Meer intentó convencer sin éxito al coronel Fernández Teijeiro de que saliera en apoyo de Tejero. Como De Meer, numerosos mandos militares pensaban que si salían a la calle varios regimientos, triunfaría la asonada. Fernández Teijeiro se mantuvo leal y los vehículos del Regimiento Pavía permanecieron en sus hangares y las tropas acuarteladas.

Lo curioso del caso es que en la madrugada del día veinticuatro Tejero mantuvo una conversación telefónica con Juan García Carrés para explicarle su discusión con Armada, como veremos luego. Ante el estado de exaltación de Tejero, García Carrés le animó a «aguantar», comentándole que los Regimientos Villaviciosa y Pavía se dirigirían hacia el Congreso. Aquello, obviamente, resultó no ser cierto, pero ¿de qué información disponía García Carrés para asegurar que el Regimiento donde estaba De Meer salía hacia Madrid? Estos hechos no fueron investigados posteriormente por la Justicia Militar.

Paralelamente, uno de los condenados después por el golpe, Pardo Zancada, ofrece otro dato que tiene mucho interés y que, por tal razón, lo reproducimos íntegramente aquí. Pardo se refiere a una llamada muy importante del teniente coronel Eduardo Fuentes Gómez de Salazar, el hombre que luego, como veremos, firmó con el propio Pardo y con Tejero la rendición de las fuerzas asaltantes del Congreso en lo que se conoció como el «pacto del capó». Dice Pardo,

«Recibo una llamada telefónica que tiene para mí una gran importancia. Es del teniente coronel destinado en la División de Inteligencia del Estado Mayor del Ejército, a las órdenes directas del general Arrazola, que la manda. En un tono apremiante, excitado, me dice: «Pero ¿qué coño hacéis, Ricardo? Hay ya tres capitanías que se han sumado al movimiento. Empujad vosotros, que todo va bien». Desalentado y avergonzado a la vez, le contesto que estoy haciendo todo lo que puedo. A renglón seguido, siento la ira del que encima se ve incomprendido y levanto la voz: «Ven aquí y echa tú una mano». Quien está al otro lado del hilo es el teniente coronel Eduardo Fuentes Gómez de Salazar, el Napo. Nada menos. Es decir, si alguien se hubiera puesto a pensar quién debía llamarme para hacerme reaccionar, la elección habría estado entre dos o tres personas. Una de ellas era indudablemente mi amigo el Napo».

En algo sí llevaba razón García Carrés: a las 19.15 horas, un destacamento de 25 soldados del Regimiento de Caballería Villaviciosa 14 y del Regimiento Mixto de Ingenieros, al mando del capitán Merlo, había tomado las instalaciones de RTVE en Prado del Rey, como veremos después en el capítulo dedicado a La Zarzuela.

Además, pasada la una y media de la madrugada del día 24, el comandante Pardo Zancada también se dirigió al Congreso de los Diputados al frente de una columna con catorce vehículos y ciento trece hombres, procedentes del personal franco de servicio de la compañía de Policía Militar número uno (67 hombres) y de la Compañía del Cuartel General de la División (46 hombres).

Bajo las órdenes de Pardo iban los capitanes Carlos Álvarez-Arenas Pardiña, jefe de la Compañía de Policía Militar; José Pascual Gálvez, jefe de la Compañía del Cuartel General; Francisco Dusmet García-Figueras, y José Cid Fortea, cajero de la Mayoría de la División, y los tenientes Eduardo Jiménez Tostado y Miguel Martínez García. Los capitanes se unieron a la columna de forma voluntaria, no así los tenientes, a quienes no se informó previamente del propósito de unirse en el Congreso a las fuerzas asaltantes de Tejero. Esa es la razón por la que no serían luego procesados esos dos oficiales, Jiménez Tostado y Martínez García.

La columna de Pardo penetró en el edificio nuevo del Congreso, en el que permaneció hasta el final de los acontecimientos, sin mantener relación con los diputados retenidos. Más tarde, Pardo desobedecería las órdenes del director general de la Guardia Civil, Aramburu Topete, para que retirara la fuerza y abandonara el Parlamento, manifestándose a las órdenes exclusivas de Milans.

Dentro del Congreso, esta columna no tuvo actividad alguna, pero sí fuera del recinto parlamentario. En la madrugada Pardo encomendó al capitán Dusmet que llevara a la emisora «La Voz de Madrid», para su difusión, un manifiesto justificativo de la ocupación del Congreso, redactado por el teniente coronel Tejero y otros oficiales.

En «La Voz de Madrid» se encontraba, desde la medianoche, el capitán de Artillería Juan Bautista González, del Estado Mayor de la División Acorazada, quien había convencido al coronel San Martín de la necesidad de trasladarse a la emisora para recabar información a través de los medios de la misma, ya que mantenía relación personal con sus directivos. Para la toma de las instalaciones, el capitán Bautista había utilizado un coche con siete soldados y permaneció allí hasta las cuatro y media de la madrugada. Este dato era conocido por Dusmet, quien a las cuatro de la madrugada se presentó en aquellas instalaciones acompañado de un suboficial y dos soldados con el propósito de leer el comunicado en antena. Sin embargo, y ante la indiferencia del capitán Bautista González, el jefe de programas logró impedir la difusión del manifiesto. Dusmet regresó entonces al Congreso y poco después Juan Bautista se retiraba con todos sus hombres, al recibir una orden categórica en tal sentido del Cuartel General de la División.

# 7

## La noche de los transistores

### Un sobresalto en Interior

Cuando Antonio Gómez, jefe del gabinete de coordinación de la Dirección de Seguridad, llegó hasta el despacho de Francisco Laína García, director de la Seguridad del Estado, su rostro aparecía desencajado. Iba a avisar a su superior de que en el Congreso ocurría algo grave, pero Laína estaba casi literalmente pegado a un transistor, escuchando en directo todo lo que ocurría en el hemiciclo. Tras la impetuosa entrada de Gómez, la puerta de su despacho, en el número 7 de la calle Amador de los Ríos, se abrió nuevamente para dar paso a un nervioso José Luis Fernández Dopico, secretario general de la Dirección de la Seguridad del Estado, quien, al igual que Gómez, cuando vio a su superior pegado a la radio, permaneció en silencio: «El jefe ya está al tanto de los acontecimientos», pensó.

A sus 45 años, Laína era un hombre acostumbrado a hacer frente a las situaciones más difíciles. Licenciado en Derecho, este técnico de la Administración Civil del Estado había ocupado cargos de responsabilidad durante la última etapa del franquismo y los duros comienzos de la transición a la democracia. Había sido delegado del Gobierno y jefe insular del Movimiento en la isla de La Palma, subdirector general de Política Interior y gobernador civil de León, Las Palmas y Zaragoza, ciudad en la que, por cierto, le tocó afrontar en 1979 el incendio del hotel Corona de Aragón que, según todos los indicios, fue consecuencia de un atentado terrorista. Laína tuvo que defender la posición del Gobierno, que mantenía que el fuego se inició por una freidora, versión que casi nadie creyó. Finalmente, Laína fue nombrado en junio de 1980 director de la Seguridad del Estado por Juan José Rosón. En consecuencia, contaba no sólo con experiencia, sino también con capacidad de mando. No obstante, aquella tarde del 23-F tanto Gómez como Fernández Dopico pudieron comprobar como su rostro aparecía lívido.

Como a casi todo el mundo, el asalto al Congreso por parte de Tejero y sus guardias había cogido a Laína de improviso. Pasados unos minutos, cuando consiguió reponerse de su estupor, descolgó el teléfono y habló primero con José Manuel Blanco, director general de la Policía, quien no pudo añadirle más datos a los ya transmitidos por la radio. Llamó después a Manuel Ballesteros, comisario general de Información y encargado de la lucha antiterrorista, pero tampoco Ballesteros pudo ayudar mucho al secretario de Estado. Recurrió por fin a Aramburu Topete, director general de la Guardia Civil, quien le añadió poco a lo ya escuchado a través del pequeño transistor: «Parece que es Tejero, con un grupo de guardias civiles», dijo el general, hecho un manojo de nervios. Laína supo entonces que esa noche iba a ser larga, muy larga.

La radio, pese a transmitir en directo, no podía reflejar ni mucho menos todos los matices de la brutal toma del Congreso por Tejero y sus guardias. Laína estaba aún como anonadado cuando sonó el teléfono rojo de su mesa supletoria: era Sabino Fernández Campo, secretario general de la Casa del Rey.

– Paco, te quiere hablar Su Majestad –le dijo Sabino, pasando a escucharse seguidamente la voz del Rey:

– Paco, qué está pasando en el Congreso, ¿hay heridos?.

Laína se lamentó para sus adentros de no poseer más información y se limitó a explicar sucintamente al monarca lo que ya era de dominio público y a exponerle las instrucciones que había dado hasta el momento y que se referían, casi exclusivamente, a ordenar al general Aramburu que se dirigiera hacia el Congreso con todos los hombres que pudiera reunir en esos momentos.

## «Todos al suelo»

A las 18.23 horas del 23 de febrero, Luis Ortiz González, ex ministro de Obras Públicas en el primer Gobierno de Adolfo Suárez, era un firme candidato para ocupar esa misma cartera en el Gobierno de Leopoldo Calvo Sotelo; un gobierno que habría de formarse inmediatamente después de la sesión de investidura del político gallego. Por ello, Ortiz, que no era diputado en esa Legislatura, se hallaba en las Cortes haciendo «pasillos» cuando irrumpieron Tejero y sus guardias. En sólo unos minutos, Luis Ortiz había pasado de ser un respetado «ministrable» a arrastrarse penosamente por la moqueta del bar del Congreso de los Diputados, antes de ser cacheado por un guardia civil obeso y sudoroso, de ademanes violentos y desabridos.

Todo se desarrolló en escasos segundos. Más de doscientos guardias civiles entraron en tromba por la pequeña puerta de acceso al edificio del palacio. Las personas que se encontraban en los pasillos próximos al hemiciclo apenas tuvieron tiempo de sorprenderse. Un guardia civil joven, de baja estatura y con barba, a grandes voces conminó a los presentes a tumbarse en el suelo: funcionarios de la Administración y del Parlamento, periodistas, altos dignatarios... Todos obedecieron atemorizados. Junto a Luis Ortiz –más tarde nombrado, efectivamente, ministro de Obras Públicas por el después electo Calvo Sotelo, se encontraba el presidente de los socialistas vascos, José María «Tixiqui» Benegas, que había acudido al Parlamento de visita. Benegas protagonizaría más tarde una curiosa anécdota, al conseguir salir del Congreso hacia las 19.30 horas mostrando... un carné de periodista.

Hasta el comisario Oria, un hombre ceremonioso y paciente de quien dependía la seguridad interior del Congreso, acabó, con pipa incluida, de bruces en el suelo:

> Iba a sacar mi pistola cuando me encontré con un cañón de subfusil en la garganta. Me obligaron a echarme al suelo y me preguntaron si iba armado. Le dije que sí al guardia civil y me obligó a sacar el arma lentamente, con la mano izquierda. Creo que ha sido mejor no haber tenido tiempo a reaccionar,

se lamentaría más tarde ante los periodistas. Y otro policía, Pedro Fraile, escolta del ministro del Interior, Juan José Rosón, también había acabado en el suelo, unos metros más allá de Oria.

La confusión era total. La entrada de Tejero en el hemiciclo estuvo salpicada de chulería y bochorno. El propio teniente coronel empujó al presidente del Congreso, Landelino Lavilla, a quien amenazó con su pistola, y poco después, en un espectáculo lamentable, intentó inútilmente derribar al teniente general y vicepresidente del Gobierno, Manuel Gutiérrez Mellado, un hombre físicamente débil y ya anciano que resistió la acometida con tanta fortaleza, que a punto estuvo Tejero de caer él mismo al suelo. Mientras tanto, el ex vicepresidente del Gobierno y diputado de UCD por Valencia Fernando Abril Martorell intentaba salir de forma desapercibida por la puerta, pero no lo pudo conseguir al percatarse de la acción un guardia civil que, metralleta en mano, le conminó a volver a su escaño.

En la tribuna de prensa, en la primera planta del edificio, había solamente un guardia, un hombre joven aparentemente preocupado de estar sólo con los periodistas: «¡Subid alguno más, que estoy solo!», gritaba, mientras ordenaba a los comentaristas que permaneciesen en el suelo o, al menos, «por debajo de donde yo estoy». Luego les autorizaría a sentarse al pie del asiento, desde donde algunos cronistas, como Luis Carandell, pudieron ser testigos de cómo dos guardias fueron a buscar, tras los disparos al techo, al diputado canario Fernando Sagaseta. «Al principio pensamos que le detenían personalmente a él. Resultó que había quedado ligeramente herido y le sacaban sólo para atenderle», comentaría Carandell. Efectivamente, Sagaseta sangraba por una mano y le atendió en un primer momento el diputado socialista Donato Fuejo, que era médico.

Aunque los guardias civiles habían disparado al techo, algunas balas rebotaron alcanzando a otros asistentes al acto, como a Luis Erice, cuñado de Leopoldo Calvo Sotelo, quien se encontraba en la tribuna destinada al público. Una bala rebotada le alcanzó, tuvo que ser atendido por el médico del Congreso y necesitaría tratamiento durante más de treinta días. La doctora Carmen Echave se ocuparía durante todas aquellas horas de atender las variadas emergencias sanitarias que se presentaron. Fue la única persona no implicada en la intentona que pudo circular libremente por todo el Congreso, algo que, como luego veremos, tendría su trascendencia. A Erice, el médico le preguntó si había sido herido con perdigones. A lo que un guardia civil, que presenciaba la cura, respondió solemne: «de perdigones, nada; cuando disparamos, lo hacemos con la munición reglamentaria».

Más tarde, los guardias dejaron salir a la diputada socialista Anna Balletbó, que se encontraba embarazada, y durante la madrugada tendría que ser evacuado urgentemente el senador de UCD por Pontevedra, David Pérez Puga, a causa del proceso asmático que padecía. Pérez Puga había sido, entre otras cosas, secretario general del Consejo Nacional de Trabajadores y procurador en las Cortes franquistas por la Organización Sindical, y se encontraba entre los invitados a la investidura de su jefe de filas. Fallecería un año más tarde (mayo de 1982) a consecuencia de un paro cardíaco.

Mientras esto ocurría en los pasillos, el capitán Muñecas Aguilar subió al estrado de oradores para tranquilizar a los diputados. En un tono enérgico, metálico, Muñecas les dijo que no iba a haber heridos y que esperasen la llegada de la autoridad «militar, por supuesto» que les daría instrucciones. Tejero, mientras tanto, mantenía una animada conversación telefónica con Milans del Bosch:

– Mi general, sin novedad. Todo en orden. Todo en orden. Sin novedad», dijo nerviosa y exaltadamente Tejero.

– De acuerdo. Todo sigue según el plan previsto –le respondió Milans.

– «Ya se puede gritar por fin: ¡Viva España! ¡Viva España, coño!», respondió Tejero antes de colgar el auricular y dirigiéndose a sus guardias. Milans le acababa de confirmar que los tanques salían hacia Valencia y que se iba a empezar a emitir el bando que ponía a toda la región bajo jurisdicción militar.

Algunos guardias, que se habían quedado custodiando a quienes en el momento del asalto se hallaban en el bar de la planta baja del Congreso –un bar, por cierto, que luego ordenaría cerrar Gregorio Peces-Barba, nada más acceder a la Presidencia de la Cámara Baja, en diciembre de 1982–, comentaban a los periodistas que ellos no sabían ni a qué habían ido al Parlamento, que tan sólo obedecían órdenes superiores: «Me encontraba lavando un coche en el Subsector de Tráfico, en la calle del General Mola, cuando me dieron un subfusil y me dijeron: "Vente con nosotros"», les dijo un joven guardia civil que se mostraba tan asustado como aquellos a los que custodiaba.

Pasados los primeros momentos de tensión, con la «plaza» ya asegurada, Tejero distribuyó los servicios en el Congreso entre los oficiales que le acompañaban: el capitán Abad permaneció a sus inmediatas órdenes durante la ocupación y controlando la central telefónica; el capitán Muñecas quedó encargado de infundir tranquilidad a los diputados y dictó las órdenes para la vigilancia de los líderes políticos a los que se aislaría más tarde; el teniente Álvarez tuvo a su cargo la función de mantener el orden en el hemiciclo durante toda la noche; al capitán Acera se le encomendó la vigilancia de distintos servicios, entre ellos la evacuación de enfermos. Los capitanes Bobis y Lázaro, con parte de la fuerza que conducían, permanecieron algún tiempo en el exterior del Congreso en misión de vigilancia, penetrando posteriormente en el mismo con sus hombres, mientras que el capitán Pérez de la Lastra salió varias veces del palacio, llegando a ir incluso a su casa, donde permaneció varias horas antes de volver, ya de paisano y poco antes del final de los sucesos, a las proximidades del Congreso.

Dentro del hemiciclo la confusión era cada vez mayor. Una hora y cuarto después de la entrada de Tejero pistola en mano, Adolfo Suárez, como presidente aún en funciones del Gobierno, se levantó del «banco azul» exigiendo hablar con un responsable. Fue uno de los momentos de mayor tensión de todo el secuestro.

– Quiero hablar con el que manda la fuerza –dijo Suárez en voz alta.

Un guardia civil observó el movimiento que se iniciaba en esos momentos en algunos escaños y advirtió a todos los diputados:

– Tranquilos, señores; al próximo movimiento de manos, se mueve esto. ¿Eh? –señalando a su subfusil.

Suárez siguió avanzando y gritando cada vez más alto: «Yo, como presidente del Gobierno, tengo la facultad...», pero no pudo terminar la frase, porque el teniente Ramos le gritó:

– Señor Suárez, se siente, coño. Se siente... Que se siente –y Suárez no tuvo más remedio que obedecer.

Quizá afortunadamente para todos, apareció en el hemiciclo el teniente coronel Tejero, quien comunicó a los diputados que Milans del Bosch había decretado la movilización general, tras lo cual tomó por el brazo a Suárez. Ante las protestas de éste, Tejero optó por sacarlo del hemiciclo y conducirlo a una habitación separada, donde quedó aislado y custodiado hasta el final de los acontecimientos. Pasados unos minutos, se obligó también a salir de la sala al líder del PSOE, Felipe González, y al teniente general Gutiérrez Mellado, y algo después, al ministro de Defensa en funciones, Agustín Rodríguez Sahagún; al número dos del PSOE, Alfonso Guerra, y al secretario general del PCE, Santiago Carrillo, que fueron conducidos a otra habitación, donde tuvieron que permanecer en silencio y custodiados por guardias civiles.

## ETARRAS EN EL CONGRESO

Era evidente que el golpe de mano de Tejero había cogido por sorpresa a todos los que no estaban en la conspiración. La falta de noticias fidedignas originó una tremenda confusión fuera del recinto parlamentario, con tintes esperpénticos en algunos casos, como en la Brigada Regional de Información de Madrid, ubicada en la antigua Dirección General de Seguridad, en la Puerta del Sol, a escasos metros del Palacio de la Carrera de San Jerónimo.

Pocos minutos después de que las radios retransmitieran en directo el asalto de Tejero, el jefe de la Brigada, comisario Tomás Agreda, reunió a la veintena de policías e inspectores que se encontraban allí y les dijo que unos etarras disfrazados de guardias civiles habían asaltado el Congreso y tenían retenidos a los diputados y al Gobierno. Agreda les ordenó que cogieran sus metralletas del armario y que fueran inmediatamente al lugar de los hechos. Resultó realmente extraño para los sorprendidos transeúntes ver a un grupo numeroso de hombres vestidos de paisano, metralleta en mano, corriendo por la Puerta del Sol.

Los policías llegaron hasta la puerta de la calle de Fernanflor, en un lateral, por la que entraron en el interior del Congreso. Pero, al llegar a las escaleras, apenas unos metros más adelante, un sargento de la Benemérita les cerró el paso y les conminó a que se retiraran. Ante la insistencia de los policías, otro guardia civil, amigo de uno de los inspectores, les dijo: «Nosotros no recibimos órdenes más que del capitán general». En ese momento, uno de los inspectores vio en el interior del edificio al comisario Manuel Ballesteros, quien mantenía un diálogo con el propio Tejero: los policías supieron entonces que aquellos guardias civiles «eran de verdad» y no etarras disfrazados, y que aquello era un golpe de Estado en toda regla. Pasados los primeros momentos de estupor, los inspectores optaron por regresar a la Brigada Regional, donde permanecieron hasta las 22.45, hora en la que Agreda les dijo que podían irse a sus casas.

En realidad, enviados por Laína, Manuel Ballesteros y José Luis Fernández Dopico habían conseguido entrar en el Congreso y hasta hablar con el propio Tejero. Después, fueron a reportar a Laína, pero con unas noticias que no eran precisamente optimistas. El secretario de Estado ordenó inmediatamente controlar los teléfonos del Congreso. Todas las conversaciones que tuvieron lugar esa tarde-noche quedaron grabadas por los servicios de seguridad, si bien las transcripciones de las cintas no se aportaron nunca a la Causa, desapareciendo de forma misteriosa, según veremos en un próximo capítulo.

## ESTUPOR EN EL ESTADO MAYOR

Ese mismo estupor vivido en la Policía se registró igualmente en el Cuartel General del Ejército, donde en los primeros minutos del golpe se encontraban despachando el jefe del Estado Mayor, teniente general José Gabeiras Montero, y el segundo jefe, Alfonso Armada Comyn. Ambos fueron interrumpidos por el teniente coronel Martínez Aguilar Olivencia, un hombre de la máxima confianza del JEME a quien le había advertido de los sucesos en el Congreso el comandante de Caballería Martínez de Vallejo, ayudante del ministro de Defensa. La sorpresa para Gabeiras fue tan grande y notoria, que pidió a Aguilar Olivencia que se trasladara al Congreso, mientras marcaba el número de teléfono del capitán general de Madrid, Guillermo Quintana Lacaci. Pero Armada también se mostró sorprendido. ¿No sabía Armada lo que iba a ocurrir con exactitud esa tarde –cosa impensable, por cierto, como veremos luego–, o es que Tejero se había saltado el guión y organizado una masacre en plena regla por su cuenta?

Sobre las 19 horas Gabeiras recibió una llamada de Sabino Fernández Campo para que explicara al Rey cómo estaba la situación. En el transcurso de la conversación, Sabino le preguntó a Gabeiras si estaba ahí Armada, a lo que el JEME, extrañado, le respondió que sí. Sabino le explicó entonces que el general José Juste, con quien había hablado pocos minutos antes, le había preguntado si Armada estaba en La Zarzuela. Es decir, la implicación de Armada en los sucesos golpistas estaba ya empezando a ser clara para todos.

Tras esa conversación telefónica Gabeiras dejó al mando en el Cuartel General a Armada, como segundo JEME, mientras él se incorporaba a la reunión de la Junta de Jefes de Estado Mayor, convocada urgentemente por los acontecimientos golpistas. Presididos por el PREJUJEM, teniente general Ignacio Alfaro Arregui, a partir de las 20 horas se reunieron en la sede de la calle Vitrubio, en un barrio residencial de Madrid, los jefes del Estado Mayor del Ejército, teniente general José Gabeiras Montero, de la Armada, almirante Luis Arévalo Pelluz, y del cuartel general del Aire, teniente general Emiliano Alfaro Arregui, quienes se pusieron a disposición del Rey para detener el golpe de Estado. La misión de la JUJEM fue la de mantener la calma en las diferentes capitanías generales para que no cundiera el ejemplo de Valencia.

UN GOBIERNO DE SUBSECRETARIOS

En otro de los escenarios claves para el contragolpe, Luis Sánchez Harguindey, subsecretario del Ministerio del Interior, iba a estar esa tarde a la altura de las circunstancias. Sánchez Harguindey se había desplazado al despacho de Francisco Laína, desde una de cuyas ventanas oteaba preocupado la calle de Amador de los Ríos por si las tanquetas aparecían en cualquier momento. Sin embargo, la tranquilidad en el exterior del edificio parecía absoluta. En un momento determinado a Sánchez Harguindey se le ocurrió lo que luego se demostró como una gran idea:«Oye, Paco, yo creo que, con el Gobierno secuestrado, deberíamos convocar a los subsecretarios y a los secretarios de Estado para evitar el vacío de poder», dijo Sánchez Harguindey.

La idea era buena, y así se lo comunicó Laína al Rey, quien dio su total aprobación. Poco después, la reunión del que pasó a la historia como el «gobierno de subsecretarios» comenzó en el salón regio de la planta baja de Amador de los Ríos, presididos por sendos retratos de los reyes don Juan Carlos y doña Sofía y de todos los ministros del Interior en los últimos cuarenta años. Iniciada la sesión, el secretario de Estado para Asuntos Exteriores, Carlos Robles Piquer, cuñado de Manuel Fraga, el líder de Alianza Popular que permanecía retenido en el Congreso con el resto de los diputados, propuso que se redactara una nota comunicando al país que se había constituido un gobierno provisional. Tras la oportuna consulta al monarca, se emitió la siguiente nota, con el ánimo no oculto de confirmar a los progolpistas, en primer lugar, y al conjunto de la ciudadanía, en general, que no se había producido un vacío de poder pese al secuestro del Gobierno:

La situación creada por un acto de violencia en la sede del Congreso de los Diputados ha impedido, hasta el momento, la acción normal del consejo de ministros, cuyos miembros se encuentran retenidos en la Cámara. En estas circunstancias, los secretarios de estado y los subsecretarios de los diversos ministerios se han constituido en sesión permanente, por instrucción de Su Majestad el Rey, para asegurar la gobernación de país, dentro de sus cauces civiles, y en estrecho contacto con la junta de jefes de Estado Mayor, que igualmente se halla reunida.

Todas las informaciones hasta el momento recogidas por quienes accidentalmente desempeñan el mando político del país en nombre del gobierno, coinciden en manifestar que la calma más absoluta reina en todo el territorio nacional y que es de esperar una pronta solución a esta interrupción momentánea de la vida parlamentaria.

Quienes en este momento asumen en España la plenitud del poder civil y militar, de manera transitoria y bajo la dirección y autoridad de Su Majestad el Rey, pueden garantizar a sus compatriotas que ningún acto de fuerza destruirá la convivencia democrática que el pueblo libremente desea, y que se plasma en el texto de la Constitución, a la que civiles y militares han jurado protección.

A partir de ese momento ya no se podía hablar de «vacío de poder», como había invocado Milans.

Poco después, la JUJEM redactaba otra nota que no dejaba lugar a dudas:

La Junta de Jefes de Alto Estado Mayor, reunida a las 20 horas ante los sucesos desarrollados en el palacio del Congreso, manifiesta que se han tomado las medidas necesarias para reprimir todo atentado a la Constitución y restablecer el orden que la misma determina.

Ambos comunicados, el de la Junta de Subsecretarios y el de la JUJEM, se emitieron en diversas ocasiones por televisión y por radio, para que nadie pudiera alegar ignorancia. La emisión televisiva pudo hacerse una vez que las instalaciones de RTVE en

Prado del Rey, que habían sido ocupadas por fuerzas del Regimiento Villaviciosa al mando del capitán Martínez de Merlo, siguiendo órdenes directas del coronel Valencia Ramón, quedaron libres de ocupantes.

## TEJERO AMENAZA A ALCALÁ GALIANO Y A ARAMBURU

Desde las primeras horas del golpe, el Hotel Palace, situado prácticamente enfrente del Congreso, se había convertido en el centro de operaciones de las Fuerzas de Seguridad del Estado. Hasta allí habían llegado ya, mandados por Laína, el director general de la Guardia Civil, Aramburu Topete, y el coronel de la circunscripción de Madrid de la Policía Nacional, Félix Alcalá Galiano. También fueron llegando los mandos de varios de los oficiales ocupantes: coroneles Villanueva, de la Agrupación de Tráfico, Merino, director del Centro de Instrucción, y Constantino Gómez, jefe del 11 Tercio de la Guardia Civil. Más tarde se incorporaron el general José Antonio Sáenz de Santamaría, director general de la Policía, y Mariano Nicolás, gobernador civil de Madrid. Poco después de su llegada, Aramburu, que no se había repuesto aún de la sorpresa, se puso en comunicación con el coronel Miguel Manchado, jefe del Parque de Automovilismo, desde donde había salido la mayor parte de la fuerza asaltante. Al intentar responder por qué había dejado salir a esa columna del Parque, Manchado comunicó a su superior que le habían afirmado que las órdenes procedían del Rey y del propio Aramburu.

El director general de la Guardia Civil no daba crédito a sus oídos. Casi cegado por la furia, ordenó al coronel que se presentara inmediatamente en el Palace para retirar a sus fuerzas del Congreso. Aramburu ya sospechaba que Manchado estaba en connivencia con los golpistas, pero poco después tendría la prueba objetiva cuando el coronel, en vez de cumplimentar la orden recibida, envió a Tejero un vehículo con material de iluminación –que no llegó a ser utilizado y que quedó en las proximidades del Congreso– y ordenó al capitán Torres, jefe de la Segunda Compañía, que se presentase en su lugar ante Aramburu. Manchado, por su parte, se acercaría hasta Cibeles y, al observar que la Policía Municipal había cortado el tráfico, optó por regresar al Parque de Automovilismo, donde fue arrestado por orden de Aramburu.

Paralelamente a estos hechos, y siguiendo instrucciones de Laína, el coronel Alcalá Galiano consiguió entrar en el Congreso con el fin de intentar convencer a Tejero para que depusiera su actitud. El jefe de la Primera Circunscripción de la Policía Nacional ya disponía de alguna información sobre lo que ocurría en el interior del Parlamento; información que le había facilitado el comandante de la Policía Nacional Campdepadrós, que había sido el primero en entrar y hablar con Tejero. En esa conversación, que Campdepadrós narró con todo lujo de detalles a su superior, Tejero le había dicho que aquello era un levantamiento militar ordenado por el Rey y por el teniente general Milans del Bosch, que se había llevado en absoluto secreto para garantizar el éxito de la operación y que había numerosas unidades implicadas, como la Acorazada Brunete, cuyos tanques, según él, ya estaban de camino hacia Madrid. Esas informaciones fueron confirmadas, igualmente, por los comisarios Ballesteros y Fernández Dópico, que habían acudido al Congreso, como hemos señalado, por orden de Laína y se habían entrevistado también con Tejero.

Los nuevos datos añadieron aún más incógnitas a los ya pesarosos pensamientos de Alcalá Galiano. ¿Estaba el Rey de por medio? ¿Quién mandaba de verdad en todo aquello? ¿No era un golpe contra el Rey, sino contra la democracia? ¿O era un golpe contra todo el sistema, incluyendo la Corona? Todas las hipótesis parecían tener sentido. Esas y otras preguntas revoloteaban en la cabeza del coronel mientras entraba en el Parlamento y se entrevistaba finalmente con Tejero, de quien esperaba respuestas concretas. Pero el guardia civil le repitió machaconamente lo mismo que le había dicho al comandante Campdepedrós:

— Son órdenes del Rey y del capitán general Milans del Bosch —afirmó, rotundo, Antonio Tejero.

— ¿Dónde están esas órdenes? —le preguntó entonces Alcalá Galiano, pidiéndole al menos un papel, un documento, una prueba.

— Son órdenes verbales —respondió Tejero, poniendo fin a la entrevista.

Desorientado tras ese primer encuentro, Alcalá Galiano se dirigió a la salida del Congreso para informar a Gabeiras de lo que había hablado con Tejero; pero en la verja de entrada le abordaron los tenientes coroneles Aguilar Olivencia, enviado por el propio Gabeiras para averiguar qué estaba pasando allí, y Manuel Fernández-

Monzón Altolaguirre, de la OIDREP del Ejército, también en misión informativa. Ante la confusión del jefe de la Policía Nacional de Madrid, Aguilar Olivencia le propuso que hablara con el propio Gabeiras, que aún permanecía en el Cuartel General del Ejército, lo que éste hizo. El JEME le ordenó entonces que viera nuevamente a Tejero, lo desarmara y lo detuviera. Alcalá Galiano se aprestó a cumplir la orden recibida y, acompañado por Aguilar Olivencia, el coronel volvió a entrar en el Congreso; pero esta vez la entrevista se celebró en términos mucho más violentos.

En ese segundo encuentro Alcalá Galiano intentó convencer a Tejero de que se encontraba sólo, de que Valencia le había abandonado. El guardia civil no creía ni una palabra. A él le habían dicho que la II y V Regiones Militares, además de Baleares, habían secundado ya el plan y que la Brunete iba camino de Madrid, según lo previsto. Optó entonces por llamar directamente a la Capitanía General de Valencia. Habló primero con el teniente coronel Pedro Mas, ayudante de Milans, quien le dijo que ignorara al jefe de la Policía Nacional de Madrid. Luego se puso el coronel Diego Ibáñez Inglés, segundo jefe del Estado Mayor de Milans, quien fue más lejos que su subordinado y ordenó a Tejero que procediera a detener a Alcalá Galiano. El incidente estaba en su punto álgido. El capitán Muñecas hizo intención de desarmar a Alcalá Galiano ante la atenta mirada de sus subordinados. En ese momento a Tejero le informaron que el general de División Aramburu Topete estaba entrando por la puerta de la verja del edificio, acompañado por los coroneles de la Guardia Civil Vázquez García y Pedro Catalán y los comandantes ayudantes Guillermo Ostos y Moreno Wirtz.

La entrevista no pudo empezar peor. Tejero salió al encuentro de su superior con la pistola en la mano, si bien, como se supo luego, el arma estaba encasquillada. En presencia, entre otros, de los capitanes golpistas Pérez de la Lastra y Acera, Aramburu ordenó a su subordinado que se entregara. «Mi general, estoy dispuesto a todo, y antes de entregarme, primero lo mato y después me pego un tiro», respondió un Tejero ya enloquecido.

En ese momento Aramburu, preso de la ira, intentó sacar su pistola, acción que impidió uno de sus ayudantes para evitar males mayores, pensando en la previsible reacción de los oficiales que acompañaban a Tejero y que tenían rodeado al general. Ante la resistencia encontrada, Aramburu optó por tratar de reducir numérica y progresivamente la fuerza ocupante, ordenando a los guardias que se encontraban fuera del Congreso que subieran a los autocares. Algunos agentes, como el teniente Cándido Blanco, obedecieron la orden, como señalamos en el capítulo anterior, pero la acción fue interrumpida por un oficial fiel a Tejero. Aramburu tuvo finalmente que retirarse sin haber conseguido reducir la resistencia de los asaltantes, dando cuenta del episodio al teniente general Gabeiras.

Unos cuarenta minutos más tarde, hacia las 20 horas, se produjo una llamada de La Zarzuela al Congreso de los Diputados, como veremos después, pero la tensión existente en la única entrevista que Sabino Fernández Campo mantendría con Tejero aconsejó no volver a repetirla, ante la obstinación del guardia civil. Un poco más tarde, un oficial dio lectura desde la tribuna de oradores a un télex de la agencia Europa Press sobre la situación en el Cuartel General del Ejército y, seguidamente, el capitán Acera leyó otro comunicado de esa misma agencia con el bando del teniente general Milans del Bosch. Acera también les comunicó a los diputados que las instalaciones de Radiotelevisión Española en Prado del Rey ya habían sido ocupadas por fuerzas militares. Se trataba claramente de una estrategia de intimidación al Parlamento, mientras todos, asaltantes y diputados, esperaban la llegada de la autoridad militar, el famoso «elefante blanco» que ha hecho correr ríos de tinta.

Ante la posibilidad de un corte de fluido eléctrico, posibilidad apuntada por el presidente del Congreso, Landelino Lavilla, Tejero ordenó que se rompiera el tapizado de algunas sillas para extraer estopa, la cual se colocó sobre la mesa de los taquígrafos, en el centro del hemiciclo, y previno que, si llegaba a producirse un apagón de luz, los guardias de servicio en las puertas harían fuego ante cualquier roce que advirtieran.

## ANÉCDOTAS... Y PELIGRO

A lo largo de esa noche se produciría una multitud de anécdotas, como la ya relatada de las sillas de estilo isabelino que destrozaron los guardias de Tejero. O cómo los asaltantes agotaron las existencias de bebidas alcohólicas en el bar del Congreso. O cómo las alfombras que cubrían –y cubren– todo el piso de la planta baja aparecieron con «manchas no identificadas», por cuya limpieza Tejero tuvo que abonar una factura de 1.726.000 pesetas.

Como anecdótico también resultaría el «apoyo moral» que le brindó a Tejero el capitán de navío de la Armada Camilo Menéndez Vives, destinado en esos momentos en la Dirección de Construcciones Navales Militares. Sobrino de Camilo Menéndez Tolosa, quien fuera ministro del Ejército durante el régimen franquista, Menéndez Vives era consuegro del líder de Fuerza Nueva, Blas Piñar –que precisamente se encontraba esa noche entre los diputados retenidos en el Parlamento– al estar su hijo Camilo casado con Esperanza Piñar. Menéndez Vives contaba ya con un amplio historial de sanciones al haber protagonizado acciones de carácter ultraderechista. La anécdota de su entrada en el Congreso para unirse a la fuerza asaltante no tuvo mayor consecuencia que el que Menéndez Vives fuera después condenado por el Consejo Supremo de Justicia Militar a la suspensión de empleo y a un año de prisión por el delito de auxilio a la rebelión militar.

Otra anécdota curiosa la protagonizaría el periodista Juan Pla, antiguo director de *El Imparcial*, a quien elementos ultraderechistas no le perdonarían luego que esa noche utilizara a Ramón, uno de los hijos de Tejero, para intentar convencer al teniente coronel de que cesara en su asalto al Congreso. Un episodio nunca aclarado totalmente, en el que Pla afirmó que él no se ofreció a esa mediación, sino que se la propuso directamente Francisco Laína. El director de la Seguridad del Estado disponía de un informe, elaborado por un grupo de psicólogos, sobre las tensiones particulares que esa noche estarían viviendo los guardias asaltantes; informe en el que se explicaba que en un momento determinado de máxima tensión podría estallar la tragedia, cuando algún guardia no pudiera dominar sus nervios. Esa parece ser la génesis de la «mediación» de Pla, pero también la de la idea –nunca hecha realidad, afortunadamente– de Laína de hacer que los GEO asaltaran el Congreso, idea que le quitarían de la cabeza Aramburu Topete, Sáenz de Santamaría, Sabino Fernández Campo y el propio general Alfonso Armada.

En la madrugada de ese mismo día veinticuatro, Tejero mantuvo otra conversación telefónica, esta vez con Juan García Carrés, el único civil procesado –y condenado– por la intentona, a quien dio cuenta de la solución que le había propuesto el general Armada, que comentaremos seguidamente, sobre un gobierno que él mismo presidiría. García Carrés animó al teniente coronel a «aguantar», comentándole que los Regimientos «Villaviciosa» y «Pavía» se dirigirían hacia el Congreso. Y más tarde, para Tejero supuso un respiro, como ya vimos en el capítulo anterior, la llegada de la columna de la Policía Militar de la Brunete, mandada por el comandante Pardo Zancada para unirse a los golpistas.

## LA «RECONDUCCIÓN DE LA "RECONDUCCIÓN"»

Entretanto, ¿qué ocurría en el Cuartel General del Ejército, otro de los escenarios fundamentales en esta historia? Como ya hemos señalado, el JEME y su segundo, es decir, Gabeiras y Armada, se encontraban despachando cuando fueron interrumpidos por el teniente coronel Martínez Aguilar Olivencia para informarles de los sucesos en el Congreso. Media hora más tarde de la entrada de Tejero en el hemiciclo, y aprovechando la llamada que desde Zarzuela hizo Sabino Fernández Campo a Gabeiras, Armada se ofreció a ir a Palacio para aconsejar al Rey en esos delicados momentos. Pero el secretario general de la Casa Real ya había hablado con el general José Juste, jefe de la Brunete, y había serias sospechas sobre la implicación de Armada en los hechos. El Rey, por tanto, le pidió que siguiera en el Cuartel General, aspecto que desarrollaremos con todas sus claves en el capítulo dedicado al monarca.

Armada, pues, no pudo ir a Zarzuela, como eran sus planes, y tuvo que quedarse en el Cuartel General. En ese momento todo se complicaba para el buen fin de la «reconducción» del sistema, que era realmente lo que pretendía Armada, aunque no así Tejero, como veremos más tarde. Hacia las 19.42, según el testimonio de Gabeiras, éste habló con Milans para ordenarle que retirara las fuerzas que había sacado a la calle, a lo que el general le contestó que se trataría de unidades que regresaban de alguna maniobra. Siguiendo con este testimonio, a las 19.55 horas Armada se quedó como jefe en el Cuartel General, ya que el JEME tuvo que desplazarse a esa hora a la calle Vitrubio para asistir a la reunión de la JUJEM, convocada urgentemente por el PREJUJEM, Alfaro Arregui, a instancias del Rey. Allí permanecerá Gabeiras hasta su regreso al Cuartel General del Ejército, alrededor de las 22 horas.

A la sede del Cuartel General se irán incorporando sucesivamente todos sus mandos. Los primeros en llegar son el general Rodríguez Ventosa, jefe de Operaciones del EME, y el coronel

José Ramón Pardo de Santayana –antiguo componente junto con José Ignacio San Martín y Federico Quintero de la cúpula del SE-CED, los servicios secretos de Carrero Blanco–, que llegan hacia las 19 horas. Escalonadamente, todos los demás: Pérez-Íñigo, Víctor Castro, Bonal, Lluch, Esquivias...

Tras la salida de Gabeiras, Armada se quedó en el despacho del JEME, donde había permanecido todo el tiempo por orden del propio Gabeiras. Allí estuvo reunido con casi todos los generales del Cuartel General y desde allí, según declaraciones de los asistentes, el propio Armada estableció contacto con diversas capitanías para conocer cómo estaba la situación. Incluso habló con mandos del Regimiento Villaviciosa 14 para que ordenaran al capitán Martínez de Merlo que se retirara de RTVE, orden de retirada que, sin embargo, no fue Armada quien consiguió que se diera, como veremos.

Una media hora antes de que Gabeiras regresara a su despacho en el EME, Armada mantuvo su famosa conversación telefónica con Milans del Bosch; conversación a la que asistieron numerosos testigos que oyeron cómo Armada llamaba a su interlocutor «Jaime». Esta llamada es fundamental, porque, ya que a Alfonso Armada se le prohibió ir a La Zarzuela esa tarde, no se pudieron cumplir todos los planes golpistas –entre otros, el «asesoramiento» al Rey por Armada– y a través de la misma se puso en marcha, en definitiva, la «reconducción de la reconducción» del golpe.

El propio Milans, en sus declaraciones en la Causa 2/81 relataría de esta forma el contenido de esa conversación fundamental:

– ¿Qué pasa, Alfonso? Tejero dice que él ha cumplido su parte, nosotros la nuestra... ¿Qué es lo que pasa? –dice un Milans preocupado de que el segundo JEME no estuviera en La Zarzuela, tal y como se había convenido, y de que los tanques de la Brunete no estuvieran ya en Madrid.
– No sé; es todo muy confuso... ¿Qué se puede hacer? –pregunta Armada, en un intento de que los generales que le están escuchando a él, pero no a su interlocutor, crean que Milans le está abocando a una solución al conflicto, y no a la inversa. Es decir, que quien le está proponiendo a Armada que forme un Gobierno de concentración nacional es Milans y no a la inversa.
– ¿Que qué se puede hacer? Pues lo que se está haciendo y estaba previsto –responde, irritado, Milans.

– Bueno, sí, pero es que se puede producir una masacre. Creo que hay que tomar una decisión –puntualiza Armada, con las palabras muy bien escogidas.

Hasta aquí el relato del capitán general en sus declaraciones al instructor de la causa, pero tanto Armada como los testigos que escucharon aquella conversación pudieron completar lo que pasó a continuación en el despacho del JEME. Tras la parte inicial ya relatada, Armada instó a Milans a que planteara a los otros capitanes generales la aceptación de un gobierno presidido por él mismo. Al colgar el teléfono, Armada manifestó a todos los presentes que Milans le acababa de decir que la única forma que él veía de resolver la situación creada en el Congreso, era que el propio Armada actuara de mediador con Tejero y que, a fin de lograr que éste depusiera su actitud, le indicara que se proponía formar un gobierno bajo su presidencia que fuera aprobado por los parlamentarios. Curándose en salud, Armada añadió que la solución no le parecía buena ni creía ser él la persona indicada, pero que si no había otra posibilidad viable, en vista de la gravedad de la situación, estaba dispuesto a llevarla a la práctica.

Inmediatamente después, Armada realizó dos llamadas telefónicas. La primera, al palacio de La Zarzuela, solicitando hablar con el Rey, pero sólo consiguió exponerle la propuesta de Milans a Fernández Campo, quien la rechazó en primera instancia. La segunda llamada la realizó a la JUJEM, donde habló con los generales Alfaro Arregui y Gabeiras, a los que hizo la misma propuesta, pero tampoco fue bien recibida. Cuando, pocos minutos después, Gabeiras regresó a su despacho oficial, desmintió rotundamente el supuesto apoyo de los capitanes generales a la «solución Armada» y volvió a insistir en su propio rechazo inicial, afirmando ante los presentes que esa solución jamás sería aceptada por el Rey.

## ARMADA VA AL CONGRESO

La situación, sin embargo, empeoraba por momentos. El general Aramburu, que seguía en el Palace, veía con preocupación lo que podía ocurrir pocas horas después, cuando el cansancio comenzara a hacer mella en los guardias. Además, Laína se mantenía firme en su idea inicial de que actuaran los GEO para liberar a los diputados, lo que podía originar una auténtica masacre. Y cabía incluso la posibilidad de que otras Capitanías Generales indecisas, se sumaran a la de Milans.

A instancias de Aramburu, por tanto, y previa consulta a La Zarzuela, Gabeiras autorizó finalmente a Armada a acudir al Congreso. Así lo relata el propio Gabeiras:

> Como consideraba conveniente continuar los contactos con Tejero, autoricé al general Armada para que se fuera, pero sólo a ofrecerle facilidades de salir del trance, a fin de que no hubiese víctimas en el interior del Congreso. Y aviso al general Aramburu de que va a salir el general Armada.

Gabeiras prohibió al general Armada que formulase propuesta alguna de formación de un gobierno por él presidido. Ante la insistencia de Armada, le autorizó a que la formulase, pero a título personal, sin implicar al Rey para nada y siempre que lo estimara imprescindible. Según narración del propio Armada, la propuesta final que se le autorizó a llevar «a título personal» y que, efectivamente, transmitió más tarde a Tejero, aunque con algunos matices que luego veremos, era la siguiente: retirada de los guardias, poder dirigirse Armada a los diputados para que ellos decidieran sobre la posibilidad de un nuevo gobierno, de acuerdo con la propuesta que Milans le había comunicado y que Tejero y sus guardias podrían salir de España a cualquier punto que desearan en un avión que ya estaba habilitado al efecto.

Con el visto bueno de Gabeiras, a las 23.40 horas Armada se dirigió al puesto de mando que había instalado el general Aramburu en el Hotel Palace, donde informó al director general de la Guardia Civil de la propuesta aprobada por Gabeiras. Acto seguido, Aramburu, Sáenz de Santamaría, el comandante ayudante Miguel Bonel y Armada caminaron juntos hasta el Congreso, pero, ya en la verja de acceso a los dos edificios, sólo se autorizó la entrada de Armada. Tejero llevó al general a una dependencia acristalada del edificio nuevo, donde conversaron durante unos cuarenta y cinco minutos. La conversación, según relataron algunos testigos ocasionales, fue extremadamente violenta. Según la reconstrucción que los autores hemos podido hacer de la misma, Armada le propuso a Tejero dirigirse a los parlamentarios para ofrecerse como presidente de un Gobierno de «salvación nacional». Pero Tejero le atajó diciéndole, casi gritándole, que él no era su presidente, que el presidente era Milans del Bosch.

La entrevista, pues, había empezado mal, pero continuó aún peor. Armada le recordó, según esos testimonios, que eso era lo acordado y le enseñó su lista de Gobierno, en la que se incluirían dos socialistas y dos comunistas. Tejero, al ver el papel, exclamó irritado que él no había dado un golpe de Estado para eso. Armada veía que se le iba la oportunidad y los gritos arreciaban en el pequeño despacho acristalado. En un momento determinado, le propuso a Tejero que hablara con Milans, cosa que éste hizo, pero tampoco el capitán general fue capaz de hacer entrar en razones al teniente coronel. En un momento determinado, con una tensión casi en el punto límite, clamó Tejero: «General, cualquiera de mis guardias tiene más patriotismo que usted».

Años más tarde, rompiendo en parte su silencio con un libro autobiográfico y autoexculpatorio que más tarde comentaremos, así refirió Armada su experiencia fallida con Tejero:

> Como mi misión era parlamentar y no había conseguido mis propósitos, me retiré y fui a ver al director de la Seguridad del Estado para que no se ordenase la entrada de los GEOS. Mi propuesta buscaba devolver lo antes posible la soberanía a la Cámara, además de salvar a los diputados. No vulneré la Constitución. Es más, mi actuación coincidía con el espíritu de la misma. Otras disposiciones que se adoptaron aquella noche, sí vulneraron la Constitución. Yo actué con todos los permisos y con el conocimiento de un gran número de personas.

Y en ese mismo libro, prácticamente el único testimonio de Armada en todos estos años, hay un párrafo especialmente interesante:

> Por último, el llamado «gobierno Armada», ¿no resulta la más burda de las inocentadas? ¿Cómo se compagina la imagen de Armada, militar conservador y tradicional, con la propuesta de un gobierno de concentración, con participación de los comunistas? ¿Cómo se puede pensar en la formación de un gobierno, sin contar con los interesados?

Si tenemos en cuenta que el libro fue publicado en 1983 (*Al servicio de la Corona*) y que en esa fecha aún no se conocía la supuesta lista de gobierno, ¿por qué hablaba Armada de participación de los comunistas? Analizaremos los silencios y las «medias verdades» de Armada en el capítulo dedicado al juicio. Pero aquí, para mayor comprensión de la historia, es preciso introducir un elemento nuevo: la famosa lista de gobierno que se habría presentado a Tejero fue recogida por la doctora Carmen Echave, según contó ella personalmente a los autores de este libro. Echave fue la única persona, salvo los guardias asaltantes, claro, que pudo andar libremente por el Congreso durante toda aquella larga tarde-noche del 23-F y, según ella, colocó magnetofones en distintas estancias. Esas cintas, según su misma versión, se las entregó directamente al ministro del Interior, Juan José Rosón, quien, según ella, insistimos una vez más, las destruyó en su presencia, porque, dijo, «no son convenientes». Esta es la famosa –y supuesta– lista de Gobierno:

– Presidente: general Alfonso Armada (militar).
– Vicepresidente para Asuntos Políticos: Felipe González (PSOE).
– Vicepresidente para Asuntos Económicos: José María López de Letona (banquero).
– Asuntos Exteriores: José María de Areilza (independiente en Alianza Popular).
– Justicia: Gregorio Peces-Barba (PSOE).
– Defensa: Manuel Fraga (Alianza Popular).
– Hacienda: Pío Cabanillas (UCD).
– Interior: general Saavedra Palmeiro (militar).
– Obras Públicas: José Luis Álvarez (UCD).
– Educación y Ciencia: Miguel Herrero y Rodríguez de Miñón (UCD).
– Trabajo: Jordi Solé Tura (PCE).
– Industria: Agustín Rodríguez Sahagún (UCD).
– Comercio: Carlos Ferrer Salat (CEOE).
– Agricultura: Antonio Garrigues Walker (liberal, independiente).
– Economía: Ramon Tamames (PCE).
– Transportes y Comunicaciones: Javier Solana (PSOE).
– Autonomías y Regiones: general José Antonio Sáenz de Santamaría (militar).
– Sanidad: Enrique Múgica (PSOE).
– Información y Cultura: Luis María Ansón (periodista, independiente).

Armada ha negado siempre que llevara ninguna lista al Congreso y que menos aún la discutiera con Tejero. Lo ha negado incluso con vehemencia, pero el resultando quinto de la propia Sentencia del Consejo Supremo de Justicia Militar, establece lo siguiente:

> Que sobre las veintitrés cincuenta horas del día veintitrés de febrero de mil novecientos ochenta y uno, entró en el Congreso de los Diputados el general Armada, y ordenó al teniente coronel Tejero que retirase las fuerzas del hemiciclo, porque se iba a dirigir a los diputados para presentarles la oferta política de un gobierno presidido por él. Cuando ambos se encaminaban al salón de sesiones, el teniente coronel Tejero preguntó al general Armada si el teniente general Milans del Bosch formaría parte del gobierno y qué tipo de medidas se adoptarían contra el separatismo y el terrorismo, *y como la respuesta del general Armada sobre la posible composición del gobierno no fuera de la satisfacción del teniente coronel Tejero,* éste impidió al general Armada la entrada en el hemiciclo, trasladándose ambos a una habitación acristalada del edificio nuevo del Congreso, donde continuaron juntos la conversación. Seguidamente el general Armada transmitió, según estaba autorizado, al teniente coronel Tejero el ofrecimiento de un avión para abandonar España en compañía de sus oficiales, ofrecimiento que éste rechazó. Hechos que el Consejo declara probados.

¿Qué composición de Gobierno había trasladado Armada a Tejero? ¿Acaso el que escuchó la doctora Carmen Echave? ¿Acaso otro? En cualquier caso, es evidente que el Tribunal sí creyó que se había presentado una lista de Gobierno que fue rechazada de plano por Tejero, con lo que se puso fin a la «solución Armada». Y el Tribunal lo creyó porque, entre otras cosas, Tejero habló con el ultra Juan García Carrés después de su conversación con Armada, y en esa entrevista telefónica el guardia le dio cuenta de su conversación con Armada y de que había dicho no a un «Gobierno que él mismo –Armada– presidiría».

En todo caso, Armada salió del Parlamento sin haber podido dirigirse siquiera a los diputados. A su regreso al Hotel Palace, les comunicó a los generales Aramburu y Sáenz de Santamaría y al gobernador civil de Madrid, Mariano Nicolás, el fracaso de su gestión y aceptó la sugerencia de visitar al director de la Seguridad del Estado, Laína, para informarle de la situación en el interior del Congreso y convencerle de que no ordenara ninguna medida de fuerza destinada a tomar el edificio por asalto, por las consecuencias cruentas que podrían derivarse.

Efectivamente, sobre la 1.30 horas del día 24 y antes de regresar al Cuartel General del Ejército, Armada visitó a Laína en el Ministerio del Interior. Las palabras de Armada y de Mariano Nicolás, que le acompañaba en la visita, disuadieron al director de la Seguridad del Estado de intervenir militarmente en el Congreso, al menos en esos momentos. Acto seguido, Armada se reintegró al Cuartel General, donde permaneció hasta las 10.15 horas, en que volvió a trasladarse al Congreso, cumpliendo órdenes superiores, para participar en las conversaciones de rendición de los asaltantes.

Tan sólo un día más tarde, Armada, a quien ya se le había quitado el mando y que no pudo volver a comunicarse con el Rey por orden expresa de éste, envió al Marqués de Mondéjar una nota autoexculpatoria que también incluimos íntegramente por la importancia de la misma:

1) El general Armada recibió la noticia del golpe del teniente coronel Tejero, sobre el Congreso de los Diputados, en el despacho del teniente general Gabeiras, despachando ajeno y completamente contrario a este tipo de acciones.

2) Ante la grave situación que se planteó y a petición de diversas autoridades, a título personal, trató de resolver la grave emergencia de acuerdo con las siguientes normas de conducta, que expresó públicamente en aquellos momentos: a) Total subordinación a su majestad el Rey. b) El servicio a España. c) Procurar que el Ejército se mantuviese unido. d) Lograr que se resolviese el asunto sin derramamiento de sangre.

3) Nunca deseó protagonismo alguno, dándose perfectamente cuenta de que este servicio comportaba un enorme sacrificio con el mayor riesgo.

4) Se entrevistó en el Congreso de los Diputados con el teniente coronel Tejero, durante más de una hora, sin obtener ningún resultado, ante la intransigencia del teniente coronel, lo que prueba que no estaban de acuerdo.

5) No autorizó a nadie a tomar su nombre para ninguna clase de actividad militar.

El general Armada se mantuvo en el despacho del teniente general Gabeiras, acató siempre las órdenes del Rey, y todos sus actos fueron conocidos por sus superiores.

Madrid, 25 de febrero de 1981.

Aunque Armada no implicó al Rey en los acontecimientos, analistas políticos creen ver en esta nota el inicio de la excusa de la «obediencia debida» que luego alegarían los golpistas a la hora de presentarse ante el Tribunal que les iba a juzgar. La frase «acató siempre las órdenes del Rey, y todos sus actos fueron conocidos por sus superiores», daría luego mucho que hablar.

## PARDO Y TEJERO SE QUITAN LA CARETA

Bien entrada la madrugada, Tejero y Pardo, que ya había llegado al Congreso con su columna de la Policía Militar, redactarían el comunicado que el capitán Dusmet intentó sin éxito que se emitiera en la emisora «La Voz de Madrid». El texto, sin embargo, fue difundido por la agencia Europa Press a las 4.45 de la madrugada, pese a los intentos de Francisco Laína de que al mismo no se le diera publicidad. Un texto elaborado una hora antes de su emisión por Tejero y Pardo y que, por lo demás, era muy elocuente, desde el «Españoles» por todo encabezado hasta el grito final del documento «¡Viva España!»:

Las Unidades del Ejército y de la Guardia Civil que desde ayer están ocupando el Congreso de los Diputados a las órdenes del general Milans del Bosch, Capitán General de Valencia, no tienen otro deseo que el bien de España y de su pueblo. No admiten más que un Gobierno que instaure una verdadera democracia. No admiten las autonomías separatistas y quieren una España descentralizada, pero no rota. No admiten la impunidad de los asesinos terroristas contra los que es preciso aplicar todo el rigor de la Ley. No pueden aceptar una situación en la que el prestigio de España disminuye día a día. No admiten la inseguridad ciudadana que nos impide vivir en paz. Aceptan y respetan al Rey, al que quieren ver al frente de los destinos de la Patria, respaldados por sus Fuerzas Armadas. En suma, quieren la unidad de España, la paz, orden y seguridad.

Nada original el texto, como se ve: en el mismo se recogen todos los tópicos que la extrema derecha había hecho circular durante los últimos años; pero, según las horas a las que fue redactado, hacia las 3.45 de la mañana, ofrecía unas claves muy importantes, de ahí que lo hayamos reproducido íntegramente. En primer lugar, no se admiten más órdenes que las de Milans –y también que sólo él fuera el presidente del nuevo Gobierno, como repite insistentemente Tejero–; sólo hay posibilidad de una «verdadera democracia», es decir, la «vertical»; desde luego, no a las autonomías, y, por último, sí al Rey, siempre y cuando el Rey admita la nueva situación. Todo este conjunto de hechos es el que lleva a la conclusión de que en el 23-F, efectivamente, confluyeron hasta tres golpes de Estado distintos. Pero esto lo analizaremos más tarde para no romper el hilo narrativo.

## LA RENDICIÓN TOTAL

A lo largo de esa madrugada las autoridades militares pusieron en marcha otros intentos para reducir a los asaltantes. El primero fue el que hacia la 1.30 horas realizó el coronel Astilleros, segundo jefe de Estado Mayor de la Capitanía General de Madrid, acompañado por el teniente coronel del EM González Novardos. La visita no obtendría resultado al reiterar el comandante Pardo que sólo obedecía al teniente general Milans del Bosch.

Más tarde, después de las 3.30 horas y siguiendo órdenes del Capitán General de Madrid, Quintana Lacaci, hubo otro intento por el coronel José Ignacio San Martín López, que acudió al Congreso acompañado del teniente coronel Bonelli –de la Capitanía General–, para convencer a Pardo de que abandonase el edificio. En la entrevista San Martín comunicó a su subordinado que le llevaba un mensaje –que él había redactado y que fue aceptado por el capitán general, previa consulta a la superioridad–, incitándole a deponer su actitud. El texto había sido consultado telefónicamente con el palacio de La Zarzuela, pero tanto Pardo como Tejero rehusaron obedecer las órdenes que se les transmitían.

El último intento, esta vez con resultado positivo, lo haría, a petición propia y debidamente autorizado, el teniente coronel Eduardo Fuentes Gómez de Salazar, del Cuartel General del Ejército y amigo íntimo, como hemos visto, de Pardo Zancada. Fuentes entró en el Congreso sobre las nueve de la mañana del día 24 de febrero para convencer a Pardo de que se entregara. Pardo se negó en un principio, pero luego comunicó a Fuentes unas condiciones de rendición que le parecían adecuadas, y que este anotó en una hoja de papel para transmitirlas al general Aramburu, según tenía ordenado. El hecho de que Pardo anotara esas condiciones en el capó de un jeep del Ejército allí aparcado es lo que luego daría lugar al nombre de «pacto del capó».

El coronel Eduardo Fuentes, alias «Napo» (por Napoleón) entre sus compañeros militares, había sido miembro del Servicio de Documentación de Carrero Blanco, estuvo destinado en la División de Inteligencia y fue subdirector de la revista *Reconquista*, en la cual colaboró precisamente Pardo Zancada. Entre sus destinos figuran la labor de zapa que hizo en las antiguas IPS, milicias universitarias, y en la Brigada Acorazada 12, con sede en El Goloso. Bastantes años después del golpe, lo que son las casualidades de la vida, llevó los negocios que Francisco Laína abrió, tales como las discotecas Navy y Siddharta. «Napo», como quedó narrado en el capítulo anterior, era la persona más adecuada para convencer a Pardo que depusiera su actitud, sobre todo en esos momentos, cuando todo estaba realmente perdido para los golpistas.

Elevadas las condiciones de Pardo a la superioridad, Fuentes recibió, por parte del general Aramburu, confirmación de la aceptación de las mismas, regresando nuevamente al Congreso. En el recinto parlamentario, Pardo y Tejero iniciaron una consulta con sus oficiales, aceptándolas finalmente, pero con la exigencia de Tejero de que Armada estuviera presente en el momento de la firma. ¿Era ésa la venganza del teniente coronel? Armada, aunque extrañado, se vio obligado a acudir nuevamente al Congreso, donde Tejero le obligó literalmente a firmar, pese a las protestas del general, las condiciones de rendición.

Aunque estas condiciones son sobradamente conocidas, los autores creemos que deben incluirse en este punto, para mayor claridad de los hechos. Pardo había puesto como condición de su salida del Congreso el salir como entró, al mando de su unidad, ser su Compañía la última en retirarse del edificio, no exigir más responsabilidades que a él mismo —al final aceptaría que se responsabilizara también a los capitanes, ya que fueron allí de forma voluntaria— y que no hubiera cámaras de cine o televisión ni prensa en los alrededores

A las condiciones de Pardo, Tejero añadió las suyas: antes de salir, tomar contacto con el general Armada, garantizar la no responsabilidad a suboficiales y guardias, aceptar la posibilidad de que algún oficial pudiera marcharse al extranjero y que se reconociera como responsable al propio Tejero, quien se entregaría en la Dirección General de la Guardia Civil, a la que se trasladaría solo en un coche.

Alguien cayó en la cuenta, entonces, de que también se encontraba allí el capitán de Navío Camilo Menéndez Vives, por lo que a las condiciones anteriores se añadió la de que el citado capitán se entregaría a un mando superior, como es reglamentario, en el «Ministerio de Marina», según la nota. Pero el ministerio de Marina ya no existía como tal.

Obtenido así el acuerdo, se consumó el abandono del edificio del Congreso sobre las doce treinta horas del día veinticuatro de febrero tras haber formado las fuerzas ocupantes, que salieron por las dos verjas de acceso a la calle particular entre los dos edificios del Parlamento. Los guardias civiles, mientras tanto, en un espectáculo realmente impropio, se «escapaban» por una de las ventanas de la sala de prensa, que daba a la Carrera de San Jerónimo. Más de una metralleta quedaba abandonada en el suelo. Así terminaba la aventura golpista en Madrid.

# 8

## LA NOCHE DEL CESID

### DEMASIADAS DUDAS

«De lo expuesto no puede deducirse en forma alguna ninguna participación del personal de la Unidad (CESID) en la preparación o ejecución del fracasado golpe del 23 de febrero». Esa es una de las conclusiones del Informe Jáudenes, un documento interno encargado por la dirección del CESID inmediatamente después de la intentona golpista y que, por primera vez en veinte años, ve la luz íntegramente a través de las páginas de este libro.

A pesar de la contundencia de esas líneas, el Centro Superior de Información de la Defensa no ha podido evitar que aún hoy continúen existiendo sombras de sospecha sobre la actuación de algunos de sus responsables. Entre otras cosas, porque uno de sus agentes, el capitán de la Guardia Civil Vicente Gómez Iglesias, destinado entonces en la Unidad Operativa de Misiones Especiales (AOME) y ayudante del jefe de la Unidad, comandante José Luis Cortina, fue condenado a seis años por adhesión a la rebelión militar, con la accesoria de separación del servicio. Y entre otras cosas también porque el propio Cortina fue procesado y luego absuelto en el juicio de Campamento, pero ha tenido que responder en infinidad de ocasiones a las preguntas sobre qué hizo en los días anteriores al «tejerazo». El teniente coronel golpista le implicó en la intentona, y en el juicio explicó con toda clase de detalles el encuentro que mantuvo con Cortina y con el general Armada en un piso de la madrileña calle Juan Gris, encuentro que siempre han negado tanto el general como Cortina.

En cualquier caso, lo que parece difícil de explicar es que el CESID no tuviera ninguna información sobre los rumores de golpe que, desde finales de 1980, circulaban por las salas de banderas de los cuarteles. Rumores que recogían algunos periódicos generalmente bien informados y que, como hemos visto en otro capítulo, el propio Centro albergaba en un informe previo al 23-F.

Decía el diario *El País* a los pocos días del intento de golpe:

No es preciso entrar en la casuística para comprender que el golpe de Estado «estaba en el ambiente». Sin embargo, ni el servicio de Información del Ejército, recientemente reestructurado, ni el Centro Superior de Inteligencia de la Defensa (CESID), el máximo servicio de información del Estado, fueron capaces de alertar sobre la intentona del 23, como fueron incapaces de detectar la «Operación Galaxia», descubierta a tiempo por el general Timón de Lara, a la sazón inspector de las fuerzas de la Policía Nacional [...] Poca o ninguna exculpación puede hacerse sobre el CESID –la inteligencia del Estado–, creado en 1978 para suplir la pobreza en materia de seguridad estatal dejada por el anterior régimen. En tres años de existencia, con notables medios económicos y técnicos a su disposición, ya ha tenido tres directores y otros tantos interinos. Sus dos primeros jefes fueron los generales de división Bourgón y Mariñas, actualmente al mando de nuestras dos plazas africanas, y ahora lo dirige un coronel de Infantería de Marina en situación «B»: Narciso de Carreras, en situación de interinaje desde septiembre del año pasado.

Si pensáramos que entre los altos responsables de los Servicios de Información del Ejército o el CESID y los golpistas existiera alguna colusión de intereses no merecería la pena redactar estas líneas», insistía el editorialista de *El País*. «Si la defensa del Estado constitucional estuviera encomendada a los enemigos de la Constitución, de poco serviría el valor del Rey o las mayoritarias expresiones ciudadanas a favor de la democracia. Sólo restaría la recomendación de que, llegado el caso, el último en abandonar cada aeropuerto tenga la amabilidad de apagar las luces.

Pero si no hubo colusión, sí ha habido flagrante incompetencia. Y, a estas fechas, carecemos de noticias de que los responsables de la inteligencia del Estado hayan presentado su dimisión ante tan deplorable estado de sus mecanismos de inteligencia.

No vale decir, para justificar la aparente falta de información del CESID, que los servicios de inteligencia no tenían encomendada entonces la vigilancia anti-involución. Efectivamente, no tenían competencias (en teoría, aunque el hoy general Santiago Bastos era el jefe de un área con este nombre), pero los «servicios» conocían sobradamente la existencia de un malestar generalizado en los cuarteles y, sobre todo después de la fallida «Operación Galaxia», seguían muy de cerca los movimientos de determinados militares y civiles, relacionados con movimientos ultras y con los grupos que, desde el diario *El Alcázar*, poco menos que llamaban a la movilización general para salvar a la Patria.

Todos los periódicos rebosaban diariamente de rumores nuevos acerca de presuntos movimientos involutivos; unos promoviéndolos, otros alertando sobre ellos. Por eso, decir que el CESID no tenía competencias para vigilar a los militares, obliga inevitablemente a poner en duda ese argumento y obliga sobre todo a cuestionar el grado de competencia de estos servicios. Porque no se trata de controlar a militares involucionistas, sino de informar sobre movimientos que podían poner en peligro el sistema democrático.

Pocos dudan de que el comandante Cortina mantuvo efectivamente el encuentro con Armada y Tejero en la calle Pintor Juan Gris. Muchos creen que lo hizo para tratar de convencer a Tejero de que no se dejara llevar por sus tentaciones golpistas: por algo ni Tejero ni los otros militares «duros» dirigían la palabra a Cortina durante el juicio tras la intentona. Y por eso, Tejero lo denunció, tratando de involucrarlo: Cortina, como Armada, era su enemigo.

Pero si efectivamente se produjo esa reunión, como los autores pensamos que se produjo, pudiera ser que el «pecado» de Cortina fuera el de no informar a sus superiores de que un teniente coronel como Tejero, con antecedentes golpistas –Operación Galaxia– estaba nuevamente dando rienda suelta a sus instintos. Una vez más nos hallaríamos ante el secretismo de los servicios secretos, virtud o vicio en el que Cortina es un consumado maestro, según testimonian cuantos le conocen.

Hay que tener en cuenta también el sentido corporativista de la llamada «familia militar», sentido que indudablemente influía también en algunos responsables de la «inteligencia» española. Ya el primer director del CESID, general José María Bourgon –casi obligado a aceptar por disciplina un cargo que ningún alto jefe militar quería–, había evitado ocuparse de las posibles actividades filogolpistas de sus compañeros.

«Yo no estoy aquí para espiar a mis camaradas de armas», le dijo un día al general Gutiérrez Mellado.

Esa mentalidad se extendió a sus sucesores, el general Gerardo Mariñas y el coronel Narciso de Carreras. Ninguno de ellos tenía la menor idea de lo que eran unos servicios de inteligencia –aunque Carreras había desempeñado funciones de este tipo en la Marina, el cuerpo más ultraconservador de los tres ejércitos–. Los tres eran unos caballeros chapados a la antigua, personas intachables en quienes el honor primaba sobre cualquier otro sentimiento: ¿cómo iban ellos a entrar en las actividades reservadas de otros caballeros uniformados?

## Sólo un condenado

Es imprescindible tener en cuenta estas premisas a la hora de analizar qué ocurrió en el CESID aquella tarde-noche del 23 de febrero y en los días precedentes. La que luego sería conocida como «la Casa» apenas llevaba cuatro años de funcionamiento errático, tres directores habían pasado por ella y ninguno de los tres era un profesional de la inteligencia. Para colmo, la sintonía con el Gobierno de Suárez, en general, y con el Ministerio de Defensa, en particular, no siempre era buena. Lo mismo que la disciplina interna.

Solamente un miembro de los «servicios», el capitán Vicente Gómez Iglesias, que hoy trabaja como ejecutivo en Barcelona de una importante empresa de seguridad nacional, fue condenado como oficialmente involucrado en el golpe, según señalamos al comienzo de este capítulo. Gómez Iglesias estaba temporalmente adscrito al curso de Tráfico de la Guardia Civil, en el Parque de Automovilismo, sin que nadie haya podido explicar satisfactoriamente por qué este oficial, amigo de Tejero desde los tiempos en los que ambos servían en el País Vasco, había obtenido este trabajo temporal, precisamente en la unidad de la que Tejero se nutriría para tomar el Congreso de los Diputados. Así que Gómez Iglesias sí sería condenado. Pero Cortina fue absuelto, al igual que el capitán Francisco García-Almenta, segundo de a bordo de la AOME.

Quien era secretario general del CESID en aquellos momentos, Javier Calderón, sería nombrado en 1996 director del Centro, lo que se compadece mal con los rumores y especulaciones difundidos por algunos sectores en el sentido de que, o estuvo directamente implicado en el golpe, o simplemente ni se enteró de lo que estaba ocurriendo, lo que resulta casi impensable. Cortina llegó a coronel; García-Almenta, a general.

## ACUSACIONES CONTRA CALDERÓN

No sería hasta 1996, quince años después de la intentona de Tejero, cuando se reabriera el proceso de intenciones acerca de la autoría del golpe y la participación o no del entonces secretario general, Javier Calderón, en el mismo. El coronel Diego Camacho, que la noche de autos, siendo capitán, logró entrar en el Congreso y hasta entrevistarse con alguno de los oficiales de la Guardia Civil golpistas, así como el sargento Juan Rando, igualmente miembro de los «servicios», ofrecen su particular versión acerca de lo que ocurrió en el CESID aquella tarde-noche... y antes de aquel día nefasto. Pero esta versión no empezaría a circular con fuerza hasta que Calderón, que acababa de aterrizar de nuevo en el CESID como director general, expulsara a Camacho y Rando del Centro, entre otros casi treinta miembros del mismo. Es decir, hasta 1996, las hipótesis de que Calderón no controló el golpe, o que estaba inmerso en el mismo, no habían surgido con tanta fuerza.

Quizá es esa la razón de que, a la vista de las acusaciones de los dos expulsados, algunos militares salieran en defensa del general recordando viejos episodios que hasta entonces habían callado. Quince días antes de la intentona, el secretario general del CESID llamó a un oficial que era considerado «excesivamente demócrata» por sus compañeros, el capitán Miguel Silva, destinado en la relativamente poco importante comisión de ordenanzas de la Secretaría General Técnica del Ministerio de Defensa. La conversación se desarrolló de esta manera:

– Miguel, tenemos que hacer algo –le dijo Calderón.
– ¿A qué se refiere, mi teniente coronel? –respondió Silva.
– Al clima en la prensa. La situación está complicada. Hemos de hacer algo para contrarrestar lo que están haciendo «los Almendros» –replicó Calderón.

Silva llevaba algunos meses publicando sus artículos en los diarios más aperturistas del momento, como *Informaciones*, *Diario 16* y *El País*, y Calderón le propuso organizar un grupo de militares demócratas que escribiesen a favor de la Constitución y en contra de todo aquello que se iba fraguando en torno a un posible «golpe de timón».

«Estáis haciendo algo estimable con vuestros artículos en la prensa, coordinémonos», continuó Calderón, refiriéndose a los militares que publicaban artículos de signo distinto a los de *El Alcázar*.

Sin embargo, nunca, o casi nunca, se coordinaron los escasos escritores militares demócratas que había entonces.

EL «INFORME JÁUDENES»

Las sospechas sobre posibles connivencias de miembros del CESID con los golpistas fueron tan fuertes después del 23-F, que el secretario general de los servicios, Javier Calderón, con el beneplácito del «interino» Narciso de Carreras y presionado sobre todo por dos oficiales de la Casa, Santiago Bastos, del área de Involución, y Vicente Mateo Canalejo, hubo de encargar, el 31 de marzo de aquel año, un informe interno acerca de la conducta de los elementos del Centro sobre los que más sospechas recaían. El informe lo realizó el coronel Juan Jáudenes, jefe de la División de Interior, fallecido no muchos años después.

Recibida la orden, Jáudenes interrogó, investigó y acabó elaborando un informe, el célebre «Informe Jáudenes» que jamás salió completo a la luz (se incluye íntegramente en los apéndices finales); quizá no por las sensacionales revelaciones que comportaba (que realmente no eran tales, como se verá) cuanto por las precauciones adoptadas por su redactor para evitar filtraciones.

En efecto, Jáudenes empleó un elemental método de seguridad, consistente en no escribir los nombres reales de los protagonistas de su relato, sino designarlos mediante un código –un alias, iniciales, algún número–, que sólo obrara en poder de los escasos destinatarios de su informe: Narciso de Carreras y Javier Calderón. Luego, éstos se lo enviarían al general auditor del Consejo de Guerra de Campamento, que no lo incorporó a la causa, aunque sí interrogó a los que estaban incluidos en él –con la excepción de

Camacho– y les preguntó sobre los hechos que se narraban. Fue enviado también al ministro de Defensa, Alberto Oliart, que lo leyó y rechazó quedárselo. Eran tiempos aquellos aptos para emplear muchas cautelas.

El ex coronel Juan Alberto Perote, que se llevó este informe entre los muchos papeles que sustrajo del CESID antes de abandonarlo, utilizó una parte para redactar sus «confesiones». Pero olvidó reseñar la parte más significativa, aquella que no convenía al relato interesado que en su libro autobiográfico, lleno de sospechosos silencios, hizo del 23-F. Luego, una copia de ese informe fue retirada de la celda del ex coronel en Alcalá de Henares por el juez togado militar, coronel (hoy general) Jesús Palomino.

Y decimos «sospechosos silencios», al menos en el tiempo, porque en 1981 Perote ascendió a comandante y, tras los sucesos del 23-F, fue nombrado segundo jefe de la AOME, en sustitución del capitán Francisco García-Almenta y a las órdenes directas del hoy general Juan Ortuño, quien cesaría en 1983, quedando Perote ya como jefe de la Agrupación Operativa.

Así, pues, Perote sí debía saber algunas cosas internas, aunque las calló hasta que le interesó sacarlas, tales como la siguiente:

Cuando llegué al chalet de la Plana Mayor de la AOME, en su entrada había sobrevivido una placa con el nombre de Aseprosa, una empresa de seguridad controlada por Antonio Cortina Prieto, hermano del destituido y procesado jefe de la AOME (José Luis). Para nosotros era una tapadera más del CESID, pero acabamos descubriendo que también era un gran negocio vinculado a la Alianza Popular de Manuel Fraga. Hasta poco antes del golpe, Aseprosa venía facturando a precio de oro la seguridad privada de la sede central del partido conservador [...] Se habían detectado en ella serias irregularidades de tipo económico que no podían salir a la luz porque ensuciarían la imagen del CESID y no estaba el horno para más bollos. Aseprosa había facturado la compra del chalet de la sede de la Plana Mayor en 50 millones de pesetas, y un desembolso así, a finales de los años setenta, resultaba más escandaloso que desmesurado.

¿Por qué estas informaciones y otras muchas más no salieron antes? ¿Por qué nadie, ni siquiera Perote, lo declaró en el juicio, siendo un supuesto protagonista de los hechos y sí, en cambio, en forma de libro muchos años después y estando bajo proceso?

¿Cómo se enteró el director del CESID, Narciso de Carreras, del golpe? De acuerdo con testimonios directos, fue cuando su secretaria, Carmen Izquierdo, entró apresuradamente en el despacho de su jefe, en Castellana, 5. Carreras mantenía una reunión con un miembro de la división de contrainteligencia. Carmen Izquierdo, como todo el mundo, conoció la intentona a través de la radio. En el antedespacho se encontraba el oficial de guardia de ese día, el capitán Juan Alberto Perote, sentado ante una mesa, sin radio y con la televisión apagada. Mal podría, por tanto, haber sido él quien hubiese avisado a Carreras, contra lo que el propio Perote afirma en algunas de sus sospechosas confesiones. Algunos testimonios internos del CESID señalan, incluso, que alguien dijo, en la vorágine de aquella tarde, anticipando el fiasco de los Servicios de Inteligencia: «Esto es terrible, aquí nadie se entera de nada».

También José Luis Cortina se habría enterado por la radio del asalto al Congreso, de acuerdo con su propio testimonio que recoge el Informe Jáudenes. Sin embargo, con el transcurso del tiempo es posible ampliar detalles de lo ocurrido aquella noche.

Cortina se encontraba en la Escuela de la AOME, donde había almorzado. Esa tarde, celebraba una reunión con sus colaboradores, que fue interrumpida por alguien que les explicó lo que estaba ocurriendo en el Congreso de los Diputados. Cortina interrumpió en el acto la reunión y se dirigió hacia la central del CESID, donde García-Almenta, su segundo, le informó sobre los últimos acontecimientos. Cortina de inmediato dio dos órdenes, las mismas que se dieron cuando ETA asesinó a Carrero Blanco (1973) y cuando se tuvo noticias de la Operación Galaxia: suspensión de todos los servicios y control de las cercanías de los acuartelamientos, con la obligación de informar inmedietamente a la central si observaban algún movimiento de tropas o algún gesto sospechoso.

Cortina añadió a las anteriores una tercera orden: prohibido hacer comentarios sobre lo que ocurría. La razón era muy simple: desde tiempos inmemoriales, en el CESID existían tensiones entre militares y guardias civiles y, al poco tiempo de producirse la intentona golpista, él mismo ya había escuchado comentarios tendenciosos sobre la Guardia Civil, basados en que eran agentes de este cuerpo los que habían asaltado el Congreso. Para evitar males mayores y discusiones internas en unos momentos críticos, decidió prohibir cualquier tipo de comentario. Algo muy difícil de lograr.

A continuación se creó una especie de gabinete de crisis, formado por el director del CESID, Narciso de Carreras, el secretario general Javier Calderón, y el jefe de la AOME, comandante Cortina. Se establecieron contactos con personas de confianza que se encontraban destinadas en distintos acuartelamientos y se dieron instrucciones a diversos agentes del CESID para que entrasen en el Congreso e informasen sobre la situación. Se entró en contacto también con la Capitanía General de Madrid, a través del hijo del teniente general Guillermo Quintana Laccaci.

Además de dar las oportunas instrucciones para obtener la mayor información posible, los responsables del CESID tuvieron que atender también otros frentes. Por ejemplo, la llamada telefónica de la esposa del ministro de Defensa, que le pidió a Carreras que averiguara qué había pasado con su marido, Agustín Rodríguez Sahagún, obligado a abandonar el hemiciclo junto a otras autoridades. A este respecto, Cortina pidió al cabo Rafael Monge Segura, que había llegado ya a la Escuela tras su intervención en la «operación Mister» y de quien luego hablaremos, que fuera al Congreso para saber si podía ponerse en contacto con el ministro o, al menos, saber dónde había sido conducido por los golpistas. Efectivamente, Monge Segura logró entrar en el Congreso y ver al ministro, y desde allí llamó al Centro para decir que se encontraba bien. El propio Cortina decidió acudir al domicilio de Sahagún para tranquilizar a su mujer.

## Los Servicios de Información, desinformados

La prueba de que esa noche el CESID alcanzó sus mayores cotas de desinformación se advierte en algunas de las frases que se cruzaron en las horas críticas. Por supuesto, nadie demostró saber que Armada estaba entre los golpistas, y recibieron con alivio el mensaje de tranquilidad que les transmitió Quintana Laccaci: Armada se iba a dirigir al Congreso para tratar de convencer a Tejero de que depusiera su actitud y, además, el Rey iba a pronunciar un discurso en televisión para parar las tentaciones golpistas que todavía puedieran producirse.

Hasta la tarde del día 24 no comprendieron en el CESID que Armada era parte fundamental de la trama golpista. Estaban los responsables del Centro más pendientes de los movimientos de uno de sus hombres, el capitán Vicente Gómez Iglesias, quien la tarde del golpe había visitado a Tejero en el Parque Automovilístico de la calle Príncipe de Vergara. Los responsables de los servicios de información e inteligencia le preguntaron una y cien veces qué había hecho allí, qué había visto, pero la respuesta de Gómez Iglesias siempre era la misma: estuvo un rato con su amigo y compañero el teniente coronel Tejero pero no vio nada sospechoso, ni siquiera vio la salida de los autobuses que se dirigían al Congreso, porque, estando de baja por enfermedad, abandonó el Parque antes de que salieran.

Dos días después de la intentona Javier Calderón todavía continuaba preocupado por el papel que podía haber jugado Gómez Iglesias. Le costaba creer su versión de que nada había visto. Tampoco dio explicaciones suficientemente claras que justificaran su presencia en Príncipe de Vergara, cuando acababa de sufrir un cólico nefrítico que aconsejaba quedarse en casa. Gómez Iglesias fue tan consciente de que se dudaba de su conducta, que llegó a decir a Calderón que no podía seguir trabajando en un lugar en el que se sospechaba de su actitud y que, por tanto, quería solicitar el cambio de destino. No llegó a plantearse esta alternativa porque el juez instructor decidió procesarle y, posteriormente, fue condenado por el tribunal militar.

## LAS IMPLICACIONES A CORTINA

Como es sabido, Tejero implicó a Cortina en el entramado golpista, a través de su declaración sobre la supuesta asistencia de éste a dos reuniones conspiratorias: en su propia casa en el Parque de las Avenidas y en la calle Pintor Juan Gris, ambas en Madrid. Pero fuentes del CESID insisten hoy en centrar el origen de esa denuncia de Tejero en el entonces capitán Camacho. Según esta versión, Camacho habría narrado su versión de los hechos a un yerno de Tejero, quien la habría transmitido al teniente coronel golpista, quien, a su vez, denunció a Cortina. Éste se atuvo a que nada podía decir sin permiso de sus superiores; y García Escudero, el instructor de la causa por el 23-F, le procesó.

Es una versión de los hechos, pero hay otras versiones que difieren notablemente de ésta, como hemos visto al tratar sobre las reuniones conspiratorias que Tejero mantuvo a lo largo de 1980 y en los primeros meses de 1981.

Es cierto que Tejero incurrió en algunas contradicciones ante el juez al tratar de detallar, sobre todo, el mobiliario y particularidades del piso de la calle Biarritz (domicilio de Cortina), y también el no recordar el número exacto del piso de la calle del Pintor Juan Gris, donde dijo haberse reunido con Cortina y con el general Armada. Pero este último extremo se hubiera solventado con la práctica de una sencilla prueba que el tribunal nunca creyó conveniente realizar. ¿Por qué? En cualquier caso, esas inexactitudes de Tejero fueron la clave de la absolución de Cortina. Una absolución que, sin embargo, no todo el mundo acepta: en el CESID, veinte años después, se sigue especulando acerca de la conducta de un oficial como Cortina, aquella tarde-noche, en los días anteriores y en los siguientes.

Y, por fin, la versión del propio Cortina, quien ha negado personalmente a los autores haber mantenido jamás encuentro alguno con Tejero. Según esta versión, tenía al teniente coronel bajo sospecha y trataba de conseguir información sobre sus inexplicables y frecuentes reuniones con capitanes que habían estado destinados en el País Vasco, oficiales muy críticos con el Gobierno y la democracia; quería saber el jefe de los «espías operativos» qué se traía entre manos el teniente coronel Tejero, que en aquel momento estaba a la espera de destino, después de haber alentado y participado, en 1978, en la tristemente famosa «operación Galaxia». Aunque, en teoría (y, como pudo comprobarse, también en la práctica), nadie seguía ni vigilaba a Tejero cuando éste hubo cumplido su ridícula pena de prisión por aquellos hechos.

Esta es la versión, al menos, que medios próximos a Cortina comenzaron a difundir a raíz de su procesamiento y posterior exculpación. Pero el ex jefe de la AOME no ha querido nunca confirmar o desmentir nada públicamente. No ha hecho declaraciones a los periódicos, pero tampoco ha conseguido pasar del todo al olvido, al revés de lo que ha ocurrido con la mayor parte de los participantes en aquella intentona de febrero de 1981.

Existen numerosas versiones que exculpan a Cortina, y otras que lo inculpan. Ni unas ni otras aportan datos definitivos. Entre quienes lo inculpan se encuentran también quienes quieren ver en GODSA, el gabinete de estudios creado por Fraga y al que pertenecieron Calderón, el propio Cortina y otro oficial progresista del CESID, Florentino Ruiz Platero, además de Antonio Cortina, hermano de José Luis, un embrión de movimientos golpistas. Algo que, por lo demás, GODSA, una entidad de estudios animada por el abogado Carlos Argos –sin duda del ala más progresista de Alianza Popular–, estaba lejos de ser. Entre quienes exculpan a Cortina se encuentra la actual cúpula del CESID, miembros significados del Gobierno del Partido Popular –como Francisco Álvarez Cascos– y numerosos agentes de los servicios en aquella época.

Una de las versiones exculpatorias asegura que Carreras había llamado a Cortina, que se encontraba, como dice el «Informe Jáudenes», en la escuela de la AOME, en el Barrio del Pilar, cuando Carmen Izquierdo avisó al director del CESID de lo que estaba ocurriendo en el Congreso de los Diputados: «Sí, acabo de enterarme en este momento», respondió el jefe de los operativos, según narró a los autores el oficial que en aquellos momentos se encontraba con Carreras y cuyo nombre ha de ser silenciado. Este oficial niega categóricamente la versión que da Perote en su libro *Confesiones*, según la cual fue el propio Perote quien avisó al director general de que se estaba produciendo un golpe en el Parlamento. Ya hemos dicho que esa versión del ex coronel, que luego sustrajo documentos de su centro de trabajo, no puede ser cierta. Y es que Perote, en sus relatos, siempre quiere ser el protagonista de todo.


## «HA SIDO EL GOLPE DE LOS CAPITANES»

Cortina ha preferido mantenerse ajeno a todas las especulaciones, antes y ahora. Durante su estancia en prisión hizo algún comentario –dentro siempre de su talante, extremadamente reservado– que dio que pensar a quienes lo escucharon. Comentario relativo a que él sabía que se estaba preparando un intento de golpe de Estado, pero no «ese» intento de golpe de Estado. «Ha sido el golpe de los capitanes», había comentado el lacónico Cortina. Capitanes eran Abad, Acera, Bobis, Lázaro, Pérez de Lastra, Gómez Iglesias y Muñecas, quienes tenían algunos puntos en común: pertenecer a la Guardia Civil y todos habían estado destinados en el País Vasco, donde habían coincidido con Tejero, por el que sentían cierta admiración y con el que habían compartido duras críticas al Gobierno porque no tenía «mano suficientemente dura» en la lucha contra ETA.

En el CESID, entonces y veinte años más tarde, se ha especulado con que los responsables de la Agrupación Operativa seguían los pasos a un grupo de coroneles que preparaba una asonada (el ya mentado «golpe duro»), proyecto que se vino abajo cuando Tejero, para sorpresa de casi todos, se adelantó con la colaboración de los generales Milans y Armada. En el CESID, ya lo hemos dicho, no falta quien defienda aún hoy a Cortina, diciendo que hacía un seguimiento del proyectado golpe de los coroneles (indicado en el ya citado informe secreto de «la Casa», «Panorámica de las operaciones en marcha») prácticamente desde dentro, para tratar de neutralizarlo antes de que se ejecutara la acción «dura» de desestabilización.

También hemos de tener en cuenta que en aquellos años trabajaba en el CESID una célula de involución independientemente de la AOME, aunque los hombres de Cortina, dígase lo que se quiera, también se ocupaban de cuestiones relacionadas con ese aspecto. Es más, ellos, los de la AOME, eran los realmente operativos.

Los responsables de la célula trabajaban en condiciones de precariedad. Sólo estaban autorizados oficialmente a investigar y controlar a los civiles, nunca a los militares. Eran los servicios de información de los tres ejércitos los capacitados para analizar lo que ocurría en los cuarteles y en las salas de banderas, en una época en la que la creación del CESID había provocado graves reticencias entre los que se habían formado en el SECED, antecesor del CESID, y en los servicios de información del Alto Estado Mayor. Esas reticencias llevaron al ministro de Defensa, Rodríguez Sahagún, de acuerdo con el vicepresidente Gutiérrez Mellado, a proponer un reparto de responsabilidades entre el CESID y los servicios de información de los militares, a la espera de que llegara el momento propicio para que el CESID se hiciera cargo de todos los servicios de inteligencia.

Eso, aseguraron entonces «los servicios», impedía al director del CESID organizar una investigación eficaz sobre lo que ocurría en los cuarteles. Sin embargo, José Luis Cortina, dicen quienes le exculpan (¿o también quienes lo inculpan?) estaba siempre dispuesto a recibir información no oficial, a pesar de que su capacidad de maniobra era limitada al no poder crear una red de informadores dentro del propio Ejército.

## «OPERACIÓN MÍSTER»

El hecho que desencadenó toda la controversia en torno a la participación o no del CESID en la intentona golpista se centra en la llamada «Operación Míster». Una operación de vigilancia relacionada con los «primos» americanos de la CIA. Si hubiese sido sobre el MI5 británico, se hubiese llamado «Operación Gentleman»; si la vigilancia ordenada hubiese recaído en un agente francés, se hubiese denominado, en el argot interno del CESID, «Operación Monsieur». Y, curiosamente, si se hubiese tratado de un miembro de los servicios alemanes occidentales, la BND, el nombre que hubiese recibido habría sido el de «Operación Vasco».

¿Hubo o no «Operación Míster», es decir, orden de vigilancia sobre un ciudadano americano, nada menos que el número dos de la Central de Inteligencia americana en España, Vincent Shields, aquel 23 de febrero? Un «sí» o un «no» a esta pregunta, que ha desatado una enorme polémica interna en los servicios secretos españoles desde hace veinte años, sería una interesante clave para conocer si el CESID estaba o no de alguna manera relacionado con la intentona.

Haya existido o no, lo evidente es que esa supuesta «Operación Míster» justificaba algunas actitudes que, la noche del golpe, tenían difícil explicación. Y esa supuesta operación permitió también que algunos destacados miembros del CESID, que esa tarde trabajaban presuntamente en la «míster», tuvieran posibilidad de observar algunas idas y venidas cuanto menos sospechosas.

Esta oscura historia comenzó cuando el secretario general del Centro, Javier Calderón, ordenó iniciar una investigación después de que un periodista, «con fama de enredador» según un documento del CESID, aunque eficaz investigador, le comunica que el segundo jefe de la CIA, Vincent Shields, que vivía en la calle Carlos III, casi frente al Palacio de Oriente, espiaba al Rey desde su domicilio.

El periodista, José Díaz Herrera, pretextando ser un posible comprador del piso, logró entrar en el inmueble y tomar algunas notas: le extrañó el telescopio que el diplomático norteamericano (en realidad, agente bajo cobertura diplomática, aunque era muy conocido su trabajo para la CIA) tenía colocado ante una ventana que daba directamente al Palacio Real. También se sorprendió el periodista por un potente equipo de grabación existente en el piso. Y, con estos datos, el redactor, que entonces trabajaba para la revista *Cambio 16* (en la actualidad escribe, junto con su esposa, libros de investigación), se convenció y logró aparentemente convencer a Calderón de que el agente de la CIA espiaba las estancias del Rey en el Palacio de Oriente.

En la AOME no se tomaron demasiado en serio la «denuncia», pero ante las dudas de Calderón decidieron investigar el asunto. Cortina temía que todo fuera una fantasía del periodista, así que tomó precauciones: pidió a su segundo de a bordo, García-Almenta, que encargara un control superficial de la situación a agentes curtidos, de su máxima confianza. Pero todo ello con las máximas cautelas para evitar ser detectados por posibles agentes de la CIA, lo que podría originar un grave conflicto diplomático y, también, y así lo confiesa a algunos de sus compañeros, por miedo al ridículo.

Por tanto, no se tomaron las medidas obligadas en ese tipo de operaciones: no se informó puntualmente a la superioridad, no se presentaron informes por escrito y no hubo reuniones de cierto nivel para marcar la estrategia a seguir. Era casi una operación clandestina, realizada por agentes que tenían experiencia y que sabían valerse por sí mismos sin muchas dificultades. Las guardias y seguimientos los hicieron de uno en uno, cosa poco habitual en el CESID, y en automóviles que no contaban con aparatos sofisticados de comunicación, sino con transmisores que se utilizaban fundamentalmente para prácticas de la Escuela.

Sí se tomaron algunas precauciones mínimas, sobre todo en el momento de hacer los relevos, y se utilizaron matrículas falsas porque se temía que la CIA tuviera controladas las del CESID. Y eso fue todo.

Cuando se produjo la intentona golpista, era el cabo Rafael Monge Segura el que se encontraba de guardia. Tras seguir a Shields después de que éste hubiese abandonado, en su automóvil, su domicilio en la céntrica zona de Ópera, se encontró en la plaza Beata María Ana de Jesús con un autobús repleto de guardias civiles que se dirigían al Congreso, de acuerdo con la versión oficial. Eran cerca de las seis de la tarde.

Monge decidió seguirles, según esa versión, y al ver lo que ocurría en el Congreso, llamó a la Escuela de la AOME desde una cabina situada en la Plaza de Neptuno –ni siquiera tenía conexión telefónica desde el coche, aunque es cierto que tal avance era raro en aquellos tiempos– y finalmente regresó a la Escuela, recinto que Cortina ya había abandonado para dirigirse a la Central.

El cabo Monge llegó muy excitado por lo sucedido y le contó al sargento Juan Rando, que también formaba parte del equipo de vigilancia de Shields, otro aspecto muy diferente al hasta aquí relatado. Igual versión que la que también le dio al capitán de Aviación Rubio Luengo, un jefe de curso en la AOME que fue transportado por Monge en algún momento de aquella ajetreada tarde-noche en la que todos salieron y entraron varias veces a la Escuela tras recorrer las calles de Madrid para tratar de buscar información. Estos traslados iban a provocar no pocos quebraderos de cabeza en el CESID.

Según esa versión de los hechos, a la altura de la Glorieta de la Beata Ana María de Jesús, el entonces cabo (hoy capitán) Rafael Monge Segura subió al autocar que conducía a los guardias de Valdemoro al mando del capitán Muñecas. Monge entregaría en ese momento a Muñecas unos aparatos de transmisiones que utilizaban la misma frecuencia que el CESID, y Muñecas reemprendería la marcha hacia su objetivo. Después, Monge continuaría por su cuenta las actuaciones ya señaladas.

De esas idas y venidas, sin embargo, se enteró Diego Camacho, quien creyó ver, al igual que sus compañeros, actitudes poco claras en los mandos del CESID, tales como debilidad hacia los golpistas o escasa energía. Días después de la intentona, Camacho le hizo llegar al nuevo ministro de Defensa, Alberto Oliart, un estado de opinión de intranquilidad respecto al papel que habían jugado determinados responsables de la Casa esa noche aciaga. El ministro llamó a Carreras y éste, de acuerdo con Calderón, y tras algunas presiones de los ya citados miembros del Centro Bastos y Mateos, decidió encargar una investigación interna a Juan Jáudenes.

Redactado el informe y trasladado al ministro de Defensa, Alberto Oliart se lo hizo llegar al juez instructor de la Causa 2/1981, quien, con el documento en la mano, llamó a declarar a los miembros del CESID que podían conocer el asunto. A los máximos responsables, incluido el director, les pregunta por la

«Operación Míster», y responden que no existe. Efectivamente, no figuraba en ninguna hoja de servicios. Se afirma, sin embargo, que es que se quiso que así fuera, que no figurase en ninguna hoja. Aún hoy, algunos de los entonces directivos del CESID siguen negando su existencia; otros la dan por cierta, aunque no hay documentos que lo acrediten.

## Una prosa peculiar

Así relata los hechos acaecidos aquella tarde-noche en el CESID el «Informe Jáudenes» (una vez indentificados por los autores los nombres de que se trata, que en el informe están en clave):

El cabo primero Monge, tanto durante su estancia en la Escuela, después de producirse el asalto al Congreso, como durante los movimientos que tuvo en coche con Rubio Luengo y con Parra, se manifiesta muy alterado y parece que da a entender haber participado en los acontecimientos, insinuando que era García-Almenta la persona que se lo había ordenado.

Luego, el informe señala:

La mayor divergencia de versiones y el origen de todas las sospechas sobre una posible conexión con lo ocurrido estriba en la actuación de Monge entre las 16 y las 19,30 horas del día 23. Según García-Almenta y Monge, éste estaba desarrollando con Sales y Moya la operación Míster, consistente en el control de un individuo a partir de la Plaza de Oriente. Por razones operativas (necesidad de que la gama de frecuencias empleada fuera distinta a la usual en la Unidad) empleaban vehículos y radios de la Escuela. Desde las 16,15 Monge ha relevado a Sales (el cabo Miguel Sales, tercer integrante del grupo de vigilancia al agente de la CIA) y permanece en la Plaza de Oriente hasta que se ve obligado a seguir a su objetivo, que ha tomado un taxi.

Añade el informe:

Cuando se encontraba precisamente en la plaza Beata Ana María de Jesús y pensando ya en abandonar el seguimiento, se entera por la radio del asalto al Congreso. Interrumpe la operación y se traslada a la plaza de Cánovas del Castillo, aparcando el vehículo junto a Iberia. Allí permanece por espacio de unos minutos y, al no poder comunicar telefónicamente con su Unidad, pese a varios intentos, regresa a la Escuela, devuelve el coche y pide al mecánico que destruyan las placas que lleva y se traslada con Rubio Luengo a GTAC (Grupo Técnico de Apoyo y Coordinación).

Continúa el informe del coronel Jáudenes:

Hay otra versión, basada en lo que dijo Monge a varios compañeros en la que él hacía ver una conexión de éste con una de las columnas de autobuses, el enlace con el capitán de la Guardia Civil Muñecas y la implicación de García-Almenta. Según Monge, no niega que estas manifestaciones fuesen posibles, pero no admite la veracidad y el detalle con el que se dice, ya que fueron producidas en un estado de ánimo y de fantasía en la tarde del 23 ante las insistentes preguntas de sus compañeros.

Así, con esta extraña prosa, despacha el «Informe Jáudenes» la segunda versión, según la cual Monge dijo a Rando y a Rubio que él había conducido a los autobuses golpistas hasta el Congreso, por orden, como antes se indicaba, del «número dos» de la AOME. Una versión ésta que Perote da a conocer –muy novelada por el «negro» que le escribió el libro– a partir del «Informe Jáudenes» que el ex coronel del CESID sustrajo junto con otros documentos del que era su centro de trabajo. Lástima que Perote olvidase incluir en su narración el pasaje, ciertamente extraño por lo demás, en el que el informe narra el desmentido de Monge a sus propias afirmaciones. Un pasaje sobre el que más adelante daremos más detalles.

## UN EXTRAÑO CABO PRIMERO

Más adelante, el «Informe Jáudenes» recoge la declaración del cabo primero Monge ante el instructor, es decir, el propio Jáudenes. Según este texto,

[Monge] «niega conocimiento previo de lo que ocurrió, declara que el día 23 estaba en la operación Míster que se realizaba en tres turnos de tres horas. A él le correspondía a partir de las

15.00 h y había recibido la orden de participar en esta operación el día 23 del propio García-Almenta. Que se encontraba comiendo en su casa sobre las 13.30 h., cuando le llamó Gómez Iglesias (condenado como sabemos por su participación en la intentona golpista) y le pidió que le llevara al Parque Móvil de la Guardia Civil, donde llegaron aproximadamente sobre las 14,30 y 15.00 h, esperó unos quince minutos hasta que llegó Gómez Iglesias y le dijo que se marchara, dirigiéndose a la Plaza de Oriente a cumplir su misión.

Y sigue la «gesta Monge»:

El objetivo que él [Monge] atendía tomó un taxi y le siguió en el coche de servicio hasta la plaza de la Beata María Ana de Jesús, abandonando el servicio allí por oír el asalto al Congreso por radio. Dirigiéndose hacia la Plaza de Neptuno, donde aparcó el coche junto a las oficinas de Iberia, permaneciendo en la zona unos minutos. No pudo llamar a la AOME por existir bloqueo de líneas telefónicas. Se marchó a devolver el coche perteneciente a la Escuela de la AOME, de donde lo había tomado, como también los equipos de radio. Posteriormente se traslada a GTAC (Grupo Técnico de Apoyo) y se presenta a García-Almenta, a quien le informa. Recibe la orden de incorporarse a SAE (Servicios de Acciones Especiales, un opaco grupo dentro de AOME, mandado por Monge), reuniese a su personal y se marchasen al Congreso para informar. Desde GTAC a SAE le llevó Parra (el sargento Rando Parra), por ser el único que conocía esta instalación. Desde SAE se dirigió en coche a la Plaza de Neptuno. Logró entrar en el Congreso y se pudo asomar al hemiciclo de los diputados, volviéndolo a intentar entre las 21.30 y 22.00 h., pero ya no le fue posible. A continuación, se instaló en el Hotel Palace y permaneció allí hasta que salieron los diputados, al mediodía del día 24. A las 24.00 horas le dijo García-Almenta que se retirara, pero él permaneció. De vuelta a la Escuela dijo al mecánico que destruyese las placas que había utilizado, ya que por la mañana una persona le vio cambiándolas en la carretera de El Pardo.

Y aquí llega lo más extraño en el comportamiento del ya de por sí sorprendente Monge. Seguimos fielmente el texto del «Informe Jáudenes»:

Comentó [Monge] en su declaración que había visto a algunos de la Escuela y después en conversación con Parra le dijo estar muy nervioso, pues le había afectado mucho haber visto a la Guardia Civil en la zona del Congreso. Que en aquel momento pensaba que la Guardia Civil estaba salvando a España y se sintió identificado con ellos, lamentando no estar en su lugar. Declaró ser incapaz de recordar cosas más concretas, pues en aquellos momentos de excitación no pudo fijar ideas. Dice no recordar haber dicho nada de llevar tras de sí autobuses con guardias civiles, ni mucho menos haber asumido protagonismo en relación con los hechos. Ante insistentes preguntas en relación con su conexión con las columnas de autobuses, negó reiteradamente haber tenido nada que ver con ellas. Negando asimismo conocer personalmente al capitán Muñecas de la Guardia Civil. El día 24 asistió a una reunión con todos los mandos de la Unidad, no pudiendo asistir el 25 y los siguientes».

Se le vuelve a interrogar sobre contradicciones existentes entre su declaración anterior y la de otros. Reconoce que su llegada al Parque pudo ser más tarde de lo que dijo [...] Niega que fuera la guía (*sic*) de la caravana de autobuses y dice no conocer al capitán Muñecas. Reconoce que después de los hechos se pronunció en muchas cosas que le preguntaban, dice que decía lo primero que le venía a la cabeza, muchas tonterías y fantasías. No se acuerda, pero acepta que pudo ser *acerca sobre* (*sic*) su participación. Reconoce que a su vuelta de alguna misión que no debe revelar algunas veces ha actuado de la misma manera.

Naturalmente, esta declaración se enfrenta a las que Rando y el entonces capitán Camacho hicieron también ante el coronel Jáudenes. Según la versión de Camacho, contenida en el informe del que estamos hablando,

Parra [Rando] cuenta que el día 23, al trasladar a Monge a SAE, éste estaba muy nervioso y le dijo que había hecho una cosa muy grave, ya que el viernes 20 había habido una reunión de García-Almenta con Sales y con Monge y que les había dado instrucciones para guiar autobuses de la Guardia Civil para asaltar el Congreso, y que anteriormente había actuado como enlace con el capitán Muñecas de la Guardia Civil. En el Congreso se encontró con otro grupo de guardias civiles y con Gómez Iglesias, que ya estaba allí.

Luego, Rando Parra declararía acerca de una extraña reunión (al menos, dice que causó extrañeza en la AOME), posterior al 23-F, entre Cortina, García-Almenta, Gómez Iglesias, Sales y Monge. ¿Conspiraban para arreglar una misma versión tras los hechos del 23-F? Nadie ha llegado tan lejos en sus acusaciones.

Pero dice el sargento acusador Rando que Cortina le hizo sorprendentes ofertas y que más tarde se sentiría amenazado, incluso de muerte, citando en particular el nombre de García-Almenta como fuente de tales amenazas.

Ya hemos señalado que Rando, junto con Camacho, se convertiría muchos años después en el principal testigo de cargo contra el propio Calderón, a quien han acusado de, cuando menos, haber propiciado una particularmente escasa vigilancia aquella tardenoche del 23-F. Claro que esa acusación, ya se sabe, se produjo después de que Calderón expulsase a ambos de «la Casa» en 1996.

Por lo demás, veinte años después, se conoce poco sobre el paradero del cabo primero Monge, que continuaría como capitan, de la Guardia Civil destinado en Ecuador (nunca abandonó el Cuerpo) sin que nadie le molestase nunca más con interrogatorios más o menos procedentes. ¿Era un simple fantasioso? ¿Hubo algo más? Monge es, pues, el nombre de uno más de los muchos misterios que rodean el 23-F, si bien, como era un agente del CESID, su caso se ha visto rodeado de un aún mayor silencio y secreto.

UNA OPERACIÓN NO MUY CLARA

La historia, sin embargo, tampoco es pacífica a la hora de analizar la «Operación Míster». Los autores han tenido acceso al parte de operaciones de la AOME entre los días 22 y 28 de febrero de 1981, y la «Operación Míster» no figura en el listado, en el que se encuentran nombres –a algunos de ellos, los autores no les han encontrado el contenido específico– como las operaciones «retorno», «inversos», «fragua», «vainilla», «Elba» (ésta, relacionada con el País Vasco), «revuelo», «mirlo», «hierro» o «tenedor». Esta última consistía, por ejemplo, en el espionaje a diversos restaurantes de moda, en los que la clase política y periodística solía reunirse a almorzar, manteniendo conversaciones que en el CESID se juzgaban, sin duda, muy llenas de interés y susceptibles, por tanto, de ser espiadas y grabadas. Se ha podido averiguar que más de un restaurante cercano a las Cortes tenía un micrófono bajo los manteles en torno a los cuales un informador y un diputado, por ejemplo, se reunían para almorzar.

Un informe elaborado muchos meses después del 23-F por oficiales considerados cercanos a Narciso de Carreras Matas, director accidental del CESID en los tiempos del golpe, se muestra, además, muy crítico con la justificación y viabilidad de esa «Operación Míster».

Corresponde a la noticia recibida (a través del mencionado periodista Díaz Herrera) la calificación de muy improbable, por las razones objetivas siguientes:

– La casa de Shields está a más de doscientos metros de la fachada del Palacio Real.
– El ruido del tráfico en las calles Bailén y Carlos III y los muros de palacio imposibilitan cualquier escucha, ya que por mucho que se amplíen los sonidos, siempre vendrán mezclados y confusos, y será imposible filtrarlos aunque se utilicen detectores direccionales muy sofisticados.
– La fila de árboles (de altura superior a la de los salones de palacio y a la vivienda de Shields) que se halla entre ambos lugares forma una pantalla que impide la visión desde la mencionada vivienda a los muros y ventanas del palacio, donde se celebran las presentaciones de cartas credenciales al rey Juan Carlos. Es decir, desde la casa de Shields no se puede ver ni oír lo que ocurre en esa zona de palacio.
– Como es lógico, en la presentación de cartas credenciales, las conversaciones entre el Rey y los embajadores son normalmente muy protocolarias, en términos de cortesía, recibimiento de cordial bienvenida y deseo mutuo de buenas relaciones diplomáticas, etc., etc. Nadie puede pensar que en una primera entrevista oficial el Rey, o los embajadores, vayan a plantear temas puntuales importantes con información sensible que pueda despertar el interés de un servicio de inteligencia extranjero.

En resumen, se trata de una información que reúne todas las condiciones para ser considerada como infundada, por la imposibilidad material de que el agente Shields hubiese podido ver y oír conversaciones del interior de palacio desde su casa. En el supuesto irreal de que hubiera podido hacerlo, la información que obtuviese carecería de interés, por lo que sería absurdo que Shields preparara una operación irrealizable con las tristes perspectivas de no obtener nada.

El «Informe Carreras» se mostraba, igualmente, indignado con *Cambio 16* y *Diario 16* (donde el experto en temas militares era, el varias veces citado en este libro, ex capitán de la UMD Fernando Reinlein), dos publicaciones «que ponen de manifiesto un entendimiento entre periodistas de los mencionados medios y miembros del CESID, con el fin de influir en el ambiente y opinión, y crear el clima de credibilidad adecuado para la coartada, que, por su naturaleza de actividad secreta relacionada con un servicio de inteligencia extranjero, resultaba muy difícil de aclarar.»

Enorme importancia tiene este informe que escriben, repetimos, gentes próximas al entonces director del CESID, De Carreras, por muy accidental que este director fuese en aquellos momentos. Porque el texto muestra, además de una evidente desconexión de De Carreras con los agentes del CESID informantes de Díaz Herrera y Reinlein, las reticencias del máximo responsable en aquellos momentos de los servicios de inteligencia hacia quienes pudiesen haber puesto en marcha la supuesta «Operación Míster». Una operación que derivó en las presuntas actividades de ayuda a los golpistas de Monge (al menos), por no menos presunta orden directa del segundo jefe de la AOME, García-Almenta.

Y, así, el informe, pese a su lenguaje conciso, seco, castrense, resume perfectamente el estado de la controversia: ¿fue la «Operación Míster» un pretexto, una maniobra de distracción de la Agrupación Operativa (o sea, de García-Almenta, es decir, de Cortina) para buscar una coartada que tapase una intervención de una parte del CESID en la intentona? ¿Se trató de un nuevo esfuerzo de Cortina por estar presente, y controlar, lo que iba a ocurrir en el Congreso? ¿O quizá, como sugieren fuentes de «la Casa», la «Operación Míster» existió en realidad y la AOME decidió no apuntarla en el parte oficial de incidencias?

Quién sabe. Es difícil asumir que alguien como el entonces secretario general del CESID, Javier Calderón, se tomara en serio la historia presuntamente imaginaria de un periodista, por muy amigo que sea de él, cuando se dan algunos de los datos que enumeraba el «Informe Carreras» (aún hay más razones, éstas de segundo orden, listadas en el texto cercano a Carreras para abonar la tesis de que hubiese sido absurdo poner en marcha una operación de vigilancia contra un alto espía norteamericano).

No. Carreras (o al menos quienes por su encargo redactaron el texto que ahora comentamos) no creía ni cree en la «Operación Míster». El informe la define como: una «ingeniosa inversión artificiosa de los términos: presenta como defensores celosos del Rey (de las escuchas peligrosas de un agente de la CIA) a los que tenían conocimiento anticipado del asalto al Congreso el 23-F, y lo silenciaron, y sobre los que recaen fundadas sospechas de participación en el golpe en las actividades de esa tarde.

¿Qué fue entonces, según Carreras, la «Operación Míster»? Para el CESID fue una mera comprobación de trámite, para excluir totalmente la posibilidad de que pudiera quedar algún cabo suelto de algo sin fundamento ni consistencia, que iba a quedar en nada. Y ahí terminó todo. Para la CIA fue una cosa molesta y extraña, que consideraron inexplicable, ya que dio lugar a quejas por parte del agente Shields a directivos del CESID con el deseo de saber a qué se debía el jubileo de personas, como el propio periodista Díaz Herrera, que se presentaron en su domicilio con el pretexto de que deseaban ver el piso, en venta, por si les interesaba su adquisición, y fisgoneaban de forma rara y sospechosa, evidenciando que estaban interesados en algo más, y que sus intenciones eran otras que las aducidas. Luego resultó que en la casa había dos magnetófonos y un anteojo de juguete, «made in Singapur». Ni cintas, ni vídeos, ni nada. Una gaseosa que luego se utilizó como coartada, pensando que al hallarse en juego elementos tan serios e importantes en su planteamiento (el Rey, Palacio, Embajadores, agente de la CIA espiando) se inducía a la credibilidad y que se movilizaría una acción unánime. La coartada perfecta.

Lo dicho: una operación no muy clara. Probablemente, una operación secundaria, a la que en los susurros de las historias contadas alrededor del 23-F se le ha dado excesiva importancia.

UN EMBAJADOR PECULIAR

Paralelamente al enigma sobre la «Operación míster», habría que entrar a intentar responder a otra de las preguntas que en mayor medida han contribuido a cimentar la leyenda que aún persigue al 23-F: ¿conocía la Embajada norteamericana, conocía la poderosa CIA, que tantas facilidades encontraba para trabajar en España, lo que iba a suceder en la tarde de aquel lunes de febrero en el Congreso de los Diputados? Un español, que responde al nombre de Rogelio Fernández Vaquerizo, podría haber aportado algún dato muy interesante si no hubiera ya fallecido.

Fernández Vaquerizo no acostumbraba a hacer preguntas. Como jefe de Mantenimiento de la Embajada estadounidense en Madrid, acataba disciplinadamente las órdenes que recibía de Mike Milligan, jefe del «General Service Office» (GSO); es decir, el departamento de Servicios Generales del que dependía su Sección. Cuando aquel día le comunicaron que el embajador Terence A. Todman había pedido que se reservara y preparara la «Conference Room» para un «simulacro» que debía realizarse en la Embajada una semana después, justamente en la tarde del 23 de febrero de 1981, este ingeniero civil se puso manos a la obra como de costumbre. Todo entraba dentro de lo que podía calificarse de rutinario y habitual.

La «Conference Room» era una sala de reuniones muy especial. Situada junto al tercer ascensor, en la parte baja posterior del edificio de la Embajada, constituía la zona más alejada de la vía pública, entre el número 75 de la calle Serrano y el 48 del Paseo de la Castellana. Forrada en madera, la sala estaba acondicionada con una jaula Faraday que impedía cualquier posibilidad de escuchas desde el exterior, y a la misma se podía acceder solamente a través de una puerta cortafuegos de doble hoja con cerradura por combinación, cuya clave sólo conocían los marines que vigilaban el perímetro. Cuando la sala iba a ser utilizada, un marine recibía un sobre con la combinación de la cerradura y abría sólo media hoja, impidiendo el paso a todo aquel que no estuviera en su parte de control.

Madrileño de nacimiento, Rogelio Fernández tenía la cualificación de ingeniero civil y, dentro del grado de seguridad en la Embajada, era considerado un *limited official use* (LOU), es decir, tenía un acceso limitado a la información más sensible. Prácticamente, se había formado en Estados Unidos, donde había trabajado en prospecciones petrolíferas para Paul Getty II y en la base de Los Álamos, en Nuevo México. En 1974 había entrado a formar parte del personal civil español que prestaba sus servicios en la Embajada norteamericana en Madrid, y entre sus funciones se encontraba, precisamente, la de cuidar que los micros de grabación, el sistema de vídeos, proyectores, audio y sonido en general de la «Conference Room» estuvieran plenamente operativos en el momento de utilización de la sala.

Aquella «Conference Room» era una de las dependencias mejor guardadas de todo el edificio, sin que ello quiera decir que se relajase la seguridad en los demás Departamentos, especialmente en el de Comunicaciones, en la séptima planta, dependiente directamente del jefe de la «estación» de la CIA, Therry Ward, recién llegado de Washington para sustituir a Ronald Estes, quien había sido desenmascarado por la revista *Cambio 16* y ya estaba, por tanto, «quemado».

El mismo despacho de Ward, en la sexta planta del inmueble, era, igualmente, un prodigio de seguridad. Pero en la sala de conferencias era donde se montaba el «gabinete de crisis», caso de existir necesidad, o donde se tomaban importantes resoluciones conjuntas. Por ello, cada vez que esta sala iba a ser utilizada, tras la labor de mantenimiento de Fernández Vaquerizo, se pasaba a una segunda fase de «control y seguridad»: el habitáculo en su conjunto era inspeccionado por un *sea bee* («abeja de mar», en argot), un ingeniero volante, un experto en seguridad que, para el caso español, se desplazaba desde Casablanca, donde tenía su base, y «barría» la dependencia para evitar escuchas desde el exterior.

Al jefe de Mantenimiento no le sorprendió, por tanto, ni la orden del GSO ni la llegada del *sea bee*, pues la sala se solía «reservar» con al menos tres días de antelación, aunque en este caso se había pedido cuatro o cinco días antes. Lo que le iba a sorprender más tarde era la fecha para la que se reservaba, con la excusa de una reunión del «comité de emergencia»: el 23-F. La petición se había efectuado después de una reunión a la que asistieron el embajador Todman, el ministro plenipotenciario y los jefes de las Secciones de Seguridad, Comunicaciones, Servicios Generales y Prensa. Tras los sucesos del 23-F, la pregunta corrió de boca en boca entre los trabajadores españoles en la Embajada: «¿Sabía Todman lo que iba a ocurrir en esa fecha en el Congreso de los Diputados y por eso preparó la sala de crisis con cuatro días de antelación?».

La pregunta quedaría en el aire durante muchos años. Sigue en el aire, de hecho. Pero existen testimonios que aseguran que el embajador americano «hizo muchas llamadas a diversas personas» preguntando qué iba a ocurrir en la tarde del 23-F. Una pregunta que, dado el clima político existente, podría también, desde luego, interpretarse como una lógica curiosidad por saber si, finalmente, la investidura de Calvo Sotelo saldría adelante. Algo que para el Gobierno de Estados Unidos, empeñado en acelerar la entrada de España en la OTAN, y temeroso de una llegada de los socialistas (los «jóvenes nacionalistas de Felipe González»; así los llamaba *The New York Times*, con no poco despiste) al poder, era enormemente importante.

Igualmente han quedado en el aire los preparativos norteamericanos en la base de utilización conjunta de Torrejón de Ardoz. El agregado militar, coronel Dunn, era el enlace con el que contaba Estados Unidos para que «nada se moviera en Torrejón» en la fecha señalada del 23-F. La parte norteamericana de la base dependía de un general, pero Dunn era el encargado de los contactos globales en España y coordinaba no sólo Torrejón, sino también las bases de Morón y Zaragoza. Rota, por contrario, dependía más de la Navy. Dunn tenía una hija, Dolores, que se casó con un psiquiatra y se quedó a vivir en Santander, y el propio Dunn, el hombre que posee algunas claves de lo que ocurrió en aquellas fechas, tras retirarse años más tarde del Ejército, se quedó en España como representante de una empresa de repuestos de aviones hasta su regreso final a Estados Unidos.

## TODMAN Y ARMADA, EN LA RIOJA

Terence A. Todman era un diplomático realmente curioso; un negro corpulento, clasificado como «halcón» dentro de la Administración norteamericana, que había estado destinado en algunas de las regiones más conflictivas del planeta. En 1969 era responsable de los intereses estadounidenses en la zona que comprendía Kenia, Tanzania, Uganda y las Seychelles, y fue designado embajador extraordinario y plenipotenciario en Fort Lamy (Chad), donde, precisamente, fue testigo de un golpe frustrado contra el presidente Tombalbaye, un golpe que provocó la ruptura de relaciones con Egipto y Libia. En 1972 ocupó el mismo cargo en Conakry (Guinea), país clave en la estrategia africana, un puesto difícil en plena guerra de la independencia de las colonias portuguesas.

Se le podría calificar como todo un experto en golpes y contragolpes, situaciones complicadas, guerras y rupturas diplomáticas. En 1977 Jimmy Carter, recién llegado a la Casa Blanca, le encargó la dirección de la política norteamericana hacia América

Latina, nombrándole subsecretario de Estado para Asuntos Interamericanos, cargo que ocupó hasta ser designado embajador para España, en 1978, en los revueltos días en los que se debatía la Constitución Española.

Todman llegó a España, pues, convertido en uno de los auténticos artífices de la política norteamericana en el avispero de América del Sur y Central. Conocía bien el mundo latino y le habían enviado a Madrid con una misión muy precisa: impedir a cualquier precio que la naciente democracia española corriera ningún riesgo de radicalización izquierdista y que se integrara plenamente en el bloque occidental, en plena guerra fría. De hecho, Todman fue el duro contrincante con el que se enfrentó después Lepoldo Calvo Sotelo en la negociación del Convenio de Amistad, Defensa y Cooperación entre España y Estados Unidos, que entraría en vigor el 14 de mayo de 1982, un año después del intento de golpe de Estado. Y Todman fue también uno de los puntales para la entrada de España en la OTAN, que culminó a marchas forzadas en 1982 el Gobierno de Calvo Sotelo.

Una persona que trabajó en la Embajada norteamericana en aquellas fechas ha facilitado a los autores de este libro una información hasta ahora inédita y que introduce nuevas claves en toda esta conspiración: Todman mantuvo una reunión con el general Alfonso Armada, ya nombrado segundo Jefe del Estado Mayor del Ejército, el viernes 13 de febrero de 1981, sólo diez días antes del intento de golpe de Estado. La reunión tuvo lugar en la finca que el doctor Ramón Castroviejo poseía en las cercanías de Logroño y a la misma habrían acudido otras personas no identificadas. ¿Qué hablaron Todman y Armada en aquella reunión? No cabe duda de que hablaron, seguro, de las cuestiones que sobrevolaban por el aire en todas las reuniones que Armada mantenía en aquellas fechas con una buena parte de la clase política.

Todman llegó a la finca de Logroño acompañado de su mujer, Doris Weston, en un coche con placa falsa conducido por su chófer habitual. No resulta nada extraño que Toddman conociera al segundo JEME, como tampoco resulta extraño que conociera, igualmente, al doctor Castroviejo. Nacido en Logroño, Castroviejo había desarrollado toda su carrera en Estados Unidos, donde había llegado a ser uno de los oculistas más famosos del mundo. Estaba casado con una norteamericana y por su casa de campo de Oyster Bay, en la costa norte de Long Island (Estados Unidos), habían pasado como invitadas las más destacadas personalidades mundiales. Se decía que era tan famoso en aquel país como la misma Estatua de la libertad.

## CORTINA, TODMAN Y EL NUNCIO

Todman, por otra parte, mantenía excelentes relaciones con la Nunciatura del Vaticano en España, de la misma manera que las mantenía también Alfonso Armada. Las había tenido con el anterior nuncio, monseñor Luis Dadaglio, y las iba a tener igual de sensibles con su sustituto, monseñor Antonio Innocenti, a quien Alfonso Guerra, el Guerra ingenioso de aquella etapa, motejó siempre como «Culpabili».

Desde su llegada a España, los contactos entre Todman e Innocenti habían sido habituales. Al coche oficial de Todman se le podía distinguir con relativa frecuencia frente al número 46 de la Avenida de Pío XII. Podían calificarse de contactos diplomáticos normales, pero en aquellas fechas convulsas, nada de lo que sucedía era precisamente normal. Sin embargo, durante el 23-F sí hubo una sensible diferencia entre las actuaciones de Todman y de Innocenti: mientras el norteamericano se lavaba las manos con un frío «son cuestiones internas», Innocenti apoyó a la democracia y felicitó al pueblo español por su madurez y al Rey por su decisión.

Los contactos entre ambos eran conocidos por el CESID, como lo confirmaría el ex coronel Perote, quien afirma en su ya citado libro lo siguiente: «Cuarenta y ocho horas antes del 23-F, (José Luis) Cortina (jefe de la AOME en esos momentos) se reunió con el embajador de Estados Unidos en Madrid, Terence Todman, y con el nuncio del Vaticano, monseñor Antonio Innocenti». ¿De qué hablaban, pues, Cortina, Todman e Innocenti?

Perote ofrece, en su tan mentado libro, esta versión:

El nivel de los contactos mantenidos por Cortina antes del golpe permitía intuir que la intentona no había sido patrimonio de la extrema derecha y que ésta sólo se cruzó en el camino ofreciéndose a desempeñar un papel más externo. En mi opinión, el 23-F fue fruto de una imposible alianza entre un sector político y militar preocupado por reconducir la democracia y otro totalmente ultra, cuya intención era aniquilarla. Se trató, pues, de un pacto *contra natura* entre salvadores y destructores, y ésta fue la principal razón de su fracaso.

Han pasado veinte años, y Cortina, que dirige la empresa de seguridad e información «I2V, SA», continúa siendo el gran enigma del CESID. Ya lo hemos dicho: algunos de sus compañeros lo tienen por golpista indudable, por hombre de tan gran inteligencia que, conociendo el golpe, nada hizo por abortarlo y además borró las pruebas que demostrarían su conocimiento de los hechos. Otros, sin embargo, ponen la mano en el fuego por él, lo consideran un demócrata sin tacha que cometió el error de estar más pendiente del posible golpe de los generales o los coroneles –que probablemente no se habría producido nunca– que de tener controlado a un personaje visceral y soberbio como Tejero. Y olvidó informar de sus pasos a sus superiores, que, sin embargo, al menos en el caso de Calderón, hoy lo defienden.

La «rehabilitación» de Cortina, en el caso de que ésa sea la palabra adecuada, es evidente: junto con su socio Florentino Ruiz Platero (que también fue un hombre importante en «la Casa» y pasó por ser uno de los cerebros de la misma), asesoró a Francisco Álvarez-Cascos cuando éste era vicepresidente del Gobierno de José María Aznar. Entre otros muchos.

Y, en cualquier caso, el papel jugado por el CESID (los autores se han limitado a proveer de datos al lector) sigue sin estar del todo claro...

# 9

## La noche en La Zarzuela

### Un partido de paddle frustrado

La radio sonaba tenuemente en el despacho de Sabino Fernández Campo. El Secretario General de la Casa de Su Majestad el Rey atendía a sus ocupaciones habituales escuchando la sesión de investidura del candidato a la Presidencia del Gobierno, Leopoldo Calvo Sotelo. La emisión era rutinaria, y Sabino no prestaba demasiada atención a las palabras del locutor, que de vez en cuando interrumpía la monótona relación de nombres leída por el secretario de la Cámara y la respuesta monosilábica de los aludidos:

– Don Enrique Múgica Herzog.
– No.
– Don José Nasarre de Letosa Conde.
– Sí.
– Don Carlos Navarrete Merino.
– No.
– Don Manuel Núñez Encabo.
– No.

De repente, el receptor emitió sonidos ininteligibles, algo así como un «fuego, fuego», junto a rumores lejanos que se fueron haciendo más audibles, y Sabino levantó la cabeza de los papeles que estaba examinando. El periodista de la SER que estaba retransmitiendo el debate en directo, Rafael Luis Díaz, hizo público su asombro, aunque tardaría todavía unos minutos antes de acertar con el nombre del principal golpista: «Pero, ¿qué ocurre?... No sabemos qué pasa... unos guardias civiles han entrado en el hemiciclo... uno de ellos sube a la tribuna... parece... ¡sí, es Tejero!».

Eran las 18.23 horas del 23 de febrero. Las ráfagas de metralleta que se escuchaban a través del altavoz no dejaban lugar a dudas. El secretario de la Casa del Rey comprendió inmediatamente lo que estaba ocurriendo: el teniente coronel de la Guardia Civil Antonio Tejero había iniciado un golpe de Estado. De lo que sucediera en el Palacio de la Zarzuela a partir de esos momentos dependería el futuro inmediato de España. Todas las miradas se dirigían al Rey. ¿Qué haría el Monarca?

Como en otras ocasiones, el Rey había citado para esa tarde a dos buenos amigos, compañeros habituales de deporte, Miguel Arias y Nachi Caro, con quienes iba a jugar una partida de *squash* en las instalaciones de La Zarzuela. El anfitrión se encontraba en chándal, como sus invitados, pero todavía no se había dirigido a la pista. Sabino salió disparado hacia el despacho del Rey para informarle de que algo muy grave estaba ocurriendo en el Congreso de los Diputados. Fernández Campo no sabía qué ocurría con absoluta exactitud, pero el recuerdo de la «Operación Galaxia», en octubre de 1978, le hizo pensar que podían encontrarse ante una intentona golpista. Sólo que esta vez más seria.

Apenas habían transcurrido unos minutos cuando uno de los ayudantes militares informó al Rey y a Fernández Campo, reunidos junto al Marqués de Mondéjar en el despacho oficial del Rey, de que un miembro del equipo de seguridad del Palacio se encontraba en ese momento en el Congreso, y que se podía hablar con él. Lo hizo el propio Fernández Campo, quien facilitó acto seguido a don Juan Carlos los datos obtenidos: efectivamente, se trataba de un intento de golpe de Estado protagonizado por el teniente coronel Antonio Tejero Molina, a quien acompañaban dos centenares de guardias civiles que se habían atrincherado en el Congreso, un lugar idóneo para emboscarse y resistir cualquier asalto. La situación, efectivamente, era muy grave.

La tensión se incrementó cuando, a las 19.45 horas, se supo que Tejero había sacado del hemiciclo al todavía presidente del gobierno en funciones, Adolfo Suárez, al vicepresidente Manuel Gutiérrez Mellado, al ministro de Defensa, Agustín Rodríguez

Sahagún, y a los dirigentes del PSOE, Felipe González, y del PCE, Santiago Carrillo.

## DOS INFORMES

Veinticuatro horas después, una vez abortado el golpe, don Juan Carlos encargó a dos de las personas que pasaron la noche en La Zarzuela, el general Sabino Fernández Campo y el diplomático y empresario Manuel Prado y Colón de Carvajal, que redactaran un informe sobre lo que había ocurrido en el despacho del Rey a lo largo de aquellas horas cruciales. No es difícil por tanto hacer un relato pormenorizado de cómo transcurrió aquella noche en la que el Rey jugó un papel fundamental en un golpe que se hizo esgrimiendo su nombre como inductor o impulsor de la intentona. Ese nombre, utilizado por personas de probada y conocida lealtad a la Corona y que siempre habían estado muy próximas al Rey, hizo dudar a muchos españoles, que llegaron a creer que el monarca era quien movía a Milans del Bosch y a Alfonso Armada.

Manuel Prado y Colón de Carvajal, empresario que iba a tener una trayectoria polémica, diplomático, embajador, pero, sobre todo, amigo personal del Rey, llegó a La Zarzuela sobre las siete de la tarde, apenas media hora después de que Tejero irrumpiera en el Congreso de los Diputados. Prado, que como tantos españoles escuchaba la radio en ese momento, había telefoneado al Rey, quien le pidió que permaneciera tranquilo hasta que hubiera datos exactos sobre lo que estaba ocurriendo.

La intuición de Prado, sin embargo, puesta a prueba en multitud de misiones diplomáticas secretas, le aconsejó que se trasladara a La Zarzuela para estar junto al Monarca. Fue la única persona ajena a la Casa Real que permaneció toda la noche en el despacho de don Juan Carlos. Como uno más de los ayudantes reales, Prado atendió teléfonos, siguió las instrucciones del Rey y, cuando llegó el momento, ayudó a preparar su intervención como Jefe del Estado y capitán general de los Ejércitos ante las cámaras de televisión para dirigir su mensaje a los españoles y especialmente a los golpistas.

A las 18.30 horas, en Zarzuela se encontraban el Jefe de la Casa Real, Nicolás de Cotoner, marqués de Mondéjar; el de la Secretaría, general Sabino Fernández Campo; el de la Casa Militar, general Joaquín Valenzuela –víctima dos meses después, el 7 de mayo, de un atentado de ETA en el que resultó gravemente herido y en el que perdieron la vida un teniente coronel, un suboficial de su escolta y el soldado conductor–; los ayudantes militares; el doctor Alberto Salgado –que desde siempre se había ocupado de la salud del Rey y del resto de la familia real–; el Jefe del Gabinete de Prensa de La Zarzuela, Fernando Gutiérrez, un listísimo gallego de Lugo, lleno de retranca; el Jefe de Protocolo, el diplomático Allendesalazar, Conde de Montefuerte, y otras personas adscritas a los distintos departamentos de la Casa, así como los responsables de Seguridad.

En una sala cercana a la del «gabinete de crisis» permanecieron todas aquellas horas Arias y Caro, ambos en ropa deportiva aún, que habían acudido a La Zarzuela a jugar un partido y se encontraron con un golpe de Estado. Prefirieron quedarse, no solamente por razones de seguridad, sino también porque estaban dispuestos a ayudar si era necesario. No lo fue: lo más urgente eran los teléfonos para dar las oportunas instrucciones y recibir información del exterior, y había personas suficientes para atenderlos. La tarea de Caro y Arias fue la de permanecer pendientes de las emisoras de radio y de la televisión estatal.

La reina doña Sofía, por su parte, también permaneció toda la noche en el despacho como una más del «equipo», así como el príncipe Felipe, al que, en un momento dado, cuando se dejaba vencer por el sueño y dormitaba en un sofá, el Rey le pidió que espabilara y no se perdiera detalle de todo lo que ocurría, pues vivía unas horas históricas en las que, desde allí, había que tomar decisiones que afectaban a todos los españoles. «Hay que impedir que triunfe un golpe de Estado», afirman que le dijo el Rey.

Desde casi el mismo momento de la toma del Congreso se supo en La Zarzuela que era Tejero el militar que había secuestrado a los diputados y al Gobierno en pleno. Los periodistas que se mantenían en contacto con sus emisoras lo habían identificado muy pronto: su rostro era bien conocido desde la llamada «Operación Galaxia», y muy pronto se supo también que Jaime Milans del Bosch, capitán general de la III Región Militar con sede en Valencia, era el principal impulsor del golpe.

Pocos minutos después de los hechos, hasta Zarzuela había llegado que Tejero esperaba a una autoridad «militar, por supuesto», que se haría cargo de la situación... y del Gobierno. El famoso y enigmático «elefante blanco». «Alguien llegó a hacer correr la insensatez de que a quien esperaban era al propio Rey», comentaría, mucho después, una fuente de La Zarzuela.

## APOYOS EXTRANJEROS

Desde el primer momento, los teléfonos de Palacio sonaban insistentemente, sin solución de continuidad. Llamadas nacionales y extranjeras se acumulaban en centralita y en los teléfonos directos. Apenas se podía contestar a todo el mundo. El primer dignatario extranjero en llamar fue el rey Hussein de Jordania, amigo entrañable de don Juan Carlos. No había transcurrido una hora desde el inicio del golpe cuando telefoneaba para preguntar qué ocurría y ofrecer la ayuda que fuera necesaria, así como para realizar las gestiones que estuvieran en su mano.

Pocos minutos después era el jefe del Gobierno portugués, Francisco Pinto Balsemao, quien estaba al otro lado de la línea. Los amigos personales del Rey dieron el paso al frente esa noche, se pusieron del lado de don Juan Carlos en cuanto tuvieron noticia de que debía afrontar una situación de extrema gravedad. Al fin y al cabo, Pinto Balsemao, entonces como influyente editor del semanario lisboeta *Expresso*, había visitado algunas veces al príncipe Juan Carlos de Borbón en La Zarzuela, en 1974…, escondido en el maletero de un coche, para evitar la vigilancia a la que Franco sometía a su sucesor.

El Rey habló personalmente con Hussein y Balsemao, pero en aquellos momentos su interés se centraba más en la actitud que adoptarían los capitanes generales. Necesitaba saber quiénes estaban en la intentona golpista, porque solamente él, como Jefe del Estado y autoridad suprema militar, podía ordenarles que depusieran su actitud si, finalmente, se sumaban a la intentona de Milans del Bosch.

Al primero al que debía darle órdenes era al propio Capitán General de Valencia, con el que el Rey y Sabino hablaron varias veces a lo largo de la noche sin conseguir que atendiera a razones. Contrastaba la actitud de Milans con la de los restantes capitanes generales, que se mostraron a favor del orden establecido y de la defensa constitucional. El único que podía haber mostrado una actitud más ambigua fue el de Zaragoza, Elícegui Prieto, que dijo que cumpliría las órdenes del Rey, fueran las que fuesen. González del Yerro desde Canarias, que fue de los primeros en llamar a La Zarzuela, así como el capitán general de Burgos, teniente general Ángel Campano, que nunca había ocultado su admiración por Franco y al que se consideraba un hombre afecto al régimen anterior, aquella noche aciaga se colocaron al lado de los demócratas.

## UN GESTO AFORTUNADO

Entre quienes telefonearon también en los primeros minutos estaba el general Alfonso Armada, en aquel momento Segundo Jefe del Estado Mayor del Ejército. Quería acudir a La Zarzuela, pero se le indicó que era preferible que permaneciera en su despacho. No hubo ninguna sospecha en esa primera llamada: tanto el Rey como Sabino Fernández Campo la consideraron lógica, pero también coincidieron en pensar que el Segundo JEME era más necesario en su puesto en la sede del Alto que en Palacio. Con toda naturalidad así se lo dijeron. Sin sospecharlo, con esa decisión, el Rey había salvado la democracia. La presencia de Armada en La Zarzuela hubiera sido signo inequívoco de que el Rey apoyaba las pretensiones de quien había sido secretario de su Casa.

La confusión en los primeros momentos era grande. Don Juan Carlos, incluso, tuvo que pedir serenidad a sus asistentes y que se estableciera un mínimo plan de actuación. Había que contactar cuanto antes con las Capitanías de las Regiones Militares, pero también y sobre todo con los jefes de la División Acorazada Brunete y de la Brigada Paracaidista (BRIPAC), acuarteladas en las cercanías de Madrid, así como con los Jefes de la Junta de Estado Mayor y del Alto. La Acorazada era la División que podía tomar Madrid si se afianzaba el golpe. Es más, si sus tanques tomaban las calles, podía iniciar un «efecto dominó» con respecto a otras Capitanías e, incluso, hacia otras importantes unidades del Ejército. El Rey sabía que ése era un auténtico peligro que se hacía necesario atajar desde los primeros momentos de la intentona. La tarea se le asignó a Sabino Fernández Campo, quien entre las 18.45 y las 19 horas se puso en contacto con el jefe de la Brunete, general de División José Juste Fernández.

La llamada de Sabino fue totalmente oportuna y afortunada. Como hemos visto, a Juste le había informado su jefe de Estado Mayor, el coronel José Ignacio San Martín (un hombre frío, reservado, mano derecha del almirante Carrero Blanco hasta su asesinato por ETA en 1973), de que se trataba de una reconducción del proceso ordenada por el Rey. Así se explicaba también, por ejemplo, que el general Luis Torres Rojas se encontrara ese día en la Brunete, División que él mismo había dirigido hasta enero del año anterior, y no al frente de su Gobierno Militar en La Coruña, como hubiera sido lo lógico. San Martín le había señalado a Juste, igualmente, que el general Armada estaba al tanto de todo y que a partir de las seis de la tarde se encontraría en Zarzuela al lado del Rey para coordinar las operaciones. Esa era la razón, según San Martín, de que los tanques de la Brunete estuvieran en esos momentos calentando motores para marchar sobre Madrid desde su acuartelamiento de El Goloso.

Pero Sabino jugaba con un as en la manga. Sabía que Juste era íntimo amigo del capitán general de Madrid, Guillermo Quintana Laccaci, cuya fidelidad en esos momentos estaba fuera de toda duda, y tampoco olvidaba que Juste había presidido el consejo de guerra contra Tejero por la «Operación Galaxia». Anteriormente, Juste había desempeñado la Jefatura de la Sección de Información, antigua IIª bis, del Estado Mayor del Ejército. Así que, cuando Juste le dijo telefónicamente a Sabino que todo marchaba conforme al plan previsto y que los tanques estaban preparados para salir, Sabino le ordenó parar inmediatamente cualquier operación en marcha. Fue entonces cuando Juste, asombrado, le preguntó: «¿Pero no está ahí el general Armada?». La intuición de Sabino le hizo pronunciar otra frase definitiva para el futuro de la democracia: «Ni está, ni se le espera». «Ah, eso cambia totalmente las cosas», replicó Juste.

Al escuchar esa frase, Sabino, extrañado, se la comunicó al Rey. Sorprendido también, don Juan Carlos respondió que se dieran instrucciones en control para que no autorizaran el paso del general Armada si se presentaba. Tras largos años de servicio en La Zarzuela, Armada no necesitaba autorización para que se levantaran las barreras de las entradas de Aravaca o de Somontes; se daba por supuesto que podía acceder a Palacio sin comunicación previa.

Una nueva llamada de Armada insistiendo en que debería acudir a Zarzuela para informar al Rey puso en alerta a quienes se encontraban en el despacho del Monarca. don Juan Carlos, que no quería hacer partícipe de las sospechas a quien había sido su colaborador durante años, dijo que todavía era pronto para contar con información contrastada sobre la situación y que se hacía necesario que él, como Segundo JEME, hiciera una nueva ronda de llamadas a las Capitanías y a las principales Divisiones y Brigadas. En cualquier caso, que, antes de subir a Zarzuela, le llamara nuevamente para adelantarle el resultado de sus indagaciones.

Sobre las 19 horas, el Rey habló personalmente con el JEME, general José Gabeiras Montero, y ordenó a los miembros de la Junta de Jefes de Estado Mayor que se reunieran en la sede de la JUJEM, en la calle Vitrubio, con el teniente general Jefe del Estado Mayor, Ignacio Alfaro Arregui, anticipándoles que se estaba utilizando indebidamente su nombre y que así debían comunicárselo a las distintas Unidades.

## IMPREVISIÓN GOLPISTA

Pese a todo lo que se ha escrito en diversas publicaciones y libros, en aquellas fechas aún no estaba en funcionamiento el teléfono directo entre La Zarzuela y las Capitanías Generales, lo que obligó aquella noche a utilizar la red nacional. Precisamente uno de los temores del Rey fue que los golpistas tomaran la central de Telefónica y que les dejaran incomunicados, lo que, evidentemente, hubiera agravado la situación. Ante esa imprevisión de los golpistas, el Rey y Sabino pudieron hablar sin interferencias con los máximos responsables de la Guardia Civil y de la Policía Nacional, los generales Aramburu Topete y Sáenz de Santamaría, y miembros de la JUJEM. En todas y cada una de sus conversaciones con los jefes militares, el monarca repetía casi como un latiguillo: «Permaneced tranquilos, esperad mis órdenes y tened claro que se está utilizando mi nombre sin mi consentimiento».

Con la División Paracaidista, acantonada en Alcalá de Henares, había hablado en los primeros momentos el teniente general Valenzuela Alcíbar-Jáuregui, que transmitió las órdenes del Rey al teniente coronel Emilio Alonso Manglano, un hombre que se mantuvo leal desde el primer momento y que unos meses más tarde ocuparía la Dirección General del CESID. No fue tan fácil comunicar con la III Región, Valencia, y cuando se consiguió fue el Rey en persona quien exigió explicaciones al capitán general por el manifiesto, la ocupación militar de la ciudad y la retirada del poder civil a los gobernadores, hechos que acontecieron a partir de las 19 horas.

El Rey le preguntó directamente a Milans por qué Tejero decía en el Congreso que actuaba bajo sus órdenes y que sólo a ellas atendía. La respuesta de Milans estuvo cargada de patriotismo un tanto anacrónico, con alusiones a su probada lealtad e insistencia en que actuaba por el bien de España, pero se mostró confuso sobre sus intenciones: en un momento dado dijo que tenía Valencia bajo control militar para mantener el orden tras lo ocurrido en el Congreso. Sin embargo, añadió un dato que disparó todas las luces de alarma: hizo mención a una conversación mantenida con el general Armada la noche anterior.

Fue un dato que hizo acrecentar las sospechas sobre Armada: formaba parte de la intentona golpista, y, por tanto, había que actuar con suma prudencia para evitar que acudiera a Palacio, lo que al parecer esperaban los golpistas. Pero había que alertar también a Francisco Laína, que hacía las veces de jefe y portavoz del Gobierno en funciones que se había constituido en el Ministerio del Interior con los secretarios de Estado y subsecretarios de los distintos departamentos.

En su conversación con Milans, el Rey le ordenó que retirara las unidades que habían salido a la calle; que a su vez ordenase a Tejero que depusiera su actitud y, sobre todo, le ordenó que dejara de utilizar su nombre, porque no respaldaba el golpe bajo ningún concepto. El Monarca le recordó que estaba obligado a cumplir lo que le mandaba, ya que era el capitán general de los Ejércitos, y le advirtió que tanto él como los restantes tenientes generales destinados en las distintas regiones militares recibirían sus órdenes no solamente a través del teléfono, sino también por télex. Le anunció, igualmente, que se disponía a emitir un mensaje a través de la televisión.

Es cierto que Milans afirmó que acataría las órdenes del Rey, pero también le dijo al Monarca que no se podía abandonar a su suerte a los «compañeros de armas» que se habían levantado, refiriéndose a ellos con respeto, como si fueran unos valientes. En ese punto, el Rey le pasó el teléfono a Sabino Fernández Campo para que insistiera y tratara de convencerlo de que retirase cuanto antes a sus unidades de las calles de Valencia. En el transcurso de esta conversación, Milans le sugirió al secretario general que permitieran al general Armada que acudiera al Congreso para verse con Tejero, porque «conocía la contraseña». Era el dato definitivo en aquella noche amarga: Armada, el antiguo hombre de confianza del Rey, era uno de los inductores del golpe (conocía la contraseña: «Duque de Ahumada») y, quizá, todavía podía disponer de capacidad de maniobra suficiente como para conseguir sus objetivos.

## Cintas desaparecidas

Con los nuevos datos, Fernández Campo, que aquella noche no se despegó del teléfono, prosiguió con la ronda de llamadas a las capitanías. Ante la ya certidumbre de que la figura de Armada era importante para los golpistas, indicó al inmediato superior de éste, el JEME, teniente general José Gabeiras, que abandonara la reunión que mantenía con sus compañeros del Alto en la calle Vitrubio y regresara a su despacho del Cuartel General del Ejército. Paralelamente, Sabino logró comunicar con el propio Tejero a través de un teléfono facilitado por Francisco Laína. El Secretario de Estado de Interior había logrado controlar algunos de los teléfonos del Congreso de los Diputados y, a través de personas que se encontraban dentro del recinto de la Carrera de San Jerónimo, consiguió que Tejero utilizara una línea exterior para sus contactos.

Evidentemente, todas y cada una de las conversaciones que se mantuvieron aquella tarde-noche, incluidas las de Milans desde la Capitanía de Valencia, fueron grabadas por Interior. Sin embargo, nunca se conoció el destino final de las cintas, ni tampoco fueron aportadas en la Causa 2/81. Es la primera de las extrañas desapariciones de documentos relacionados con este caso que hubiesen sido fundamentales para hacer Historia. Y tal vez también para hacer justicia. Laína no ha vuelto a hablar en público de cuanto vivió aquella noche.

La conversación entre Sabino y Tejero se desarrolló en un tono de máxima tensión. El general le comunicó al teniente coronel que de ningún modo el Rey apoyaba el golpe y le ordenó que depusiera su actitud. Tejero respondió que no acataba más órdenes que las de Milans del Bosch y colgó el teléfono dejando a su superior con la palabra en la boca. A la vista de esta actitud, Zarzuela no volvió a intentar conectar con el sedicioso teniente coronel.

## ACUARTELAR LAS TROPAS

Paralelamente al serio desplante de Tejero, en el despacho del Monarca se redactaba una nota para las Capitanías Generales. La nota, enviada por télex a las 20.30 horas, recogía básicamente los términos que luego se trasladarían al mensaje televisado del Rey y que no se había podido grabar por la ocupación de Prado del Rey, desde las 19.15 horas, por un destacamento de 25 soldados del Regimiento de Caballería Villaviciosa 14 y del Regimiento Mixto de Ingenieros al mando del capitán Merlo. En el télex se afirmaba que la Corona no respaldaba la intentona golpista y ordenaba a los mandos que mantuvieran el control en las Unidades de su competencia y que bajo ningún concepto debían salir las tropas de sus acuartelamientos.

Tras la remisión del télex, el Rey pidió a sus colaboradores que prepararan el texto del mensaje para televisión, con la intención de grabarlo en el mismo instante en el que llegaran las cámaras a Palacio. A esa tarea se pusieron conjuntamente Manuel Prado y Fernández Campo, quienes recogieron en su borrador las sugerencias aportadas por el Marqués de Mondéjar y alguno de los ayudantes militares. El propio Rey hizo algunas correcciones para adaptar el texto a su mensaje, que quería que fuera contundente e inequívoco.

Según las instrucciones que había dado el Monarca, en el mensaje se debía advertir, además, que se había enviado a las capitanías, zonas marítimas y regiones aéreas unas instrucciones muy precisas contra cualquier tentación de golpismo. En ese momento en Zarzuela había plena consciencia de que Milans del Bosch y sus seguidores —todavía no se sabía con exactitud el número ni el cargo que ocupaban en la jerarquía castrense— podían estar en contacto con otros jefes militares y transmitirles órdenes en nombre del Rey.

Esa noche, el Rey, para dominar la situación, acudió a antiguos compañeros de su promoción militar destinados en lugares clave. Le preocupaba especialmente la base aérea de Manises, a donde llamó inmediatamente después de conocer que Milans se sumaba al golpe y que había sacado la División Maestrazgo a la calle. En Manises estaba destinado un teniente coronel con el que don Juan Carlos había estudiado en la Academia de San Javier. En tono coloquial, el mismo que solían utilizar los compañeros de Academias del Rey cuando no se hallaban en público, le explicó que el general Gallarza se encontraba en el momento del golpe fuera del recinto militar haciendo deporte, pero que regresaba de inmediato y que todo estaba bajo control.

«Tranquilo, que aquí está todo bajo control. Hemos sacado dos cazas en la entrada y al primero que llegue, le descerrajamos un misil. Han llamado de Capitanía, pero les he dicho que aquí sólo debemos obediencia al Jefe del Estado Mayor del Aire o al Rey», le explicó el teniente coronel al Rey.

Aquella reacción, y que la importante base de Manises no se hubiera puesto a las órdenes de Milans, resultó fundamental para que en Valencia no triunfaran los golpistas.

Otro de sus compañeros de Academia, destinado en este caso en la Capitanía General de Sevilla, fue muy franco con el Rey: el teniente general Pedro Merry Gordon no estaba en condiciones de recibir ningún tipo de órdenes. Don Juan Carlos comprendió de inmediato qué ocurría. No era ninguna novedad que el capitán general se «pasaba» de copas con cierta frecuencia –concretamente con whisky Chivas, que traía en cajas en helicóptero desde Ceuta–, y en esas particulares circunstancias le gustaba vestirse con el uniforme de la Legión, en la que había servido en años más jóvenes. El Rey le aconsejó a su amigo que no permitiera que Merry Gordon saliera a la calle, y menos todavía con el uniforme de la Legión, y que llamara a Zarzuela si surgía algún problema en las horas siguientes.


CONTACTOS CIVILES

No sólo hubo, evidentemente, conversaciones con jefes militares. El Monarca habló personalmente con la diputada socialista Ana Balletbó, que telefoneó a La Zarzuela en cuanto pudo abandonar el Palacio del Congreso. Balletbó había sido autorizada a salir del recinto por encontrarse en avanzado estado de gestación y quiso comunicar personalmente con La Zarzuela para informar de todo lo que había ocurrido en el interior del hemiciclo y expresar cuál era el estado de ánimo de los diputados que permanecían secuestrados. Al conocer que Balletbó estaba al teléfono, don Juan Carlos quiso hablar con la diputada socialista para agradecerle el gesto.

En el transcurso de esa tarde llamaron también los presidentes autonómicos Jordi Pujol y Carlos Garaicoechea. El Rey habló personalmente con el primero, al que tranquilizó, mientras que el lehendakari vasco fue atendido por Fernández Campo, ya que el Rey se encontraba en ese momento dando órdenes a uno de los capitanes generales, al que al mismo tiempo le informaba de la situación.

El despacho del Rey, el antedespacho y la sala de ayudantes era un ir y venir de personas. La Reina, por su parte, no sólo atendía teléfonos, sino que se ocupó también de la intendencia, de surtir de sandwiches a quienes se encontraban junto al Rey tratando de ayudarlo a controlar y superar la noche más difícil de su todavía corto reinado. Además del Príncipe, se encontraban también presentes las infantas Elena y Cristina, así como la princesa Irene de Grecia, que pasaba esos días en La Zarzuela. El rey Constantino llamó varias veces desde su exilio en Londres, tratando, sin éxito, de hablar con su cuñado: fueron sus hermanas quienes le informaron de la situación. En algún momento de la noche, cuando don Juan Carlos supo que su cuñado le quería transmitir su respaldo, comentó que esa noche él estaba obligado a reaccionar de forma diametralmente distinta a como lo había hecho Constantino cuando tuvo que enfrentarse con el golpe de los coroneles.

En La Zarzuela, igualmente, se recibieron llamadas de todos los familiares y amigos de la familia real. Don Juan lo hizo desde Estoril en cuanto regresó a su residencia –pasaba la tarde con doña María, viendo una película–, pero, cuando estaba hablando con su padre, el Rey tuvo que interrumpir la conversación por una llamada del general Alfaro Arregui, que tenía noticias sobre el golpe.

## LAS MANIOBRAS DE ALFONSO ARMADA

Como ya se ha señalado, desde las primeras horas del golpe no dejó de llamar el general Armada. El Rey, para ganar tiempo y evitar que acudiera a Zarzuela, le había ordenado que hiciera una ronda de contactos con las regiones militares y las principales unidades. Armada, que deseaba ir a La Zarzuela cuanto antes para seguir con el plan previsto, se comunicaba con el despacho del Rey cada poco para informar sobre el resultado de sus indagaciones, pero hablaba generalmente con Sabino Fernández Campo, a quien transmitía la sensación de que varios de los capitanes generales se sumaban al golpe o se encontraban dubitativos.

La conversación telefónica mantenida con Gabeiras en su despacho del Cuartel General, había despertado sospechas en Zarzuela. El teniente general se mostraba poco explícito, escasamente expresivo. En la Casa Real se pensó que el JEME no se encontraba solo y que no podía hablar con suficiente libertad. Para salir de dudas, se le formularon determinadas preguntas en clave. En sus respuestas Gabeiras dio a entender que se encontraban en la sede del Cuartel General del Ejército los generales Castro Sanmartín y Esquivias.

También a esas horas se informó al Rey de que los generales Aramburu Topete y Prieto habían entrado en el Congreso, aunque no habían tenido éxito en sus intentos de negociar una salida pacífica de los golpistas. Al finalizar sus gestiones, regresaron al Hotel Palace, donde a primeras horas de la tarde habían instalado sus despachos de forma provisional, a apenas cincuenta metros del Congreso. Junto a ellos, también con el Palace como centro de operaciones, se encontraba el general de División José Antonio Sáenz de Santamaría, inspector general de la Policía. Una de las primeras órdenes que dieron, precisamente, fue acordonar la zona con efectivos de la Policía Nacional, en detrimento de la Guardia Civil, a la vista de lo que se estaba viviendo; sin embargo, el director de la Benemérita, general de División José Luis Aramburu, mantuvo una actitud inequívoca de lealtad democrática y sus gestiones fueron vitales para poner punto final al intento de golpe.

## Esperando a Televisión Española

La demora en la llegada de las cámaras de TVE para grabar el mensaje de don Juan Carlos acrecentó el nerviosismo de la jornada. Cada poco, se telefoneaba a Prado del Rey, para ver cómo iban las cosas. En La Zarzuela se conocía que RTVE estaba tomada por el Ejército, ya que en la primera comunicación telefónica notaron una actitud extraña en Fernando Castedo. El hecho de que el director general de RTVE respondiera con monosílabos a las preguntas que se le formulaban, confirmó la sospecha de que no se encontraba solo en su despacho. Como ya sabemos, el edificio había sido ocupado por tropas del cercano Regimiento Villaviciosa y las reiteradas llamadas de Zarzuela tenían por objetivo conocer si continuaba la ocupación y averiguar si era posible la salida desde allí de un equipo de grabación.

Con el transcurso del tiempo, y al no experimentarse variación alguna, el Jefe de la Casa Real, Nicolás de Cotoner, Marqués de Mondéjar, consiguió averiguar que al frente del Regimiento se encontraba un antiguo subordinado suyo, a quien conocía bien. Se trataba del coronel Joaquín Valencia. Puesto al habla con él, Mondéjar le ordenó que abandonara inmediatamente las instalaciones de Prado del Rey, una orden tan directa que el coronel no tuvo más remedio que acatar, no sin antes señalar a su superior —Mondéjar era general de Caballería— que se perdía una gran oportunidad para poner orden en España. A los pocos minutos, Fernando Castedo pudo informar a Zarzuela de que las tropas habían abandonado Prado del Rey y que salía de inmediato el equipo de grabación solicitado.

Mientras tenía lugar ese episodio, el Rey atendió nuevas llamadas de dignatarios extranjeros, como la del presidente italiano, Sandro Pertini, que sentía un profundo afecto por don Juan Carlos, así como la del rey Hassan de Marruecos, que consideraba al Rey español como su hermano.

«MIENTES COMO UN BELLACO»

Paralelamente, el general Armada no dejaba de comunicar con palacio. En un momento dado, le dijo al Rey que la situación era extremadamente difícil, que temía un derramamiento de sangre, que contaba con información de que varias Capitanías Generales y la División Acorazada se sumaban al golpe, además de otras unidades, y que pensaba que la mejor solución era que el propio Rey lo autorizara a acudir al Congreso y, en su nombre, solventar la situación «con un planteamiento que haría posible resolverlo todo». Era evidente que, fracasada la primera parte del plan –acudir a Zarzuela–, Armada había puesto en marcha un nuevo intento para «reconducir» el golpe.

Sin embargo, el Segundo JEME no había contado con la actitud decidida de don Juan Carlos, quien, en tono enérgico que pudieron escuchar perfectamente quienes se encontraban en su despacho, le respondió que no sólo no lo autorizaba a presentarse en el Congreso utilizando su nombre, sino que, además, estaba profundamente dolido por su actitud y sus informaciones alarmistas y tendenciosas que, según el Monarca, no se correspondían con la realidad. El Rey le respondió a Armada que disponía de datos muy precisos y directos de las capitanías generales y de las principales unidades. Le dijo que le mentía «como un bellaco» y, sin más, le pasó el teléfono a Sabino Fernández Campo.

En esta nueva conversación telefónica, el secretario general preguntó a Armada cuál era la solución que proponía. Armada inició su respuesta señalando que le daba cierto apuro exponerla, porque consideraba que había personas más cualificadas que él, pero acabó señalando que la manera de salir de aquella gravísima situación era que él en persona se presentase en la Cámara Baja y, en nombre del Rey, pidiera a los diputados que lo votaran como presidente. Le aseguró a Fernández Campo que estaba seguro de que era una solución constitucional y que, además, contaría con los votos de los socialistas.

La réplica de Sabino Fernández Campo no se hizo esperar. Le dijo que se trataba de una solución descabellada, fuera de la legalidad, y que era inadmisible que un presidente democrático fuera elegido bajo la amenaza de las armas. Como Armada insistiese, Sabino le recordó que, además, incumplía las órdenes del Rey y aludió a su responsabilidad y ejecutoria militar, a la disciplina, al honor. Pero Armada continuó insistiendo en que era la única salida posible y que, además, era legal, porque sería votado por la mayoría de los miembros de las Cortes.

En el despacho del Rey el silencio era absoluto. Todos estaban pendientes de las palabras de Sabino, que permitían adivinar qué frases se pronunciaban en el otro lado del hilo telefónico. Antes de dar por finalizada su conversación con Armada, el secretario general le repitió que actuaba al margen de la Ley, que no contaba con el respaldo del Rey y que reflexionara sobre lo que estaba planteando.

A lo largo de la noche habían sido constantes las llamadas al y desde el exterior. El Rey habló en innumerables ocasiones con

Francisco Laína, que se había erigido en portavoz y responsable del Gobierno formado por secretarios de Estado y subsecretarios. También lo hizo con los dirigentes sindicales, los directores de la Policía y Guardia Civil y los jefes de las regiones marítimas y zonas aéreas, además de las capitanías generales.

## Unas imágenes controvertidas

Desde poco después del asalto, en La Zarzuela se tuvo información muy precisa de lo que ocurría en el interior del Congreso. Varios de los hombres de Manuel Blanco, responsable de Seguridad de la Casa del Rey, habían conseguido entrar en el edificio de la Carrera de San Jerónimo. Un documento de La Zarzuela sobre lo ocurrido esa noche recoge que el mensaje de televisión comenzó a grabarse a las 23.15 horas y que precisamente cuando el Rey –que previamente se había puesto el uniforme de capitán general– se encontraba grabando, se recibió una llamada del presidente francés, Valery Giscard D´Estaing, que don Juan Carlos no pudo atender.

Por otro lado, el equipo de televisión pudo por fin salir de Prado del Rey y llegar a La Zarzuela, llevando consigo una copia de las imágenes del asalto al Congreso. Las imágenes habían sido grabadas por una cámara que los golpistas no controlaron desde el primer momento y que durante mucho tiempo recogió todo lo que ocurría en el interior del hemiciclo.

Al ver esas imágenes, el Rey se sintió impresionado y avergonzado por la actitud de los militares y sugirió que se pidiera al director general, Fernando Castedo, que no se emitieran nunca para evitar así una desgraciada perspectiva de España. Sin embargo, a pesar de los consejos del Rey, la cinta sí se emitió, y fue mejor que se hiciera: en los días y semanas siguientes hubo tal cantidad de golpistas que negaron los hechos que, sin el soporte de esa cinta, se habría podido pensar que lo ocurrido aquel 23 de febrero de 1981 había sido un mal sueño de quienes se encontraban en el interior del Congreso cuando entraron Tejero y sus hombres.

En los instantes previos a la grabación del mensaje televisivo del Rey, el general Juste Fernández añadió un elemento más de inquietud: telefoneó para informar que quince jeeps con policía militar de su División, la Brunete, al mando del comandante de

Estado Mayor Ricardo Pardo Zancada, habían abandonado la instalación militar, contraviniendo sus órdenes, para sumarse a las tropas de Tejero. Juste no ocultó su inquietud, añadiendo que no tenía la seguridad de que otras Unidades de su división pudieran adoptar una actitud similar a la de Pardo Zancada, aunque estaba poniendo en marcha todos los mecanismos a su alcance para evitar que salieran más refuerzos desde la Acorazada.

## MILANS SE ENFADA CON TEJERO

Cuando estaba todo preparado para emitir el mensaje a través de las antenas de RTVE, el Rey habló nuevamente con Milans para ordenarle por enémisma vez que depusiera su actitud, retirase el bando que había impuesto en Valencia e indicarle cuáles eran los puntos que iba a transmitir a todos los jefes militares a través de la televisión. Las palabras del Rey señalaban claramente que solamente Milans quedaría entre los golpistas, pues los restantes capitanes generales iban a cumplir las órdenes que les llegaban inequívocas a través de la televisión y del télex, porque todos y cada uno de ellos, a lo largo de distintos contactos mantenidos durante la noche, habían expresado ya su lealtad y obediencia al Rey.

En el transcurso de esa nueva conversación, Milans le dijo finalmente al Rey que acataría sus órdenes, pero que, después de hablar con Tejero por última vez, se había dado cuenta de que el teniente coronel de la Guardia Civil ya no le obedecía. Ese dato, por otra parte, lo conocía ya el Gobierno en funciones reunido en la sede del Ministerio del Interior, que controlaba las conversaciones telefónicas de Tejero en el Congreso y de Milans del Bosch en Capitanía. Antes de la emisión del mensaje del Rey, Milans y Tejero habían hablado en varias ocasiones, y ya se advertía el malestar del guardia civil al comprobar que la autoridad militar que debía llegar al Congreso para hacerse cargo de la situación no era la persona que él esperaba. Es decir, Tejero no acataría a Armada.

En una agencia de prensa, Colpisa, dirigida por Manuel Leguineche, también lo sabían. La redactora que cubría la información sobre el Gobierno en funciones y «hacía pasillos» en el Ministerio de Interior, recibió la confidencia por parte de uno de los secretarios de Estado, de que Armada podría encontrarse entre los golpistas. Lo que no sabía entonces es que entre aquellas paredes se vivía una situación muy crítica. Laína, al tener constancia de que Armada estaba entre los principales golpistas, quiso proceder a su detención inmediata y, si no se hizo, fue porque desde La Zarzuela se lo prohibieron. Había que moverse con cautela hasta que se solucionara la difícil situación.

La periodista regresó de inmediato a la agencia, conmocionada por la noticia, pero Leguineche, antes de emitirla a través del teletipo, quiso hacer una comprobación más. Indicó a otra redactora que llamara a Valencia, a Capitanía General y que tratara de hablar con Milans del Bosch, haciéndose pasar por la mujer de Tejero. La periodista se puso a ello, tranquila, segura de que nunca lograría hablar con el capitán general golpista, pero, ante su estupor, se encontró con Milans en el otro lado del auricular, un Milans del Bosch que la llamaba «Carmen» y le expresaba su furia por el comportamiento del teniente coronel.

La redactora, que con los nervios no atinaba a pronunciar palabra –posiblemente eso dio más credibilidad a su suplantación, pues era lógico que esa noche la mujer de Tejero se encontrara balbuceante– escuchaba decir a Milans que su marido había estropeado todo y que era absurdo que, después de lo que habían hablado, a la hora de la verdad se negara a aceptar la propuesta de Armada. Un Milans muy enfadado conminaba a «Carmen» para que le dijera a Tejero que tenía que obedecer al general Armada.

Hechas las oportunas comprobaciones, el teletipo de Colpisa envió la información con campanillas: el general Armada, antiguo secretario general de la Casa de Su Majestad el Rey, era uno de los impulsores del golpe. Sólo uno de la veintena de periódicos de la cadena se atrevió a publicar el día 24 esa información: se trataba de *Diario 16*, que dirigía entonces Pedro J. Ramírez. Con ese titular, a toda plana, salía el martes a la calle, antes incluso de que se hubiera desarticulado definitivamente el golpe de Tejero. Ese día, *Diario 16*, su director y su redacción dieron una lección de coraje: porque el periódico, cuando la situación aún era más que incierta, sacó una edición en cuya portada se leía, a todo trapo, «Fracasó el golpe». *El País* también se atrevió a sacar una edición anticipada, en la que se decía: «*El País*, con la Constitución».

En los días siguientes, el entonces ministro de Interior, Juan José Rosón, se reunió en una cena con las mujeres periodistas que integraban el grupo de «Los Desayunos del Ritz». La cena se pasó hablando de todos los aspectos imaginables vividos la noche del 23-F. En el grupo se encontraba la redactora que había conocido la noticia de que Armada estaba entre los golpistas y Rosón le preguntó cómo lo supo la agencia. La periodista le respondió que a través de un miembro del Gobierno en funciones y que posteriormente una compañera habló con Milans haciéndose pasar por la mujer de Tejero. Rosón, sorprendido, le dijo: «Y entonces Milans le explicó que su marido se negaba a aceptar a Armada... lo he leído, tengo la transcripción de la conversación sobre la mesa. Menos mal que me lo has contado, pues se podía haber montado un lío monumental si la incluyo con las demás y llaman a declarar a la mujer de Tejero». De nuevo habría que preguntarse por el destino de las cintas grabadas esa noche y por sus transcripciones.

## LA «EQUIVOCACIÓN» DEL REY

Continuando con el hilo de Armada, el segundo JEME había acudido efectivamente al Congreso de los Diputados, donde se reunió a solas con Tejero. En esa reunión no hubo acuerdo sobre el nombre de la persona que debía presidir el nuevo Gobierno, y, según otras fuentes, tampoco lo hubo sobre la composición de ese hipotético Gobierno. «Para esto no he dado yo un golpe de Estado», dicen que dijo Tejero. En medio de la discusión, ante la obcecación del teniente coronel, Armada telefoneó a Milans a Capitanía General para que él, con más ascendiente sobre el guardia civil, le convenciera, pero tampoco Milans lo consiguió. Armada tuvo que salir del Congreso sin haber podido entrar, pues, en el hemiciclo. Tampoco en ningún momento utilizó el nombre del Rey, tal y como Fernández Campo le había exigido.

Cuando finalmente abandonó el Congreso, Aramburu y Sáenz de Santamaría indicaron a Armada que, antes de regresar al Cuartel General, pasara a ver a Francisco Laína para darle cuenta de la conversación que había mantenido con Tejero. Era la 1.23 de la madrugada del martes 24 de febrero cuando TVE emitía el vídeo grabado por el Rey. En esos momentos, Armada iba en coche, acompañado del gobernador civil de Madrid, Mariano Nicolás, en dirección al Ministerio del Interior para reunirse con Laína. Desde allí, telefoneó a Sabino Fernández Campo para darle cuenta del fracaso en la gestión. Cumplido ese trámite, y delante de Laína,

Armada comentó que el Monarca se equivocaba con su actitud. Laína trasladó inmediatamente esas expresiones a La Zarzuela.

España entera, mientras tanto, se encontraba ante el televisor, atento todo el mundo al mensaje del Rey que tanto se había hecho esperar. Era breve, pero contundente:

Al dirigirme a todos los españoles –dijo con voz grave, vestido de uniforme– con brevedad y concisión, en las circunstancias extraordinarias que en estos momentos estamos viviendo, pido a todos la mayor serenidad y confianza y les hago saber que he cursado a los Capitanes Generales de las Regiones Militares, Zonas Marítimas y Regiones aéreas la orden siguiente: ante la situación creada por los sucesos desarrollados en el Palacio del Congreso y para evitar cualquier posible confusión, confirmo que he ordenado a las autoridades civiles y a la Junta de Jefes de Estado Mayor que tomen todas las medidas necesarias para mantener el orden constitucional dentro de la legalidad vigente. Cualquier medida de carácter militar que en su caso hubiera de tomarse, deberá contar con la aprobación de la Junta de Jefes de Estado Mayor. La Corona, símbolo de la permanencia y unidad de la patria, no puede tolerar en forma alguna acciones o actitudes de personas que pretendan interrumpir por la fuerza el proceso democrático que la Constitución votada por el pueblo español determinó en su día a través de referéndum.

La respuesta al mensaje del Rey fue positiva. Se tuvo la impresión de que finalmente Milans cedía y de que Tejero iba perdiendo fuerza. Pero la situación de la División Acorazada, con el comandante Pardo Zancada en la calle y con el temor a que más efectivos se sumaran a los golpistas y ofrecieran a Tejero los refuerzos que esperaba, era una preocupación añadida. El general Juste, sincero, decía que creía tener todo bajo control, pero aquella noche todo era aún imprevisible.

## EL PLAN DE MUÑOZ-GRANDES

Agustín Muñoz-Grandes Galilea, uno de los ayudantes militares del Rey (paradojas de la Historia: su padre fue quien más se opuso, durante el franquismo, a la entronización de don Juan Carlos como sucesor) que, como todos los demás, permaneció esa noche en La Zarzuela y que finalizaría su carrera militar, ya con los socialistas, como capitán general de Sevilla, propuso que se le autorizara para hacer algunas gestiones con compañeros y superiores del comandante Pardo Zancada, para lograr que depusiera su actitud. Pensó incluso en la posibilidad de remitir a Pardo una nota del Rey, que podría llevar el propio Muñoz-Grandes al Congreso, solo o acompañado de Sintes, otro de los ayudantes, y negociar la retirada de Pardo y sus hombres, de manera que, sin eximirles de responsabilidad, al menos pudieran salvar su honor militar.

Era una posibilidad, pero se llegó a la conclusión de que no era lógico ni conveniente que el Rey cursara una orden directa a un comandante. Además, tampoco pareció muy conveniente la presencia de un ayudante del Rey en el Congreso en unos momentos tan delicados en los que quedaba todavía mucho camino por recorrer antes de abortar definitivamente la intentona golpista. No obstante esos argumentos, se consintió que Muñoz Grandes, previa llamada del teniente general Valenzuela —Jefe del Cuarto Militar del Rey— al general Juste, hablara con el coronel José Ignacio San Martín, Jefe del Estado Mayor de la Acorazada y la persona que podía ordenar a Pardo Zancada que se retirase. San Martín no sólo tenía gran influencia sobre el comandante, sino que, además, todo apuntaba a que él mismo se hallaba también entre los golpistas. Finalmente, esta última gestión se llevó a cabo, aunque sin éxito, pues Pardo respondió que no acataba más órdenes que las que provinieran de Milans del Bosch.

A las tres de la madrugada del 24 de febrero, pues, todo distaba mucho de estar bajo absoluto control. A esa hora se vivieron nuevos momentos de inquietud en La Zarzuela al revisar la situación todos los que se encontraban en el despacho del Rey. No era halagüeña: Milans había obedecido las órdenes a medias, pues todavía quedaban unidades militares en las calles de Valencia. Por otra parte, si pasaba el tiempo sin que Tejero abandonara el Congreso, se corría el peligro de que se sumara a los golpistas alguna unidad más, empezando por los hombres de la Acorazada, que, a esas horas, consideraban a Pardo Zancada una especie de héroe que había cumplido con su palabra y con los compromisos adquiridos.

Además, existía un serio peligro de confrontación directa. Desde el Ministerio del Interior, Francisco Laína, el hombre que se había colocado al frente del Gobierno de subsecretarios, estaba aún empeñado en utilizar a los «GEO» (Grupo Especial de Operaciones) para asaltar el Congreso por la fuerza, detener a los golpistas y liberar al Gobierno y a los diputados secuestrados.

Una acción que, se pensaba en Zarzuela, provocaría un inevitable derramamiento de sangre que a toda costa se quería evitar.

La acción de los GEO era, por añadidura, altamente peligrosa, como así lo entendía el propio general Armada, que se lo explicó personalmente a Laína, y lo mismo hicieron los altos mandos policiales y de la Guardia Civil reunidos en el Hotel Palace, y por supuesto los propios asesores del Rey. No había datos exactos sobre lo que ocurría dentro del Congreso, donde se había sacado del hemiciclo a las personas más relevantes del Gobierno y de la oposición y se les había encerrado, con vigilancia militar, en habitaciones separadas, según las informaciones difusas que desde allí llegaban; pero estaba claro que el recinto de las Cortes era prácticamente inexpugnable.

Ante un asalto, Tejero y sus hombres, con un mínimo de estrategia militar, podían·resistir incluso días. Por otra parte, la pregunta era obvia: si Tejero se veía en peligro, ¿dispararía contra los rehenes? La oposición de los generales Aramburu Topete y Sáenz de Santamaría a los planes de Laína pesó mucho a la hora de que reinara finalmente la cordura.

Hay una anécdota que refleja con exactitud la situación psicológica de crisis auténticamente civil que se vivió aquella noche. El GEO era una unidad de la Policía altamente adiestrada, con base en Guadalajara. A esa unidad hubiera correspondido tomar el Congreso, si se hubieran aceptado los planes de Laína. En esa unidad servía el teniente Enrique Fernández Cifuentes, de la III Promoción de los GEO, quien era jefe de Sección y tenía a su mando cuatro comandos. Es decir, hubiera tenido que participar en el asalto al Congreso. Pues bien, el teniente Fernández Cifuentes era yerno del propio Tejero, el hombre al que hubiera tenido que disparar, según ha confirmado a los autores de este libro uno de los «geo» que entonces servía en Guadalajara. Para mayores casualidades de la vida, Fernández Cifuentes fue más tarde destinado al Servicio Geográfico del Ejército que es donde, precisamente, se celebró el juicio contra los golpistas del 23-F.

«YA NO PUEDO VOLVERME ATRÁS»

Tras la emisión del mensaje del Rey por televisión, desde Zarzuela se envió un nuevo mensaje por télex a Milans, del que no se había conseguido aún que depusiera su actitud. El nuevo télex fue redactado por Sabino Fernández Campo, quien, tras la aprobación del Rey, lo remitió a Transmisiones. Como en anteriores ocasiones, el Rey introdujo en ese nuevo mensaje un párrafo que no había escrito el Secretario General, aquel en el que le decía a Milans que después de transmitido el mensaje televisado, ya no se podía volver atrás. Es precisamente esa frase la que provocaría durante años una serie de especulaciones entre los golpistas y entre aquellos que, sin tener ningún argumento en el que basarse, hicieron correr la especie de que el Rey era el impulsor del golpe de Milans del Bosch, Armada y Tejero.

En ese punto «de no retorno», el Rey mandó que se telefoneara nuevamente a Milans, que se le ordenara que hiciera público un manifiesto anulando el bando dictado por la tarde y que se le amenazara con juzgarlo como sublevado si no acataba esa nueva orden. La conversación con Milans fue muy difícil, llevando el peso Fernández Campo, y poco a poco el capitán general fue admitiendo que no tenía nada que ganar con su actitud y sí mucho que perder. Como admitió también que, a pesar de que telefónicamente había dicho lo contrario, no había acatado hasta entonces las órdenes del Rey.

En la tensa conversación, Sabino le indica que redacte el bando anulatorio y que lo remita a La Zarzuela por télex para que el Rey tuviera la plena seguridad de que esta vez cumplía las órdenes. Milans prometió hacerlo así, pero tampoco en este punto cumplió: antes de que el télex llegara a La Zarzuela, todos los que formaban el «gabinete de crisis» de Palacio lo habían podido ya escuchar por la radio. Pese a todo, se dieron por satisfechos: lo importante era que volviera la paz a las calles de Valencia y que el acuartelamiento de la Maestrazgo sirviera de revulsivo a otras unidades que pudieran estar pensando en levantarse. Eran las 5.45 horas del 24 de febrero.


## «ÉSE ERA EL TRAIDOR»

Tras la retirada de Milans, comenzó a aclararse la situación: Tejero, el otro puntal a reducir, pudo advertir que la batalla estaba definitivamente perdida. Juste, por otra parte, confirmó a La Zarzuela que existía absoluta tranquilidad en la Acorazada y que nadie iba a seguir el ejemplo de Pardo de sumarse a los golpistas. El Rey, entrada ya la madrugada, pudo hablar finalmente con Giscard D'Estaing y explicarle que, después de muchas horas de preocupación, podía afirmarse que la intentona había sido sofocada.

Todo se dio finalmente por resuelto cuando se supo que varios de los guardias civiles que habían acompañado a Tejero en su «aventura» y que, al parecer, habían sido engañados por el teniente coronel, abandonaban el Congreso por las ventanas de la sala de prensa, las más cercanas a la calle. Por la mañana, cuando finalmente pudieron salir los diputados y funcionarios que habían pasado allí la noche, el Rey habló con Adolfo Suárez, quien, sin sospechar lo que había ocurrido mientras se encontraba secuestrado por los golpistas, le dijo al Monarca que sólo se tranquilizó cuando vio a Armada por el Congreso. Ante su estupor, el Rey le dijo: «Ése era el traidor; tú tenías razón».

Años más tarde, en *Le Roi*, la biografía que José Luis de Vilallonga publicó sobre don Juan Carlos basada en conversaciones personales con el monarca, éste le diría al hablar sobre Alfonso Armada: «Es infinitamente triste, José Luis, enterarse de que un hombre en quien yo había puesto toda mi confianza desde hace tantos años me traicionaba con tanta perfidia».

Pero volviendo a la mañana del 24 de febrero, Suárez acudió inmediatamente a La Zarzuela para analizar la situación con el Rey. Todavía era presidente, pues el golpe había interrumpido la votación que habría puesto punto final a sus cinco años de gobierno. Fue un encuentro emocionante para ambos, cuyas relaciones habían sufrido un enfriamiento muy evidente en los últimos meses.

El Rey le comunicó su deseo de reunir por la tarde a los dirigentes políticos, pero después de mantener un encuentro con la Junta de Defensa Nacional. Era obligado, tras el intento de golpe de Estado preparado y dirigido por uno de los militares considerados como más insignes, Jaime Milans del Bosch. La intentona hacía indispensable analizar la situación de la familia militar y tomar las medidas pertinentes para que no volvieran a repetirse situaciones de tan extrema gravedad.

## LA NOCHE EN TELEVISIÓN

«No disparen, déjenlos pasar». Las instrucciones que dio Jesús Picatoste a los responsables de seguridad de Prado del Rey fueron muy precisas. No quería víctimas, y era perfectamente consciente de que el puñado de hombres que se ocupaba del trabajo, casi rutinario, de controlar las visitas en el edificio de Radiotelevisión Española, nada podría hacer contra una columna de militares que quisiera ocupar el centro emisor.

El secretario general de RTVE se encontraba en su despacho cuando comenzó el asalto. Por el circuito cerrado interno, pudo seguir paso a paso los acontecimientos que se iban produciendo en el Palacio de las Cortes, pues los golpistas, que interrumpieron de inmediato la transmisión en directo de la sesión de investidura, no se percataron de que una cámara continuaba grabándolo todo. No podían saber, por tanto, que en Prado del Rey se estaban recibiendo las imágenes de todo el asalto.

Nada más entrar Tejero en el hemiciclo y escuchar los tiros intimidatorios y el famoso «Todos al suelo», Picatoste avisó al director general, Fernando Castedo, que en aquellos momentos se encontraba fuera del Ente Público. Castedo regresó de inmediato a las instalaciones de la Casa de Campo y llamó a Seguridad, porque, como tantos otros españoles, pensó que se repetiría el esquema que se seguía en otros golpes de Estado y que los golpistas ocuparían las emisoras de radio y televisión. Pero Castedo fue muy claro en sus instrucciones al control de entrada: «No disparen, déjenlos pasar».

Se produjo una situación insólita, casi ridícula, cuando pidió un aparato de radio para tratar de seguir lo que ocurría en otras emisoras y... no había ni un simple transistor en toda la Casa. En el edificio central de Radiotelevisión Española, sede de Radio Nacional, nadie parecía tener interés en escuchar habitualmente la radio. Después de mucho buscar, apareció un minúsculo aparato en un cajón de la mesa de Pedro Erquicia, subdirector de Informativos, segundo de a bordo de Iñaki Gabilondo.

Los temores de los directivos de RTVE se confirmaron muy pronto. Exactamente a las 19.15 horas del 23 de febrero, cuarenta minutos después del asalto al Congreso, un destacamento de 25 soldados del Regimiento de Caballería Villaviciosa 14 y del Regimiento Mixto de Ingenieros, al mando del capitán Merlo, tomó las dependencias de Prado del Rey, incluido el Control Central de Emisiones. Los soldados se desplegaron por el área de Informativos y tomaron los pasillos. Picatoste, responsable de Prado en aquellos primeros momentos hasta la llegada de Castedo, dio instrucciones de que absolutamente nadie saliera de su despacho. Tenía miedo a que cualquier crisis nerviosa pudiera provocar un incidente con los asaltantes y que éstos utilizaran sus armas.

Sin que los asaltantes lo notaran, también dio instrucciones Picatoste para que se preparase discretamente un equipo para grabación en el exterior. A través del circuito cerrado de televisión, había visto cómo Tejero sacaba del hemiciclo al presidente y vicepresidente del Gobierno en funciones, Suárez y Gutiérrez Mellado, respectivamente; al ministro de Defensa, Rodríguez Sahagún, y a varios dirigentes de la oposición, y sabía, además, que todo estaba en manos del Rey, en Zarzuela, y de los secretarios de Estado y subsecretarios reunidos en el Ministerio de Interior, que actuaban como gobierno en funciones. Pensó Picatoste que era previsible que el Rey quisiera enviar un mensaje a los ciudadanos, o que lo hiciera incluso un portavoz de ese Gobierno de emergencia. Se preparó, por tanto, el equipo de producción externa, pero no se informó a los cámaras ni a los responsables de sonido sobre la importancia de su misión.

En RTVE la noche también fue muy larga y la calma muy tensa. Los teléfonos de Castedo y de Picatoste no dejaban de sonar, pero ninguno de los dos estaba solo en su despacho. Podían responder a las llamadas, sí, pero con un militar delante. Tenían que hablar en clave, y en clave fue como explicaron a La Zarzuela que el equipo de grabación estaba preparado, pero que era imposible dejar Prado del Rey porque los militares tenían controladas también las salidas.

## LA REINA PARA EL RELOJ

Entretanto, en Zarzuela se estaban moviendo todos los hilos para que las tropas se retirasen, aunque sin éxito hasta ese momento. Finalmente, sobre las 21.15 horas, los soldados del Regimiento de Caballería Villaviciosa 14 y del Regimiento Mixto de Ingenieros recibían la orden de retirada —por llamada del Marqués de Mondéjar a su capitán, como hemos contado— y a las 21.39 horas pudo salir de Prado del Rey un equipo de Picatoste para Zarzuela, en el que iba, además del propio Picatoste, el subdirector de los Informativos de TVE, Pedro Erquicia. El equipo se trasladó en un automóvil sin distintivos, ocultando el material técnico que transportaban para evitar ser detenidos por algún posible control militar que se hubiera constituido en el camino.

No hubo problemas. El equipo consiguió llegar al Palacio de la Zarzuela por la carretera de Aravaca, apenas media docena de kilómetros, que recorrieron a velocidad moderada para no llamar la atención. La guardia real les franqueó el acceso hasta palacio, donde esperaron unos minutos en una de las salas de la planta baja hasta que finalmente subieron los técnicos a montar el equipo en el lugar de grabación, el antedespacho del Rey. Se decidió hacerlo allí para permitir que, mientras se tendían cables y colocaban focos, don Juan Carlos y su equipo continuaran con su labor de contacto con los capitanes generales y jefes militares y atendiendo, al mismo tiempo, las llamadas constantes de los dirigentes internacionales que se interesaban por los sucesos y ofrecían su solidaridad y apoyo.

Cuando todo estuvo a punto, llegó el Rey, de uniforme y con unos folios en la mano. Saludó a todos y mostró el texto del discurso a Picatoste, a quien conocía, con estas palabras: «A ver qué te parece, Jesús». Además del personal de la Casa, se incorporaron también la Reina y el Príncipe, que acababa de cumplir trece años.

El equipo de realización decidió parar los relojes de pared que había en la sala para evitar que sonaran las campanadas durante la grabación, operación que realizó la propia Reina, subida a una silla. El Rey leyó los dos folios sin pestañear, aunque pronunció mal una palabra. Al terminar esa toma, fue doña Sofía la que preguntó a los técnicos si creían que todo había ido bien. Decidieron hacer una segunda toma de seguridad y se volvió a grabar de inmediato. El Rey no volvió a chocar con aquella palabra que se le había atragantado. Todo bien.

«Echando leches a Prado del Rey», les dijo don Juan Carlos al despedirlos.

Un primer coche salió de inmediato, mientras el segundo esperaba al equipo técnico que debía recoger el material utilizado. En aquel primer coche iba la cinta, que Picatoste colocó sobre el asiento para sentarse después encima. La situación militar continuaba siendo confusa. Picatoste había palpado en Zarzuela el ambiente de inquietud por el papel que jugaban algunos miembros de la Brigada Acorazada y temía cruzarse con una columna golpista o que controlaran su entrada a Prado del Rey, el centro emisor más importante de España en ese momento. Era consciente, además, de que se esperaba desde hacía horas una intervención televisada del Monarca, y lo previsible era que los golpistas trataran de evitarla.

En ese primer automóvil iban cuatro personas: el conductor, dos hombres de seguridad y Picatoste. En el segundo, que saldría de Zarzuela media hora más tarde, iba el equipo técnico con Pedro Erquicia y el Jefe de Comunicación de la Casa Real, Fernando Gutiérrez, que se añadió a la comitiva. Ni motoristas de acompañamiento, ni coches de escoltas. La máxima discreción para que ambos vehículos pasaran inadvertidos.

En Prado del Rey, el nerviosismo estaba a flor de piel. Fernando Castedo había llamado a Zarzuela varias veces para preguntar qué ocurría, si se había grabado finalmente, si el equipo salía ya, si todo estaba en orden. Con él se encontraban los directivos de RTVE y varios consejeros. Alguno lloraba, llevado por los nervios, por la sensación de que el esfuerzo democrático de los últimos años se había venido abajo. El mensaje se emitió por primera vez a la 1.23 horas de la madrugada, en cuanto llegó la cinta. A lo largo de la noche se emitiría varias veces más. Se convirtió en un documento histórico, reproducido en infinidad de ocasiones dentro y fuera de España.

Las dificultades para realizar esa cinta, la constancia de que el Rey podía quedarse aislado, como lo estuvo durante unas horas, si se producía una situación de extrema gravedad, obligaría más tarde a tomar una serie de medidas para el futuro. Por ejemplo, se decidió instalar en el Palacio de la Zarzuela un dispositivo que permite emitir por televisión y radio sin necesidad de un equipo externo. Y se instalaron también sistemas de seguridad en las líneas telefónicas.

El equipo de RTVE recuerda, de aquella noche, varias escenas que no fueron grabadas, pero que han quedado para siempre en su memoria: el Rey repitiendo con cara amarga: «Este Jaime, este Jaime»; que don Juan Carlos, al presentarle al Príncipe a Jesús Picatoste hizo una broma con su hijo: «Se llama como eso que te gusta tanto comer con el chocolate (picatostes)»; la Reina subida a una silla para parar un reloj; la presencia de Manuel Prado como único civil aparte del personal de la Casa, o que alguien, durante la espera, les contó que cuando le comunicaron a don Juan Carlos que estaba al teléfono el rey Constantino de Grecia, comentó en voz baja: «Tengo que hacer lo contrario de lo que hizo él».

De todo ello, de lo ocurrido aquella noche tremenda en La Zarzuela, más allá de lo emitido por TVE, no hay cintas, imágenes ni sonido. Sólo recuerdos.

# 10

## EL JUICIO SEMIFINAL

### ESPAÑA, EN CAMBIO

«¡Este juicio es una farsa!».

Lo decían los abogados de los golpistas y los militares demócratas. Lo decían los periodistas y los militares togados. Cada uno por sus propias razones, desde luego. Pero fue el juicio que, probablemente, cambió la historia de España.

Lo cierto es que casi nadie pensaba, cuando se hizo cargo del despacho principal en La Moncloa, primavera de 1981, que Leopoldo Calvo Sotelo fuese a ser capaz de organizar el juicio contra los golpistas del 23-F. Claro que para entonces, para cuando en el Servicio Geográfico Militar, en Campamento, Madrid, se iniciaba, 19 de febrero de 1982, aquel juicio histórico, habían pasado muchas cosas.

Primero, que Calvo Sotelo había tomado posesión de la presidencia dejada vacante por Adolfo Suárez. Posesión también de los secretos vergonzantes y de los secretos necesarios.

Segundo, una manifestación antigolpe, con (dijeron) un millón de personas recorriendo el centro de Madrid, lo que había dejado bastante impresionados a unos militares cuya moral ya había salido muy tocada por la mala organización y la impresentable estética de la fantochada que protagonizó Tejero.

Tercero, España se había aproximado a la OTAN, un club donde había golpistas y regímenes dictatoriales, pero que mostraba escasos deseos de aumentar la nómina interna de los países no democráticos. Desde Estados Unidos, desde todas las cancillerías europeas, desde el Vaticano, llegaron voces representativas de apoyo a la democracia en España: un Tejero no tenía cabida, era impresentable, en esa Europa hacia la que caminábamos.

Cuarto, que toda España, tan ambigua meses antes respecto del «golpe de timón», se había horrorizado lo suficiente ante lo ocurrido el 23 de febrero de 1981 como para desear cualquier repetición. El «efecto vacuna», que Tejero no buscó pero propició, se había producido ya entre los españoles.

Quinto, que todo el país estaba vigilante. Los intentos golpistas que aún nos quedaban por padecer a los españoles no pasaron del papel, entre otras cosas porque, esta vez, los servicios de inteligencia cumplieron su misión.

En suma, España había cambiado, había madurado, en apenas doce meses: ya no había veleidades de bordear la Constitución, ni se hablaba para nada de gobiernos de concentración o salvación. Cierto que el partido gobernante, la UCD, seguía su proceso de disolución y que el clima general beneficiaba las posibilidades de ascenso del PSOE. Cierto que el terrorismo seguía actuando, aunque menos que en 1980. Cierto que el país se había situado al borde del ataque colectivo de nervios. Pero era una España más serena, menos crispada, menos deseosa de aventuras políticas, la que encontró y gobernó, durante menos de dos años, Leopoldo Calvo Sotelo, el último presidente de la UCD.

Claro que todo ello no quería decir que no existiese un clima de aprensión ante la celebración del juicio. El CESID, ya dirigido por Emilio Alonso Manglano, envió a un «observador», Vicente Lanz, del cuerpo jurídico, subdirector de Contrainteligencia. La Moncloa, a otro, el periodista Carlos Abella, que realizó una magnífica labor como «intermediario» entre unos y otros, amainando tensiones. Defensa también tendría a su enviado especial en Campamento: el comandante Jesús del Olmo, destinado entonces en el gabinete del ministro Oliart y quien, andando el tiempo, habría de convertirse en secretario general del CESID tras la dimisión de Manglano.

La presión estaba justificada: era un juicio en el que se iba a plantear en toda su crudeza cuanta incertidumbre había atenazado las conciencias hasta entonces: ¿cuál había sido, en verdad, el papel del Rey? ¿Qué extensión real tuvo la intentona, a cuántos miembros de las Fuerzas Armadas abarcó verdaderamente? ¿Participaron los servicios de inteligencia? ¿Permitirían los militares la celebración de un juicio destinado a durar no menos de un mes? Y, sobre todo: ¿contribuiría el juicio a destapar otras complicidades no reveladas hasta aquel momento? En particular, ¿quiénes habían compuesto la trama civil?

Empezaremos por este último punto, que aún hoy, veinte años después, se envuelve en una nebulosa.

UNA CONFESIÓN DEL «GUTI»

Durante muchos meses, los periodistas y analistas buscaron las conexiones civiles de la trama golpista militar y de la Guardia Civil. ¿Quién pagó, alentó, respaldó, el golpe del 23-F más allá de un grupo de guardias civiles y tres o cuatro generales nostálgicos de un franquismo que era imposible que volviera?

Semana y media después de la intentona de Tejero, un grupo de periodistas decidió encerrarse en una habitación del hotel «Victoria» de Madrid para narrar las interioridades del golpe. Era una acción romántica, un grito desesperado. De allí saldría un libro, *Todos al suelo*, cuya redacción final correspondió básicamente a Ricardo Cid Cañaveral, un periodista ya fallecido que escribía con escalpelo, indomable, sardónico.

Aquel libro, que ni siquiera tuvo el honor de ser el primero de todos los que aparecieron en torno al 23-F, no quiso obviar la trama civil, y avanzó los nombres de algunos ex ministros de Franco, de algunos ex altos cargos que acabarían querellándose contra los siete autores de la obra. Once años permanecieron procesados los siete periodistas, hasta que la causa prescribió. Y ello, porque ningún juez se atrevió a celebrar la vista oral, que hubiese supuesto llamar a declarar desde a Adolfo Suárez hasta Francisco Laína, que algo deberían haber sabido de qué civiles andaban tras la trama. Hubiesen tenido también que acudir algunos de los nombres citados en el libro, como Federico Silva Muñoz, Gonzalo Fernández de la Mora, Luis Jáudenes, Antonio Izquierdo, alias «el chino», que dirigía el periódico ultra *El Alcázar*, Jesús Florentino Fueyo… Hasta, quizá, algún miembro de la poderosa familia Oriol, cuya larga mano también salía sugerida en el libro. Es decir, casi un «segundo juicio 23-F».

Algunos de ellos, de cuya pertenencia al colectivo «Almendros» se sospechaba, se daban como ciertamente integrantes de una presunta trama civil que apoyó a Tejero, anímica y económicamente. Pero los citados Silva, Jáudenes, De la Mora y Fueyo, se querellaron inmediatamente contra los periodistas, rechazando tener nada que ver con la intentona. Veinte años después, puede que haya que darles la razón. No porque no hubiesen quizá apoyado aquella chapuza del 23-F, sino porque, muy probablemente, nadie les consultó sobre el momento específico y el modo en el que la intentona iba a tener lugar.

Veinte años después es el momento de contar aquella historia, que ni siquiera alguno de sus protagonistas conoce.

Pocos días tras el 23-F, uno de los periodistas que colaboraron en la redacción del libro, Fernando Jáuregui, acudió, con la lista que entonces circulaba sobre la trama civil, al despacho del general Manuel Gutiérrez Mellado, entonces el héroe de la situación. Nadie olvidaba su gallarda actitud ante la chulesca entrada de los guardias civiles en el Congreso de los Diputados.

– General, queremos hacer un libro denunciando muchas cosas –le dijo Jáuregui.

– Pues adelante; es un servicio que hacéis a España –respondió «el Guti».

– Queremos desvelar los nombres de la trama civil. Es increíble que no haya salido ninguno hasta ahora.

El general había dejado de pasear por el enorme despacho. Visto de cerca era mucho más pequeño, casi minúsculo. De una apabullante fragilidad. ¿Cómo era posible que aquel hombre no hubiese caído al ser zarandeado por un hombre mucho más joven y corpulento que él?

– No me parece mala cosa –se limitó a decir «el Guti».

Entonces, Jáuregui le leyó la lista que iba a ser publicada en «Todos al suelo». «El Guti» le escuchó con aparente atención. Una sola vez movió la cabeza, afirmativamente.

– Hasta donde yo sé, esa lista podría ser buena –dijo el viejo general.

No dijo más. No precisó más. No hacía falta. El periodista se reunía una hora después con sus compañeros en el destartalado y desordenado cuarto del hotel. «Podemos publicar», les dijo. Y publicaron. Y once años procesados todos ellos, excepto el inolvidable Cid Cañaveral, que falleció antes.

Lo más tremendo de todo es que, veinte años después, los autores no se atreverían a repetir la acusación de que aquella lista aparecida en *Todos al suelo* agotaba, y ni siquiera componía, la trama civil del golpe. ¿Se equivocó «el Guti», dando una nueva muestra de la escasa información de que disponía el Gobierno acerca de la intentona de Milans-Armada-Tejero? Ricardo Pardo Zancada, el ex comandante golpista, sugiere en su tantas veces citado libro que la verdadera trama civil fueron los socialistas, que prepararon el clima para el golpe, y las otras fuerzas políticas, que no se opusieron a él con la fuerza suficiente.

Puede que tuviese razón, aunque haya que forzar un tanto las cosas para coincidir con el punto de vista sesgado e interesado de Pardo Zancada. Pero, con el «pacto del capó», había quedado también implícito el compromiso, en el que todos los españoles estuvimos tácitamente de acuerdo, de limitar las responsabilidades de la manera más estricta posible, tanto desde el punto de vista de la participación militar como por lo que respecta a la participación civil.

Ese fue el espíritu que presidió la celebración del juicio contra los golpistas del 23-F, en el que solamente hubo un civil implicado, el «sindicalista» Juan García Carrés. Y en el que solamente aparecieron nombres de «paisanos» claramente secundarios en la trama: la esposa y el yerno de Tejero, el ex secretario de García Carrés... gente verdaderamente sin importancia ni responsabilidades en la trama. Limitar al máximo las responsabilidades. Ya se lo había dicho el ministro de Defensa, Alberto Oliart, al instructor general García Escudero: no quería a cuatro mil uniformados sentados en el banquillo...

Menos aún querían Calvo Sotelo y Oliart abrir un proceso que contuviese nombres de importantes personajes procedentes del franquismo. Y menos aún de muy importantes personalidades de la vida económica del país. Algún periódico, como *Diario 16*, publicó una muy vasta lista y un muy complejo organigrama con presuntas «conexiones» militares y civiles. Es un documento elaborado por la Brigada Antigolpe de la Policía. Pero más tarde diremos lo que ocurrió con tales investigaciones. De momento, queda claro, en cualquier caso, que, si se exceptúa a los periodistas y colaboradores periodísticos —muchos de ellos, uniformados— que incitaban al levantamiento, si se exceptúa a algún posible financiador (por ejemplo, de los autobuses), el peso de la asonada fue militar. El propio teniente coronel Mas Oliver lo diría durante el juicio: «En nuestra reunión (en su domicilio, calle General Cabrera) repasamos nombres de civiles que pudiesen ser presidente del Gobierno, y no encontramos ninguno».

¿Pagó el financiero que todos rumoreaban los autobuses con los que Tejero condujo a los guardias civiles al Congreso? ¿Había, además de García Carrés, otros civiles que conocían que el golpe se daría en la tarde del 23 de febrero de 1981? Son incógnitas que difícilmente podrán ya resolverse; algunos de los citados en el libro de los siete periodistas como posibles integrantes de esa trama civil, han muerto. El propio director de *El Alcázar*, acaso el hombre que más hubiese podido saber al respecto, también ha fallecido. Pero resulta dudoso que, a la luz de lo dicho por Mas Oliver, los uniformados se fiasen de ningún civil; de los unos, por su imagen excesivamente franquista, anclada en el pasado, como Fernández de la Mora o Silva; de los otros, por su excesiva vehemencia, caso de Blas Piñar. Y, por lo demás, ya se sabe que los militares, especialmente hasta hace dos décadas, son eminentemente endogámicos.

En cualquier caso, son otras muchas las incógnitas que rodearon el juicio de Campamento.


«CASI» TODO SALE A LA LUZ

El 19 de febrero de 1982, a la diez de la mañana, en las instalaciones del Servicio Geográfico del Ejército, en Campamento, se dio inicio a la vista oral del consejo de guerra contra treinta y tres «rebeldes», acusados de un delito de rebelión militar en concepto de autores. Un total de 26 defensores (y los correspondientes codefensores, algunos de ellos militares bien conocidos por sus ideas ultras), dieciséis jueces, sesenta y nueve testigos de importancia, iban a participar en un juicio que se presumía que iba a ser histórico. Y en el que, se esperaba, iban a salir a relucir algunos de los puntos que aún quedaban oscuros en relación con la intentona llevada a cabo un año antes.

Pero no es cierto que todas las incógnitas se resolviesen en aquel juicio, instruido por el general García Escudero e inicialmente presidido por el teniente general Luis Álvarez Rodríguez, un militar considerado «recto» (un eufemismo para no demasiado aperturista), que, por razones de salud, tendría que ser sustituido poco después por el teniente general Federico Gómez de Salazar, un «africanista» que logró concluir la vista oral sin demasiados incidentes. No más allá, al menos, de los insultos de los familiares de los militares a los periodistas y la expulsión de uno de ellos, el entonces director de *Diario 16* Pedro J. Ramírez, tras un plante de los procesados, a quienes, por lo visto, no gustaba el tono de lo que en ese periódico se contaba.

No. Más bien, tras el juicio quedaron pendientes muchas preguntas, que aún permanecen en el aire veinte años después. Pero el entonces presidente de gobierno, Calvo Sotelo, decidió que así fuera al dar instrucciones de que sólo fueran encausados los que intervinieron directamente en la intentona y aquellos que entraron físicamente en el Palacio de las Cortes. Era lo más indicado. Que se rumoreaba un intento de golpe de Estado más o menos democrático estaba en boca de la mayoría de los militares, que incluso lo veían acertado ante la degradación de la vida política y social. Cosa muy distinta es que estuvieran dispuestos a respaldar el «tejerazo».

El caso es que el juicio se inició en medio de un notable nerviosismo. Nerviosismo en La Zarzuela, donde intuían que los golpistas tratarían de salvarse involucrando, una vez más, la obediencia debida al nombre del Rey. Nerviosismo, lógico, en La Moncloa, donde se recelaba de la irritación militar ante una causa de la que no iba a derivarse precisamente una mejora de la imagen de la familia castrense. Nerviosismo en los cuarteles, en las redacciones de los periódicos, en la ciudadanía en general.

En el juicio, se pronunciaron con frecuencia las palabras honor, patria, y lealtad. El teniente general Milans del Bosch lucía sobre su guerrera la cruz individual al mérito militar, la más preciada por la familia castrense; también Gómez de Salazar se la puso algún día. El público fue parte importante de ese juicio, se mantenía en respetuoso silencio casi todo el tiempo –aunque hubo algaradas– pero a la entrada y salida insultaba, gritaba, aplaudía... en algún momento provocaron casi un motín cuando, disconformes por las crónicas de ciertos columnistas, pretendían que se les retirase la acreditación.

Y, sin embargo, todo considerado, lo cierto es que el juicio salió bien. Fue mucho más aburrido de lo que se esperaba (algún procesado, incluso, iba todos los días «armado» con un libro de crucigramas. Y guardia civil en el banquillo hubo que se sumió en una siesta reparadora). Y fue un éxito para la democracia, pese a las protestas por la escasa entidad de las condenas. Y pese también, ya lo hemos dicho, a que algunas incertidumbres continuaron siéndolo.

Pero la imagen de la Corona salió fortalecida. Allí, en Campamento, se dijeron muchas cosas sobre el Rey, que había sido, al fin y al cabo, quien desniveló la balanza en contra de los golpistas. Y sobre la familia del Rey. El abogado Ramón Hermosilla, que defendió a Armada tras exigirle un relato manuscrito de los hechos (un relato que aún guarda celosamente en la caja fuerte de su bufete), y que fue el único abogado que defendió abiertamente la democracia, llegó a exclamar en una de las sesiones: «Es un relato simplemente fantástico el que se nos ha hecho acerca de un pretendido comentario de la Reina».

Se refería el letrado, sin duda el que hizo una exposición más técnica en el curso del juicio, a los rumores que aseguraban que, poco antes del 23-F, doña Sofía había dicho a Armada: «Alfonso, tú eres el único que nos puede salvar». Otra falsedad, que esta frase hubiese llegado a pronunciarse (Armada se lo desmintió tajantemente a Hermosilla) que volaba por los aires. Como la de que Armada era «el único jefe» y que los demás le obedecieron creyendo que cumplían órdenes del Rey, argumento inicialmente utilizado por unos abogados a los que, en la mayor parte de los casos, la Historia de la jurisprudencia haría un favor olvidándolos.

La propia imagen de los militares mejoró. La posición neutral de los jueces, el silencio en las salas de banderas, sirvió para mostrar a todos los españoles el aislamiento en el que se hallaban los golpistas... una vez que fracasó el golpe. Para colmo, estos golpistas se mostraban divididos en dos facciones durante la vista oral: a Armada, a Cortina y, luego, a Gómez Iglesias, los demás apenas les dirigían la palabra y, cuando lo hacían, era para increparles. Un testigo presencial facilitó a los autores esta perla: en un momento determinado de una de las primeras sesiones, Tejero se volvió airadamente a Cortina: «Como tu abogado se meta conmigo, me levanto y te pego una hostia», le dijo el iracundo teniente coronel al comandante del CESID. «No te preocupes, que ya le he dicho que no te cite», respondió, conciliador, Cortina.

El clima iba de mal en peor. Transcurrida una semana del juicio, Armada, Cortina y Gómez Iglesias, el otro agente del CE-

SID, hubieron de ser trasladados de área en el Servicio Geográfico para evitarles agresiones verbales y, quizá, hasta físicas, procedentes de algunos de los otros golpistas más exaltados.

¿Por qué la patente animosidad entre todos los procesados contra Armada, en especial, y contra Cortina?

## PERO ¿CUÁL FUE EL PAPEL DE ARMADA?

¿Qué pretendía Armada? ¿Puro mesianismo, salvar a España en un gesto heroico que le hiciese pasar a la historia? ¿Malinterpretó la voluntad del Rey y quiso sacrificarse? ¿Simplemente ser presidente de un Gobierno que estaba destinado a tener una corta duración?

El propio Armada lo ha explicado insuficientemente. Sólo habla en privado, dedicado, como está, al cultivo de la flor de la camelia en su pazo gallego. Y el manuscrito que entregó a su abogado, Ramón Hermosilla –que aceptó el caso, aparentemente sin demasiadas ganas, porque un hijo de Armada trabajaba en su bufete– para que este conocido jurista elaborase la defensa, tampoco contiene, hasta donde se sabe, demasiadas novedades.

El manuscrito está aún en la caja fuerte de Hermosilla, de donde no saldrá hasta que Armada, que no parece tener una excesiva relación con el que fuera su abogado, lo autorice. En ese manuscrito, escrito con un rotulador azul, Armada repite que «en todo momento, antes, durante y después, obedecí las órdenes de la cadena de mando militar». Es leal a la Corona: «En ningún momento recibía órdenes del Rey para ningún golpe de Estado, ni para ejercer acción violenta alguna». Interprétese esta frase como se quiera. Niega Armada en este documento manuscrito haber «promovido o estimulado» los rumores y especulaciones que, semanas antes del 23-F, corrieron por toda España señalándole como «posible "cabeza" de una operación para formar Gobierno de coalición amplia».

Esa es una afirmación que, en honor a la verdad, siempre ha mantenido Armada. Incluso muchos años después, cuando, para completar una *Memoria de la transición*, un periodista le abordó y le formuló a bocajarro determinadas preguntas, una de ellas interesándose por el nombre de los que le veían a él, en 1980, como alternativa de Gobierno, respondió:

Pues no lo sé. Además de Emilio Romero, había gente como Osorio, el mismo López Rodó, que me tenía aprecio, Torcuato (Fernández Miranda). En mi última conversación con Torcuato me dijo: «Alfonso, tenemos que hablar». Yo no sé de qué, a lo mejor quería hablar de su familia, pero no, no es probable.

Retranca gallega no le faltaba al ex general.

En el manuscrito que guarda su abogado, Armada expone el contenido de su conversación a solas con Gabeiras, ya con el golpe en pleno vigor en el Congreso. Pero nada nuevo añade, repetimos, a lo ya conocido. Es éste otro de los muchos documentos en relación con el 23-F que, presumiblemente, no saldrá nunca, y que, aunque salga, poca luz arrojará sobre el verdadero móvil del marqués de Santa Cruz de Rivadulla para acabar entrando en el libro gordo de la Historia de España... pero por la puerta de atrás.

## HABLA EL «MUDO»

«¡Por fin me decido a escribir! El mudo habla, dirán algunos. Sería mejor que continuase callado, pensarán otros...» Con estas palabras comienza Alfonso Armada el relato que hace de su propia vida. El hombre que había sido amigo y protector del Rey, el militar que estuvo en la génesis y desarrollo de la trama del 23-F, aquel que permaneció realmente «mudo» antes, durante y después del juicio de Campamento, hablaba luego en forma de libro. Un libro con un título muy sugerente: *Al servicio de la Corona*, y un subtítulo no menos sugerente: «Gracias, Alfonso (22 de noviembre de 1975)», debajo de una gran foto de portada en la que el Rey le daba un estrecho y cariñoso abrazo.

¿Qué quería decir Armada con su libro, después de sus silencios en el juicio de Campamento? ¿Quizá que todo lo que hizo fue «al servicio de la Corona»? ¿Era su sutil manera de decir que el Rey estaba implicado en todo o parte de ese proceso conspiratorio, algo, por otra parte, que había negado en el juicio? Porque el libro en sí, amén de autoalabanza de su personal trayectoria familiar, militar y humana, era un intento claro de autoexculpación, por un lado, y de sibilina implicación de la Corona, por otro. Es decir, un tremendo contrasentido. Porque, si Armada nunca estuvo implicado en la génesis y desarrollo de la intentona golpista, como sostenía el general, ¿por qué poner tanto énfasis en que lo que hizo lo hizo «al servicio de la Corona» y con consentimiento de sus jefes naturales?

Ni la instrucción del sumario, ni el juicio celebrado en el Servicio Geográfico del Ejército, ni aún después la revisión de la sentencia por el Tribunal Supremo despejaron todas las incógnitas del 23-F. Por eso, esta historia ha dado tanto de sí en los años sucesivos. Es cierto que a lo largo del juicio hubo un «pacto de caballeros» entre los golpistas para no denunciar a otros implicados, como a los generales Iniesta Cano y Carlos Alvarado, entre otros. Es también verdad que ha habido otros «mudos» que podían quizá haber despejado muchas de las incógnitas existentes, como el propio Adolfo Suárez. Pero el gran mudo, el gran conspirador, el hombre que jugó con varias barajas a la vez fue, sin duda, el ex general Alfonso Armada Comyn, por más que él mismo intente justificarse:

En la tarde y noche del 23 de febrero de 1981 y en la madrugada del 24, puse todo mi empeño en restablecer la situación. Actué a las órdenes de mis superiores, con conocimiento de mis mandos, sin salirme de las instrucciones que había recibido [...] Mi fidelidad al Rey ha sido, es y será total, absoluta. Creo que es la mejor forma de servir a España,

decía Armada en la introducción de su libro.

Estas frases sólo podían pertenecer o a un gran conspirador o a un gran cínico. Su actuación en los sucesos del 23-F le costó 30 años de prisión y la amistad del Rey. Pero su comportamiento durante la instrucción de la Causa 2/81 le valió el desprecio de sus compañeros de conspiración, empezando por Milans del Bosch y terminando por Tejero y Pardo Zancada, quien, por cierto, le remitió una carta durísima, aunque cortés. En la versión española del libro *El Rey*, de José Luis de Vilallonga, así ha definido don Juan Carlos al que fue su secretario general: «Es infinitamente triste, José Luis, enterarse de que un hombre en quien yo había puesto toda mi confianza desde hace tantos años me traicionaba con tanta perfidia».

Una versión muy benévola si se comparaba con el original francés (*Le Roi*, p. 195), en cuya edición española desapareció el siguiente párrafo, escrito por Vilallonga como «cosecha personal», pero que recogía las reflexiones (no textuales, por tanto) del Monarca:

> De todos los conspiradores, Armada es el más despreciable. En quien la traición ha sido una verdadera puñalada por la espalda al rey. Pero, ¿quién es Armada? Armada es un Maquiavelo de uniforme que se sobreestima y que torna sus astucias de hidalgo pobre gallego por finezas que sólo él está en condición de apreciar.

A lo largo de la instrucción sumarial y del juicio en Campamento se vertieron multitud de versiones sobre este enigmático personaje. Pero casi todas erradas, o, al menos, susceptibles de ser matizadas. Por ejemplo, se escribió que, antes del 23-F, Armada había perdido los favores del Rey. El propio ex general, muy dolido por estas afirmaciones, puso mucho empeño en despejar las dudas:

> La última vez que estuve en La Zarzuela fue el 13 de febrero de 1981. Es falso que antes del 23-F hubiese la menor sombra en mis relaciones con sus majestades. Comprendo que recalco mucho este tema, pero quiero que quede perfectamente claro. Para los que afirman lo contrario tengo abundantes pruebas».

## Verdades y mentiras

Cuando comenzó el juicio, Armada, marqués de Santa de Cruz de Rivadulla, tenía 62 años, la mayor parte dedicados a la institución monárquica: su madrina de bautizo había sido la reina Cristina y su padre, Luis Armada y de los Ríos-Enríquez, capitán de Artillería cuando él nació, había formado parte del «pelotón del rey» Alfonso XIII; es decir, fue uno de sus compañeros de juegos. Como los generales de su época, había combatido en la guerra civil como alférez provisional y, luego, en la División Azul. Sus relaciones con el futuro Rey de España comenzaron muy pronto, durante la preparación de éste en la Academia General Militar, donde fue su profesor; pero se hicieron especialmente intensas a partir de 1965, año en el que, por deseo del general Franco, asumió la jefatura de la Secretaría del entonces príncipe don Juan Carlos, en la que continuó tras su ascenso al trono y hasta 1977, fecha en la que salió de La Zarzuela, según hemos visto anteriormente.

En el episodio de su salida de La Zarzuela se halla, por cierto, la primera contradicción de Armada. Era el año 1977 y su hijo Alfonso Armada y Díez de Rivera se presentaba en el número 27 en la candidatura de Alianza Popular por Madrid. Un puesto de «relleno», sin duda, pero Armada cometió la equivocación de enviar varias cartas a determinadas personas pidiendo apoyo para su hijo y, por tanto, a esa candidatura, con su membrete de la Casa Real. A este respecto, y en su autobiografía, Armada afirma: «Es falso que yo escribiese cartas apoyando la candidatura de Alianza Popular. Nadie las ha mostrado. Si apareciese alguna fotocopia, se trataría de una falsificación». Una habilidad de «*roublardises d'hobereau* gallego», como decía Vilallonga en la edición francesa de su ya comentado libro: negar la mayor y, si aparece la prueba, insistir en que es falsa. Pero para desgracia de Armada, el periodista Justino Sinova publicó este oscuro episodio con pelos y señales en *Diario 16* (27.3.1981).

Ya hemos señalado que 1980 fue el año de la conspiración, y también lo fue para Armada, pese a encontrarse en Lérida como gobernador militar. Armada estaba lejos de Madrid, pero no aislado. Llevaba una intensa vida social, y no sólo por su cargo. Es en ese contexto en el que se produjo la reunión fundamental del 22 de octubre, en casa del alcalde socialista de Lérida, Antonio Siurana, con Joan Raventós y Enrique Múgica, de la que ya hemos hablado.

Raventós le propuso a Armada encabezar un Gobierno de «salvación nacional». Así nos lo contó a los autores de este libro uno de los asistentes al almuerzo en casa de Siurana. Durante el juicio, sin embargo, Armada, como siempre, negó la mayor. Reconoció el encuentro, sí, pero en el mismo se habló, entre otras cosas, de la necesidad de «una acción concertada para la cría del ganado mular». Desde luego, Armada negó que nadie le propusiera nada. ¿Por qué ocultar la verdad? ¿Por qué seguir insistiendo machaconamente en esa versión, que es, sencillamente, falsa? ¿Es que pensaba Armada que Múgica, Siurana y Raventós no revelarían nunca el contenido exacto de aquella conversación?

Muchos años después, en 1996, Armada añadiría algo al respecto: «Yo no dije nada de los militares. Los socialistas vinieron a examinarme, a ver si yo servía o no servía. Ésa es la impresión que yo saqué. Lo que recuerdo muy bien es que yo estuve en gallego, gallego». Esta versión se acerca más a lo que sucedió realmente. Pero, insistimos, no lo reconoció Armada hasta 1996, ocho años después de ser indultado por el Gobierno socialista. En la segunda de sus declaraciones ante el juez instructor especial, general del Cuerpo Jurídico del Aire José María García Escudero, admitió haber almorzado en otras ocasiones con Calvo Sotelo, Sánchez Terán, Martín Villa, José Luis Álvarez, Pío Cabanillas, Josep Taradellas y Jordi Pujol. Demasiados almuerzos con políticos para un general normal y corriente, aunque el interesado, exhibiendo una carta del marqués de Mondéjar, pretendiera justificarlos con una supuesta «misión informativa» que le había encomendado La Zarzuela. De ser cierto este último extremo, ¿no estaría desvelando un indicio sobre la intromisión, al menos, del Monarca en la vida política en unos momentos de máxima conspiración?

Una vez más, Armada tiraba la piedra y escondía la mano. Ya hemos señalado cómo le dio instrucciones a su abogado defensor para que en absoluto implicara al Monarca, lo que le acarreó las iras de sus otros compañeros de conspiración. Sin embargo, todo lo que luego escribió en su libro iba encaminado, sibilinamente, a decir que él cumplía órdenes. Pero... ¿de quién? Sería fácil deducir dónde pone el dedo acusador Armada. ¿Para qué, si no, tanto interés en relatar las reuniones que mantuvo con el Rey en los meses de enero y febrero de 1981, en los días previos al intento de golpe de Estado?

Sólo en el mes de febrero, Armada habló por teléfono con el Rey los días 3, 23 y 24, según afirma el propio general, y mantuvo encuentros personales con el Monarca los días 11, 12, 13 y 17. Escribe Armada al respecto en su libro:

> En mi última visita el 13, en La Zarzuela, ya le dije [al Rey] que había descontento en el Ejército. No pude hablar del golpe del teniente coronel Tejero porque no sabía nada de él. Conté a su majestad todo cuanto yo sabía. Lo mismo hice con el teniente general Gutiérrez Mellado. Nunca he ocultado nada a mis superiores.

¿Tampoco ocultó, pues, las entrevistas, y su contenido, que mantuvo con Milans del Bosch? Estos puntos los dejaría el ex general siempre en el aire.

Armada no pudo negar la primera entrevista conspiratoria que mantuvo con Milans en Valencia el 17 de noviembre de 1980: demasiados testigos. Pero en el juicio pretextó que era con ocasión de una exposición de Iberflora. No era ése, precisamente, el motivo de la entrevista, de creer a Milans del Bosch, personaje no interesado en exceso, que se sepa, en la producción floral.

Tampoco pudo negar Armada su segunda entrevista con Milans, el 10 de enero de 1981 y también en la Capitanía General de Valencia. Pero también para este encuentro Armada tuvo justificación: fue con su mujer a Valencia, sí, pero para ver las obras en una casa de su mujer, en la calle San Cristóbal. Se reunieron con su hija Victoria, casada con un arquitecto, y más tarde almorzaron en Capitanía con Milans, el coronel de Ingenieros Diego Ibáñez Inglés —segundo jefe y jefe accidental del Estado Mayor de la Capitanía General—, con el teniente coronel Mas, ayudante de Milans, y con sus respectivas esposas.

La sentencia del CSJM considera probado que los generales Milans y Armada hablaron a solas, antes y después de la comida, sobre la situación política y la posibilidad de que se produjesen acciones violentas, encaminadas a modificar aquélla, y acordaron continuar manteniendo contacto en orden a una deseable reconducción de tales acciones. Todo el contenido de la entrevista fue revelado por Milans del Bosch, y Santiago Segura, que fue su abogado defensor, no tuvo ningún reparo de contarlo con pelos y señales en su libro *Jaque al Rey*.

¿Mintió Armada, pues, una vez más? Parece que sí, pero veamos qué dijo Armada en su libro —casi el único documento del propio Armada sobre el que se puede disponer aún hoy, veinte años después— comentando la sentencia:

> El tribunal no se contenta con poner mi destino, «general jefe de la División de Montaña Urgel número 4, y gobernador militar de la plaza y provincia de Lérida», sino que añade que había prestado dilatados servicios con el príncipe y luego como secretario de la Casa de su majestad el Rey. ¿Para qué el tribunal se fija en esta circunstancia? He pensado muchas veces en este «añadido» del tribunal. ¿Quiere insinuar que yo era hombre de la confianza del Rey? ¿Que éste hubiera podido confiarme algún encargo? ¿Que yo podía abusar de su confianza? ¿Que otras personas, al oír mi nombre, podían pensar que detrás estaba su majestad?

Es el propio Armada quien, sibilinamente, destapa la caja de los truenos. Y añade aún más en su, por otra parte, poco revelador libro, publicado, por cierto, meses después de que el Tribunal Supremo le hubiera elevado la pena de seis a treinta años de prisión (¿ánimo de revancha?):

Hay una palabra en el contexto de la frase (sentencia del CSJM) que también me gustaría analizar: «reconducir». El diccionario ideológico de Casares dice que este verbo transitivo significa «prolongar un arrendamiento». No cabe duda de que la idea de «prolongar» una situación está presente en esta palabra. Pero si la descomponemos en la partícula «re», que quiera significar «volver a», y «conducir», que puede significar, llevar, gobernar, transportar, guiar o dirigir, nos encontramos que la frase «reconducción en forma deseable», significa o bien prolongar una situación, o llevarla, gobernarla, guiarla o dirigirla en forma deseable. Nada de esto va en contra de nada, sino a favor de lo existente. ¿No es más cierto que esto fue precisamente lo que hizo Su Majestad el Rey el 23 de febrero?

Armada se coloca, pues, al mismo nivel que el Rey.

Pero en la ya citada entrevista de 1996, otro de los escasos documentos sobre Armada, al ser preguntado sobre las conversaciones que mantuvo con Milans en los meses previos de la intentona, respondió: «Milans me autorizaba siempre para que yo le contara al Rey todo». Añadía luego: «Él me decía: "Tú adviértele al Rey de cómo está la gente". Lo que pasa es que él se sumó al golpe porque le pareció, pero, vamos...»

¿No es un poco raro que un jefe con mando en plaza del prestigio de Milans se sumara a una intentona promovida por un oficial de la Guardia Civil? Eso parece, pero Armada despeja la contradicción con un símil:

Sí, era la máxima figura del Ejército español, pero él se metió para encabezar la operación. Le pongo un ejemplo clarísimo. Pavía dio el golpe por el que se acabó con el Gobierno republicano de Castelar. Sin embargo, el general Serrano se sumó al golpe de Pavía y el general Serrano no estaba al principio. A la presidencia del Gobierno no fue Pavía, fue Serrano. Es el ejemplo exacto.

Es cierto que Armada no estuvo en la reunión conspiratoria del 18 de enero en la calle General Cabrera, de Madrid. Una reunión muy importante en la que, según la propia sentencia del CSJM,

se acordó la ocupación del Congreso para sustituir al gobierno por otro nuevo que encauzara la democracia y terminara con el terrorismo, si bien se acordó, igualmente, congelar la operación durante un mes, a la espera de acontecimientos como que el general Armada fuese nombrado segundo jefe del Estado Mayor del Ejército.

A la salida de esa reunión, en coche hacia la casa de uno de los asistentes, el general Carlos Alvarado, antes de emprender camino de regreso a Valencia, Milans le dijo al propio Alvarado: «Carlos, Alfonso Armada tiene ya su lista de gobierno, que es conocida para el rey. Es un gobierno de coalición para hacer frente al desorden nacional. Lo presidirá él y a mí me pondrán de presidente de la Junta de Jefes de Estado Mayor». Fueron, exactamente, las mismas palabras que Milans dirigió a sus subordinados en la mañana del 23-F.

De creer esta versión, en la que, por otra parte, coinciden todos los golpistas, nos hallamos ante dos —o tres— nuevas «inexactitudes» de Armada. La primera de ellas es muy importante: Armada sí estuvo en la conspiración. La segunda también tiene una importancia transcendental: cuando fue al Congreso la noche del 23-F, Armada, efectivamente, llevaba una lista de Gobierno, la misma que escuchó la doctora Carmen Echave y cuyo contenido hemos revelado en otra parte de este libro, pese a los reiterados desmentidos de Armada: «Yo no llevé ninguna lista de Gobierno a las Cortes en el 23-F. Eso lo inventaron las defensas en el juicio para echarme a mí las culpas». Demasiados testigos desmienten su versión. Testigos que recuerdan perfectamente la reunión que celebraron Armada y Tejero en las Cortes la noche aciaga. Se encontraron en una de las cabinas de entrada, acristaladas y aunque nadie escuchó sus palabras al completo, sí vieron cómo Armada sacaba un papel y Tejero, después de leerlo, ponía cara de contrariedad, de disgusto, y se advirtió que, claramente, discutían sobre lo que había escrito en ese papel.

Ahora bien, ¿conocía el Rey esa lista? Los autores nos inclinamos a creer que lo que Armada hizo fue jugar siempre, implícita o explícitamente, con el nombre del Monarca. Y lo que es indudable es que la mayor parte de los integrantes del fantasmal «Gobierno Armada», si no todos ellos, desconocía haber tenido el honor de formar parte de la luego famosa lista.

El 19 de enero, un día después de la reunión de la calle General Cabrera, Armada se reunió en el Cuartel General de la División de Montaña Urgel, en Lérida, con Ibáñez Inglés, el hombre de confianza de Milans. ¿Para qué? Según Armada, porque el coronel Ibáñez quería que le recomendara para el mando del Regimiento Mixto de Ingenieros de Barcelona; según los golpistas, para informarle de la reunión de la calle General Cabrera, con un dato añadido por el propio coronel Ibáñez: que Armada le dijo que no sería segundo JEME por haberse negado Suárez a la petición del Rey. La verdad es que todo concuerda: fechas, encuentros, circunstancias...

El 28 de enero Suárez presentó su dimisión ante el Rey y un día después la hizo pública. Pues bien, el 3 de febrero, sólo cinco días después, Armada fue nombrado segundo JEME por el Real Decreto 156/81. La noticia se la comunicó telefónicamente el propio Rey y, más tarde, Armada fue recibido (a la 1 de la madrugada del día 4) por el ministro de Defensa, Rodríguez Sahagún, en Madrid. Pero antes tuvo lugar otra visita muy importante para el tema que nos ocupa: la del coronel Diego Ibáñez Inglés, por orden de Milans, para comunicarle los cambios en los planteamientos golpistas originados por la nueva situación tras la dimisión de Suárez. En el juicio Armada se vio obligado a reconocer que esta segunda entrevista con el coronel Ibáñez tuvo lugar, pero para hablar, nuevamente, de favoritismos militares.

Esos primeros días de febrero fueron especialmente intensos para el general. El día 6 Armada cenó con el Rey en la Pleta de Baqueira: «Sólo se habla durante la noche de la reina Federica y de su enfermedad», señala Armada. El día 9, cena de despedida del Gobierno Militar de Lérida ofrecida por el presidente de la Generalitat, Jordi Pujol. El día 10, encuentro de despedida con el honorable Josep Tarradellas, el hombre que primero habló de la necesidad de un «golpe de timón»: «Las conversaciones que he mantenido con Tarradellas han sido de gran interés, pues desde su experiencia ve el panorama político con claridad», escribió luego Armada.

Siguiendo con esta cronología, para la que nos hemos ayudado en el propio libro de Armada, el general llegó a Madrid el día 12 e, inmediatamente, visitó al Rey en La Zarzuela junto a su ayudante el coronel Torres, que se quedó con Sabino Fernández Campo mientras Armada despachaba con don Juan Carlos. Esta visita resulta interesante porque se produjo un hecho relevante que luego permitirá despejar algunas incógnitas. En un momento dado, el Rey le pidió a Sabino que diera hora a Armada para el día 13, pero Sabino le puso problemas al Monarca: que si la agenda estaba llena, que si no podía hacer un hueco, que si ya se le llamaría... «No quería que viera al Rey», diría luego Armada. Pero, ¿por qué el secretario general de la Casa Real intentaba desobedecer una orden directa del Monarca? ¿Desconfiaba ya Sabino de Armada? ¿O era el propio Rey quien dudaba de su ex ayudante?

Dudaran o no, lo que no podía Sabino era impedir que Armada viera al Rey, ni el Rey podía negarse a recibir a quien fuera uno de sus hombres de confianza, lo que le venía muy bien a este último, por cierto, para mantener ante todos los demás que seguía disfrutando de la máxima confianza real, dejando entrever, por tanto, que el Rey estaba al corriente de todo. Y, efectivamente, el día 12 Armada tomó posesión como segundo JEME y... volvió a ver al Rey en la despedida de los restos de la reina Federica.

Naturalmente, estos encuentros con el Monarca no pasaban inadvertidos para los conspiradores, y el día 16 se produjo una nueva entrevista (la tercera) entre Armada y Diego Ibáñez Inglés, pero esta vez en Madrid, en el Cuartel General y convenida previamente por teléfono entre Milans y Armada. Según relató el coronel Ibáñez, en la misma se comentó el posible nombramiento de Leopoldo Calvo Sotelo como presidente del Gobierno y el de Alberto Oliart como ministro de Defensa, como así ocurriría finalmente. El nivel de información de Armada era, pues, excelente, lo que acrecentaba la ilusión de los golpistas –al menos los de Valencia– de que el Rey apoyaba la intentona a través de Armada.

Pero en esta fecha hay un dato muy importante para desenmascarar a Armada y que fue revelado por el abogado Santiago Segura: se produjo una reunión en el domicilio de Armada, en la calle madrileña de Santa Cruz de Marcenado, a la que asistió el entonces dirigente comunista Jordi Solé Tura, junto con otros comensales, como el general Feliciano Aguado Trigueros, el Marqués de Mondéjar, José Gabeiras y su mujer, Pascual Gálmes y el general Bello. Esta reunión se compadece mal con la afirmación de Armada de que él nunca hubiera admitido un comunista en el Gobierno, frase dicha para desmentir la lista que supuestamente llevó a Tejero la noche del 23-F.

Finalmente, Armada volvió a comunicar una vez más con Milans el 22 de febrero, un día antes del golpe. Así lo relata la propia sentencia:

> El día veintidós de febrero, el general Armada comunicó telefónicamente con el teniente general Milans del Bosch, sin que aparezca acreditado el contenido de la conversación, y le anunció que en la tarde de ese mismo día le llamaría al teléfono privado del coronel Ibáñez. En esa misma fecha, y a través de su ayudante, teniente coronel Mas, el teniente general Milans del Bosch pidió al también procesado comandante de Infantería DEM don Ricardo Pardo Zancada —con destino en el Estado Mayor de la División Acorazada Brunete número 1— que se trasladase inmediatamente a Valencia para entrevistarse con él, para lo que, previamente, este jefe pidió permiso al coronel San Martín, jefe de Estado Mayor de dicha gran unidad [...] El comandante Pardo llegó a Valencia sobre las quince horas del expresado día, y fue recibido por el teniente general Milans del Bosch, quien le informó del proyecto de asalto al Congreso de los Diputados en el momento de la votación de investidura del presidente del Gobierno, que habría de celebrarse al día siguiente, veintitrés, de que inmediatamente, él declararía el estado de excepción en la III Región Militar, y de que daría conocimiento de ello a los otros capitanes generales; que consideraba vital el apoyo de la División Acorazada y que, una vez realizado el asalto, el Parlamento sería disuelto y se formaría un nuevo gobierno. Ordenó al comandante Pardo que avisara a La Coruña al general Torres Rojas, con el que manifestó haber tenido ya contactos, y afirmó, por último, que el general Armada lo dirigiría todo. A continuación, el teniente general Milans del Bosch y el comandante Pardo se trasladaron a una oficina particular del coronel Ibáñez y, sobre las dieciséis cuarenta y cinco horas —hallándose también presentes dicho coronel y el teniente coronel Mas— recibió el teniente general la anunciada llamada telefónica del general Armada, desde Madrid, cuyo contenido no ha quedado probado en autos».

La llamada, pues, se produjo en el contexto citado y con los testigos referidos. Armada no lo desmiente, pero se apoya en que para nada se conspiró y que no es delito que dos personas hablen por teléfono. Pero, luego, añade una coletilla: «Armada no contaba nada más que para que su nombre fuese unido al del Rey, pues así se empleó».

Sin embargo, una nueva contradicción de Armada. El 23 de marzo de 1981, un mes, por tanto, después de los sucesos golpistas, Armada pidió por carta permiso al Rey para dar a conocer el contenido de la conversación mantenida entre ambos el 13 de febrero. La Casa Real le denegó el permiso. ¿Qué se habló en aquella entrevista? Probablemente, nada importante, pero Armada nunca lo ha revelado, dejando una duda muy importante tras de sí. Aquí, en este contexto, sí tendría sentido incluir la frase que el 10 de noviembre de 1981 le dirigió Milans a Armada, a la salida de un careo en el Consejo Supremo de Justicia Militar, en la calle Fortuny, 4: «Alfonso, si crees que con esa postura estás defendiendo a alguien, flaco servicio le estás haciendo. ¡Piénsalo!».

## LAS PREGUNTAS QUE NADIE RESPONDIÓ

No es intención de los autores narrar de nuevo un juicio en el que, básicamente, se repitieron muchas de las cosas que ya han sido narradas en capítulos anteriores de este libro.

Pero, al margen de las ¿necesarias? complicidades civiles, y al margen, incluso, del enigmático papel que pretendió jugar Armada —cuyas contradicciones ya hemos analizado—, el juicio de Campamento iba a dejar el campo sembrado con esas minas potenciales que son las inquietudes no satisfechas, las sombras sin posibilidad de luz.

Porque, por ejemplo, el juicio jamás reveló quién era aquel famoso «elefante blanco» al que esperaban los golpistas. Por supuesto, no era ni el teniente general De Santiago, demasiado gastado para tales trotes, ni Milans, cuyo papel estaba en Valencia, ni Armada, de quien Tejero desconfiaba. ¿Era al Rey a quien esperaba Tejero, según le confió éste a un interlocutor años después? Y Tejero, que se manifestaba republicano, ¿hubiese visto con agrado esta solución?

¿Quién era el «portavoz parlamentario» que se habría encargado de tranquilizar a los demás diputados secuestrados? Jamás se hizo hincapié en este «detalle» durante el juicio. Las especulaciones posteriores han sido, por supuesto, muchas. Pero ninguna lo suficientemente fundamentada, por lo que renunciamos a traerlas aquí.

Ni quisieron el fiscal o los abogados insistireron en las contradicciones de Tejero a la hora de describir el lugar donde, según él, se habría encontrado con Cortina. Da la impresión de que, pese a la animosidad entre ambos, ni uno ni otro deseaban ahondar en el tema. Ni tampoco se quiso indagar en el juicio cuántas personas habían participado verdaderamente en la reunión de la calle General Cabrera, domicilio del teniente coronel Mas Oliver, el 18 de febrero, cinco días, por tanto, antes del golpe. El texto de la sentencia cita a cinco personas (Milans, Torres Rojas, Mas, Tejero y García Carrés, que hubo de abandonar la reunión por exigencia de Milans, que allí no quería «paisanos»), pero en este libro ya hemos revelado el nombre de los otros asistentes.

¿Por qué huyó de España el capitán Gil Sánchez Valiente, ligado a los servicios de Inteligencia, asegurando que llevaba con él «datos muy importantes», ya que no el maletín lleno de documentos del que, sin demasiado fundamento, se llegó a hablar? Curioso: años después, a su regreso a España, Sánchez Valiente tuvo que hacer frente a un consejo por abandono de servicio, pero por nada relacionado con el golpe.

Tampoco se quiso averiguar quién o quiénes fueron los financieros de la operación. En las ya citadas declaraciones de Armada de 1996, el ex general afirma tajante: «El golpe lo desencadena gente que financia a Tejero para provocar el efecto dominó en toda España». Es decir, que Juan García Carrés, el único civil condenado por estos hechos, era sólo el «mensajero». Pero, ¿de quién? «Ah, eso no lo sé. En el juicio nadie tuvo interés en descubrirlo. Quisieron castigar a los culpables y desarbolar a Armada», afirma el ex general.

Al final, los trece mil folios del sumario nada esclarecieron y las tensas jornadas en Campamento, con las diatribas de los peculiares abogados —excepción hecha de Hermosilla— de los golpistas y sus adjuntos, quedaron en eso: en una defensa torpe, en la que apenas se quería invocar la «obediencia debida» hacia una figura superior (el Rey). Pero esa «figura superior» había sido quien, en la noche fatídica, había salvado *in extremis* la democracia. Y su Corona. Y la posibilidad de que un día reinase en España Felipe VI, aquel niño que dormitaba mientras su padre, al teléfono, ponía firmes a los tenientes generales.

Treinta años, con pérdida de empleo, para Milans y Tejero, por rebelión militar, parecía una sentencia adecuada a la magnitud de su delito. Seis años para Armada, Pardo Zancada y Torres Rojas, con separación de servicio, era a todas luces una sentencia que, como menos, podría calificarse como «muy benévola». Lo mismo que los cinco años de prisión militar para Ibáñez Inglés. Para otros, desde José Ignacio San Martín a Manchado, Mas, Gómez Iglesias, Abad, Muñecas –el de las actitudes chulescas durante la toma del Congreso–, Pascual, Álvarez-Arenas, bien podría decirse que la juerga antidemocrática les salió barata: entre tres años y tres años y un día de prisión para cada uno de ellos (la diferencia entre unas sentencias y otras –las de San Martín, Manchado y Abad más graves– era que, siendo superior a tres años, implicaba la separación del servicio, y no, como en los demás casos, la mera suspensión de empleo).

A Cid, Lázaro, Pérez de la Lastra, Acera, Bobis, Dusmet, Román y García Carrés, les «cayeron» tan sólo dos años. Al marino Camilo Menéndez Vives, uno, una sanción verdaderamente ridícula que apenas significaba una suspensión temporal de empleo. Los demás procesados, Cortina, Núñez Ruano, Pedro Izquierdo, Vicente Ramos, Manuel Boza, Santiago Vecino, Juan Bautista González, Vicente Carricondo y Jesús Alonso, fueron absueltos: se les apreció la eximente de obediencia debida. Así, de treinta y tres procesados, sólo diez fueron separados del servicio. Los restantes, excepto, naturalmente, García Carrés, pudieron continuar en las Fuerzas Armadas y como guardias civiles.

Era natural que las sentencias del Consejo Supremo de Justicia Militar levantasen una oleada de protestas. Al fin y al cabo, se daba la impresión de que cualquiera podría atentar contra el sistema. Otra vez, como en la «Operación Galaxia», la indignación fue unánime: «Prueben suerte, señores golpistas, si sale mal, tampoco el castigo es excesivo», decía el editorial de un periódico.

La sentencia, naturalmente, fue recurrida ante el Tribunal Supremo, que no pudo sustraerse a la presión pública, indignada con la benevolencia del tribunal militar, y en 1983 elevó considerablemente las penas a los principales implicados: a Armada le cayeron finalmente 30 años, como a Milans y Tejero, igualando así el grado de responsabilidad de los tres en la preparación y ejecución del golpe. Se le dobló la pena a Torres Rojas (de seis a doce años), a Ibáñez Inglés (de cinco a diez años) y a Miguel Manchado (de cuatro a ocho años), y se le triplicó a San Martín (de tres a diez años).

Una nota importante que introdujo la sentencia del Supremo fue la condena a un año a los tenientes que habían sido absueltos en primera instancia, con excepción de Vicente Ramos Rueda, al que se le impuso la pena de dos años de prisión. Pese a la levedad de la condena, este punto era más importante de lo que parecía, porque fue aprovechado por elementos ultras para denunciar que el Estado no había cumplido con su compromiso de no exigir responsabilidades penales a los tenientes, a los que exoneraba, según entendían, el «pacto del capó» que supuso la rendición de Tejero y Pardo Zancada. A esos, según esa interpretación, se les debía aplicar, pues, el principio de la «obediencia debida». Todos ellos siguieron en la Guardia Civil, continuaron su carrera militar y hasta recibieron abundantes condecoraciones, como veremos en un próximo capítulo.

En el colmo de la desfachatez, el propio Tejero pretendió presentarse a las elecciones de octubre de 1982, al frente de un grupúsculo insensato, Solidaridad Española, en el que figuraba destacado su propio abogado —individuo de trayectoria peculiar desde que, en los estertores del franquismo, pretendió, junto con una periodista muy allegada, fundar un sedicente partido liberal, en un acto en el que, para llenar el local, invitó a varios hogares de jubilados, bajo la promesa de una «buena merendola»—. «Mete a Tejero en el Congreso con tu voto», era el eslogan-burla para los españoles con el que pretendía hacer campaña el personaje. Y Milans, como veremos, intentó coordinar desde la cárcel un potencialmente sanguinario golpe «de los coroneles», previsto para la víspera de esas elecciones generales de octubre de 1982. Carrés, por su parte, inscribía el «23-F» como marca comercial: pensaba sacar un dinerillo vendiendo llaveros, banderines, pegatinas…

En eso terminó lo que sus impulsores habían pretendido que fuese una gesta llena de grandeza y amor a la Patria.

# 11

## LOS OTROS GOLPES

### LOS DOSIERES OLVIDADOS DE LAÍNA

En octubre de 1982 ocurrió lo que los sectores más ultras de la sociedad y los militares golpistas temían: la victoria socialista en las urnas fue aplastante. Diez millones de españoles apostaron «por el cambio», 202 diputados del PSOE se sentaron en la Cámara Baja y Felipe González llegó al palacio de La Moncloa en auténtico olor de multitudes. Inmediatamente formó su nuevo Gobierno, un Gabinete que iba a heredar los problemas surgidos durante la etapa anterior, golpismo incluido.

Treinta y nueve días después de la confrontación electoral, el *Boletín Oficial del Estado* no daba abasto para publicar los ceses de los altos cargos vinculados a UCD y el nombramiento de sus sustitutos. Muchos de los cargos existentes en ese momento, aferrados al poder desde la etapa franquista, temieron una caza de brujas. Al contrario, los que deseaban el cambio profundo prometido en el programa electoral socialista, aspiraban a que el nuevo Gobierno resolviera con mano dura las tentativas golpistas y avanzara en la investigación sobre quiénes formaron parte de la trama del 23-F. Nada de eso iba a ocurrir.

El 7 de diciembre, Rafael Vera Fernández-Huidobro, un aparejador del Ayuntamiento de Madrid, que desde 1979 venía ejerciendo como director de los Servicios de Seguridad de la Corporación, estrenaba cargo y despacho. José Barrionuevo, nuevo ministro del Interior en sustitución de Juan José Rosón, le nombró director de la Seguridad del Estado, sustituyendo a Francisco Laína, el hombre que se había colocado al frente del Gobierno de subsecretarios formado en la tarde-noche del 23-F. Para Laína, Rosón, el coronel Blanco y tantos otros nombres –progolpistas unos, defensores de la democracia otros– comenzaba un largo, larguísimo periodo de alejamiento del poder.

Vera, a quien después la Historia y los tribunales juzgarían y condenarían por su implicación en la «guerra sucia» policial contra ETA, se encontró con algunas sorpresas «olvidadas» por su antecesor en el cargo. En concreto, en un cajón de su mesa, encontró dos voluminosos dosieres, elaborados por la Brigada Antigolpe de la Policía, creada por Rosón tras los sucesos del 23-F con inspectores especializados en la lucha contra el GRAPO y la extrema derecha. Cada uno de los documentos tenía un centenar de folios: uno se refería a la trama golpista militar, y el otro, al entramado civil.

Rafael Vera hojeó los dosieres. Aquello era una bomba, pensó. Llamó a su despacho a Mariano Baniandrés, un inspector próximo al PSOE. A Baniandrés lo acababan de nombrar jefe de la Brigada de Interior, en sustitución de Emilio Sánchez, antiguo jefe superior de Policía de Oviedo. La Brigada, en su conjunto, contaba con más de cien inspectores e incluía a la Brigada Antigolpe, que era la que había elaborado los informes que Baniandrés tenía ahora en sus manos.

«Esto es lo que me he encontrado en la mesa de Laína. Mira a ver qué se puede hacer con ello», le dijo Vera al policía.

El inspector echó un vistazo a los papeles. Acto seguido, hizo una copia y se la entregó al entonces diputado socialista Rafael Ballesteros Durán, un catedrático de instituto malagueño, íntimo amigo y hombre de confianza de Carlos Sanjuán de la Rocha, comandante jurídico de la Armada retirado y dirigente del PSOE que acababa de ser nombrado subsecretario de Interior. Los originales se los quedó Baniandrés hasta su cese, en junio de 1983, momento en el que se los entregó a su sucesor, Jesús Reglero. A partir de ahí, se pierde la pista de esos importantes documentos.

Un antiguo policía que pudo ver la documentación ha confirmado a los autores que en el dosier relativo a la trama civil aparecían cientos de nombres y domicilios. Por ejemplo, se había hecho un seguimiento exhaustivo a personas muy relacionadas con el general Alfonso Armada: su familia, amigos, compañeros... y también a las amistades de Tejero Molina. Los documentos explicaban claramente que la trama golpista estaba organizada por barrios, con jefes de «comandos» que debían montar y dirigir pequeños grupos con objetivos muy precisos en el momento en que se diera el golpe. La Policía tenía «fichados» numerosos domicilios en la madrileña calle Núñez de Balboa, donde, precisamente, tenía su sede el Frente de la Juventud (FJ), uno de los grupos más violentos de la extrema derecha de la época.

A su vez, el dosier sobre la trama militar constituía un auténtico estudio de Estado Mayor, en el que se relataban y desarrollaban las operaciones militares que deberían realizarse en el momento en el que el golpe tuviera lugar, con objetivos muy concretos y precisos.

Junto a esos documentos, el nuevo jefe de la Brigada de Interior se encontró con una auténtica «cintateca» en las dependencias de la Brigada Antigolpe. Era obvio que en los meses posteriores al 23-F, la Policía, independientemente del CESID y de la Guardia Civil, había grabado a cientos, quizá miles, de españoles. Las cintas se agolpaban en toda una fila de estanterías de la Brigada, junto a otras estanterías en las que se alineaban las transcripciones de gran parte de esas cintas.

Este es un dato totalmente inédito que viene a demostrar algo muy importante: no es verdad que el Gobierno de Leopoldo Calvo Sotelo careciera de interés por desentrañar las tramas golpistas. Interés lo hubo, como lo demuestra la «cintateca» de Interior y los dos dosieres que Laína se dejó en su despacho. Sin embargo, ninguna de esas cintas, ninguna de esas transcripciones, ninguno de esos dosieres fueron incorporados al sumario de la Causa 2/81, como tampoco lo fueron las grabaciones que Laína ordenó realizar el 23-F respecto a las conversaciones telefónicas mantenidas desde el Congreso de los Diputados y otros centros de poder. ¿Por qué? Las diferentes fuentes consultadas por los autores coinciden en una respuesta casi idéntica: no era conveniente sacar todo aquello a la luz en unos momentos muy peligrosos para la democracia.

Puede que esos argumentos fueran de peso entonces. Puede que fuera mejor que apenas treinta y tres procesados por la intentona se distribuyeran las culpas de todos, de tal manera que las estructuras no se tensionasen hasta la ruptura. Pero lo que resulta realmente inexplicable es que esas cintas se destruyesen en su mayoría, extremo que han confirmado personas que estuvieron destinadas en esa Brigada Antigolpe. ¿Por qué destruir documentos para la Historia? Ninguna de las explicaciones recibidas resulta excesivamente convincente. Lo único claro es que todas las fuerzas políticas, incluyendo a los socialistas, se pusieron manos a la obra para echar tierra al asunto.

## Una filtración policial

El 3 de octubre de 1982 los españoles se despertaron con una noticia realmente alarmante: un grupo de coroneles pretendía dar un nuevo golpe de Estado el día anterior a las elecciones; es decir, durante la jornada de reflexión, como veremos un poco más adelante. No se había superado aún la conmoción por la tremenda noticia cuando, el 18 de octubre, a diez días de las elecciones generales, el ex integrante de la UMD, Fernando Reinlein publicaba en *Diario 16*, un auténtico «bombazo» informativo: «Así se investiga la trama golpista», rezaba el titular de portada, a seis columnas. En páginas interiores, un organigrama a dos páginas daba cuenta de las supuestas relaciones filogolpistas entre diferentes personas que, en muchos casos, poco o nada tenían que ver entre sí.

Hacía sólo cuatro meses que se habían hecho públicas las sentencias del 23-F, como ya hemos visto. Las condenas habían sido tan mínimas, con injustificadas absoluciones en algunos casos, que se llegó a pensar en la posible existencia de una componenda política para «contentar» a los poderes fácticos. Desde luego, nadie se creyó que la famosa «trama civil» del golpe estuviera formada por una sola persona, el ex sindicalista vertical Juan García Carrés.

El amplio reportaje de *Diario 16* sobre las tramas supuestamente golpistas tenía que levantar, necesariamente, una auténtica tormenta política. Incluso algunos de los implicados en el citado organigrama anunciaron acciones legales contra la publicación.

Pero aquellos informes que publicó *Diario 16* tenían un origen muy concreto: eran los «documentos de trabajo» de la Brigada Antigolpe de la policía, unos documentos que, de no ser por la filtración al rotativo, probablemente hubieran acabado en un final tan desconocido como la «cintateca» de la Brigada, de la que hemos hablado con anterioridad.

Aquellos papeles habían seguido un camino muy peculiar, según hemos podido reconstruir a partir de testimonios de protagonistas. Poco antes de las elecciones generales de octubre de 1982, un grupo de inspectores y comisarios –algunos perteneciente, curiosamente, a la Unión Sindical de Policías (USP), el sector más «progresista» entonces del Cuerpo General de Policía y, por ello, mal vistos por sus compañeros– ofrecieron un almuerzo-homenaje al coronel José Manuel Blanco Benítez, director general de la Policía. Entre los comensales había un comisario, apellidado Turégano.

Tras el almuerzo, Turégano se acercó a algunos inspectores, de los que era pública y notoria su proximidad al Partido Socialista y a su propio líder, Felipe González. Las elecciones generales ya habían sido convocadas por Calvo Sotelo y en el ambiente se respiraba una clara victoria del PSOE. El comisario tenía en su poder unos documentos que, pensó, podían interesarle al hombre que unos meses más tarde iba a presidir el Consejo de Ministros.

«Mirad, ya sé que sois amigos de Felipe González. Necesito que me concertéis una cita con él. Tengo unos documentos muy importantes que entregarle, pero lo tengo que hacer personalmente», les dijo Turégano a los inspectores.

La cita se convino para las seis de la tarde de un día de principios de octubre en la cafetería del Hotel Colón, en la calle Doctor Esquerdo. Desde allí, partirían hacia la cercana calle del Pez Volador, en el Barrio de la Estrella, donde vivía Felipe González con su familia. Sentados en el salón, mientras Carmen Romero, su mujer, preparaba un café, Turégano le entregó al líder socialista una carpeta que contenía un dosier elaborado por la Brigada Antigolpe de la Policía. El dosier en sí mismo no era más que una herramienta de trabajo, una hipótesis sobre la trama civil del golpe que la Policía había investigado durante año y medio. Por ello, junto a nombres de reconocidos progolpistas, se relacionaban otros que nada tenían que ver con esa actitud tan reaccionaria. En definitiva, era la versión compendiada de lo que más tarde se encontraría Rafael Vera en el antiguo despacho de Francisco Laína.

Felipe González inspeccionó los papeles. Ni siquiera parpadeó cuando observó en el organigrama algunos nombres muy conocidos y queridos para él. Le dio las gracias al comisario y los guardó. Pero poco después, esos documentos fueron reproducidos a toda plana en *Diario 16*, no sin que antes el ministro del Interior, Juan José Rosón, hubiera reconocido ante los responsables del periódico la autenticidad de los mismos. Allí se citaba a 30 militares, 27 civiles y 28 instituciones y entidades.

A estas alturas, ese documento, que era, como decimos, una «hipótesis de trabajo», sólo tiene una virtud: saber, veinte años después, cómo la Policía investigó las tramas golpistas, qué herramientas utilizó y en función de qué. Porque el documento no es válido para casi ninguna otra cosa: no se podía relacionar, como se relacionaba, los contactos políticos de dirigentes de reconocida solvencia democrática, como Oscar Alzaga, Luis Solana y Enrique Múgica, con personajes tan oscuros como José Antonio Assiego, Girón de Velasco, Fernández Cuesta o los hermanos golpistas Crespo Cuspinera.

La Brigada Antigolpe se había creado secretamente en la primavera de 1981, muy poco después del intento de golpe de Estado. Formada por una veintena de inspectores al mando del comisario Emilio Sánchez, un hombre ligado al indefinible y tristemente célebre comisario Roberto Conesa, su función era la de desentrañar posibles tramas golpistas en la vida civil. En realidad, la filosofía con la que surgió esta Brigada es que no existía una trama civil golpista definida, sino «caldos de cultivo» más o menos propicios a una intentona militar. Es decir, diversas manifestaciones de un solo golpe permanente que nació en 1977 con la misma transición política.

En parte, no les falta razón. El organigrama citado se le había entregado a Rosón en junio de 1981 y en el mismo se relacionaban diversos nombres que luego aparecerán, o bien en actos antidemocráticos, como el capitán Blas Piñar, hijo del líder de Fuerza Nueva, o bien en auténticas conspiraciones golpistas, como los hermanos Crespo Cuspinera.

## EL MANIFIESTO DE LOS CIEN

Lo que resulta evidente, en cualquier caso, es que el fracaso del 23-F no significó, ni mucho menos, un «parón» en los intentos golpistas. El 5 de diciembre de 1981, unos meses después de que Rosón tuviera en su poder el citado dosier policial, la agencia Europa Press distribuía un documento titulado «Manifiesto de los cien», en el que 25 capitanes, 21 tenientes, 38 sargentos, 15 brigadas y un subteniente, pertenecientes todos a la I Región Militar (Madrid), criticaban el tratamiento informativo que se estaba dando a las Fuerzas Armadas tras el intento de golpe del 23-F. La hora de distribución del documento, 23.27 de la noche, una hora no demasiado apropiada para que una agencia mande por teletipo una información tan exclusiva como ésa, da una idea bastante aproximada de las tensiones que se vivieron con ese documento.

Ni qué decir tiene que con la emisión de ese «pronunciamiento» se encendieron todas las luces rojas en el Ministerio de Defensa: apenas se acababa de salir de un golpe de Estado, cuando un centenar de oficiales organizaban un «plante» en toda regla. Entre los firmantes, algunos tenían apellidos ilustres, como las capitanes de Infantería Blas Piñar, hijo del dirigente de Fuerza Nueva y particularmente conocido por sus ideas ultraderechistas, y San Martín Naya, hijo del coronel José Ignacio San Martín, procesado y condenado por el 23-F.

Otros nombres firmantes «sonarían» mucho después, como el del capitán de Artillería Juan Cañadas Lorenzo, quien en 1981 estaba destinado en la Brigada Paracaidista. Pese a todo, en abril de 1999 a Cañadas le ascendería a general de Brigada Eduardo Serra, ministro de Defensa en el primer Gobierno de José María Aznar. No contento con ello, y pese al clamor político que tal acción motivó, Serra nombraría un mes más tarde a Cañadas comandante militar de León y jefe del Mando de Artillería de Campaña, uno de los destinos más importantes que puede ocupar un artillero.

El documento de apoyo a los golpistas, publicado en diciembre de 1981 por todos los periódicos, comenzaba con un «a la opinión pública en general y a los responsables de los medios de comunicación social en particular», y en el mismo se afirmaba que «hemos constatado durante los últimos años, y con mayor proliferación en los últimos meses, numerosas actitudes e informaciones públicas que por su trascendencia y por referirse a las Fuerzas Armadas o a sus componentes, nos hace salir de nuestro habitual silencio».

En su punto tres los firmantes dejaban muy clara su ideología y el motivo de su gran enfado:

Infravaloración, desprecios y ataques a los símbolos y valores nacionales y castrenses, que sin caer en una relación detallada resumimos en los recibidos diariamente en nuestra bandera, expresión de la unidad patria; el intento continuado de ensombrecer virtudes como el honor, el heroísmo o la disciplina, la demolición de los monumentos a los que –dándonos un ejemplo permanente– dieron hasta la última gota de su sangre por España; la retirada de los nombres de las calles de nuestros pueblos y ciudades de aquellos que, vistiendo el uniforme militar, desempeñaron los puestos de mayor responsabilidad en la historia reciente de la Patria, o la supresión de la más preciada de nuestras condecoraciones del escudo de una provincia que supo ganarla por su valor colectivo.

El apoyo a los golpistas era más que evidente:

Ataques, insultos, injurias y calumnias generalizados o directos contra miembros de las Fuerzas Armadas, todos ellos de historial militar brillante e intachable, sobre todo aquellos que por su jerarquía y edad fueron protagonistas de gloriosos hechos de armas, y cuyo valor e integridad profesional no pueden ser puestos en duda por simples conjeturas, sobre todo cuando algunos de ellos están pendientes de la sentencia de un consejo de guerra en cuyo resultado de hechos probados y en la calificación jurídica de estos hechos se determinará la honorabilidad o no de sus conductas.

A ese respecto, estos oficiales cuasi golpistas afirmaban:

Los insultos y ataques a nuestros compañeros (los procesados por el 23-F) los consideramos dirigidos a la colectividad con las consecuencias que ello dé lugar, pues tenemos el Código de Justicia Militar para corregir debidamente al que cometa alguna falta, y nuestra fama y prestigio no puede estar en boca de cualquiera.

El documento era realmente tan grave, sobre todo por la fecha en que fue emitido (sólo nueve meses después del intento de golpe de Estado), que el Gobierno lo tomó como un serio aviso y tuvo que reaccionar inmediatamente a través de la Junta de Jefes de Estado Mayor (JUJEM). El propio PREJUJEM, teniente general Ignacio Alfaro Arregui, se vio obligado a emitir, dos horas más tarde y también por Europa Press, una nota oficial en la que afirmaba que se había ordenado «la apertura del procedimiento oportuno para exigir las responsabilidades a que hubiera lugar».

«Responsabilidades» que, a la postre, fueron muy leves: algunos pequeños arrestos en el peor de los casos.

## «Operación Cervantes»: el golpe duro de los coroneles

Madrugada del sábado 2 de octubre de 1982. En el palacio de la Zarzuela se recibía una importante e intempestiva llamada. Al otro lado del hilo telefónico se hallaba el presidente del Gobierno, Leopoldo Calvo Sotelo, quien comunicaba al Rey que iba a proceder a la inmediata detención de dos coroneles y un teniente coronel. Calvo Sotelo narró sucintamente al jefe del Estado que unas pocas horas antes agentes del CESID habían conseguido las pruebas de una nueva intentona militar para el 27 de octubre, jornada de reflexión electoral. Se preveían fusilamientos y posibles bombardeos sobre Madrid con artillería autopropulsada. Con la información recibida, don Juan Carlos dio el visto bueno a las detenciones y pidió que lo mantuvieran informado.

Calvo Sotelo había tomado la decisión en el transcurso de una reunión, convocada de forma urgente esa misma madrugada, con los ministros de Defensa e Interior, Alberto Oliart y Juan José Rosón; el director general del CESID, Emilio Alonso Manglano, y el director de la Seguridad del Estado, Francisco Laína. Tras la comunicación al Rey, se dieron las órdenes oportunas para proceder inmediatamente a la detención de los principales jefes golpistas. Comenzaba así la Causa 200/1982.

A las ocho de la mañana, el general Fernando Bendala Vega, jefe de Artillería de la División Acorazada, procedía a la detención del coronel Jesús Crespo Cuspinera en su propia vivienda. Paralelamente, en una operación conjunta, el coronel Villalba detuvo al teniente coronel José Crespo Cuspinera, hermano del anterior, también en su domicilio madrileño. Otra autoridad militar procedía a la detención del coronel de Artillería Luis Muñoz Gutiérrez, en la calle de Reina Mercedes. Finalmente, algún tiempo después se detendría al teniente coronel Juan Fernández Hidalgo (a quien, sin embargo, en junio de 1983 se le tendría que poner en libertad condicional por falta de pruebas). La que se conocería como «Operación Cervantes», quedaba descabezada en pocos minutos.

En la tarde de ese mismo día, unas horas después de esas detenciones, el Gobierno trasladaba de prisión al teniente general

Jaime Milans del Bosch, que cumplía condena en la Academia de Artillería de Fuencarral (Madrid). A Milans le condujeron primero a la prisión militar de Sevilla, donde quedó incomunicado, y luego a un chalé en el paraje «Huerta del General» en las cercanías de Tarifa (Cádiz). En los seguimientos que agentes del CESID habían realizado a Muñoz Gutiérrez, habían podido detectar que el coronel visitaba con frecuencia a Milans. Se descubrió que era el teniente general quien, desde la cárcel, coordinaba el nuevo intento de golpe.

Otros condenados por el 23-F también eran trasladados de prisión: a los coroneles José Ignacio San Martín y Miguel Manchado se les aisló en el Castillo de La Palma, en El Ferrol; al capitán Acera, se le encerró en el Castillo de Santa Catalina (Cádiz), y a Antonio Tejero, que había recibido abundantes visitas de los hermanos Crespo Cuspinera, se le trasladó a la prisión naval de Cartagena. Para todos ellos, junto con el general Torres Rojas, se dictó orden de incomunicación.

Todo había comenzado unos meses antes, cuando agentes de la Agrupación Operativa de Medios Especiales del CESID (AOME), bajo el mando del entonces comandante Juan Alberto Perote, investigaban la posibilidad de un atentado contra Adolfo Suárez. Sin embargo, las investigaciones condujeron hasta un nuevo foco golpista, nucleado en torno a los hermanos Crespo Cuspinera y a Muñoz Gutiérrez, a quienes se les sometió a un seguimiento constante.

El 1 de octubre, agentes del CESID seguían al coronel de Artillería Luis Muñoz Gutiérrez mientras éste visitaba a Milans del Bosch en su encierro en la Academia de Artillería de Fuencarral. Luis Muñoz, de 58 años, pertenecía a la primera promoción de la Academia General Militar. Había ascendido a coronel en 1979 y era diplomado en Estado Mayor, Topografía y Geografía y Organización y Método. Debido a sus conocidas tendencias ultraderechistas, había sido saltado varias veces para el ascenso a general y en estos momentos, octubre de 1982, estaba destinado en el Centro Superior de Estudios de la Defensa (CESEDEN).

Se daba la circunstancia, además, de que Muñoz Gutiérrez estaba casado con Sol Lafita, sobrina del general Francisco Vives, dueño de una finca en el término de Azuqueca de Henares (Guadalajara), donde tuvieron lugar reuniones de militares golpistas, y prima del capitán de Navío Camilo Menéndez Vives, condenado por el 23-F. Era, asimismo, secretaria del líder de Fuerza Nueva, Blas Piñar, y candidata al Senado por Madrid por Solidaridad Española, el partido montado por los seguidores de Tejero. Tan sólo diez días después de las detenciones, Sol Lafita intervino en un mitin electoral de Blas Piñar en Madrid, acompañada de su primo Camilo Menéndez. Por cierto, que la asistencia del marino al mitin ultraderechista le supuso un nuevo arresto.

A finales de septiembre, los agentes del CESID poseían ya abundantes datos sobre la implicación de estos militares en una nueva conspiración golpista, pero faltaban las pruebas documentales. El 1 de octubre, viernes, tras su visita a Milans, el coronel Muñoz Gutiérrez, que portaba un maletín en la mano, asistió a un almuerzo en un restaurante céntrico de Madrid. No era consciente de la vigilancia a la que estaba sometido. Quizá por ello olvidó aplicarse las mínimas reglas de autoprotección y dejó el maletín en el coche, momento que fue aprovechado por los agentes del CESID para proceder a la apertura del maletero, fotocopiar el amplio dosier de entre 500 y 600 folios y dejarlo todo como estaba.

Tras un rápido análisis de los documentos incautados de forma tan ilegal, el presidente del Gobierno tomó la decisión de pasar a la fase de detenciones. Luego, ante incómodas preguntas sobre cómo se había conseguido la documentación, los servicios secretos se inventaron la historia de que los papeles habían aparecido en registros en los domicilios de los encausados y en una caja fuerte en un banco propiedad de Muñoz Gutiérrez. La verdad es que los agentes del CESID habían forzado de forma ilegal el maletero del coche del coronel, mientras éste almorzaba precisamente con el líder de Fuerza Nueva, Blas Piñar.

Incluso hoy, muchos años después, hay quien sostiene que la «Operación Cervantes» no era más que un ejercicio táctico y que si salió a la luz de esa manera fue porque los ministros de Interior y Defensa, ante la proximidad de las elecciones generales y el deterioro total de UCD, «se inventaron» una operación golpista que sólo existiría en la imaginación de algunos. Pero lo cierto es que los documentos que se le incautaron –aunque de forma tan ilegal– al coronel Muñoz Gutiérrez iban mucho más allá de un «ejercicio táctico».

Para los analistas del CESID, aquél era, precisamente, el golpe duro de los coroneles, del que ya hemos hablado al referirnos al documento de los servicios secretos «Panorámica de los golpes en marcha». Es decir, la «Operación Cervantes» era realmente el golpe duro previsto para 1981 y al que se adelantó Tejero. En los documentos ahora incautados había amplias listas de militares: unos, a los que se había contactado ya, y otros a los que había que suprimir. El golpe, de haberse producido, no iba a ser incruento. Sus posibilidades de triunfo tenían que fundarse, necesariamente, en la eliminación física de sus principales adversarios, el Rey en primer lugar.

El ministro de Defensa, Alberto Oliart, se vio obligado a informar al Congreso. La sesión tuvo importantes revelaciones: la operación estaba siendo organizada bajo las siglas «MN» (iniciales de Movimiento Nacional), iban a participar entre 60 y 70 comandos de un número variable de miembros y se pensaba neutralizar a los capitanes generales. Dos hombres estaban especialmente en el punto de mira de los golpistas, a los que había que «anular» de forma explícita: el secretario general de la Casa del Rey, general Sabino Fernández Campo, y el director general del CESID, general Emilio Alonso Manglano.

Los golpistas buscaban el control de Madrid y el aislamiento de la capital. Desde la toma de los palacios de La Zarzuela y La Moncloa hasta el control de los aeropuertos, estaciones de ferrocarril y red de comunicaciones, la «Operación Cervantes» comprendía una larga serie de objetivos minuciosamente detallados. En los documentos se especificaba que los carros de combate de la División Acorazada bajarían por el madrileño Paseo de la Castellana, a una media de 50 km/h, y se dispersarían por las grandes vías colaterales: Ríos Rosas, María de Molina, Colón, Cibeles, Neptuno y Atocha hasta alcanzar los objetivos asignados por el Estado Mayor golpista.

Paralelamente, los jefes de la Brigada Paracaidista (BRIPAC) que se hubieran unido a los sublevados tenían que formar un cordón de seguridad en torno a la base conjunta hispano-norteamericana de Torrejón de Ardoz, y el resto de las unidades avanzaría por la carretera de Barcelona en dirección al aeropuerto de Barajas. Los carros M-48 y vehículos blindados M-113 con fusilería se dividirían en grupos, los cuales tenían asignada una clave de comunicaciones e identificación y el objetivo a tomar: prioritariamente, la Junta de Jefes de Estado Mayor, los Ministerios de Interior y Defensa, los cuarteles general del Ejército y de la Armada, el Palacio de Telecomunicaciones, el Congreso de los Diputados, la Presidencia del Gobierno y la Jefatura del Estado.

En sus planes «teóricos» los coroneles golpistas mejoraban otra operación «teórica» de la extrema derecha, conocida también por los servicios secretos. Tenía por nombre «Los cien mil de San Luis», porque se estimaba que en toda España podían contar con unas cien mil personas provenientes del Movimiento, la Falange y el Sindicato Vertical, cuya misión era anular en las primeras horas cualquier oposición de tipo civil.

Todo quedó desbaratado con la rápida acción del Ejecutivo que ya hemos relatado, pero la Causa 200/1982 se cerraría, como otras, totalmente en falso. En el consejo de guerra celebrado en abril de 1984 se condenó a tres de los procesados (coroneles Muñoz Gutiérrez y Jesús Crespo Cuspinera y teniente coronel José Crespo Cuspinera) a doce años y un día de reclusión y a la pérdida de su condición militar. Recurrida la sentencia, el Consejo Supremo de Justicia Militar rebajó la pena, en el mes de noviembre, a cuatro años y un día de reclusión.

El teniente coronel Juan Fernández Hidalgo, de quien ya hemos hablado al tratar los preparativos del 23-F en Valencia, donde estaba destinado en la II Sección (Información) bajo el mando del teniente coronel de Infantería Joaquín Pacheco Miquel y que participó en el *affaire* de las «cintas aleatorias», fue absuelto por falta de pruebas, pero había pasado unos meses en la prisión de Santa Catalina (Cádiz). Nunca llegaron a salir los nombres de otros militares implicados, pero el ex coronel Juan Alberto Perote, que llevó el peso de la operación como jefe de la AOME, en su ya citado libro de *Confesiones* afirma que había 247 militares en activo conjurados, clasificados por unidades y regiones militares, siendo mayoritarios los artilleros.

El 27-O parecía destinado a ofrecernos imágenes tan contundentes como las del golpe de Pinochet contra Allende –escribió Perote–. El golpe de Milans y sus coroneles artilleros había sido planeado como el único y definitivo, antes incluso de que Tejero y la Guardia Civil asaltaran el Parlamento. Esta consideración coincidía con un análisis que ya habíamos desarrollado en el CESID, según el cual el 23-F no fue más que una imperfecta anticipación que jugó en contra de la voluntad involucionista. La rendición de los asaltantes al Congreso fue posible gracias a la ausencia de hechos consumados de sangre que convirtieran la acción en irreversible y a que el Ejército no podía sumarse a una acción detonada por guardias civiles, lo que provocó la abstención de todas las capitanías generales menos la de Valencia. Milans y sus jefes de Estado Mayor habían aprendido del error. Necesitaban derramar sangre.

Perote –él sabrá por qué– afirma que en los papeles intervenidos al coronel Muñoz Gutiérrez había una cuartilla escrita a mano con los nombres de siete periodistas,

con los que presumían poder contar de cara a la intentona. Estos ocupaban cargos de responsabilidad en Televisión Española, Radio Nacional de España, las agencias EFE y Europa Press y el diario *Ya* [...] Sólo uno de ellos me resultó familiar entonces, el televisivo comentarista deportivo Miguel Ors [...] Otro de los periodistas mencionado era Antonio Herrero padre. El progenitor del popular periodista radiofónico del mismo nombre –ya fallecido–, era jefe en Europa Press, la agencia que difundió el Manifiesto de los Cien, un pronunciamiento de jefes y oficiales que en su día hizo temblar las modestas estructuras de la transición política.

Lo que era evidente, en cualquier caso, es que los nuevos golpistas no atentaban sólo contra la democracia: en su punto de mira se hallaba también el Rey. En su prólogo al libro *Jaque al rey*, de su abogado defensor, Santiago Segura, y el periodista Julio Merino, el propio Milans del Bosch afirmó:

El desarrollo de los sucesos de aquella noche (23-F) pudo dar la sensación de que se estaba dando un «jaque al rey», pero, para los que estábamos involucrados desde dentro de aquellos acontecimientos, no era tal –no era nuestra intención dar ese jaque– por la sencilla razón de que teníamos el convencimiento moral absoluto de que actuábamos respaldados por él [...] El «jaque» vino después. Se inició, si se quiere, aquella noche, pero se fue acentuando posteriormente a lo largo de todo el proceso hasta alcanzar su «ordenada máxima» en la vista ante el Consejo Supremo de Justicia Militar, reunido en Sala de Justicia. La sentencia de este Tribunal, con una condena mínima –casi simbólica– para el general Armada y la absolución para el comandante Cortina, no alivió la situación regia, pues el comentario más generalizado [...] dio por sentado que esa benévola sentencia –la de Armada– y esa absolución –la de Cortina– se debían a la influencia de la Zarzuela [...] El «jaque» continúa y continuará.

Es muy importante este párrafo, y por ello lo hemos trasladado aquí. Porque, como se verá más adelante, los golpistas llegaron a planear, incluso, volar al Rey y a su familia en el Desfile de las Fuerzas Armadas en La Coruña en 1985.

## El «GOLPE DE LERMA»

Analizando la historia, es obvio que las tentaciones golpistas de determinados militares muy aferrados al anterior régimen no se diluyeron con el fracaso del 23-F. El ruido de sables no dejó de sonar en los cuarteles, como hemos visto, aunque tras la llegada del PSOE al poder se procuró no dar publicidad a las nuevas intentonas que se pergeñaban en el seno del Ejército. El último intento de golpe que conoció la opinión pública en su momento fue la «Operación Cervantes», de la que acabamos de hablar, pero el Gobierno socialista surgido de las elecciones de octubre de 1982 inició una política de silencio sobre posibles movimientos golpistas. La estrategia diseñada por el Ejecutivo presidido por Felipe González fue la de «actuar en silencio».

No es extraño, pues, que durante muchos años la opinión pública desconociera algunas operaciones puestas en marcha para desestabilizar la democracia. No es que esas operaciones no existieran, o que sus responsables no fueran castigados, sino que a los implicados se les impusieron sanciones o cambios forzosos de destino que no llegaron a los medios de comunicación. Pero operaciones involucionistas, existieron, como una que ha permanecido inédita hasta este momento: en 1983 hubo un nuevo intento para desestabilizar la democracia. Es lo que se conoce como «el golpe de Lerma».

Los autores han podido conversar con uno de los personajes centrales en la desarticulación de esta nueva conspiración militar, que se ideó en la localidad burgalesa de Lerma en mayo de 1983, con motivo de la celebración de la Semana de las Fuerzas Armadas en la Sexta Región Militar, con sede en Burgos, y que comprendía las tres provincias vascas, más Navarra, La Rioja y Cantabria. Aquella operación no pasó de la fase de «complot previo» debido a la existencia de un «infiltrado» policial entre los militares conjurados, fundamentalmente un general y varios coroneles.

En 1983, la Semana de las Fuerzas Armadas, que sustituía al desfile franquista del Día de la Victoria, había recaído en la Sexta Región Militar. Con tal motivo, los actos castrenses comenzaron el 21 de mayo en Navarra y se prolongaron durante toda esa semana a lo largo del territorio comprendido en esa Región Militar. La semana se cerraba con un desfile presidido por el Rey el 29 de mayo, en Burgos. Entre los militares existía un gran malestar por dos hechos que fueron considerados como una grave provocación: por un lado, un comunicado remitido por Herri Batasuna (HB) en el que se calificaban los actos castrenses de «fanfarronada provocadora» y de «ocupación militar de un Ejército ajeno al pueblo», y, por otro, la actitud del lehendakari vasco, Carlos Garaikoetxea, primero, de no asistir al desfile, y después, tras ser convencido por el propio Felipe González, de cambiar el protocolo de tal manera que no tuviera que rendir tributo él sólo a la bandera.

Hasta esa fecha, el protocolo incluía que la bandera pasaría por delante de cada autoridad, que le rendiría homenaje individualmente con una inclinación de cabeza. Garaicoetxea se oponía a ese protocolo, y al final se aceptó que todos los presidentes autonómicos rindieran el homenaje en conjunto: por primera vez, todas las personalidades presentes en la tribuna de autoridades atenderían la voz, lanzada por megafonía, y saludarían a la vez a la enseña constitucional de España.

Ambas actuaciones, que provenían precisamente de los abertzales vascos próximos a ETA, por un lado, y del lehendakari, por otro, crearon un enorme malestar entre las filas castrenses. Así que, con motivo del desfile de Burgos, con agrupación geográfica de unidades que habitualmente estaban dispersas, el ambiente era propicio para que distintos jefes en destinos separados territorialmente pudieran reunirse sin levantar sospechas.

A mediados de mayo, en un restaurante a la salida de la localidad burgalesa de Lerma, se congregó una decena de mandos del Ejército en torno a un general, que en ese momento era comandante general de una de las plazas españolas en África. A la reunión, convocada como un acto de camaradería, asistió un civil: el dirigente ultraderechista José Antonio Assiego.

Assiego tenía una curiosa historia y había protagonizado una divertida y desconocida anécdota durante el 23-F. Según las fuentes policiales consultados por los autores, el ultraderechista había recibido dinero –al parecer de José Antonio Girón de Velasco, «el

León de Fuengirola»— para comprar armas que debían repartirse en el momento del golpe de Estado. Pero se gastó el dinero en cuestiones más lúdicas y el día del golpe Assiego, que tenía que acudir a la plaza de la Cibeles con un camión con armas, se presentó él sólo con una pistola. Estos extremos eran conocidos por miembros de la Brigada de Interior, que, aparte de la lógica hilaridad que les produjo el tema, lo captaron como confidente. Como «infiltrado» de la policía, Assiego recibiría unas doscientas mil pesetas al mes.

Assiego se movía, naturalmente, en los círculos más cerrados de la ultraderecha civil y militar, razón por la que fue convocado al almuerzo de Lerma. Pero, previamente, había informado de la reunión a su contacto en la Policía, quien se lo comunicó al jefe de la Brigada de Interior, el comisario Mariano Baniandrés. Se dispuso que Assiego asistiera a la reunión, pero con micrófonos ocultos en su cuerpo para grabar todo lo que allí se decía. Tras la reunión, las cintas llegaron a manos de Baniandrés, quien pudo comprobar que lo que se habló entre los conjurados de Lerma era la realización de un golpe de características similares a la «Operación Galaxia» de Tejero e Ynestrillas (noviembre de 1978), pero con un añadido importante: tomar la Junta de Jefes de Estado Mayor (JUJEM), desde la que se daría un ultimátum al Gobierno. Evidentemente, esa era la fase previa de la operación, que debería desarrollarse en los meses sucesivos.

Las cintas y su transcripción se le hicieron llegar al subsecretario de Interior, el dirigente socialista andaluz Carlos Sanjuán. La primera reacción del subsecretario fue ordenar la detención del general y de los coroneles asistentes a la reunión de Lerma, pero el gobierno, a instancias del ministro de Defensa, Narcís Serra, prefirió utilizar la táctica de la «patada hacia arriba»: ascender al comandante general a capitán general y proceder a un cambio de destino («dispersión» en el argot interno) del resto de los conjurados.

Era evidente la existencia de mandos descontentos con el sistema democrático y que en los cuarteles no reinaba la pretendida paz, pese a los continuos anuncios en contra del ministro Serra. Pero también era evidente que el gobierno socialista actuaba, a veces con contundencia, contra determinados plantes en el Ejército. Curiosamente, en todos ellos había una determinada línea de actuación, con similares, si no idénticos, argumentos utilizados.

En septiembre de 1983, pocos meses después de los hechos relatados, el gobierno se vio obligado a cesar al capitán general de la Séptima Región Militar, con sede en Valladolid, Fernando Soteras Casamayor, después de que éste efectuara unas declaraciones a la revista *Interviú*, en las que vertía una serie de opiniones exculpatorias para los golpistas del 23-F y criticaba la falta de dureza contra el terrorismo, entre otras valoraciones. Soteras se mostraba partidario del indulto para Milans del Bosch, Tejero y el resto de los condenados, porque, según él, no fueron protagonistas de un acto antimonárquico ni antidemocrático. El capitán general, que recogía, en realidad, un pensamiento que seguía estando presente en la mentalidad de muchos golpistas, pensaba que se había hablado mucho del 23-F, pero que nadie había dicho nada de la situación de España en esa época: «El hecho en sí —el asalto al Congreso— podrá ser condenable, pero había una motivación», dijo.

Las declaraciones de Soteras eran demasiado graves, en un momento de tensión, como acabamos de ver, como para que no hubiera una respuesta del Ejecutivo. Sin embargo, su cese no fue tan fulminante como se dijo: previamente, el Gobierno socialista libró una consulta con el jefe del Estado Mayor del Ejército (JEME), teniente general Ramón de Ascanio y Togores, antes de tomar una decisión de tanto calado. El JEME se entrevistó con Soteras para que le confirmara los extremos contenidos en la citada entrevista. Sólo después de que Soteras se reafirmara ante su mando militar, el Gobierno decidió sustituirle de urgencia por el teniente general Ricardo Rivas Nadal. Entre los políticos, Manuel Fraga, entonces presidente de Alianza Popular (AP), fue el único que disculpó a Soteras: «Hay que recordar los hechos graves de los últimos meses, la existencia de un movimiento claro para la secesión de una parte querida del territorio nacional y el recrudecimiento de las acciones terroristas», dijo Fraga.

En cualquier caso, no fue un favor para Rivas Nadal, quien en esos momentos se hallaba destinado como vocal en el Consejo Supremo de Justicia Militar. Aunque era un «africanista», a Rivas se le tenía por un serio candidato a suceder al general Saavedra Palmeiro como capitán general de la II Región Militar, con sede en Sevilla, a la que había estado muy vinculado y cuya Capitanía la consideraba un más que digno colofón para su carrera militar. No en vano, Rivas había participado en la Guerra Civil como sargento provisional en Córdoba y gran parte de sus ascensos los había conseguido en África, donde mandó, por ejemplo, el Tercio Duque de Alba, II de La Legión, en Ceuta, dependiente de Sevilla. Rivas Nadal tuvo que hacerse cargo de la «patata caliente» que le supuso sustituir en esas circunstancias a Soteras Casamayor, un militar con bastante prestigio entre el generalato de entonces. «Patata caliente» como se demostró en su toma de posesión, el 17 de septiembre, donde el malestar existente entre los elementos ultras se expresó en panfletos contra el nuevo capitán general y en el vacío que le hicieron los sectores más reaccionarios.

## LA CORUÑA, 1985: VOLAR AL REY

Como hemos visto, las tentaciones golpistas no desaparecieron, ni mucho menos, después del intento del 23-F, ni del 27-O; más bien al contrario, continuó permanentemente abierta una dialéctica golpista en un determinado sector del Ejército. Cierto que era un sector cada vez más reducido, pero que se estaba tornando extremadamente peligroso, con prácticamente los mismos nombres repetidos en casi todas las asonadas. El 23-F no hubo derramamiento de sangre, no se pretendía eso; tampoco atentar contra la Corona. Pero el 27-O era ya otra cosa. Así, en los planes golpistas, la evolución en la escalada de la violencia era más que evidente... algo que debía tener un colofón excepcional en 1985.

La operación se llamaba el «zambombazo» y consistía en volar la tribuna de autoridades desde la que don Juan Carlos presidiría el desfile del Día de las Fuerzas Armadas, previsto para el 2 de junio de 1985 en La Coruña. Los conspiradores de este magnicidio se inspiraron en ETA y en su modo de acabar con el almirante Luis Carrero Blanco (diciembre de 1973) para ejecutar un golpe de Estado con todas, absolutamente todas sus consecuencias. El plan iba sobre ruedas y resultaba perfecto en todos sus extremos, menos en algo fundamental: uno de los dos conspiradores desplazados de Madrid a Galicia para preparar el subterráneo donde colocar la bomba era un infiltrado del CESID.

El infiltrado de los servicios secretos era Francisco L. Zambrano, más conocido como «Paco». Él y el comandante Ricardo Sáenz de Ynestrillas (asesinado por ETA en 1986) fueron los que se desplazaron a La Coruña para encontrar el local adecuado desde el que hacer el túnel. Con «Paco» como testigo de excepción, según reveló años después el ex coronel Juan Alberto Perote, de quien dependía «Paco», Ynestrillas le expuso a Milans del Bosch, aún en prisión, su plan para volar al Rey, al Gobierno y a la cúpula militar. Milans se limitó a decir: «Adelante». El «jaque al Rey» del que hablaba Milans en 1983, en su prólogo al libro de Santiago Segura y Julio Merino, debía tornarse en 1985 en «jaque mate».

Zambrano informó a sus superiores del CESID, quienes, a su vez, detallaron todos los planes al ministro de Defensa, Narcis Serra. En reunión de urgencia, el Ejecutivo decidió desactivar inmeditamente la intentona, pero sin darle publicidad, como ocurrió con el ya narrado «golpe de Lerma». A los presuntos implicados se les sometió a un cambio de destino. La opinión pública no se enteró hasta muchos años después.

# 12

## ¿QUÉ FUE DE ELLOS?

### UN PICADERO EN VALDEMORO

En las proximidades del polígono industrial Albresa, en el kilómetro 28,500 de la carretera nacional de Andalucía, el ex capitán de la Guardia Civil Jesús Muñecas Aguilar repasa una y otra vez la lista de comensales y se asegura de que todo esté preparado para la cena de esa noche. Se trata de algo muy especial. La Escuela de Equitación que el ex capitán regenta en Valdemoro bulle de actividad: no debe faltar ningún detalle. Era el 25 de febrero de 1994, viernes. La fecha había sido elegida cuidadosamente para evitar suspicacias. Tenía que ser lo más cercana posible al 23 de febrero, pero no debía tratarse exactamente del mismo día para evitar desagradables sorpresas por parte de la Dirección General de la Guardia Civil. Además, debía caer en fin de semana para ahorrar, a algunos de los asistentes, engorrosas peticiones de traslado de región.

Poco a poco, con la máxima discreción, hasta el «picadero» de Muñecas Aguilar van llegando los invitados: Antonio Tejero, Francisco Acera, Ramos Rueda, Gil Sánchez-Valiente, Pedro Izquierdo, Manuel Boza Carranco... Algunos llegan acompañados de sus mujeres. Casi todos los oficiales de la Guardia Civil que acompañaron a Tejero en su loca aventura se habían dado cita en el «picadero» de Muñecas para celebrar el aniversario del asalto al Congreso de los Diputados. Desde entonces, la conmemoración de la «gran gesta» se ha convertido en algo anual para varios de los golpistas.

Tras los sucesos del 23-F, sólo 33 personas (32 militares y un civil, como ya se ha dicho) se sentaron en el banquillo de los acusados. De ellos, tres de los procesados fueron absueltos (el comandante José Luis Cortina y los capitanes Juan Batista González y Francisco Ignacio Román); doce fueron expulsados del Ejército (los generales Milans del Bosch, Alfonso Armada y Torres Rojas; los coroneles José Ignacio San Martín, Diego Ibáñez Inglés y Miguel Manchado; el teniente coronel Pedro Mas Oliver; el comandante Ricardo Pardo Zancada, y los capitanes José Luis Abad, Jesús Muñecas Aguilar y Vicente Gómez Iglesias); doce continuaron su carrera en la Guardia Civil, y otros seis lo hicieron en el Ejército, aunque prácticamente todos se encuentran ya, por edad, en la reserva.

Veinte años después de aquellos sucesos, ¿dónde están los hombres que pusieron en peligro la democracia y la convivencia en paz entre los españoles? Todos se encuentran en libertad desde hace muchos años: cuatro fueron indultados por el Gobierno de Felipe González (Alfonso Armada, Luis Torres Rojas, Miguel Manchado y Vicente Gómez Iglesias) y el último en salir de la cárcel fue Tejero, que lo hizo en diciembre de 1996, al restarle años el tribunal por redención de pena y considerar que había cumplido la mitad de la condena. Otros seis han fallecido a lo largo del tiempo (Milans del Bosch; Camilo Menéndez Vives; Diego Ibáñez Inglés; Pedro Mas Oliver; Santiago Vecino Núñez, y el civil Juan García Carrés).

También, cinco de los abogados defensores fallecieron a lo largo de estos años: Salvador Escandell Cortés, coronel jurídico que, en tiempos de Franco, llegó a ser presidente de la Diputación de Valencia, donde residía, y que se hizo cargo de la defensa de Milans en primera instancia; Santiago Segura Ferns, sobrino del célebre cardenal Segura, que en Campamento defendió al capitán Muñecas y al teniente Carricondo y en el Supremo a Milans; José María Lavernia, que fue defensor del coronel José Ignacio Sanmartín; Rogelio García Villalonga, defensor del entonces comandante José Luis Cortina y que el día que se inició la guerra de las Malvinas se presentó en el juicio con un bombín, y Pedro Martín Fernández, defensor de Pedro Mas Oliver.

Como es sabido, los poderes públicos, en parte para evitar mayores tensiones y en parte como producto del «pacto del capó» que supuso la rendición de Tejero y de Pardo Zancada, decidieron procesar sólo a los oficiales de la Guardia Civil que hubieran intervenido directamente en los hechos. Así pues, desde guardia segunda a suboficial, todos pudieron continuar su vida militar. Pero ha habido algunos casos muy curiosos, o patéticos, como los que vamos a relatar seguidamente.

Entre los hombres que acompañaron al capitán Muñecas en la toma del Congreso se encontraba el sargento Ramiro Marcos López, uno de sus hombres de confianza. Marcos pertenecía a la banda de cornetas y tambores del escuadrón, actividad que compaginaba con la de trompetista de la orquesta que tocaba en la madrileña sala de fiesta «Jhay». Marcos fue arrestado por su participación en el asalto y pasó dos meses privado de libertad. Pero en el desfile de las Fuerzas Armadas de 1982 se paseó en la parada militar tocando un cornetín y montado en un caballo blanco por delante de los diputados que él mismo había secuestrado en el Congreso el año anterior. Marcos ascendió a teniente y fue destinado al servicio de seguridad del Ministerio de Defensa que dirigía Narcís Serra. Diez años después, Marcos ya era capitán de la Guardia Civil.

Varios guardias de la clase de tropa tuvieron una actuación singular en el asalto al Congreso. Como el cabo primero Antonio Fajardo de Haro, destinado en la compañía de talleres del Parque de Automovilismo y uno de los autores de los disparos de metralleta que alcanzaron el techo del hemiciclo poco después de iniciarse el golpe. O como el también cabo primero Cantos, alias «Patxi», que estaba destinado en el Grupo de Artificieros de la Casa Real, el cual dejó para entrar en la Cámara Baja vestido de paisano y armado con una metralleta. O como el también cabo primero José García de la Torre, destinado en el Parque de Automovilismo, que se encargó de recoger los autocares estacionados en Fuenlabrada para transportar a las tropas al Congreso.

Otro guardia «curioso» –y famoso– fue el conocido por el apodo de «Nara Nara» por la dificultad lingüística de pronunciar la palabra «nada», autor de uno de los más celebrados gritos de la jornada: «¡Se sienten, coño!». Fue quien amenazó a los diputados con una metralleta y les dijo: «Manitas quietas, que esto se pone en movimiento».

Todos ellos fueron arrestados en su día, pero continuaron sin tropiezos en la Guardia Civil, donde Fajardo y García de la Torre alcanzaron el grado de sargento primero, Cantos llegó a teniente y el conocido como «Nara, Nara», diez años después de aquellos sucesos aún continuaba como guardia raso. En la actualidad, se le ha perdido por completo la pista.

Pero también hubo casos contrarios, como el del teniente Demetrio García Márquez. Este oficial de la Guardia Civil no sería procesado en la Causa 2/81, pero sufriría durante largo tiempo el desprecio de sus compañeros. Demetrio García, destinado entonces en el destacamento especial del Subsector de Tráfico de Madrid, llevó a sus guardias al Congreso de los Diputados, cumpliendo órdenes del capitán José Luis Abad. Pero después se marchó tranquilamente a su casa. Es decir, no participó realmente en la intentona. Sin embargo, después de aquello y durante mucho tiempo tuvo que soportar oír, a través de los altavoces instalados en el Parque de Automovilismo y en los equipos de la policía de tráfico, insultos anónimos como «traidor» y «cobarde». Finalmente, Demetrio García ascendió a capitán de la Guardia Civil y pasó a la situación de reserva activa.

Entre los asaltantes al Parlamento también se han dado casos de auténtico patetismo. Una escena realmente dramática la protagonizó el sargento Pablo Ferreiro, quien estaba destinado en la Agrupación de Tráfico y acudió al Congreso obedeciendo órdenes de sus superiores. Tras el asalto, tuvo que ser internado en la sección de Psiquiatría del Hospital Gómez Ulla, en la que veinticuatro horas después de su ingreso intentó acabar con su vida colgándose de una cuerda. Previamente, había dejado escrita una carta explicando lo que ocurrió en el Congreso y proclamando su apoyo a la Corona y a la Constitución. No todos, pues, estaban con Tejero.

## LOS ABSUELTOS

Pero, ¿qué fue de los jefes y oficiales? La larga instrucción sumarial y el juicio celebrado en el Servicio Geográfico del Ejército, en los cuarteles de Campamento (Madrid), no resolvieron, ni mucho menos, todas las dudas, como ya hemos señalado en el capítulo anterior y a lo largo de este libro. Más al contrario, la sentencia del Consejo Supremo de Justicia Militar (CSJM) levantó tal oleada de protestas que el propio Gobierno se vio obligado a recurrir al Tribunal Supremo. De los 33 procesados, todos participantes en el asalto al Congreso o responsables últimos de la salida de los tanques en Valencia, el CSJM absolvió a once, nada menos que al 33,3 por ciento de los acusados. El Tribunal Supremo, aún sin acceder a las peticiones del fiscal, elevó las condenas y absolvió finalmente a tres procesados, los citados José Luis Cortina Prieto, Juan Batista González y Francisco Ignacio Román. De estos tres hablaremos en primer lugar.

El 23-F, José Luis Cortina Prieto era, como se sabe, el jefe de la Agrupación Operativa de Medios Especiales del CESID (AOME), algunos de cuyos miembros brindaron apoyo técnico a los golpistas, como el capitán Vicente Gómez Iglesias, finalmente condenado por la intentona. Tras aquellos sucesos, Cortina fue apartado de la AOME y luego procesado. Hijo de un comisario de Policía, su padre falleció en julio de 1983 a consecuencia de un incendio fortuito en su domicilio madrileño. Siempre se especuló con la posibilidad de que hubieran asaltado el domicilio familiar buscando documentación comprometedora.

En la primavera de 1981, en el escenario de la prisión del Servicio Geográfico del Ejército, una mujer lo ayudó a pasar el mal trago de su procesamiento: Margarita Aracil Pizarro, quien trabajaba de secretaria del director de ASEPROSA, la empresa de Antonio Cortina. Margarita comenzó a visitarlo y a llevarle revistas. El romance acabó en boda: el 9 de septiembre de 1982, pocos meses después de la sentencia del CSJM que le absolvía, ambos contrajeron matrimonio en un acto al que asistieron, entre otros, Gabriel Cisneros (entonces diputado de UCD por Soria), Carlos Argos, que estuvo con él y con Cisneros en GODSA, y el entonces teniente coronel Javier Calderón, quien fue su jefe en el CESID y a cuya dirección accedería en 1996, ya con el PP.

Tras el 23-F fue recluido en la prisión militar de Alcalá de Henares. El fiscal togado pidió para él doce años de prisión y separación del servicio. Sin embargo, fue absuelto por el CSJM por falta de pruebas (3.6.1982). La sentencia no fue recurrida.

Reincorporado al Ejército, fue destinado al Regimiento de Infantería Jaén 25, con guarnición en Barcelona (1983) y al Polígono de Experiencias de Carabanchel, donde permaneció hasta enero de 1985. Ascendido a coronel, fue destinado al Cuartel General del Ejército en el Mando de Apoyo Logístico (MASAL) y más tarde al Mando de Apoyo Logístico del Ejército (MALE). Sin embargo, estaba en el punto de mira del Gobierno socialista y fue uno de los dos militares expedientados por el Ministerio de Defensa (febrero de 1991) por negligencia que llevó a la filtración de los planes secretos «Papa Golf» y «Papa Tango» de presunta intervención de unidades del Ejército de Tierra en el conflicto del Golfo Pérsico, documentos filtrados al diario *El Mundo*.

Fue relevado de su destino en el MALE por descuido profesional (19.3.1991), como responsable de una falta grave prevista en el artículo 9 de la ley orgánica del Régimen Disciplinario de las Fuerzas Armadas, «por incumplir los deberes militares propios del destino o puesto que se desempeña, por ignorancia o negligencia», y pasó a la situación de disponible forzoso.

En su defensa salieron el Grupo Popular y el de Izquierda Unida (26.3.1991), que pidieron la comparecencia del ministro de Defensa, Narcís Serra, para explicar la sanción y por qué se le sancionaba sólo a él y a otro coronel, cuando en dicho documento se fijaba una larga lista de receptores, más de veinte unidades y centenares de personas. Además, afirmaban que la investigación de la filtración, que se encomendó al CESID, no dio resultados.

La sentencia consideraba que no se había podido probar que fuese el responsable de la filtración de los documentos, pero lo consideró «autor de una falta grave por negligencia en la custodia de secretos oficiales». El Tribunal Militar consideró, asimismo, que Cortina

no observó las previsiones contenidas en las normas e instrucciones dictadas para la protección de la documentación y material clasificado, sustituyendo las mismas por criterios subjetivos en cuanto a las medidas de seguridad en lo referente a la custodia de la documentación que le fue encomendada.

En la actualidad se encuentra en Madrid, donde mantiene abierta la empresa «I2V», una sociedad limitada constituida el 17 de marzo de 1993, con un capital social de dos millones y medio de pesetas, dedicada a estudios de mercado y en la que Cortina es administrador único. En junio de 1999, su hermano, Antonio, vendió su antigua empresa, ASEPROSA (Asesoramiento, Seguridad y Protección, SA) a Securitas Seguridad España, SA. Ha asesorado a Francisco Álvarez Casos cuando éste era vicepresidente del Gobierno.

## JUAN BATISTA GONZÁLEZ, EL POETA

Juan Batista González, nacido en 1942 en Madrid, pertenece a la tercera generación de militares del arma de Artillería. Como capitán de Estado Mayor de la División Acorazada (DAC) «Brunete 1», era jefe de la Primera Sección (áreas de personal y organización), y tuvo como jefe directo al coronel San Martín, quien también fue condenado por el 23-F.

En esa tarde-noche, tras la reunión celebrada en el cuartel general de la DAC, se trasladó, junto con una veintena de soldados armados, a la emisora de radio «La Voz de Madrid», misión que se le había encomendado por la amistad que mantenía con el jefe de programas. Allí recibió el manifiesto escrito por Antonio Tejero y Ricardo Pardo Zancada, pero el director general de la Seguridad del Estado, Francisco Laína, prohibió su difusión y Batista optó por regresar a la DAC tras escuchar el mensaje radiotelevisado del Rey.

Fue procesado por el hecho involucionista y el fiscal togado, Claver Torrente, pidió para él, en sus conclusiones provisionales, la pena de ocho años de prisión y la accesoria de separación del servicio (11.8.1981). Pero en la sentencia dictada por el CSJM (3.6.1982) fue absuelto del delito que se le imputaba y días después se presentó ante el capitán general de la I Región Militar, quedando en situación de «disponible forzoso».

Juan Batista ascendió a comandante (*Diario Oficial del Ejército* de 29.11.1982) y fue destinado a la Capitanía General de Burgos, desde la que fue responsable de la operación de ayuda militar en las inundaciones de Bilbao (agosto 1983). Ascendido a teniente coronel de Estado Mayor, ocupó destino en el Cuartel General del Ejército (Madrid).

Relacionado con los medios de comunicación, ha sido ensayista-periodista, y es autor del libro *La antítesis de la paz* (1981), en el que analiza el terrorismo y otras formas de violencia en Occidente. Ha colaborado en las revistas *Gaceta ilustrada, Reconquista, Boletín de Difusión de Artillería, El Alcázar* y en la revista *Ejército*. Como poeta, obtuvo el tercer premio en el certamen «Alforjas para la poesía» (1978) con su obra *Sobre el extenso espejo de la Tierra*.

## EL «CONSTITUCIONALISTA» FRANCISCO IGNACIO ROMÁN

Nacido en 1947, Francisco Ignacio Román ingresó en la Guardia Civil en julio de 1969, procedente de la Academia Militar. El 23-F estaba destinado, como capitán, en la Academia de Tráfico de Madrid y formó parte del núcleo de fuerzas que secundaron el asalto, aunque la misión que se le encomendó fue la de encargarse del cordón de seguridad en torno al edificio. Fue inmediatamente arrestado cuando se presentó el director general de la Guardia Civil, teniente general José Luis Aramburu Topete, y trasladado por un superior a la Dirección General del Instituto.

Ingresó en prisión preventiva en la Guarnición de Madrid y fue procesado por el juez especial bajo acusación de rebelión militar. El fiscal, en sus conclusiones provisionales, solicitó una pena de seis años de prisión y la accesoria de separación del servicio, que luego modificó por la de un año y seis meses y suspensión de empleo. El CSJM le absolvió finalmente, al no quedar suficientemente probada su implicación en los hechos.

Ascendió a comandante (1988) y fue destinado a la Subdirección General de Personal de la Guardia Civil. Más tarde ascendió a teniente coronel (1992) y a coronel (1999). Desde julio de 1999 es el coronel de Armamento de la Dirección General de la Guardia Civil.

Curiosamente, en 1991 participó como miembro de un tribunal para examinar a los aspirantes a cabo en materia de Derecho Constitucional. Posee las siguientes condecoraciones: Medalla del Sufrimiento por la Patria (1987) y la Cruz (1993), Placa (1998) y Encomienda de San Hermenegildo (1997).

Jaime Milans del Bosch nació en 1915 en Madrid, ciudad en la que falleció el 26.7.1997. Fue enterrado en la cripta del Alcázar de Toledo, instalación militar que defendió cuando comenzó la guerra civil. Estaba casado con Amparo Portolés y tenía tres hijos. De familia aristocrática y de profunda raigambre militar, se convirtió en el sexto general de la familia por vía directa: su padre fue teniente general y su abuelo, capitán general de Cataluña y jefe del cuarto militar del rey Alfonso XIII.

Pese a su participación en la intentona golpista, el general Fernando Ortiz concedió a Milans (finales 1981) la medalla de sufrimientos por la patria, hecho anulado por el Gobierno de Calvo Sotelo, que destituyó al responsable de esa concesión.

Procesado por la intentona, fue condenado, como ya se decía en el capítulo 10, a treinta años de prisión militar: los cumplió bastante cómodamente, dicen testigos presenciales. El 1 de julio de 1991, y pese a habérsele relacionado, mediante sus contactos desde la prisión, con el intento de golpe «duro» del 27 de octubre de 1982, el juez militar de vigilancia ordenó su puesta en libertad condicional por aplicación del artículo 60 del reglamento penitenciario civil al haber cumplido los 75 años de edad. Pasó los últimos años de su vida en su chalé de la urbanización madrileña de La Moraleja, alejado de cualquier tipo de actividad o pronunciamiento público.

Nunca se arrepintió de su participación en el intento de golpe de estado. En unas declaraciones a la revista *Interviú* (1985) afirmó que si se encontrara ante las mismas circunstancias volvería a actuar igual que lo hizo, y señaló que renunciaba a pedir un indulto al Gobierno. En cambio, sí batalló para recuperar la condición de militar, pero el Tribunal Supremo ratificó en 1988 su expulsión de las Fuerzas Armadas españolas. Sus hijos Jaime y Juan mantienen abierta la empresa «Formipor, SL», constituida en febrero de 1991, con un capital social de noventa millones de pesetas y dedicada al alquiler de bienes inmuebles.

Alfonso Armada, Marqués de Santa de Cruz de Rivadulla, nació en 1920 en Murcia. Ingresó en el Ejército el 1.2.1937 y, tras actuar en la Guerra Civil en la División Azul, fue destinado a la Secretaría del Ministerio del Ejército. Fue profesor de Juan Carlos de Borbón durante su preparación en la Academia General Militar. En 1965 asumió la jefatura de la Secretaría del príncipe don Juan Carlos, en la que continuó tras su ascenso al trono. Fue designado profesor principal de la Escuela Superior del Ejército (1977) y posteriormente gobernador militar de Lérida y jefe de la División de Montaña Urgel número 4. El 23-F desempeñaba el cargo de segundo Jefe del Estado Mayor del Ejército.

Tras el 23-F fue procesado bajo la acusación de rebelión militar (11.3.1981), y condenado por el Consejo Supremo de Justicia Militar (3.6.1982) a seis años, mientras que la petición fiscal había sido de 30 y pérdida de empleo. Pero el Tribunal Supremo le impuso (22.4.1983) una condena de 30 años y pérdida de empleo, causando baja definitiva en el Ejército (BOE de 24.4.1983). Finalmente, el Consejo Supremo de Justicia Militar le rebajó la pena a 26 años, ocho meses y un día (1987). Indultado el 24 de diciembre de 1988. Desde su salida de la cárcel, reparte su vida entre su casa madrileña y la finca que posee en Santa Cruz de Rivadulla (Galicia), donde tiene un vivero que cuida personalmente. Es autor del libro *Al servicio de la Corona*, obra autobiográfica y autoexculpatoria, como hemos visto.

Tanto su mujer como sus hijos mantienen abierto en la actualidad un importante entramado empresarial. Francisca Díez de Rivera preside la sociedad familiar «Ardirisa, SA», constituida en febrero de 1987 y dedicada a la construcción, reparación y conservación de edificaciones, y es vicepresidenta de «Ortigueira, SL», constituida en octubre de 1988 y dedicada al comercio al por mayor de cereales, similares, plantas, abonos, sustancias fertilizantes, plaguicidas y animales vivos. Uno de sus hijos, Alfonso, es socio de «Modesto Lafuente 15, SL», constituida en diciembre de 1991, con un capital social próximo a los treinta millones de pesetas y dedicada a servicios en restaurantes.

Nacido en 1932, en Málaga, Antonio Tejero Molina fue siempre un conspirador. Y un exaltado, con una carrera llena de incidentes, como sus declaraciones públicas contra la legalización de la ikurriña o, sobre todo, la intentona que sería conocida como «Operación Galaxia». Hasta que, finalmente, hizo la pirueta final, secuestrando al poder Ejecutivo y al Legislativo el 23 de febrero de 1981.

El CSJM lo condenó a 30 años de reclusión (3.6.1982), pena confirmada por el Tribunal Supremo (22.4.1983), con la accesoria de pérdida de empleo. El Tribunal Constitucional no admitió a trámite su recurso de amparo y el BOE publicó su baja definitiva en el Ejército (24.5.1983). Cumplió pena en Alcalá de Henares (Madrid); Castillo de la Palma (El Ferrol); y Castillo de San Fernando (Figueras). Trató de presentarse a las elecciones de 1982, pero no le fue concedido el permiso. Las visitas le fueron restringidas a partir de 1986, tras la cena de confraternidad que le dispensó el coronel del Castillo de San Fernando, quien fue arrestado.

Durante ese tiempo sólo salió en dos ocasiones de la cárcel: para someterse a un reconocimiento médico (23.1.1985) y para asistir a la ordenación sacerdotal de su hijo Ramón (6.1.1989). Una asociación de mujeres de militares solicitó el indulto para él (verano 1993), petición que motivó un informe desfavorable del fiscal togado militar del Tribunal Supremo, porque consideró que el ex militar no estaba arrepentido de su participación en el frustrado golpe. El Gobierno decidió suavizar la condena y le concedió el tercer grado penitenciario. Finalmente, el juez militar de vigilancia penitenciaria puso en marcha (19.11.1996) el proceso para excarcelar a Tejero, al dictar un auto en el que reconocía al recluso cinco años y 57 días de redención de pena por trabajo. Con ese beneficio penitenciario, el ex militar cumplía ya las tres cuartas partes de la pena de 30 años a la que fue condenado y obtuvo el derecho a la excarcelación (3.12.1996). Apartado de la Guardia Civil, Tejero tan sólo percibe los derechos pasivos derivados de sus años en el Cuerpo, que no llegan a las 100.000 pesetas mensuales.

La pintura le sirvió para redimir su condena, así como donaciones de sangre y estudios (se aplicó a las matemáticas, la carrera de Geografía e Historia por la UNED y a los cursos de idiomas por cassette). Durante ese tiempo realizó más de 300 óleos de paisajes y retratos, que le fueron computados como un trabajo merecedor de varios años de remisión. Hoy, vive retirado de todo en Madrid, dedicado a la pintura. Ha llegado a declarar: «Del Rey abajo, no importa nadie».

## TORRES ROJAS: DOCE AÑOS Y MUCHOS MENOS DÍAS

Luis Torres Rojas nació en 1919 en Melilla. Ingresó en el Ejército en 1936 y la mayor parte de su carrera militar transcurrió en la Brigada de Paracaidistas de Alcalá de Henares, de la que llegó a ser comandante en jefe. Ascendido a general de división en abril de 1979, pasó a mandar la División Acorazada Número 1 Brunete (1.6.1979/enero 1980). Ante la desconfianza del Gobierno hacia su figura, fue relevado de la Brunete y nombrado Gobernador Militar en La Coruña y subinspector de tropas y servicios de la VIII Región Militar (24.1.1980), cargo desde el que participó en el intento de golpe de Estado del 23.2.1981.

Arrestado por esa intentona (26.2.1981), fue procesado bajo la acusación de rebelión militar (17.3.1981). El CSJM le condenó a seis años de reclusión por el delito consumado de conspiración para la rebelión militar (junio 1982), si bien el fiscal había pedido para él 20 años. Recurrida la sentencia, el Tribunal Supremo le condenó finalmente (22.4.1983) a 12 años de cárcel, con la accesoria de separación de servicio.

Dado de baja definitiva en el Ejército (23.5.1983), en junio de 1988, su abogado, Gerardo Quintana, solicitó la libertad condicional por razón de edad y enfermedad, la cual le fue concedida (24.11.1988) por motivos de salud, acatar la Constitución y haber cumplido la mitad de la pena a la que había sido condenado.

 José Ignacio San Martín nació en 1924 en San Sebastián. Fue profesor de la Escuela de Estado Mayor del Ejército; participó en la última campaña en el Sahara al mando del Grupo de Artillería Autopropulsada XII, y ha pertenecido a los estados mayores de la antigua División de Caballería Jarama y Acorazada Brunete número 1, de la que era jefe del Estado Mayor el 23-F. También estuvo destinado en el Alto Estado Mayor, Escuela de Estado Mayor del Ejército y Dirección General de Armamento y Material. Fue director general jefe del Servicio Central de Documentación de la Presidencia del Gobierno con el almirante Carrero Blanco (Seced, marzo 1972/19.1.1974) y director general de Tráfico, en el Ministerio de la Gobernación, con Manuel Fraga.

Como jefe de Estado Mayor de la Brunete, San Martín participó en el intento de golpe de Estado del 23.2.1981. Ahí concluyó la que sin duda prometía ser una brillante carrera castrense. Procesado por rebelión militar (13.3.1981), el CSJM le condenó a tres años, pero el Tribunal Supremo elevó la pena a 10 años de reclusión y separación definitiva del servicio (22.4.1983). Salió en libertad condicional en junio de 1986, tras haber cumplido más de las tres cuartas partes de la condena.

Vive retirado en Madrid y dedicado a las traducciones. Ha escrito dos libros: *Secreto de Estado* y *Servicio Especial*, y tiene otro escrito y no publicado. Está en posesión de diversas condecoraciones civiles y militares, como las encomiendas de las órdenes de Alfonso X El Sabio, del Yugo y las Flechas, de Cisneros y la Gran Cruz de Isabel la Católica. Es caballero de la Legión de Honor francesa. Dos de los autores, que hablaron con él largamente, constataron que no quiere «ni escuchar hablar» de aquel 23 de febrero...

Diego Ibáñez Inglés, a quien tanto se cita en este libro, como correveidile de Milans, tiene, sin embargo, poca historia tras el 23-F. Falleció el 15 de agosto de 1987 en Valencia, antes de obtener la libertad provisional. El 23-F era coronel, segundo jefe del Estado Mayor de la III Región Militar. Entusiasta de la causa golpista, es el redactor del bando emitido por Milans del Bosch, inspirado en el histórico manifiesto del general Mola redactado en Pamplona en julio de 1936. Condenado a cinco años por el CSJM, el Tribunal Supremo elevó la pena a diez años, con la accesoria de separación militar.

Por su parte, Miguel Manchado García nació en 1925. Ingresó en la Guardia Civil en 1945 y el 23-F tenía el rango de coronel, destinado en el Parque de Automovilismo de Madrid como responsable de la Unidad de Tráfico. Amigo del teniente coronel Tejero Molina, le proporcionó seis conductores para recoger los autobuses que había comprado en Fuenlabrada, con el fin de trasladar a las fuerzas hasta el Congreso de los Diputados, y arengó a la II Compañía, a los que dijo necesitar voluntarios para «prestar un servicio a España, la Corona y la democracia».

Detenido el 24.2.1981, el fiscal, en sus conclusiones provisionales (11.8.1981), pidió para Manchado una condena de 15 años de prisión por un delito de rebelión militar. Fue condenado por el CSJM a tres años y un día por un delito de «adhesión a la rebelión» (3.6.1982), pero el Tribunal Supremo aumentó la pena a ocho años e incluyó la separación del servicio (22.4.1983), que cumplió en las prisiones de Alcalá de Henares, el Castillo de la Palma (El Ferrol) y naval de Cartagena (Murcia).

Su excarcelación se produjo el 10 de diciembre de 1985, tras haber cumplido las tres cuartas partes de la condena. Tras su salida de la cárcel se dedicó a dirigir el cultivo de un huerto de limones en Murcia, herencia de la familia de su esposa. Buen dibujante, dedicó parte de su tiempo a la pintura al óleo, como Tejero.

## RICARDO PARDO, EL SUCESOR DE BLAS PIÑAR

 La historia de Ricardo Pardo Zancada es la de un ultra fanatizado, idealista, culto y perdedor nato. Intervino, como es bien sabido, de forma directa en el golpe en la madrugada del 24 de febrero, cuando se sumó con 113 hombres de la Policía Militar de la División Acorazada a la ocupación del Congreso de los Diputados y en la redacción del manifiesto de Tejero. El fiscal Claver Torrente pidió para él una pena de quince años de prisión y pérdida de empleo. La sentencia del CSJM (3.6.1982) le condenó a seis años; pero en la revisión por el Tribunal Supremo se le impusieron doce años de prisión y separación del servicio (22.4.1983).

Considerado dentro de los círculos ultraderechistas como posible líder sucesor de Blas Piñar, un grupo ultra santanderino propuso su inclusión en la candidatura de Solidaridad Española (SE, septiembre 1982) para las elecciones generales del 28.10.1982, aunque finalmente su candidatura no se formalizó. A mediados de 1985 se presentó un escrito, respaldado por 25.000 firmas, en el que se solicitaba su indulto y al que él se adhirió. Finalmente, fue puesto en libertad el 27 de septiembre de 1987. Tras su salida de la cárcel, dirigió la revista ultraderechista *Iglesia y Mundo* (desde septiembre 1988) y colaboró en la revista *MC*, del ex banquero Mario Conde (septiembre 1999), repetidamente condenado por sus irregularidades económicas al frente de Banesto.

Pardo es autor de *Las Fuerzas Armadas y su derecho a la información* (1988, escrito durante su estancia en la cárcel) y *23-F: La pieza que falta* (1998). En la actualidad, retirado, sigue tratando de ejercer tareas periodísticas, sin demasiado éxito.

Juan García Carrés, el único civil procesado y condenado por su actuación en el golpe de Estado del 23-F, se casó un año después de la intentona (el 15.2.1982 en la clínica Covesa, de Madrid, mientras estaba en prisión) con Dolores Sánchez Berber, viuda de militar y con un hijo (Luis Eugenio Togores Sánchez), que ofició de padrino junto con el abogado Arturo de Gregorio, antiguo secretario de García Carrés y el hombre que compró en nombre de Tejero los autobuses en los que se trasladaron los guardias civiles que tomaron el Congreso el 23-F.

Procesado por la intentona golpista, el fiscal pidió para él la pena de 12 años de prisión, pero el CSJM lo condenó a dos años, pena que fue confirmada por el Tribunal Supremo. Su líder fue, sin duda, José Antonio Girón de Velasco «el león de Fuengirola», de quien había sido uno de sus hombres más importantes durante el franquismo. Poco después de su puesta en libertad, falleció en Madrid tras una enfermedad como resultas de la cual hubieron de amputarle una pierna.

## CAMILO MENÉNDEZ, EL CONSUEGRO

El capitán de Navío Camilo Menéndez Vives, nacido en 1921 y fallecido en 1994, era sobrino del que fuera ministro del Ejército durante el régimen franquista (1964-1969), Camilo Menéndez Tolosa. Camilo Menéndez no conocía de antemano la operación de asalto del Congreso, pero, una vez que se enteró de ella por la radio, decidió unirse a Tejero como acto de solidaridad.

Menéndez Vives, que entonces estaba destinado en la Dirección de Construcciones Navales Militares, fue el jefe de mayor graduación de los que entraron en el Parlamento, hecho por el que ingresó en prisión (24.2.1981), cesando (1.5.1981) en la Escala de Mar y pasando a la Escala de Tierra, con lo cual dejó de ejercer el mando sobre unidades. Procesado (18.3.1981), fue condenado por auxilio a la rebelión militar por el CSJM (3.6.1982) a suspensión de empleo y un año de prisión, tiempo que cumplió durante la instrucción del sumario y la celebración de la vista. El Tribunal Supremo confirmó la sentencia en abril de 1983. Solicitó el pase a la reserva activa (julio 1982) y poco después pasó a la situación de retirado (noviembre 1981). En ese intervalo sufrió una nueva sanción (15.10.1982) por participar en un mitin de Fuerza Nueva en Madrid. Era consuegro del líder de Fuerza Nueva, Blas Piñar, al estar su hijo Camilo casado con Esperanza Piñar.

## LOS QUE SALIERON CON PARDO

De entre los oficiales del Ejército y la Guardia Civil que participaron en el 23-F, Francisco García Dusmet, Capitán del Estado Mayor de la División Acorazada Brunete, fue el encargado de difundir por la emisora «La Voz de Madrid» el manifiesto de los rebeldes, propósito que no consiguió. El fiscal pidió para él cinco años de prisión, pero el CSJM le condenó a dos, sentencia que sería ratificada por el Tribunal Supremo. Tras cumplir su condena, se reincorporó al Ejército, siendo destinado a la Agrupación de Encuadramiento número 7 de Gijón. Poco después pasó a la reserva transitoria. Vive retirado en Madrid.

Carlos Álvarez-Arenas Pardina, capitán del Estado Mayor de la División Acorazada Brunete, donde mandaba la Compañía de Destinos, acudió el 23-F a las órdenes del comandante Pardo Zancada al Congreso de los Diputados. El fiscal pidió para él seis años de prisión, pero el CSJM le condenó a tres años, sentencia que fue ratificada por el Tribunal Supremo. Tras cumplir condena, se reincorporó al Ejército, ocupando el mismo cargo que tenía en la Brunete. Posteriormente, en 1992 fue destinado a los Parques y Talleres de la IV Región Militar. Más tarde se dedicó a la actividad empresarial, en la que ha sido administrador de las empresas «Infocarto, SA», constituida en 1987, con un capital social de diecinueve millones de pesetas y dedicada a actividades relacionadas con la informática, y de «Archidata, SL», constituida en 1994, con un capital de cuatro millones de pesetas y dedicada a la explotación electrónica por cuenta de terceros.

José Ignacio Cid Fortea, capitán del Estado Mayor de la División Acorazada Brunete, destinado en la Caja de la División, también acudió el 23-F a las órdenes del comandante Pardo Zancada al Congreso de los Diputados. El fiscal pidió para él cinco años de prisión, pero el CSJM le condenó a dos años, sentencia que fue ratificada por el Tribunal Supremo. Tras cumplir su condena, se reincorporó al Ejército, siendo destinado a la jefatura de Intendencia de la VII Región Militar (Valladolid). Ascendió más tarde a comandante y fue destinado al Mando Superior de Apoyo Logístico (MASAL). Posteriormente, y dentro de la empresa privada, figura como administrador de la empresa «Ibemaq, SA», constituida en febrero de 1989, con un capital social de veinte millones de pesetas y dedicada al alquiler de maquinaria y equipo de construcción.

José Pascual Gálvez, igualmente capitán de Estado Mayor de la División Acorazada Brunete, donde mandaba la Compañía del Cuartel General. El fiscal pidió para él seis años de prisión, pero el CSJM le condenó a tres años, sentencia que fue ratificada por el Tribunal Supremo. Pertenecía a la escala de complemento con grado de capitán, y no se le renovó el contrato. Luego, se le perdió la pista.

Francisco Acera Martín, nacido en 1938, ingresó en 1961 en la Guardia Civil. Durante el 23-F era capitán y estaba destinado en la Comandancia 421-A (Tarragona), pero ese día se encontraba en Madrid, asistiendo a un cursillo de ascenso a comandante. Se sumó voluntariamente al asalto al Congreso y leyó en el hemiciclo el manifiesto del capitán general de Valencia, Jaime Milans del Bosch. Fue testigo de la conversación mantenida entre el ex teniente coronel golpista Antonio Tejero y el general Aramburu. Procesado por rebelión militar por el juez instructor Díaz de Aguilar en marzo de 1981, el fiscal pidió 8 años de prisión y la separación del servicio. Defendido por *Dimas Sánz López*, el CSJM lo condenó a 2 años de prisión por el delito consumado de «rebelión militar», por lo que no fue expulsado del Ejército, sentencia aumentada a 3 años con la accesoria de suspensión de empleo por el Tribunal Supremo (abril 1983).

Puesto en libertad precisamente el 23 de febrero de 1983, se reincorporó a la Guardia Civil y fue destinado a la Compañía «Almazán», de Soria, donde fue arrestado en julio de 1984 durante ocho días por publicar unos versos en *El Alcázar* dedicados al ex teniente coronel Antonio Tejero. Pese a todo, ascendió a Comandante (1984) y a teniente coronel (1996). Estuvo destinado en Personal de Castilla y León (1984-1990) y en la Plana Mayor en Salamanca (1990-1996). Pasó a la reserva en abril de 1996. Pese a su condena por golpismo, posee la Cruz de San Hermenegildo (1989). En 1984 apoyó abiertamente la fundación de las Juntas Españolas (JJ.EE.), una organización ultraderechista surgida del Frente Nacional y liderada en sus inicios por el abogado madrileño Juan Peligro y por Jorge Cutillas.

Juan Pérez de la Lastra Tormo nació en 1940 en Lucena (Córdoba). Ingresó en 1963 en la Guardia Civil. En el asalto al Congreso estaba destinado como capitán en el Subsector de Tráfico de Madrid y se sumó al contingente asaltante. Fue informado de la operación por el coronel Miguel Manchado a primeras horas de la tarde del día 23 y estuvo toda la noche en el Hotel Palace, negándose a cooperar con el director general del Cuerpo, Aramburu Topete. Procesado por rebelión militar en marzo de 1981, el CSJM lo condenó a dos años de prisión, pena aumentada a tres años y suspensión de empleo por el Tribunal Supremo en abril de 1982. Tras su salida de la cárcel, pudo seguir su carrera en la Guardia Civil: ascendió a comandante (1985), teniente coronel (1990), cargo con el que se le destinó a la Sudirección General de Personal de la Guardia Civil, en Valdemoro, para controlar las hojas de servicio de los miembros del Cuerpo, y finalmente a coronel (1996).

Pasó a la reserva en febrero de 1998 y se dedicó a la empresa privada. En este sentido es consejero delegado de la empresa «Alfival, SA», constituida en julio de 1989, con un capital social de diez millones de pesetas, dedicada a la promoción inmobiliaria y con domicilio social en Valdemoro (Madrid). La empresa está presidida por Encarnación Alguacil y Pérez de la Lastra comparte el cargo de consejero delegado con María Escribano.

Pese a haber sido condenado por golpismo, posee las siguientes condecoraciones: Cruz de San Hermenegildo (1989), Encomienda de San Hermenegildo (1990) y Placa de San Hermenegildo (1994).

Carlos Lázaro Corthay nació en 1941. Ingresó en la Guardia Civil en 1958. Estando destinado en la Academia de Tráfico de Madrid como capitán, participó en el asalto al Congreso, prestando sus servicios en el botiquín del Palacio de la Carrera de San Jerónimo. El CSJM le condenó a dos años de prisión, pena que se le aumentó a tres años y suspensión de empleo por el Tribunal Supremo en abril de 1983. Una vez cumplida la sentencia, ascendió a comandante, siendo destinado a Monforte de Lemos (Lugo); a teniente coronel, con destino en la Policía Judicial de la Guardia Civil, y a coronel, grado con el que pasó a la reserva en 1999.

Enrique Bobis nació en 1939. Ingresó en la Guardia Civil en 1960. Cuando se produjo el asalto al Congreso de los Diputados, estaba destinado en la Academia de Tráfico de Madrid con el grado de capitán. Fue informado por Tejero, a primeras horas de la tarde del día 23, de lo que se proyectaba. Permaneció en los jardines exteriores del Congreso. El fiscal pidió para él seis años de reclusión y la separación del servicio. El CSJM le condenó a dos años de prisión, pena que fue aumentada por el Tribunal Supremo a tres años, con la accesoria de suspensión de empleo.

De regreso al Cuerpo, ascendió a comandante (1985), estando destinado en Zamora; a teniente coronel (1990), prestando servicios en la sección de personal de la Agrupación de Tráfico de la Guardia Civil de Madrid, y a coronel (julio 1996), grado con el que se retiró. Pese a ese retiro, el director general del Cuerpo, Santiago López Valdivieso, lo nombró, en septiembre de 1997, enlace con el Ministerio de Medio Ambiente, un puesto burocrático y de carácter voluntario. La publicación de esta información motivó un escándalo político que obligó a la revocación del nombramiento. Pese a su trayectoria, le fue concedida la Cruz de San Hermenegildo (1990) y obtuvo dos felicitaciones individuales (3.9.1992 y 5.11.1992).

JOSÉ LUIS ABAD: CARRERA EMPRESARIAL

José Luis Abad Gutiérrez nació en 1943. Ingresó en la Guardia Civil en 1963. El 23-F era capitán y jefe del Subsector de Tráfico de Madrid. Su intervención en la rebelión fue la de reclutar fuerzas de la Agrupación de Tráfico, las primeras en entrar en el Congreso de los Diputados. Dentro de la Cámara, junto con Tejero, se dirigió a la centralita para hablar con Milans del Bosch y franqueó el paso al general Armada cuando éste le dio la consigna «duque de Ahumada». El CSJM le condenó a tres años y un día, pena que fue aumentada por el Tribunal Supremo a cinco años y separación del servicio, razón por la que causó baja en el Cuerpo el 25 de abril de 1983. Salió en libertad condicional el 29 de junio de 1984, tras haber cumplido las tres cuartas partes de su condena.

Vinculado al Opus Dei, fue el único de los capitanes asaltantes del Congreso que perdió su condición de militar por la intentona golpista. Se integró en la vida civil como abogado, ejerciendo, primero, en un consulting jurídico en una empresa de seguros de Madrid. A lo largo de estos años ha sido secretario de «Grupo de Técnicos Consultores, SA», constituida en marzo de 1981, con un capital de sesenta millones de pesetas y dedicada a la construcción, reparación y conservación de edificaciones; Administrador de «Tiempo Urbano, SA», constituida en octubre de 1988 y dedicada a servicios técnicos de arquitectura y urbanismo; apoderado de «Carbescis, SA», constituida en diciembre de 1996, con un capital de diez millones de pesetas y dedicada a la promoción inmobiliaria, y administrador de «Abad Gutiérrez, SL», constituida en octubre de 1982, con un capital de cuatro millones de pesetas y dedicada a la construcción y montaje de vehículos.

## JESÚS MUÑECAS, EL CABALLISTA

Jesús Muñecas Aguilar nació en 1939. Ingresó en la Guardia Civil en 1961. Fue acusado de torturar a una mujer en Tolosa cuando estuvo allí destinado. Ya en Madrid, fue el principal potenciador de un Servicio de Información dentro de la Agrupación de Tráfico de la Guardia Civil. Cuando se produjo el 23-F era capitán en el Escuadrón de la I Comandancia Móvil de Valdemoro, encargado de acudir al Congreso con un autobús en el que viajaban un par de tenientes, algunos suboficiales y una veintena de números. Más tarde, fue quien intentó desarmar al general Alcalá Galiano cuando éste, siguiendo órdenes del teniente general José Gabeiras, trató de detener a Tejero.

Jugó un papel relevante en la intentona golpista al ser el primero que se dirigió a los miembros de la Cámara para comunicarles la «próxima» llegada de la «autoridad, militar, por supuesto». Se ocupó de dirigir el grupo armado que tuvo a su cargo la vigilancia de las puertas del Parlamento y del acompañamiento de los diputados a los servicios del local. Abandonó el Congreso con todos los demás ocupantes una vez aceptadas las condiciones de entrega.

Procesado por rebelión militar, el fiscal pidió 8 años de reclusión y separación del servicio. El CSJM le condenó a 3 años y seis meses por delito consumado de rebelión militar, pero el Tribunal Supremo rebajó la pena a 5 años, con la accesoria de separación del servicio. Causó baja en la Guardia Civil el 25 de mayo de 1983.

Salió en libertad en octubre de 1984, tras cumplir las tres cuartas partes de la condena y obtener setenta y cuatro días de reducción por trabajos realizados y por haber sido donante de sangre. Gran aficionado a los caballos, cuando abandonó la cárcel se dedicó a dar clases de equitación en un picadero cercano al Hipódromo madrileño de La Zarzuela. Años después abrió una escuela de equitación propia en los alrededores de Valdemoro, para lo que contó con la inestimable ayuda de su amigo Pedro Montalvo, propietario de «Montefor, SL», empresa constituida en diciembre de 1985, con un capital social de un millón de pesetas, dedicada a la industria del mueble de madera y de la que el propio Muñecas ha sido administrador.

## GÓMEZ IGLESIAS, EL HOMBRE DE SEGURIDAD

Vicente Gómez Iglesias nació en 1946. Ingresó en la Guardia Civil en 1965. Tenía la graduación de capitán cuando intervino en el intento de golpe de Estado y estaba destinado en la Unidad Operativa de Misiones Especiales del Centro Superior de Información de la Defensa (CESID), bajo las órdenes del comandante José Luis Cortina Prieto. Según la sentencia del juicio de Campamento, Gómez Iglesias ayudó en la coordinación por radioteléfono de la llegada al Congreso de las distintas unidades: subsector de Tráfico, Academia de Tráfico, Segunda Compañía del Parque de Automóviles y Escuadrón Móvil de la Guardia Civil. El fiscal pidió para él seis años de prisión y separación del servicio. El CSJM le condenó a tres años por un delito consumado de auxilio a la rebelión militar, pena que el

Tribunal Supremo aumentó a seis años, con la accesoria de separación del servicio. Causó baja en el Cuerpo el 25 de mayo de 1983.

Fue el primer involucrado en los hechos involucionistas al que se le concedió el indulto, medida a la que accedió tras la declaración expresa de acatamiento a la Constitución y demás normas legales. Salió en libertad el 24 de diciembre de 1984. Gracias a la mediación de Armada consiguió, en Barcelona, trabajó como jefe de seguridad de una empresa. Gómez Iglesias ha sido apoderado de «Segurcat, SA», constituida en noviembre de 1987, con un capital social de ciento setenta y seis millones de pesetas y dedicada a servicios de custodia, seguridad y protección.

## Los que siguen en la Benemérita

Pedro Izquierdo Sánchez nació en 1952. Ingresó en 1974 en la Guardia Civil, procedente de la Academia Militar. El 23-F era teniente y estaba destinado en la Sección de Coches del Subsector de Tráfico de Madrid. Fue uno de los oficiales que acompañaron al capitán José Luis Abad al hemiciclo, hechos por los que el juez instructor Díaz de Aguilar dictó auto de procesamiento contra él bajo la acusación de rebelión militar. El fiscal togado, Claver Torrente, pidió cuatro años de prisión y la pena accesoria de separación del servicio. Su primer abogado defensor fue Justo Maestre Aznar, quién renunció a la defensa (septiembre de 1981) por estar en desacuerdo con la línea de algunos de los letrados, siendo sustituido por Julio Ortiz Ortiz. El CSJM le absolvió al aplicársele la eximente de obediencia debida; sin embargo, en la revisión de la Causa fue condenado a un año de prisión por el Tribunal Supremo.

Reincorporado al servicio tras cumplir su condena, ascendió a capitán (1983), a comandante (1990) y a teniente coronel (1999). Ha estado destinado en el Subsector de Tráfico de la Guardia Civil en Cáceres (hasta 1990); en la Escuela de Adiestramiento en Madrid (hasta 1997); en la Escuela de Adiestramiento de Perros (hasta 1999), y en el Servicio Aéreo (voluntario desde noviembre de 1999). Posee un Distintivo por Participación en Misiones Internacionales, concedido el 20 de marzo del 2000. Pasa a la reserva este año.

César Álvarez Fernández nació en 1954. Ingresó en la Guardia Civil en 1975, procedente de la Academia Militar. Cuando se produjo el golpe era teniente y estaba destinado en la I Comandancia Móvil de Valdemoro (Madrid). Fue uno de los oficiales que acompañaron al capitán Muñecas desde Valdemoro hasta el Congreso de los Diputados. Durante el trayecto fue informado de la operación. En el hemiciclo se encargó de mantener el orden. Defendido por Guillermo Salva Paradela, el fiscal pidió la pena de cinco años de reclusión y separación del servicio. Fue absuelto por el CSJM al aplicarle la eximente de obediencia debida, pero el Tribunal Supremo, en la revisión de todos los casos, le condenó a un año de prisión y suspensión de empleo.

Una vez cumplida la condena, se reincorporó al servicio, siendo ascendido a capitán (1983), a comandante (1990) y a teniente coronel (1999). Ha cubierto destinos en la Comandancia de Burgos (1990-1991); en la Sección de Apoyo Logístico del País Vasco (voluntario, 1991-1999) y en la Plana Mayor de la Zona del País Vasco (voluntario desde noviembre de 1999).

... Y MÁS ASCENDIDOS

José Núñez Ruano nació en 1931. Ingresó en la escala básica de la Guardia Civil en 1949. El 23-F era teniente destinado en la Academia de Tráfico de Madrid. Tomó parte en el asalto al Congreso, del que fue informado a las cinco de la tarde del mismo día 23. Una vez iniciado el asalto, se negó a obedecer las órdenes del director general de la Guardia Civil, Aramburu Topete, para que los guardias civiles volvieran a los autobuses, alegando que debía obedecer a sus jefes naturales. Fue absuelto por el Consejo Supremo de Justicia Militar, también por serle aplicada la eximente de obediencia debida a sus superiores. Pero el Tribunal Supremo le condenó a un año de prisión y suspensión de empleo.

Continuó en la Guardia Civil, ascendió a capitán y estuvo destinado en Canarias y en la 112 Compañía de Madrid-Exterior. Retirado desde 1996. Pese a su participación en la intentona golpista, posee las siguientes condecoraciones: Cruz de San Hermenegildo (1990), Placa de San Hermenegildo (1992), y Encomienda de San Hermenegildo (1994).

Procedente de la escala básica de la Guardia Civil, Vicente Ramos Rueda era teniente en el 23-F. Participó en la intentona golpista, por lo que fue procesado. El fiscal pidió para él tres años de prisión, pero el CSJM le absolvió. En la revisión de la Causa por el Tribunal Supremo, fue condenado a dos años de prisión, como al resto de los tenientes de la Guardia Civil involucrados en el golpe. Tras cumplir condena, regresó al Cuerpo, en el que ascendió a capitán, grado con el que se retiró en abril de 1995. A Ramos también se le concedieron las mismas condecoraciones que a Núñez Ruano y a otros: Cruz de San Hermenegildo (1991), Placa de San Hermenegildo (1993), y Encomienda de San Hermenegildo (1994).

Jesús Alonso Hernáiz nació en 1952. Ingresó en la Guardia Civil en 1973, procedente de la Academia Militar. El 23-F era teniente destinado en el Escuadrón de Caballería de Valdemoro (Madrid). Al mando del capitán Muñecas fue uno de los guardias que asaltó el Congreso. Se enteró de las razones de la operación en el trayecto a las Cortes. Dentro del recinto parlamentario se ocupó de la vigilancia de Felipe González, Gutiérrez Mellado, Alfonso Guerra, Rodríguez Sahagún y Santiago Carrillo. Como en los dos casos anteriores, fue absuelto por el Consejo Supremo de Justicia Militar, pero el tribunal Supremo le condenó a un año de prisión y suspensión de empleo en abril de 1983.

Tras cumplir pena, continuó en el servicio, fue ascendido a capitán, a comandante y a teniente coronel (el 8 de septiembre del 2000, por elección). Ha estado destinado en el servicio de Estadística de la Dirección General de la Guardia Civil de Segovia y en el Servicio de Información de la Guardia Civil.

## Manuel Boza Carrasco

El de Manuel Boza Carrasco es un caso similar a los anteriores. Nació en 1935. Ingresó en la Guardia Civil en 1957. Cuando se produjo el intento de golpe de Estado, estaba destinado en Tráfico con el grado de teniente. Acompañó al capitán Abad en su asalto al Congreso de los Diputados y fue uno de los que interceptó al teniente general Gutiérrez Mellado cuando éste se levantó de su escaño. El fiscal togado pidió la pena de cuatro años de prisión y separación del servicio, pero el CSJM lo absolvió, al aplicarle la ya citada eximente de obediencia debida a sus superiores. Finalmente, en la revisión de la Causa, el Tribunal Supremo le condenó a un año de prisión y suspensión de empleo por el delito de rebelión militar.

Tras cumplir pena, continuó en el servicio, en el que fue ascendido a capitán, grado con el que pasó a la reserva en 1991. Estuvo destinado como jefe de Línea de la Guardia Civil en Escombreras (Murcia) y en la compañía de Talleres del Parque Automovilístico de Madrid. Posee las siguientes condecoraciones, concedidas todas después de los hechos por los que fue juzgado: Cruz al Mérito de la Guardia Civil con Distintivo Blanco (1991); Real Orden de San Hermenegildo (1991); Placa de San Hermenegildo (1993), y Encomienda de San Hermenegildo (1994).

Santiago Vecino Núñez nació en 1936 y falleció el 13 de junio de 1983. Ingresó en la escala básica de la Guardia Civil en 1957. El 23-F era teniente y se sumó al golpe de Tejero. Como en los otros casos ya vistos, fue absuelto por el Consejo de justicia Militar y condenado a un año por el Supremo.

Vicente Carricondo Sánchez, el más joven de los procesados, nació en 1955. Ingresó en la Guardia Civil en 1974. El 23-F era teniente, destinado en la Comandancia Móvil de Valdemoro, donde estaba bajo las órdenes del capitán Jesús Muñecas, quien le captó para el asalto y le informó de las razones de la operación durante el trayecto hacia el Congreso. El Tribunal Supremo, finalmente, lo condenó a un año de prisión y suspensión de empleo. Continuó luego en la Guardia Civil, donde ascendió a capitán y a comandante. Ha estado destinado en la Dirección General (1987-1993) y en la Intervención Central de Armas y Explosivos (1993-2000). Posee la Cruz al Mérito de la Guardia Civil con Distintivo Blanco y la Medalla de Paz de Marruecos (8.2.1999).

# Anexo 1

## Panorámica de las operaciones en marcha (noviembre de 1980)

(Este documento, cuyo origen es el CESID, fue difundido, en su momento, a las más altas autoridades del país).

Las que aquí se enumeran y describen acaso no sean las únicas que existen; menos aún todas las posibles, pues nos tememos que estas últimas pudieran ser casi infinitas dado el clima de anarquía y el desbarajuste sociopolítico existentes, y no hay razón alguna para pretender saber que no haya más operaciones en marcha.

La panorámica total que intentaremos describir la dividiremos en tres espacios: (A) Operaciones civiles; (B) Operaciones militares; (C) Operaciones de ámbito cívico-militar. Además de las descripciones, aportaremos también un juicio de valor respecto a la viabilidad respectiva.

Una última aclaración previa: el denominador común de todas las que intentaremos describir es el deseo de derribar a Suárez y —desde las respectivas ideologías y estrategias— reconducir la situación actual de España a otros parámetros subjetivamente más propicios. (Lo de «subjetivamente» es una calificación nuestra, pues, evidentemente, todos creen que su operación es «objetivamente» lo único válido). En esta operación no se incluye ninguna operación que Suárez y su equipo más íntimo pudiera tener entre manos para consolidar su situación como, por ejemplo, una convocatoria adelantada de elecciones y el posible pacto para soporte electoral.

## (A) OPERACIONES CIVILES

### De ideología democristiana
Protagonizada por Herrero de Miñón, José Luis Álvarez, acaso por Landelino Lavilla y otros. Excluyen de ella a Fernández Ordóñez y esperan contar con el «grupo azul» de UCD y con los llamados «hombres del Presidente», bastantes de ellos del Opus Dei, si bien considerando a ambos grupos como «compañeros de viaje». Su estrategia piensan replantearla a partir de los resultados del próximo Congreso de UCD y esperan contar con amplios apoyos del estamento confesional dado el cambio de rumbo emprendido por S.S. Juan Pablo II con respecto a España. No parecen haber hecho suficientes gestiones como para asegurarse apoyos exteriores a UCD a fin de completar la minoría que perderían al excluir al sector de Fernández Ordóñez. (No tendrían más campos a gestionar que los catalanes, vascos, andalucistas y algunos del grupo mixto, como por ejemplo la minoría aragonesa y navarra. Parece ser que tampoco desearían contar con Fraga y su grupo.)

### Viabilidad atribuible
Se conceden escasas posibilidades al intento democristiano, por sí mismos, por las siguientes razones:
- No es probable que dominen el Congreso de UCD como para preparar la base y el respaldo de la maniobra.
- Se sabe con plena seguridad que el Vaticano no apoyaría a la democracia cristiana española, hasta tanto no se reconstruyan como partido y esto no lo juzgan posible antes de 4 ó 6 años como mínimo. (Por supuesto, después de las elecciones de 1983.)
- Serían difíciles además de costosos en compromisos los apoyos periféricos antes descritos.

No obstante, si el PSOE no pudiera sacar adelante sus propios proyectos (que después describiremos), y dado que no quiere gobernar como partido con plena responsabilidad antes de 1983, acaso podría pactar —con esa UCD descabezada de Suárez— su apoyo indirecto o su abstención permanentes, lo que sería altamente comprometedor para los «conspiradores». Tampoco se puede excluir la posibilidad de un gobierno mixto de democristianos, socialistas y «periféricos» con mayoría ucedista. Por supuesto sin Suárez y sin «azules». Probablemente sería lo más rentable para el PSOE, si éste no apareciese con una participación destacada, y si esa participación la presentase como motivada por «patriotismo» y por «salvar la democracia». Un postulante de esta variante es Pío Cabanillas.

Una nota muy importante a destacar de tal grupo democristiano de UCD es su marcadísimo «interés informativo» sobre el proyecto cívico-militar que después abordaremos.

### De ideología mixta

La denominamos así por no encontrar otra expresión mejor pero, en cualquier caso, llamamos la atención del lector para que no la confunda con la operación de planteamiento mixto cívico-militar que describiremos al final de todo este informe.

La operación que a continuación explicamos tiene las siguientes características:

* El principal promotor de ella es Rodolfo Martín Villa y su grupo integrado en UCD.
* Desarrolla gestiones para incorporar en un futuro Gobierno de composición mixta al PSOE y a Alianza Popular. (Corresponde a los democristianos con su misma moneda.)
* El citado Gobierno estaría presidido por Fraga, al que esperan «quemar» por el plan antiterrorista que éste aplicaría en el País Vasco, sin lugar a dudas. Seguidamente, tras pacificarlo y ser «quemado» Fraga, Martín Villa ocuparía la Presidencia en vísperas de las elecciones de 1983 (!!).
* No se conoce la actitud del PSOE a este respecto, aunque se sabe que los contactos de hombres de su directiva con los del grupo Martín Villa han sido frecuentes.

### Viabilidad

Se considera muy escasa por no atribuirle apoyos institucionales de ningún tipo. (Su credibilidad es nula en cuanto a su promotor en el seno de las FAS, así como en el mundo financiero y en el público en general).

### De ideología socialista

Se conocen dos operaciones o proyectos de operaciones propias. Al mismo tiempo, se conoce su «interés informativo» respecto a la operación mixta que al final describiremos.

## Operación núm. 1

Ésta sería estrictamente civil y consistiría en lo siguiente:

• Moción de censura en enero o febrero.
• Pacto previo con fuerte grupo disidente de UCD. (No excluyen ninguno.)
• Abstención benevolente y pactada del PCE que, oficialmente, quedaría fuera de pacto. (No obstante, esperan la reacción que le plantearían los comunistas tanto en el Parlamento como en la calle, lo cual les serviría de coartada para forzar las concesiones de sus aliados.)

### Viabilidad

Muy escasa y no por falta de posibilidades reales de llevar a cabo la maniobra —porque el PSOE es consciente de su falta de cuadros y de preparación como para abordar el acceso al poder con responsabilidad mayoritaria. El PSOE no quiere tal cosa ahora (a lo sumo en 1983), aunque muchos de su directiva quieran experimentar ahora mismo los goces del poder. Esta aparente contradicción podría intentar subsanarla el PSOE mediante la variante de maniobra, pero proyectada por ellos, no por algún sector de UCD que hemos descrito en el punto anterior referido a los democristianos. Tal variante (que creemos es a la que se refieren cuando hablan de Gobierno de coalición), tiene muy grandes posibilidades de materializarse, salvo que Suárez dominase totalmente el Congreso de UCD.

### Operación núm. 2

Esta operación sería eminentemente civil pero con complemento militar, matiz éste que no pasaría más allá de lo decorativo. La maniobra sería un remedo de la vulgarmente denominada «Operación De Gaulle», equívoco en el que no pocos periódicos han caído, confundiendo a ambas, aunque alguno lo tergiversase intencionadamente. Consistiría en lo siguiente:

• Moción de censura en Enero o Febrero.
• Pacto previo con un fuerte grupo disidente de UCD, con algunas exclusiones.
• Igual actitud con el PCE.
• Presidencia del Gobierno detentada por un General del Ejército de talante liberal, a ser posible progresista y con el visto bueno de la Corona (Gutiérrez Mellado, Sáenz de San-

tamaría, Díez Alegría, etc.) Con esta medida piensan ofrecer un antídoto al temor «golpista», que les obsesiona.

## Viabilidad

Este proyecto gozaría de una credibilidad casi total si se diesen estas dos condiciones:

- Que lograsen el reclutamiento de un general de estas características.
- Que la Corona otorgase sus «bendiciones». Esta condición es particularmente importante pues sin ella –ni aun teniendo un General propicio a secundar el proyecto– ningún militar accedería al puesto que le ofreciesen los «conjurados». Por los nombres que se barajan, no se cree que el Rey diera su visto bueno.

El PSOE solamente ensayaría esta maniobra cuando tuviese seguridad total en un próximo golpe militar puro. Si no viesen este temor como muy fundado preferirían, siempre, la variante de la «Operación núm. 1» que ya hemos descrito.

### De ideología liberal

Estaría protagonizada por Antonio Garrigues, el conocido financiero y asesor de multinacionales.

Se sabe con toda certeza que anda en cuestiones exclusivamente informativas –pues de no mediar algo imprevisto– no piensa dar el paso adelante hasta mediados de 1982 o a lo sumo poco antes. La operación adolece, como para ser planteada de inmediato, del grave inconveniente de no contar con fuerzas parlamentarias propias en cuantía mínima suficiente como para ensayar su iniciación.

Es casi seguro que el PSOE no le daría su plácet y otro tanto pasaría con la mayoría de UCD si ensayase su operación ahora mismo. La estrategia de Garrigues parte de la necesidad de crear su propio grupo político con vistas a las elecciones de 1983. (Si éstas se adelantasen es posible que decidiera su «pirueta», pero ni aún esto es seguro.) Con el embrión de tal grupo se daría a conocer –si para entonces hubiera captado la financiación que ahora no posee– y promovería una gran campaña previa a las elecciones, pero esta campaña tendría un único objeto: insertarse fuertemente en el seno de UCD con vistas a las elecciones de 1983 y desplazar desde dentro a los otros líderes. Otra cosa no es previsible, pese a que una prensa interesada o desinformada quiera hacer creer lo contrario. En resumen, su viabilidad es prácticamente nula, pues nula es su realidad intencional u operativa, de momento al menos.

## (B) OPERACIONES MILITARES

Se conocen tres esbozos de operación militar. Por supuesto, no se tienen excesivos detalles sobre ellas, y menos aún los nombres de sus promotores principales, pero sí que se poseen suficientes datos como para esbozar al menos sus líneas más generales. Según la información a nuestro alcance serían las siguientes:
- B-1.- Operación de «los Tenientes Generales».
- B-2.- Operación denominada de «los coroneles».
- B-3.- Operación «espontáneos». (Otros la denominan de otra forma más chusca.)

## 1. OPERACIÓN DE LOS TENIENTES GENERALES

Al parecer no ha tenido hasta ahora ninguna concreción. Se sabe de contactos frecuentes por parte de grupitos de Capitanes Generales y Tenientes Generales que al parecer no han pasado de una revisión crítica de la situación. Últimamente parece que han decidido un mayor protagonismo por obra y gracia de la intervención de dos personajes:

*a)* Un General (o varios), en situación «B», de gran y brillante historial, con capacidad personal de arrastre.

*b)* Un político (Manuel Fraga), que al parecer ha logrado convocar a un buen grupo de ellos para un encuentro en algún lugar de la costa levantina. (Al parecer, embarcados.)

### Viabilidad
Paradójicamente, puede no tener absolutamente ninguna o tener toda probabilidad. Nos explicaremos: si la situación sigue deteriorándose a un ritmo lento y no hubiera una grave crisis incidental de replanteo rápido, NO habría ninguna probabilidad de que interviniesen. Si, por el contrario, el deterioro fuese en crecimiento geométrico o surgiese una muy grave crisis nacional —de surgimiento fulminante— su intervención sería más que pro-

bable. Tal intervención sería de forma «Institucional» y mediante el decimonónico «pronunciamiento», si bien colectivo. No
habría presencia militar en la calle probablemente, pero las estructuras políticas formales se resquebrajarían casi fulminantemente. La dimisión de Suárez sería instantánea (por supuesto, en
el caso de que hubiese unanimidad militar, pues de lo contrario
intentaría enfrentar y a cambio medrar) y el Rey operaría consti-
tucionalmente (si le daban opción para ello).

En toda operación militar en el campo político es imprescindible una cobertura «partidista» para los militares, y a falta de
ello tiene que existir, al menos, un líder civil como referencia.
Evidentemente, en el caso que nos ocupa, no hay tal partido importante que «cubra las apariencias», razón por la que Fraga estaría intentando ser esa figura de referencia, pues los altos mandos
militares de hoy son alérgicos al protagonismo tipo «Pinochet o
Videla».

## 2. OPERACIÓN DE LOS CORONELES

Se denomina así porque la inmensa mayoría de los que la pro-
mueven tienen ese empleo o parecido. La operación se distingue
por las siguientes características:

• Son fríos, racionales y metódicos.
• No operan con prisas, pues entienden que la situación, si
bien va a llevar a un progresivo deterioro, éste no alcanzará
su punto irreversible antes de 1 1/2 ó 2 años, salvo que se
plantease una crisis económica fulminante por provocada.
• Su estrategia es ésta: las FAS no pueden intervenir sin des-
prestigiarse salvo que el pueblo, ante el desastre de la situación, «las llamase». Por ello estudian fría y objetivamente
la situación, analizan las coordenadas del descenso del Régimen y el tiempo que otros pierden en «conspiraciones de
café» y enfados colectivos lo emplean en contactar con sus
iguales de grado, estructurar a fondo la operación y resolver
–al menos en lo teórico– las incidencias que probablemente se presentarán en el momento de tomar el poder.
• Se sabe que su número aumenta, pero no a costa de la calidad humana y profesional del conjunto. Se sabe igualmente que ésta es excelente.

- Tanta meticulosidad –a contrapelo del típico carácter español– al parecer les lleva a veces a caer en ingenuidades como tener permanentemente actualizada una lista de posibles ministros, directores generales, etc.
- Entienden que no sólo UCD ha de «quemarse», sino también su alternativa, el PSOE, para que se den las condiciones objetivas óptimas para un cambio de régimen con protagonismo militar. (A tal respecto, si llega a estar en su mano, no dudarán en alentar un gobierno de coalición UCD-PSOE a fin de que éste se «quemase» también de aquí a 1983).
- No les preocupan –más bien al contrario– las leyes y disposiciones que se anuncian sobre reducción drástica de edades en los distintos empleos militares. Saben con toda certeza que ello, de llevarse a efecto, les situaría automáticamente en la cumbre militar en un plazo aproximado de un año. (Se rumorea que ésta es la razón por la que Fraga pretende rebajar aún más los límites de edad propuestos por el Gobierno pues –se dice igualmente– el citado líder de la derecha está también en relación con estos grupos conspiradores).
- No tienen convencimiento monárquico de ninguna clase y por ello piensan más en una «república tipo presidencialista» con tintes muy nacionalistas. Admiten la existencia de los partidos políticos, pero muy matizadamente definidos en la nueva Constitución que promoverían de llegar al poder. Su mentalidad social es avanzada, rayando en un socialismo muy nacionalista y nada marxista.
- Hay una grave cuestión que les preocupa: la no existencia de un partido o movimiento político coincidente con sus tesis y su estrategia. No aceptan como tal a ninguno de los partidos o grupos englobados en la denominación «Fuerzas Nacionales», aunque a alguno de ellos le profesen simpatía por su honradez, valor y españolismo, pero están seguros que de ellos no vendría directamente lo que les gustaría existiese a este respecto.

## Viabilidad del proyecto

Si la situación se desarrolla según los pronósticos de los promotores de la operación, y si su organización y preparación corren parejas, no hay duda de que su acción sería imparable. Sin embargo, su incidencia inmediata parece muy escasa, a menos que conectasen su organización –que parece buena– a cualquier intento militar o mixto de implantación más inmediata. En caso de que así fuese, no hay duda que a la larga impondrían sus tesis y estilo.

## 3. OPERACIÓN DE LOS «ESPONTÁNEOS»

Este intento tuvo al parecer un amago en la famosa «Operación Galaxia», que posiblemente fuese abortada en sus mismos inicios. Tal vez por esas experiencias han variado su planteamiento en profundidad, si bien no parecen haber desterrado su táctica predilecta. Las características de esta operación serían las siguientes:

- Piensan que hoy por hoy es imposible lograr un «consenso» militar unánime (a todos los niveles y estructuras militares), para llevar a cabo un golpe de Estado. (Al menos en un plazo breve, en el cual se impedirían ciertos hechos políticos de dificilísima corrección posterior.)
- No obstante lo anterior, están convencidos de que si «alguien» (un sector o un núcleo militar pequeño pero suficiente) plantease el hecho del golpe –con audacia y precisión–, el resto de las FAS se sumarían a él o al menos no lo impedirían mediante la fuerza.

Por las razones anteriores, han replanteado su acción con la técnica del «golpe de mano», casi como una «acción de comando». Consideran suficiente disponer de unas cuantas pequeñas unidades (algunas compañías tipo «COE» o tipo «GEO», alguna Bandera Paracaidista, algún Batallón de Carros –éstos más para impresionar que para otra cosa– otras unidades más y la complicidad de algunas unidades de Policía Nacional o de Guardia Civil a fin de que no cumpliesen –o retrasasen el cumplimiento– de las órdenes que sin duda recibirían estas fuerzas de ir contra los conspiradores), para poder ejecutar su plan.

- De contar con tales medios, procederían a dar el golpe en los puntos vitales: palacio de La Moncloa; ministerios más decisorios; centros de comunicación más importantes; sedes de los partidos marxistas y centrales sindicales más cualificadas; domicilios de sus líderes, etc. La violencia del golpe sería total, no excluyéndose ejecuciones fulminantes si encontrasen resistencia o negativas a la dimisión.

- La acción se extendería no sólo a Madrid, sino también a las capitales más importantes, con preferencia las que hoy padecen exaltación nacionalista.
- Respecto al Rey, al parecer no han definido completamente su actitud salvo el impedir su huida de España, cuestión que pensarían bloquear totalmente. Igual actitud suscribirían respecto a Ministros y personajes importantes. Se llega a proponer por algunos incluso el subordinar la existencia o no de la Corona y la vida de su titular a la aceptación o no del hecho consumado.
- A partir de esta «acción de comando» no tienen programación alguna: se pondrían a las órdenes de los mandos militares contrastados, los cuales darían la forma definitiva del golpe militar total. Ello, parece indicar, presupone que la clase política (en el poder o la marxista en la oposición, es decir, su alternativa) habría sido eliminada totalmente o al menos en sus cuadros decisorios.
- Hay indicios de que intentan conectar esta operación con la de los «coroneles». En caso de lograrlo, no hay duda de que se mezclaría raciocinio y audacia, lo cual sería una mezcla explosiva.
- Se estima, no obstante, que los «espontáneos» contarían con la rapidísima colaboración de los militantes de Fuerza Nueva, tanto para «labores de calle», como para otro tipo de «acciones concertadas». Asimismo, contarían con numerosos núcleos dispersos, a escala local, de la estructura orgánica de la Guardia Civil.

Viabilidad del intento

Hay serios temores de que el hecho pueda ejecutarse; respecto al triunfo de esta acción, no hay tantas evidencias. Si el intento sería en sí gravísimo, más grave sería aún —en sus consecuencias— que se pusiera en práctica y fracasase o triunfase a medias, pues ello supondría las siguientes derivaciones:

- Fractura gravísima en la unidad de las FAS y peligro de auténtica guerra civil.
- Depuración a fondo, desquites y venganzas sangrientas contra los cuadros militares. El fracaso acarrearía la im-

plantación de un auténtico período revolucionario de signo decididamente marxista aunque siguiera UCD en el poder.

Si existiese este plan real y efectivamente estructurado, su puesta en ejecución podría activarse fulminantemente con un simple hecho terrorista de signo espectacular. Acaso –nos atrevemos a pensar– se esté aguardando a un hecho así.

## (C) OPERACIONES DE ÁMBITO MIXTO CÍVICO-MILITAR

Aunque el título va en plural, no se conoce más que una con este planteamiento. Sus características son éstas:

• Está promovida por un grupo mixto, compuesto por un lado de civiles sin militancia política pero con experiencia en tal campo y, por otro lado, por un grupo de generales en activo, de brillantes historiales y con capacidad de arrastre.

• Su mecanismo de implantación sería formalmente constitucional, aunque tal formalidad no pasaría, en su intención, de cubrir las apariencias legales mínimas para evitar la calificación de «golpismo».

• La operación se plantearía así:

– Mediante operaciones concéntricas de procedencia varia (medios financieros, eclesiásticos, estructuras militares, sectores de partidos políticos parlamentarios, personalidades, etc.), se forzaría la dimisión de Suárez. Se considera como muy poco conveniente la presentación de una moción de censura.

– Al final de este proceso se haría necesaria la discreta intervención de la Corona para rematar y asegurar la citada dimisión. El Rey, seguidamente, pondría en marcha los mecanismos constitucionales al respecto.

– Se considera imprescindible los mayoritarios apoyos de UCD y PSOE –a niveles parlamentarios– para asegurar la mayoría precisa en el momento de la investidura.

– El Presidente del Gobierno sería un general con respaldo, pero no protagonismo público, del resto de la estructura militar.

– El Gobierno estaría formado al menos en su 50 por 100 por civiles y algún que otro militar. Estos civiles serían independientes, no adscritos a ningún partido, y de reconocida solvencia personal. El resto lo compondrían civiles, pero propuestos por UCD, PSOE y CD. El Ejército se reservaría el derecho de veto —sobre las personas de esas procedencias— en la formación del Gobierno.

- El Gobierno así configurado tendría como mandato el resto de la presente legislatura. Se configuraría como un «Gobierno de Gestión» o de «Salvación Nacional» y se impondría el siguiente programa: reforma constitucional; reordenación drástica de la legislación y estructura regionales; nueva Ley Electoral con recorte de atribuciones a los partidos; un plan de saneamiento económico; nueva Ley Sindical; nueva Ley de Orden Público y campaña de erradicación del terrorismo; nuevo enfoque a la política exterior; etc., etc. Al final de su mandato —que pretende desarrollarlo sin excesivas trabas parlamentarias— disolvería las Cámaras y convocaría elecciones generales.

- En cuanto a la colaboración de los partidos actuales, la entienden como obligada e insoslayable, por lo cual no podrían prescindir de su concurso salvo que aparecieran como «golpistas». Sin embargo, no se hacen ilusiones en cuanto a la fiabilidad de ciertas colaboraciones. Su proyecto, a este respecto, una vez alcanzado el Poder, sería el siguiente:

- Presionar a UCD y AP, desgajados de sus sectores «progresistas», para que constituyesen un único partido de derecha nacional.

- Presionar al PSOE para que haga su «congreso antimarxista» y se transforme en un partido socialdemócrata adecuado.

- Presionar y estimular a las denominadas «Fuerzas Nacionales» para que alcancen su unidad desde una nueva fundación política, sin los efectos que hoy las distinguen pero con el patriotismo del que han hecho gala siempre. Estimularlas para que sean el «tercer gran partido», nacional y social, de síntesis, que pueda llegar a ser un árbitro o factor de corrección operativo de las otras tendencias.

- Erradicar legalmente y de hecho al comunismo.

- Legislar para impedir la existencia de la mayor parte de los partidos regionales y de todos los de ideología nacionalista.
- Para lograr la aquiescencia de los actuales UCD y PSOE a todo este programa no se esgrimirán más que dos únicas razones:
- Una, que la situación nacional es tal que exige un plan así configurado, por lo cual apelan al buen sentido y al patriotismo de sus líderes.
- Otra, que de no avenirse de grado no quedaría más alternativa que la fuerza. Fuerza Militar, por supuesto, en la que no cabrían ya matizaciones entre las operaciones de esta procedencia antes descrita y la que se está exponiendo.
- Para evitar la «dispersión de esfuerzos» entre las operaciones de origen militar antes descritas y para anular la peligrosidad de algunas, se piensa como necesario coordinarse en ellas para los siguientes fines:
- Acrecentar la potencia de la presión sobre Suárez, la Corona y los partidos para que esta «Operación mixta» alcance todos sus objetivos.
- Asegurar a los promotores de las otras («generales», «coroneles» y «espontáneos») que si la «mixta» fracasase, el campo estaría libre para su intento. (En el cual encontrarían la colaboración que ellos hubieran prestado a ésta.)

### Viabilidad de esta operación

La operación lleva gastándose, al parecer, cerca de un año. Se ha profundizado en los contactos y compromisos y han mostrado su conformidad (en ocasiones muy sospechosa por lo vehemente) líderes de UCD y del PSOE. Respecto a éste, se cree fundamentamente que algunos de ellos están observando la operación y no perdiendo el contacto con los promotores en tanto ensayan sus propias operaciones. Se piensa –también fundamentamente– que sólo se acogerían e integrarían en ella, en estos casos:
- Si fracasan sus propias operaciones.
- Ante una crisis económica y de autoridad irreversible y definitiva, es decir, si las crisis económicas y de autoridad alcanzasen unos niveles de gravedad tales que ellos mismos se viesen obligados a reconocerlo públicamente.
- Ante un inminente golpe militar puro.

Como unas y otras cosas son previsibles, no se duda de tales colaboraciones en su momento. Por ello la viabilidad de la operación es muy alta y su plazo de ejecución se estima que podría culminar para antes de la primavera de 1981. (Salvo imponderables.)

Madrid, Noviembre de 1980

# ANEXO 2

## INFORME JÁUDENES

Informe encargado por el director general del CESID en funciones, Narciso de Carreras, al coronel Juan Jáudenes mes y medio después de los sucesos golpistas del 23-F. Con este informe se quería conocer la posible participación de agentes del CESID en la intentona golpista. Una vez elaborado, el documento fue remitido al Consejo Supremo de Justicia Militar, pero no se incorporó a la Causa 2/81 y aún permanece clasificado en las dependencias de los servicios secretos. Esta es la primera vez que se hace público en su totalidad.

En el informe original, los nombres que aquí aparecen venían con una clave, de tal manera que no pudiera ser descifrado nada más que por quien conociera la misma. Hemos suprimido las claves y colocado en su lugar los nombres auténticos para hacerlo comprensible por el lector.

### 1. ANTECEDENTES

Esto es un resumen de los puntos importantes de la información obtenida en relación con la posible participación de miembros de la AOME en la preparación o ejecución de los sucesos de los días 23 y 24 de febrero de 1984. Las contradicciones existentes entre las distintas versiones que se dan, presentan primero los hechos sobre los que se llega a tener certeza, relatando luego aquellos en los que existen versiones diferentes, o bien no se ha podido llegar a tener suficiente confirmación. Se incluyen las conclusiones a las que llega el informador no judicial.

Es conveniente destacar que, al haberse iniciado esta investigación poco tiempo después de que ocurrieran los hechos, existen divergencias, aunque pequeñas, especialmente en lo que se refiere a horarios, sobre todo si se tiene en cuenta que se trata de un momento de gran tensión para casi todas las personas que declaran.

Por ultimo, conviene dejar patente que la delicadeza del tema y de la Unidad investigada nos impone elaborar esta información con absoluta discreción, disminuyendo en la manera de lo posible el número de personas a las que se les pide información y, por supuesto, no tratando de conseguir pruebas documentales que hubieran provocado inquietud y probablemente se hubiera filtrado fuera de la Unidad.

## 2. HECHOS CONFIRMADOS

Parece que el viernes 20/02/84 el Capitán Segundo Jefe de la Unidad, Francisco García-Almenta, habla por teléfono con el Comandante Gilberto Marquina, Jefe del Sector del Cesid en Las Palmas, y, según parece, en la conversación comenta, entre otras cosas, «que esté atento a los próximos acontecimientos».

El Capitán Vicente Gómez Iglesias, Jefe de uno de los GOME está realizando el Curso de Tráfico en el Parque de Automóviles de la Guardia Civil, situado en la calle General Mola, y no asiste a clase el día 23 por estar en cama por un cólico nefrítico.

El día 23 entre las 10 y 11 horas García-Almenta parece que da orden a la Escuela de la AOME de que entregue al Sargento Miguel Sales, de la Plana Mayor de la AOME, al Cabo Primero Rafael Monge, Jefe de SEA, y al Guardia Segunda, también de la SEA, Moya, tres vehículos con matriculas falsas y varias radios HT, con frecuencias distintas a las de los otros GOME, porque tenían que realizar un servicio. Tal y como estaba dispuesto, sobre las 12 horas son retirados los coches de la Escuela.

Alrededor del mediodía del día 23, Vicente Gómez Iglesias recibe un aviso telefónico del Capitán de la Guardia Civil Gil

Sánchez-Valiente, buen amigo suyo, que le indica que se pase por el Parque de Automóviles de la Guardia Civil, en la calle General Mola, a las 16:30 horas. Gómez Iglesias llama al Cabo Primero de la Guardia Civil, Rafael Monge, pidiéndole que le lleve al Parque de Automóviles, cosa que cumple, dejándole en el citado lugar alrededor de las cuatro de la tarde. Gómez Iglesias va de paisano y se queda en el Parque, marchándose Monge. Gómez Iglesias está en el Parque de Automóviles hasta las 18:15 h.

Desde las 16:15 a las 16:30 h. Monge releva a Miguel Sales en un puesto de observación, quedándose con la radio de Sales por haber olvidado la suya. Sales vuelve a la Escuela para dejar el coche, marchando después al GTAC (Grupo Técnico de Apoyo y Coordinación), a donde llegó aproximadamente las 17:00 horas.

Cuando se produce el asalto al Congreso, aproximadamente a las 18:20 h., las personas interrogadas se encuentran en los lugares detallados a continuación:

- José Cortina –Jefe de la Agrupación Operativa de Medios Especiales (AOME). Se encuentra en la Escuela escuchando la radio.
- García-Almenta –Segundo Jefe del AOME. Se encuentra hablando por teléfono con el Comisario Jefe de la Brigada de Relaciones Informativas del Cesid.
- Diego Camacho –de la Plana Mayor de la AOME. Estaba en GTAC con el Sargento Rando Parra, de la Plana Mayor de la AOME, escuchando la radio.
- Rubio Luengo –Capitán de Aviación, Director de Curso de la Escuela de la AOME. Permanece en la Escuela.
- Vicente Gómez Iglesias –Jefe de un GOME. Parece que se dirigía en taxi desde el Parque de Automóviles a su domicilio, según sus propias manifestaciones.
- Juan Rando Parra –Sargento Primero, Plana Mayor de la AOME. Está escuchando la radio con Diego Camacho.
- Miguel Sales –Plana Mayor de la AOME. En GTAC realizando su trabajo.
- Rafael Monge Segura –Cabo Primero de la Guardia Civil Jefe de la SEA. Se encuentra en un coche realizando una misión oficial en la Plaza Beata María Ana de Jesús, según su propia declaración.

Tan pronto se produce el asalto al Congreso y se oye por la radio, García-Almenta se pone en contacto con José Cortina, quien ordena que se proceda a localizar los equipos que se encuentran en la calle y que se establezca un despliegue informativo.

García-Almenta pide la ayuda de los mandos que están presentes, Diego Camacho y dos técnicos, para que todos se mantengan en sus puestos de trabajo y se evite que se produzcan comentarios y criticas de ningún tipo. Casi de inmediato, Cortina llega a GTAC y adopta las primeras acciones, llamando a todo el personal de los Grupos, situación de posiciones por parte de los Grupos que se encontraban operando fuera de la Base, medidas de seguridad en GTAC y que la Escuela continúe con su rutina diaria. Después Cortina se desplaza a la Central del Cesid en Castellana, 7 en un vehículo con emisora y se quedaría allí toda la noche.

Gómez Iglesias llama a García-Almenta desde la Plaza de Las Cortes y recibe instrucciones de dirigirse a GTAC. Desde allí va en un taxi a GTAC, donde, al parecer, llega entre las 20 y las 20:30 horas y ya permanece allí toda la noche. No tenía mando, pues estaba realizando un Curso y Cortina no quiso que se hiciese cargo de nuevo esa noche [del mando]..

A Sales se le ordena que se dirija a la zona del Congreso para informar. Aparca el coche en la calle de Felipe IV, Real Academia Española, y regresa a GTAC sobre las 21:00 horas. Según la información que dio, parece que no detectó por el entorno del Congreso mas que al Comisario Jefe de la Brigada de Relaciones Informativas. Ya se quedó en GTAC hasta las 03:00 horas del día 24, que se marchó a su casa.

Rubio Luengo es llamado por Cortina para que se traslade desde la Escuela a GTAC. Busca un conductor para que le lleve, localizando al Cabo Primero Monge que estaba muy inquieto. Ambos se dirigen a GTAC. A su llegada García-Almenta encarga al Sargento Parra que lleve al Cabo Primero Monge a la SEA. A Rubio Luengo no se le encarga ninguna misión hasta las 22:00 horas, momento en el que García-Almenta le ordena que regrese a la Escuela, donde se queda hasta las 02:00 horas del 24, que se va a su domicilio.

El Cabo Primero Monge, tanto durante su estancia en la Escuela, después de producirse el Asalto al Congreso, como durante los movimientos que tuvo en coche con Rubio Luengo y con Parra, se manifiesta muy alterado y parece que da a entender haber participado en los acontecimientos, insinuando que era García-Almenta la persona que se lo había ordenado. Desde la SEA se traslada en misión informativa oficial a los alrededores del

Congreso, situándose después en el Hotel Palace, donde permanecería hasta la liberación de los Diputados. Al entregar el coche utilizado el día anterior, dijo al mecánico que destruyese las placas falsas que llevaba porque alguien le había visto cambiarlas el 23 por la mañana en la zona de El Pardo.

Entre las 23 y 24:00 horas, García-Almenta envía a Diego Camacho y a Parra a la Dirección General de la Guardia Civil para que observen lo que ocurre, pues hay noticias de que están llegando muchos vehículos con guardias de paisano. Durante el desplazamiento Parra hace ver a Diego Camacho que ha recibido unas confidencias de Monge, pero no llega a detallárselas.

En GTAC, García-Almenta parece que recibió muchas llamadas telefónicas, del Jefe del Sector de Sevilla, Colmenero; de Ramón de Meer; de Gilberto Marquina, y alguno más, todos interesándose por los acontecimientos. Meer contactó desde la Brigada Paracaidista, ya que él vivía en Alcalá de Henares, produciéndose al principio un malentendido de García-Almenta, que pensaba se trataba de otro Ramón, en concreto del Jefe de la Escuela o el del Grupo 3 de la Guardia Civil.

A las 02:30 horas Diego Camacho y el Capitán Armada se dirigen al Hotel Palace y, viendo que era fácil entrar en el Congreso, lo hacen y hablan con alguno de los asaltantes, quien les dice que el Jefe de la Conspiración era el General Armada. Vuelven a la Central a informar de lo que habían conseguido y luego se reúnen en GTAC donde cuentan lo mismo. Cuando Cortina vuelve a GTAC, el día 24, se reúne en un despacho durante una media hora con García-Almenta y Gómez Iglesias.

A las 09:00 horas del día 24, Diego Camacho dice a Cortina haber identificado en la noche del 23 al Capitán Sánchez-Valiente en el Congreso. Poco después se vuelven a reunir Cortina, García-Almenta y Gómez Iglesias. Al terminar esta reunión alrededor de las 10, Gómez Iglesias sale de GTAC, y García-Almenta comenta la posibilidad de que Gómez Iglesias entrara en el Congreso; sin embargo, a las 13:00 horas Gómez Iglesias llama a GTAC y dice que ya se encuentra en su casa.

Entre las 10 y las 11 horas del día 24 la Escuela recibe orden de García-Almenta de entregar a Sales, Monge y Moya tres coches para una misión especial. Según propia manifestación de los interesados, es para atender una misión de la Operación Míster en la Plaza de Oriente.

## 3. HECHOS NO CONFIRMADOS —CADA UNO CON DIFERENTES VERSIONES—

Todos los interrogados manifiestan no haber tenido conocimiento ni noticias sobre el asalto al Congreso, ni en lo que se refiere a actividades internas de la Unidad ni fuera de la misma. Sin embargo, en confidencias de Monge a Parra durante el trayecto que realizaron juntos en coche desde GTAC a SEA, en la tarde del día 23, le cuenta que él y Sales lo sabían desde la semana anterior por García-Almenta.

La mayor divergencia de versiones y el origen de todas las sospechas sobre una posible conexión con lo ocurrido estriba en la actuación de Monge entre las 16 y las 19:30 horas del día 23. Según García-Almenta y Monge, éste estaba desarrollando con Sales y Moya la operación Míster, consistente en el control de un individuo a partir de la Plaza de Oriente. Por razones operativas (necesidad de que la gama de frecuencias empleada fuera distinta a la usual en la Unidad) empleaban vehículos y radios de la Escuela. Desde las 16:15 Monge ha relevado a Sales y permanece en la Plaza de Oriente, hasta que se ve obligado a seguir a su objetivo, que ha tomado un taxi. Durante el seguimiento, cuando se encontraba precisamente en la Plaza Beata María Ana de Jesús y pensando ya en abandonar el seguimiento, se entera por la radio del asalto al Congreso. Interrumpe la operación y se traslada a la Plaza de Cánovas del Castillo, aparcando el vehículo junto a Iberia. Allí permanece por espacio de unos minutos y, al no poder comunicar telefónicamente con su Unidad, pese a varios intentos, regresa a la Escuela, devuelve el coche, pide al mecánico que destruya las placas que lleva y se traslada junto con Rubio Luengo a GTAC.

Hay otra versión, basada en lo que dijo Monge a varios compañeros, en la que él hacía ver una conexión de éste con una de las columnas de autobuses, el enlace con el Capitán de la Guardia Civil Muñecas y la implicación de García-Almenta. Monge no niega que estas manifestaciones fuesen posibles, pero no admite la veracidad y el detalle con el que se dice, ya que fueron producidas en un estado de ánimo y de fantasía en la tarde del día 23 ante las insistentes preguntas de sus compañeros.

Parece que tampoco hay coincidencia en las versiones sobre las placas destruidas de los tres coches utilizados por Sales, Monge y Moya. Sí hay certeza de las de Monge, pero el día 23.

No ha quedado clara la supuesta reunión de Cortina con García-Almenta, Gómez Iglesias, Sales y Monge, que menciona en su declaración Camacho, que se habría producido después de la alerta del Secretario General a Cortina. Cortina y García-Almenta la niegan de forma categórica y expresa.

Tampoco se ha podido establecer el supuesto abandono del coche de Monge en la calle Fernanflor en la tarde del día 23. Parece que lo más seguro es que no hubo abandono de ningún tipo.

## 4. DECLARACIONES

**José Cortina:**
Dice no tener ninguna noticia previa al Golpe ni en lo que se refiere a actividades internas ni externas. Se encontraba desde las 17:00 h. del día 23 en la Escuela de la AOME. Cuando se produce la entrada en el Congreso lo oyó por la radio e inmediatamente se trasladó a la Jefatura AOME, tomando las primeras medidas, llamada al personal de los Grupos y adopción de posiciones por los grupos que estaban en la calle, seguridad propia del local y que la Escuela siguiera su vida normal pero sobre aviso.

Después se desplaza a la Central del Cesid, donde permanece toda la noche. Previamente había dado una charla a las Unidades Operativas. Niega categóricamente la existencia de reuniones de mandos después de la alerta que dio el Secretario General. Dice que si hubo alguna reunión sería para otra cosa no trascendente, pero que no recuerda exactamente de qué se trataba.

Después de la alerta dada por el Secretario General, hace algunas gestiones discretas para ver si se trataba de un hecho aislado y concreto. Contactó con Jefes de Unidades para recabar información de si había algo destacable. Le contestaron negativamente.

García-Almenta, muy crítico ante la situación, contestando a una llamada del Comandante Marquina desde Canarias el viernes 20, le dijo que estuviese atento a nuevos acontecimientos, pero refiriéndose concretamente al nuevo nombramiento del Presidente del Gobierno, pero alguien que lo oyó lo malinterpretó. Permaneció todo el tiempo en el Grupo Técnico de Apoyo y Coordinación (GTAC). El día 23 por la noche atendió una llamada telefónica de Ramón Meer, que es el número uno de su promoción, pero había gente delante. Según Cortina, García-Almenta no había tenido ninguna participación previa en nada. Cortina habló con todos los Mandos de la Unidad, excepto con los del NAT (Núcleo de Apoyo Técnico), que eran Rolando y Rodríguez Calvo. Nadie hizo ninguna referencia ni proporcionó ninguna información, salvo Diego Camacho, que comentó sobre el escaso entusiasmo de acatamiento constitucional, pero sin citar ningún hecho concreto.

Gómez Iglesias estaba en el Curso de Tráfico de la Guardia Civil. Parece que en el Norte coincidió con el Teniente Coronel Tejero, con el que le unía cierta amistad. Según declara Cortina, Gómez Iglesias es un gran profesional. Desde la mañana del 23 permaneció enfermo en su casa, aquejado de un cólico nefrítico, lo que se comprobó. Dice que Gómez Iglesias recibió una llamada de Sánchez Valiente desde el Parque de Automóviles de la Guardia Civil y le pidió que se pasara por el Parque a las 16:30, por lo que Gómez Iglesias pidió a Monge que lo llevara. Gómez Iglesias iba de paisano, ya que estaba de baja médica. Monge lo dejó en la puerta del Parque y se marchó.

Gómez Iglesias, según le contó, vio de pasada a Sánchez-Valiente, que se extrañó al verlo de paisano, y le dijo que luego le vería, siendo registrada e inscrita en el registro de entrada y salida su estancia en el Parque de Automóviles. Los componentes del Curso de Tráfico no participaron en los hechos, ni siquiera a título individual.

Gómez Iglesias estuvo en el bar del Parque hasta las 18:00 h. Tomó un taxi para marcharse a casa y en el trayecto oyó por radio el asalto al Congreso, pidiendo entonces al taxista que le llevara a la Plaza de las Cortes. Desde un teléfono público llamó a la AOME y se ofreció voluntario para incorporarse. No llegó a entrar en el Congreso, incorporándose a GTAC donde estuvo toda la noche. No fue a su Grupo Operativo ya que no ejercía el mando por estar relevado al estar realizando un curso. Se marchó a su casa sobre las 09:00 h. del día 24, muy afectado por conocer a casi todos los que habían intervenido en el asalto.

Según declara Cortina, el único punto dudoso en su actuación reside en si en el parque de la Guardia Civil observó algo y luego no lo informó debidamente. Cortina le recomendó que pidiera destino y se marchara de la Agrupación.

Monge lleva a Gómez Iglesias al Parque de Automóviles de la Guardia Civil y se va hacia su misión en la Plaza de Oriente. Desde allí se mueve hacia un seguimiento a la zona de Delicias, donde parece que se entera por radio del asalto y acude a la zona del Congreso. Aparca su coche, el cual pertenecía a la Escuela, ya que éste tenía frecuencias desconocidas por ser muy antiguo y era lo necesario por razones operativas, también portaba placas falsas, y llama desde allí al Grupo Operativo y se le ordena que vuelva con el coche a GTAC, donde informa a García-Almenta. Se le indica que coja su equipo y se traslade a la zona del Congreso para informar de lo que pueda averiguar. Entró en el Congreso por orden superior para tratar de contactar como fuese con el Ministro de Defensa. Ahí, un punto oscuro en lo que Cortina dice sobre Monge, sobre los comentarios de éste en relación a que los autobuses de los Guardias que venían de Valdemoro le habían ido pisando los talones. Cortina le indicó que pidiera destino fuera de la AOME.

Según la impresión de Cortina, puede haber habido exceso de preocupación en alguno y se ha desorbitado el asunto, pudiendo haber habido comentarios, pero siempre las actuaciones adecuadas.

En pregunta sobre su relación con el General Armada, Cortina contesta que le conoce desde el año 75 cuando era Secretario de la Casa Real, época en la que Cortina iba mucho a Palacio. Después de esto sólo se ha cruzado con él felicitaciones navideñas, habiéndole visitado sólo a raíz de su nombramiento como Segundo JEME.

### García-Almenta:

Declara no tener ningún conocimiento previo del Proyecto de asalto al Congreso. Que se encontraba en GTAC con Diego Camacho y que ambos se enteran por radio. Que Monge estaba participando en la Operación Míster, con misión de observación e identificación de personas, siendo su turno de 12 a 20 horas. Usaban vehículos de la Escuela por razón de comunicaciones; es decir, frecuencias no controladas. No son los mismos vehículos que figuran en el informe de la Unidad utilizados por SEA (Sección Especial de Agentes) para ir al Congreso a informar.

García-Almenta dice llegar a GTAC a las 16:15 h. Que estuvo hablando con el Jefe de la BRI (Brigada de Relaciones Informativas, Cuerpo Superior de Policía), que le había llamado y oyó por radio el asalto al Congreso. Inmediatamente avisó a Cortina, quien le ordenó que localizara equipos y preparara un despliegue igual al que se hizo el día de la Operación Galaxia. De inmediato pidió ayuda a Diego Camacho, Rolandi y a un Técnico de la Agrupación para que se ocupase de que todo el personal se mantuviera en sus puestos de trabajo y atentos.

Con Cortina, preparan el despliegue sobre carreteras radiales, seguridad propia del personal de la Plana Mayor y SEA para que fueran a la zona del Congreso. Monge estaba haciendo un seguimiento en la zona de Legazpi con un coche de la Escuela.

Se trasladó al Congreso y desde la zona telefoneó, aunque García-Almenta no está seguro de esto último. Regresó a GTAC y volvió luego a la zona del Congreso. No pudo llegar a los alrededores del Congreso.

Durante la noche del 23-F recibió muchas llamadas: del Cacho, «Mayordomo», Meer y Marquina. La llamada de Meer la atendió él en principio, creyendo que se trataba del Jefe de la Escuela, ya que le dijeron que era Ramón.

En la madrugada del día 24 envió a Diego Camacho y a Parra a la Dirección de la Guardia Civil para enterarse de lo que ocurría.

Después ordena a Diego Camacho y a Armada (se refiere a un Capitán perteneciente a la AOME) que vayan al Congreso, donde consiguen entrar sobre las cuatro de la mañana. Según declara García-Almenta, Camacho se había insinuado anteriormente en la pretensión de ir al Congreso para entrar, pero que realmente lo que pretendía era ver a su gran amigo Luis Solana. Aseguró no recordar nada relevante de la mañana del día 24, ni tampoco sobres reuniones posteriores sobre el asunto.

### Cabo Primero Rafael Monge

Niega conocimiento previo de lo que ocurrió. Declara que el día 23 estaba en la Operación Míster que se realizaba en tres turnos de tres horas. A él le correspondía a partir de las 15:00 h. y había recibido la orden de participar en esta operación el día 23 del propio García-Almenta. Que se encontraba comiendo en su casa sobre las 13:30 h. cuando le llamó Gómez Iglesias y le pidió que le llevara al Parque Móvil de la Guardia Civil, donde llegaron aproximadamente sobre las 14:30 y 15:00 h. Esperó unos quince minutos hasta que llegó Gómez Iglesias y le dijo que se marchara, dirigiéndose a la Plaza de Oriente a cumplir su misión.

El objetivo que él atendía tomó un taxi y le siguió en el coche de servicio hasta la plaza de la Beata María Ana de Jesús, abandonando el servicio allí por oír el asalto al Congreso por radio.

Dirigiéndose hacía la plaza de Neptuno, donde aparcó el coche junto a las oficinas de Iberia, permaneciendo en la zona unos minutos. No pudo llamar a la AOME por existir bloqueo de líneas telefónicas. Se marcha a devolver el coche perteneciente a la Escuela del AOME, de donde lo había tomado, como también los equipos de radio.

Posteriormente se traslada a GTAC y se presenta a García-Almenta, a quien le informa. Recibe la orden de incorporarse a SAE, reuniese a su personal y se marchasen al Congreso para informar. Desde GTAC a SAE le llevó Parra, por ser el único que conocía esta instalación. Desde SAE se dirigió en el coche a la plaza de Neptuno. Logró entrar en el Congreso y se pudo asomar al hemiciclo de los diputados, volviéndolo a intentar entre las 21:30 y 22 h., pero ya no le fue posible. A continuación se instaló en el Hotel Palace y permaneció allí hasta que salieron los diputados, al mediodía del día 24. A las 24:00 horas le dijo García-Almenta que se retirara, pero él permaneció. De vuelta a la Escuela, dijo al mecánico que destruyese las placas que había utilizado, ya que por la mañana una persona le vio cambiándolas en la carretera de El Pardo.

Comentó en su declaración que había visto a algunos de la Escuela y después en conversación con Parra le dijo estar muy nervioso, pues le había afectado mucho haber visto a la Guardia Civil en la zona del Congreso. Que en aquel momento pensaba que la Guardia Civil estaba salvando a España y se sintió identificado con ellos, lamentando no estar en su lugar. Declaró ser incapaz de poder recordar cosas más concretas, pues en aquellos momentos de excitación no pudo fijar ideas. Dice no recordar haber dicho nada de llevar tras de sí autobuses con Guardias Civiles, ni mucho menos haber asumido protagonismo en relación con los hechos. Ante insistentes preguntas en relación con su conexión con las columnas de autobuses, negó reiteradamente haber tenido que ver nada con ellas. Negando, asimismo, conocer personalmente al Capitán Muñecas de la Guardia Civil. El día 24 asistió a una reunión con todos los mandos de la Unidad, no pudiendo asistir el 25 y los siguientes.

A Gómez Iglesias no volvió a verlo después de despedirse de él en el Parque de Automóviles de la Guardia Civil.

Se le vuelve a interrogar sobre contradicciones existentes entre su declaración anterior y la de otros. Reconoce que su llegada al Parque pudo ser más tarde de lo que dijo (14:30-15:00), como máximo 15:50 h. Dice que la retirada de los coches la realizaron él, Sales y Moya. Fueron tres coches y tres radios.

Niega que fuera la guía de la caravana de autobuses y dice no conocer al Capitán Muñecas. Reconoce que después de los hechos se pronunció en muchas cosas que le preguntaban. Dice que decía lo primero que le venía a la cabeza, muchas tonterías y fantasías. No se acuerda, pero acepta que pudo ser sobre su participación [en el asalto]. Reconoce que a su vuelta de alguna misión, que no debe revelar, algunas veces ha actuado de la misma manera. Al hablar con Rubio le dio la misma versió. Dice que no fue premeditado, sino por instinto.

Niega lo del vehículo abandonado en la calle Fernanflor. Imagina que los otros dos coches se entregaron en la Escuela al terminar los turnos. No sabe si se destruyeron las placas de los otros vehículos.

El 24 solicita nuevamente tres vehículos para la misma operación. Se le proporcionan tres diferentes al día anterior. Tampoco sabe si se destruyeron las matrículas.

Aún las continuas y distintas exhortaciones y consideraciones, sigue ratificándose continuamente sobre lo que ha declarado.

### Diego Camacho

Cuando se produce el asalto, está con Parra escuchando la radio. Dice no tener conocimiento previo de lo que iba a pasar. Colaboró con García-Almenta en organizar el despliegue de AOME, con mucha celeridad.

Declara haber detectado una cierta alegría en personal subordinado. García-Almenta pidió que todo el mundo permaneciese en su despacho sin realizar comentarios. Se recibe una llamada de Monge y García-Almenta le dice «No sé lo que ocurre, pero está claro de qué lado estamos». Aparece Gómez Iglesias y permanece en GTAC, sin incorporarse a su Unidad. Cuando llega Rubio, Luengo, al que han llamado sin saber para qué, permanece en GTAC hasta muy tarde. Entre las 23 y 24 h. García-Almenta le envía con Parra para que vea lo que ocurre, pues se tienen noticias de que están llegando muchos Guardias Civiles de paisano a la Dirección General. Ya en el coche, Parra le dice que creía que esto ya se sabía en el AOME.

De nuevo en GTAC, se reciben llamadas de la zona del Congreso anunciando que el General Armada va a entrar en el Congreso. Después llama un tal Ramón y García-Almenta le cuenta todo lo que se sabe sobre los acontecimientos. Se trataba del Teniente Coronel Ramón Meer de Rivera que llamaba desde la Brigada Paracaidista. García-Almenta dijo haberlo confundido con Ramón, el del Grupo Tres de la Guardia Civil.

Hacia las 2:30 h. con J. Armada van al Hotel Palace y, a la vista de la posibilidad de entrar por los cordones policiales, entran en el Congreso, donde hablan con varios oficiales. Allí les dicen que el Jefe de la conspiración es el General Armada. Vuelve al CESID a dar cuenta y luego al GTAC donde cuentan lo mismo. Después llega Cortina y se mete durante treinta minutos, en un despacho, con García-Almenta y Gómez Iglesias; sobre las nueve Camacho le dice a Cortina haber visto al Capitán Sánchez-Valiente dentro del Congreso. Poco después vuelven a reunirse Cortina, García-Almenta y Gómez Iglesias. A la salida de la reunión García-Almenta comenta la posibilidad de que Gómez Iglesias entrara en el Congreso. Sobre las 13:00 h. llama Gómez Iglesias y dice que ya está en su casa.

El día 25 Cortina da una vuelta por las Unidades de la AOME acompañado por Diego Camacho, pronunciando en cada una de ellas palabras en parte exculpatorias del General Armada, cosa que extraña mucho a Camacho después de lo que oyó en el Congreso y transmitió a Cortina.

El día 26, cuando estaban en clase de educación física, Parra pregunta a Camacho qué era lo que se conocía de lo que le mencionó en el coche la noche del 23. Parra cuenta que el día 23, al trasladar a Monge a SAE, éste estaba muy nervioso y le dijo que había hecho una cosa muy grave ya que el viernes 20 había habido una reunión de García-Almenta con Sales y con Monge y que les había dado instrucciones para guiar autobuses de la Guardia Civil para asaltar el Congreso y que, anteriormente, había actuado como enlace con el Capitán Muñecas de la Guardia Civil. En el Congreso se encontró con otro grupo de Guardias Civiles y con Gómez Iglesias, que ya estaba allí. Camacho le cuenta esto más tarde al Capitán Carlos Guerrero y ambos al hermano de éste, Luis Guerrero, que se lo transmite al Secretario General, Teniente Coronel Calderón, entrevistándose con él a las 20 horas de ese día.

Sobre el día 28 hay una reunión entre Cortina, García-Almenta, Gómez Iglesias, Sales y Monge. Al siguiente día Parra recibe una llamada de Cortina, que quiere verlo urgentemente, cosa que hacen a las nueve del día siguiente. La entrevista se centra en alabanza general de Parra, investigación de Cortina sobre lo que conoce Parra acerca de Monge y de la SEA, exaltación del espíritu de la AOME. La entrevista dura dos horas.

Entre tanto, se producen situaciones de gran tensión en GTAC, con amenazas indirectas y veladas a Parra por parte de García-Almenta, Sales y Moya.

Lo que sabe Rubio Luengo, según cuenta Diego Camacho, es que, con lo que dijo Parra, Monge dejó el coche en la calle Fernanflor entre los autobuses, fue a la Escuela en taxi y allí habló con Rubio Luengo. Se encontraba nervioso, ya que había estado dentro del Congreso cuando se produjeron los tiros. Desde la Escuela fue a GTAC y García-Almenta le ordenó que volviera a buscar el coche. Por la mañana habían ido a la Escuela a recoger tres vehículos y cuatro radios portátiles TB.

### Gómez Iglesias

Asegura no haber detectado ningún indicio de lo que se preparaba con anterioridad al 23. Precisamente en esos días se encontraba realizando el Curso de Tráfico en el Parque de Automóviles de la Guardia Civil. El día 23 no asistió a clase por haber tenido un cólico nefrítico la noche anterior. Sobre mediodía recibió una llamada del Capitán Sánchez Valiente de la Guardia Civil, que le pidió que fuese al Parque de Automóviles. Las clases de la mañana eran prácticas en la Casa de Campo y, por la tarde, en el Parque de Automóviles de 15:30 a 17:00. Gómez Iglesias llamó a Monge por proximidad de domicilio para que le recogiese y le llevase al Parque, de paisano porque estaba de baja médica. Una vez en el Parque se dirigió al bar donde, sobre las 16:45 h., apareció Sánchez-Valiente, que le dijo que ya veía que estaba en el Curso y medio malo, que él estaba muy liado de trabajo y que le vería luego. Gómez Iglesias subió después a una habitación de la Residencia, donde permaneció hasta las 18:15, hora en que salió del Parque, según consta en el registro de entradas y salidas.

Dice no haber apreciado nada extraño al igual que los 21 oficiales que formaban parte del Curso, ya que los acontecimientos del Parque se desarrollaron en el sótano y en el semisótano. Al salir del Parque tomó un taxi y por la radio se enteró del asalto, ordenando al taxista de que fuera hacia la Plaza de Neptuno, llamando desde allí a García-Almenta que le dijo que se incorporará a

GTAC, a donde se dirigió y permaneció toda la noche, pues al estar en el curso había entregado el mando de su Grupo.

Alrededor de las 10 h. del día 24 se fue a su casa por no encontrarse bien, donde permaneció el resto del día, incorporándose el día 25 al Curso que estaba realizando. Después de esta fecha no ha sabido nada de posibles participaciones del personal de la AOME ni tampoco de ninguna reunión de mandos.

### Parra

No había detectado nada antes del día 23.

Cuando se produce el asalto al Congreso estaba en GTAC con García-Almenta y Diego Camacho, oyendo la radio. García-Almenta ordenó que nadie se moviese de su despacho. Al atardecer llegó Monge muy excitado; después de hablar con García-Almenta pidió a Parra que le llevará a SEA. En el coche, al poco de salir, le dijo textualmente: «Si tú supieras los que ha pasado...» «pero no lo digas por favor». Contó que venía del Congreso porque había estado de contacto con el Capitán Muñecas, con el que se encontró enlazado por radio, y que los había llevado al Congreso. Las radios utilizadas eran las del servicio, pero no pudo precisar si estuvo dentro o no. Contó que las balas le habían pasado muy cerca y que allí había visto a Gómez Iglesias, que él (Monge) lo sabía desde la semana anterior por García-Almenta. Parra no estaba seguro si le dijo que desde el viernes. También lo sabía Miguel Sales y que tenía que volver al Congreso.

Parra dice que después vuelve a GTAC. Por la noche lleva a Diego Camacho a la Dirección General de la Guardia Civil y durante el trayecto le cuenta lo que escuchó de Monge. Parra dice que Cortina le llamó un domingo por la tarde, podría ser el día 1 de marzo, que quería verlo con urgencia, pero ante las dificultades de Monge lo dejaron para el lunes a las 8:30 h., ordenándole que no comentara nada con nadie. La entrevista se celebró en la cafetería Cuzco y se centró en los siguientes temas:

- Interés por la situación personal y profesional de Parra.
- Preguntas sobre problemas de seguridad.
- Petición de que Parra confiara sólo en Cortina.

Según Parra la entrevista resultó rarísima, pues en casi dos años de estancia en el AOME no había ocurrido nada semejante y mucho menos la urgencia con la que lo había convocado, ya que el contenido de la entrevista no lo justificaba. Parra quedó con la impresión de que se se trataba de una presión o chantaje, pues a partir de entonces había sido objeto de amenazas indirectas o veladas. García-Almenta habló de unas mezclas exploxivas para colocar en el coche de algún «hijo de puta» y no le dirigía la palabra. Miguel Sales tampoco le hablaba y le aconsejó en tono amenazador que se marchara de la AOME. Otro miembro del SEA le amenazó con el levantamiento de la veda algún día.

Hay un punto que le extrañó a Parra, que fue el pago a los pocos días de ésto de 42.000 pesetas, por un trabajo realizado para ASEPRO (propiedad de la familia Cortina) el verano anterior. Otras cantidades también se pagaron a los participantes en este trabajo. La extrañeza de Parra era por el tiempo transcurrido y por el hecho de que ya les habían regalado unas estaquillas de bronce dedicadas. Considera el pago como un soborno.

### Rubio Luengo

Manifiesta que en Septiembre del 80, alguien del AOME le habló de la aceptación por parte del PSOE de un eventual gobierno de transición presidido por un militar. Posteriormente le había extrañado la rígida compartimentación del SEA dentro del AOME, depende directamente de la Jefatura de Operaciones.

Entre las 10 y las 11 h del día 23 llamó García-Almenta ordenando que se dejaran dos coches con placas falsas y cuatro radios HT con frecuencia distinta al del resto de los grupos y que sobre las 12 llegaron para hacerse cargo de este material Sales, Monge y Moya.

Rubio recibe orden de Cortina de ir a GTAC sobre las 19:30 h. Cuando busca un conductor, encuentra a Monge muy nervioso («porque no dice la radio la verdad, allí ha habido tiros»), ambos se dirigen en el mismo coche a GTAC, durante el trayecto Monge repite lo mismo añadiendo «Los que están dentro son unos incompetentes y por su causa han muerto muchos de mis compañeros, y yo creía que hacía bien». Dice recordar que le dijo algo sobre su participación en lo ocurrido, algo así como «hemos llevado a las fuerzas» o «íbamos con las fuerzas». Añadió que si se supiese algo de ésto, García-Almenta lo mataría, pues él se lo había ordenado pero dejándole en la libertad de aceptar o no. Monge le comenta a Rubio que tiene el problema de que uno de los vehículos está en la zona del Congreso y que tiene que recuperarlo. Según ha sabido posteriormente por otro miembro del AOME, el coche quedó en la calle Fernanflor.

Al llegar Rubio al GTAC, García-Almenta le ordena a Parra que transporte a Monge a la SEA. A Rubio no le encarga ninguna misión, a pesar de que él se ofreció.

Sobre las 20 o 20:30 h. llega Gómez Iglesias a GTAC diciendo que ha sido Tejero, manifestando Rubio que él no lo supo hasta entonces. Gómez Iglesias está en GTAC toda la noche. En determinado momento, Cortina llama a García-Almenta desde la Central y le comunica que la División Acorazada va a moverse con sus carros. Se ordena a Carlos Guerrero que repliegue sus medios, situados entre la N-V y la N-VI. A las 22 horas García-Almenta le dice a Rubio que vuelva a la Escuela, permaneciendo allí hasta las 02:00 h.

Entre las 10 y las 11 h. del día 24 llegan a la Escuela Sales y Monge. García-Almenta llama para que se le presten unos coches para una misión y que las placas sean destruidas después, al igual que las del otro día.

Alguien comenta: «Estos mamones de caqui se han rajado». Cuando alguien le dice a Sales «vosotros que disteis el Golpe», éste contesta tajantemente: «Ese tema no se toca ni en broma». Hay indicios de que en todo esto Miguel Sales dirige a Monge. El día 25 Cortina y Diego Camacho recorren las Unidades de la AOME explicando lo ocurrido y Cortina hace una clara exculpación del General Armada.

El 2 de Marzo sobre las 13:00 h. Cortina llama a Rubio y le dice tener interés en hablar con él. Le explica estar haciendo una encuesta de actitudes entre los mandos del AOME por especial encargo del Secretario General. Pidiéndole que indique posturas que él haya conocido muy a favor o muy en contra de lo ocurrido. Rubio le indica la duda existente en muchos sobre la presencia de Sales y Monge en la zona del Congreso. Cortina dice que fue por razón de una operación que les pilló circunstancialmente en la zona.

### Miguel Sales

Niega tener indicio previo de lo que sucedió, a excepción de lo que la prensa venía anunciando.

El día 23 habló con García-Almenta sobre la Operación Míster de la que tuvo la primera noticia ese día. A las 12 horas García-Almenta les concretó la misión a Sales, Monge y Moya retirando el material, tres coches y tres radios HT de la Escuela. El servicio se montó en tres turnos por el orden de Moya, Sales,

Monge. Sales comió en su casa entre las 13:30 y 13:45 h. Relevó a Moya y estuvo en su puesto de observación entre las 15:00 y las 16:15 o 16:30, momento en el que fue relevado por Monge. Desde allí se fue a la Escuela para dejar el coche, marchando luego a GTAC, donde llegó entre las 16:45 y las 17:00 h. La radio se la tuvo que dejar a Monge que se había dejado la suya. En el momento del asalto al Congreso, Sales estaba en su puesto de trabajo en GTAC, enterándose por un compañero. Unos minutos más tarde se concentran todos en la sala de operaciones y Cortina distribuye misiones para Plan de Emergencias.

Sales recibe la misión de trasladarse a la zona del Congreso para informar. Va con un coche del GOME 1, aparcando en la calle Felipe IV. Desde allí enlazaba con el coche de mando situado junto a la Central. No se apartó apenas del coche por tener éste emisora. Poco después de las 21:00 h. recibió orden de regresar al GTAC. De personal del Cesid sólo vio en la zona al Comisario Jefe de la BRI. Permaneció en GTAC hasta las 02:30 o 03:00 de la madrugada, hora en la que se fue a su casa. Después del relevo de Monge a primera hora de la tarde, no volvió a verlo en ningún momento hasta el día siguiente.

El día 24 se reanudó la Operación Míster con los mismos coches. El primer turno se inicia sobre las 13:00 h.

Conoce que a Monge alguien le vio cambiando las placas en la zona de El Pardo y por este motivo fueron destruidas al terminar el trabajo. No tiene noticias de otras destrucciones de placas.

No ha oído comentario alguno de actuaciones de Monge el día 23, ni de él ni de otros compañeros.


5. CONCLUSIONES

De lo expuesto no puede deducirse en forma alguna ninguna participación del personal de la Unidad en la preparación o ejecución del fracasado Golpe del 23 de Febrero. En tal sentido, sólo se ha podido confirmar las manifestaciones de Monge, que desde luego existieron y que inducen con un cierto margen de duda razonable a que sea cierta la versión que él facilitó, es decir, que lo dijo en plan de chacota, ligereza impropia de un profesional de su categoría.

Ninguna prueba de implicación de Sales.

En relación con Gómez Iglesias, existen algunos puntos oscuros en lo que se ha podido conocer de su proceder. El primero es su falta de observación de lo que estaba ocurriendo en el Parque de Automóviles de la Guardia Civil entre las 16 y las 18:15 del día 23, si bien esto no es concluyente dadas las grandes dimensiones de la instalación. La otra duda corresponde al día 24, ya que desde que sale de la Unidad a las 10 se produce un plazo de tiempo demasiado largo hasta que llama a las 13 horas diciendo que ya está en su casa.

Las actuaciones de Cortina y de García-Almenta aparecen como objetivamente correctas, pues si bien algún detalle concreto puede ser opinable, no deben olvidarse las circunstancias en que se produjeron.

Conviene resaltar la fuerte situación de división interna y tensión existente entre los diversos mandos de la Agrupación. Los diferentes motivos de tensión y división existentes desde tiempo muy atrás, tales como diversidad de servicios, procedencia o cuerpos de pertenencia, celos profesionales normales, hay que añadirle ahora las discrepancias ideológicas, o también el grado de aceptación del nuevo sistema democrático, reflejo de la existente en las FAS y FFSE, más la tensión derivada de todo lo ocurrido entre los días 23 y 24 de Febrero, que se ha traducido incluso en amenazas veladas a alguno de los miembros de la Unidad.

También conviene destacar la aparente pérdida de confianza de algunos mandos de la Unidad en Cortina, cuya prueba más evidente es la tramitación irregular de su denuncia y el no confiarle claramente sus informes y sospechas en las reuniones que mantuvo con ellos a partir del 27 de Marzo.

Se estima que todo ello creó una delicada situación en la unidad, agravada por la especial naturaleza de ésta.

# Anexo 3

## Notas y telegramas del rey
## Telegrama del rey a los capitanes generales y almirantes a las 22.35 horas del 23 de febrero de 1981

«Ante situación creada por sucesos desarrollados en el Palacio del Congreso, y para evitar cualquier posible confusión, confirmo que he ordenado autoridades civiles y Junta de Jefes de Estado Mayor tomen todas las medidas necesarias para mantener orden constitucional dentro de la legalidad vigente. Cualquier medida de carácter militar que, en su caso, hubiera de tomarse deberá contar con la aprobación de la JUJEM. Ruego me confirme que retransmiten a todas las autoridades del Ejército».
Hora de recibido: 23.30.

## Texto de la intervención del rey ante las cámaras de tve a las 1.20 del 24 de febrero de 1981

«Al dirigirme a todos los españoles, con brevedad y concisión, en las circunstancias extraordinarias que en estos momentos estamos viviendo, pido a todos la mayor serenidad y confianza y les hago saber que he cursado a los Capitanes Generales de las Regiones Militares, Zonas Marítimas y Regiones Aéreas la orden siguiente:

«Ante la situación creada por los sucesos desarrollados en el Palacio del Congreso y para evitar cualquier posible confusión, confirmo que he ordenado a las Autoridades Civiles y a la Junta de Jefes de Estado Mayor que tomen todas las medidas necesarias para mantener el orden constitucional dentro de la legalidad vigente.

«Cualquier medida de carácter militar que en su caso hubiera de tomarse, deberá contar con la aprobación de la Junta de Jefes de Estado Mayor».

«La Corona, símbolo de la permanencia y unidad de la Patria no puede tolerar en forma alguna acciones o actitudes de personas que pretendan interrumpir por la fuerza el proceso democrático que la Constitución votada por el pueblo español determinó en su día a través de referéndum».

### Texto de Zarzuela al teniente general Milans del Bosch

«1. Afirmo mi rotunda decisión de mantener el orden constitucional dentro de la legalidad vigente; después de este mensaje ya no puedo volverme atrás.

2. Cualquier golpe de Estado no puede escudarse en el Rey, es contra el Rey.

3. Hoy más que nunca estoy dispuesto a cumplir el juramento de la bandera, muy conscientemente, pensando únicamente en España; te ordeno que retires todas las unidades que hayas movido.

4. Te ordeno que digas a Tejero que deponga su actitud.

5. Juro que no abdicaré la Corona ni abandonaré España; quien se subleve está dispuesto a provocar una guerra civil y será responsable de ella.

6. No dudo del amor a España de mis generales; por España primero, y por la Corona después, te ordeno que cumplas cuanto te he dicho.»

# Anexo 4

## BANDOS DE MILANS DEL BOSCH
## (BANDO DIFUNDIDO POR EL CAPITÁN GENERAL DE LA 3ª REGIÓN MILITAR EL 23 DE FEBRERO DE 1981)

Excmo. sr. d. Jaime Milans del Bosch y Ussía, teniente general del ejército y capitán general de la 3ª región militar

### Hago saber

Ante los acontecimientos que se están desarrollando en estos momentos en la Capital de España y el consiguiente vacío de poder, es mi deber garantizar el orden en la Región de mi Mando hasta tanto se reciban las correspondientes instrucciones que dicte S.M. el Rey.

En consecuencia,

### Dispongo

Artículo 1.º– Todo personal afecto a los Servicios Públicos de Interés Civil queda militarizado, con los deberes y atribuciones que marca la Ley.

Artículo 2.º– Se prohíbe el contacto con las Unidades Armadas por parte de la población civil. Dichas Unidades repelerán sin intimidación ni previo aviso todas las agresiones que puedan sufrir con la máxima energía.

Igualmente repelerán agresiones contra edificios, establecimientos, vías de comunicación y transporte, Servicios de agua, luz y electricidad, así como dependencias y almacenes de primera necesidad.

Artículo 3.º– Quedarán sometidos a la Jurisdicción Militar y tramitados por procedimientos sumarísimos todos los hechos comprendidos en el Artículo anterior, así como los delitos de rebelión, sedición y de atentado o resistencia a los Agentes de la Autoridad. Los de desacato, injuria, amenaza o menosprecio a todo el personal militar o militarizado que lleve distintivo de tal, cualquiera que lo realice, propague, incite o induzca. Igualmente los de tenencia ilícita de armas o cualquier otro objeto de agresión.

Artículo 4.º– Quedan prohibidos los *lock-outs* o huelgas. Se considerará como sedición el abandono del trabajo siendo principales responsables los dirigentes de sindicatos y asociaciones laborales.

Artículo 5.º– Quedan prohibidas todas las actividades públicas y privadas de todos los partidos políticos, prohibiéndose igualmente las reuniones superiores a cuatro personas, así como la utilización por los mismos de cualquier medio de comunicación social.

Artículo 6.º– Se establece el Toque de Queda desde las veintiuna a las siete horas, pudiendo circular únicamente dos personas como máximo durante el citado plazo de tiempo por la vía pública y pernoctando todos los grupos familiares en sus respectivos domicilios.

Artículo 7.º– Sólo podrán circular los vehículos y transportes públicos, así como los particulares debidamente autorizados. Permanecerán abiertas únicamente las Estaciones de Servicio y Suministro de Carburantes que diariamente se señalen.

Artículo 8.º– Quedan suspendidas la totalidad de las actividades públicas y privadas de todos los partidos políticos.

Artículo 9.º– Todos los Cuerpos de Seguridad del Estado se mantendrán bajo mi Autoridad.

Artículo 10.º– Igualmente asumo el poder judicial y administrativo, tanto del Ente Autonómico como de los Provinciales y Municipales.

Artículo 11.º– Estas Normas estarán en vigor el tiempo estrictamente necesario para recibir instrucciones de S.M. el Rey o de la Superioridad.

Este Bando surtirá efectos desde el momento de su publicación.

Por último, se espera la colaboración activa de todas las personas patriotas amantes del orden y de la paz, respecto a las instrucciones anteriormente expuestas.

Por todo ello termino con un fuerte:

¡VIVA EL REY!

¡VIVA POR SIEMPRE ESPAÑA!

Valencia, 23 de febrero de 1981

EL TENIENTE GENERAL

JAIME MILANS DEL BOSCH

* * *

## BANDO DEL CAPITÁN GENERAL DE LA 3ª REGIÓN MILITAR DEL 24 DE FEBRERO DE 1981, ANULANDO EL ANTERIOR

(El télex de Milans tenía su entrada en el palacio de la Zarzuela a las cinco y cuarto de la mañana. Minutos después la cinta del télex de palacio, preparada para ser perforada, y con copias, comenzó a ser enviada a todas las capitanías generales. A las seis menos cuarto de la mañana, la propia Capitanía General de Valencia hacía público el comunicado).

EXCMO. SR. D. JAIME MILANS DEL BOSCH Y USSÍA, TENIENTE GENERAL DEL EJÉRCITO Y CAPITÁN GENERAL DE LA 3ª REGIÓN MILITAR

HAGO SABER

Que recibidas instrucciones dictadas por S.M. El Rey y garantizando el orden y seguridad ciudadana en el ámbito de esta Región de mi mando,

DISPONGO

Quede sin efecto lo dispuesto en el manifiesto publicado con fecha de ayer, día 23 de Febrero del presente año, desde el momento de la difusión de este comunicado.

Quiero agradecer a todas las Autoridades, Entidades, Corporaciones, particulares y medios de comunicación social, la colaboración prestada y la comprensión de los motivos que produjeron la decisión transmitida en mi anterior comunicado.

Igualmente, ante la imposibilidad de hacerlo personal o individualmente, quiero agradecer en nombre propio y en el de esta Capitanía General cuantas adhesiones y ofrecimientos he recibido.

Al propio tiempo informo que las unidades militares seguirán adoptando el despliegue y medidas de seguridad pertinentes que les permita una pronta y eficaz actuación si fuera necesario, para garantía de la paz, orden y seguridad ciudadana.

En todo momento, la intención de este Mando ha sido y es el Servicio de España, el respeto a la Ley bajo el mando supremo de S.M. El Rey (Q.D.G.) cuya adhesión inquebrantable queda patente hoy más que nunca.

¡VIVA EL REY!
¡VIVA SIEMPRE ESPAÑA!
Valencia, 24 de Febrero de 1981
EL TENIENTE GENERAL
JAIME MILANS DEL BOSCH

## Anexo 5

### Texto del manifiesto de los ocupantes del Congreso a las 3.45 horas del 24 de febrero de 1981

(En el texto que facilitó la Agencia Europa Press se decía que el comunicado se recibió a las 4.45 de la madrugada).

«Españoles:

«Las Unidades del Ejército y de la Guardia Civil que desde ayer están ocupando el Congreso de los Diputados a las órdenes del general Milans del Bosch, Capitán General de Valencia, no tienen otro deseo que el bien de España y de su pueblo. No admiten más que un Gobierno que instaure una verdadera democracia. No admiten las Autonomías separatistas y quieren una España descentralizada, pero no rota. No admiten la impunidad de los asesinos terroristas contra los que es preciso aplicar todo el rigor de la Ley. No pueden aceptar una situación en la que el prestigio de España disminuye día a día. No admiten la inseguridad ciudadana que nos impide vivir en paz. Aceptan y respetan al Rey, al que quieren ver al frente de los destinos de la Patria, respaldado por sus Fuerzas Armadas. En suma, quieren la unidad de España, la paz, orden y seguridad.

«¡Viva España!».

# ANEXO 6

## DIMISIÓN DE SUÁREZ EL 29 DE ENERO DE 1981
### COMUNICADO OFICIAL

«La Secretaría de Estado para la Información facilita a los medios informativos el comunicado oficial correspondiente: el presidente del Gobierno, don Adolfo Suárez, ha presentado su dimisión con carácter irrevocable en el transcurso de la reunión de Gobierno celebrada a las cinco de la tarde y bajo su presidencia en el Palacio de La Moncloa. Con la dimisión de Adolfo Suárez queda abierta la vía constitucional señalada en los artículos 101 y 99 de la Constitución. En los supuestos de cese del presidente del Gobierno, se contempla en la Constitución un mecanismo previo de consulta real con los representantes designados por los grupos políticos con representación parlamentaria. Tras esta consulta, el Monarca habrá de proponer a las Cortes Generales un candidato a presidente del Gobierno, a través del presidente del Congreso de los Diputados, a los efectos de otorgarle la preceptiva confianza. El Gobierno cesante continúa en funciones hasta la toma de posesión del nuevo Gobierno».

## DIMISIÓN DE SUÁREZ EL 29 DE ENERO DE 1981
### MENSAJE DEL DIMISIONARIO EN TVE

«Hay momentos, en la vida de todo hombre, en los que se asume un especial sentido de la responsabilidad. Yo creo haberla sabido asumir dignamente durante los casi cinco años que he sido presidente del Gobierno. Hoy, sin embargo, la responsabilidad que siento me parece infinitamente mayor. Hoy tengo la responsabilidad de explicarles, desde la confianza y la legitimidad con la que me invistieron como presidente constitucional, las razones por las que presento irrevocablemente mi dimisión como presidente del Gobierno y mi decisión de dejar la presidencia de la Unión de Centro Democrático. No es una decisión fácil, pero hay encrucijadas tanto en nuestra propia vida personal como en la historia de los pueblos, en las que uno debe preguntarse, serena y objetivamente, si presta un mejor servicio a la colectividad permaneciendo en su puesto o renunciando a él. He llegado al convencimiento de que hoy, y en las actuales circunstancias, mi marcha es más beneficiosa para España que mi permanencia en la presidencia. Me voy, pues, sin que nadie me lo haya pedido, desoyendo la petición y las presiones con las que se me ha instado a permanecer en mi puesto...»

# ANEXO 7

## ESTADO MAYOR DEL EJÉRCITO DIVISIÓN DE INTELIGENCIA INSTRUCCIÓN GENERAL 2/81 ORGANIZACIÓN Y FUNCIONAMIENTO DEL SERVICIO DE INFORMACIÓN INTERIOR

Tras el intento de golpe de Estado del 23-F, el Ministerio de Defensa acometió por fin y a toda prisa una primera reorganización de los servicios de la Inteligencia Militar. La reforma estaba pendiente desde el año anterior, cuando se detectaron determinadas irregularidades en estos servicios. Así, tras el 23-F surgió la «Instrucción General 2/81», en un intento de que la inteligencia militar no volviera a verse burlada, como ocurrió con la intentona de Tejero, que no fue detectada por los servicios secretos. Los documentos que reproducimos a continuación han permanecido inéditos hasta hoy.

# ESTADO MAYOR DEL EJERCITO
## DIVISION DE INTELIGENCIA

# INSTRUCCION GENERAL 2/81

## ORGANIZACION Y FUNCIONAMIENTO DEL SERVICIO DE INFORMACION INTERIOR

Madrid, mayo de 1981

# INDICE GENERAL

I. FINALIDAD DE LA INSTRUCCION

II. EL SERVICIO DE INFORMACION INTERIOR

1. RESPONSABILIDAD DE LA ACTIVIDAD INFORMATIVA.
2. ORGANIZACION.
3. MISIONES Y COMETIDOS.
4. NORMAS DE RELACION.
5. PROTECCION DE LA INFORMACION.
6. REUNIONES TECNICAS DEL SERVICIO.
7. FORMACION TECNICA DEL PERSONAL.

III. ANEXOS

A. DESPLIEGUE.
B. PLANTILLAS.
C. RED BASICA DE INFORMACION.
D. DOCUMENTACION.
E. CLASIFICACION DEL PERSONAL Y PETICION DE ANTECE-
   DENTES.

3

SECRETO

## 1. FINALIDAD DE LA PRESENTE INSTRUCCION

Dar normas para el funcionamiento, en el campo de la INFORMACION INTERIOR Y CONTRAINFORMACION, de la Sección de Contrainformación de la División de Inteligencia, de las 2a.s. Sc.s. de EM., S-2 de las PLM.s y Oficinas y Oficiales de Información y Seguridad en Unidades, Centros y Dependencias del Ejército.

En consecuencia, quedan anuladas: la IG. 273-3, las Normas 273-3A, 273-3B, 273-3C y cuantas otras disposiciones del Servicio se opongan a la presente Instrucción.

5

SECRETO

## II. EL SERVICIO DE INFORMACION INTERIOR

## INDICE

|  |  | Pág. |
|---|---|---|
| 1. | RESPONSABILIDAD DE LA ACTIVIDAD INFORMATIVA | 9 |
| 2. | ORGANIZACION | 11 |
| 2.1. | DESPLIEGUE | 11 |
| 2.2. | PERSONAL | 11 |
| 2.2.1. | Plantillas | 11 |
| 2.2.2. | Provisión de vacantes | 12 |
| 2.3. | MEDIOS | 13 |
| 2.3.1. | Transmisiones | 13 |
| 2.3.2. | Otros medios | 13 |
| 2.4. | ESTRUCTURACION DE LOS ORGANOS | 14 |
| 3. | MISIONES Y COMETIDOS | 15 |
| 3.1. | MISIONES GENERALES | 15 |
| 3.2. | COMETIDOS DE LOS ORGANOS | 15 |
| 3.2.1. | División de Inteligencia (Sc. Contrainformación) | 16 |
| 3.2.2. | 2a.s. Sc.s. EM. Capitanías Generales | 16 |
| 3.2.3. | 2a.s. Sc.s. EM. Comandancias Generales | 18 |
| 3.2.4. | 2a.s. Sc.s. EM. y Oficinas de Información y Seguridad de Gobiernos Militares | 19 |
| 3.2.5. | Oficinas de Información y Seguridad de Comandancias Militares | 19 |
| 3.2.6. | 2a.s. Sc.s. EM. de GU,s. | 20 |
| 3.2.7. | S-2 y Oficiales de Información y Seguridad de Unidades, Centros y Dependencias | 21 |
| 3.2.8. | Oficinas y Oficiales de Información y Seguridad de Organismos y Centros del Cuartel General del Ejército | 22 |
| 3.2.9. | Oficial de Información (Profesor) de Centros de Enseñanza. | 23 |

7

SECRETO

- Son órganos auxiliares del Mando para la información:

  - La División de Inteligencia del EME.
  - Las 2a.s Sc.s de EM.
  - Las 2a.s Scs de las PLM.s de las Unidades.
  - Las Oficinas de Información y Seguridad de Gobiernos y Comandancias Militares, de Organismos del Cuartel General del Ejército y de la Escuela Superior del Ejército.
  - Los Oficiales de Información y Seguridad de Unidades, Centros y Dependencias que no cuenten con PLMM.

- Los órganos auxiliares desarrollarán su actividad informativa bajo la dependencia directa del Mando correspondiente y *solamente difundirán la información autorizada por él*, tanto en el sentido ascendente, como en el descendente y lateral.

  Cada órgano auxiliar depende también, técnicamente, del correspondiente al escalón de Mando Superior, con respecto al cual es órgano de ejecución.

- Todo órgano de dirección tiene la facultad de inspección técnica de todos los órganos subordinados del Servicio. Esta facultad la ejercerá por sí mismo o delegando en su órgano auxiliar, pero en todo caso, con conocimiento de los correspondientes órganos de dirección subordinados.

  Es imprescindible que en todos los niveles jerárquicos exista una verdadera CONCIENCIA INFORMATIVA. Cada Jefe se esforzará en fomentarla y hacerla sentir en sus subordinados, como esfuerzo común obligado en beneficio de su propio mando, del Ejército y de la Patria.

  Todo lo que no suponga colaboración decidida a la tarea informativa común puede calificarse como tibieza o desidia, cuando menos.

  Es preciso que esta CONCIENCIA INFORMATIVA tenga un carácter *activo y dinámico*, buscando y obteniendo la noticia de manera continua y sin necesidad de órdenes específicas, transmitiéndola oportunamente y con objetividad.

- Tanto las fuentes como la información que produzcan, deben mantenerse rigurosamente protegidas de toda indiscreción o divulgación fuera de los naturales destinatarios. El mantenimiento del más estricto SECRETO es obligación grave de toda persona con acceso a la información.

- La difusión de información ha de ser tanto ascendente como descendente y lateral, para que cada Mando disponga de los conocimientos necesarios para fundamentar sus decisiones:

  - Ninguna razón puede justificar el ineludible deber de informar al Mando.

10

- La limitación en la difusión descendente de información estará justificada por razones de orden superior, pero nunca cuando pueda constituir factor de decisión para los escalones subordinados.
- La difusión lateral no puede omitirse ni demorarse si se trata de información que afecte o pueda afectar a la toma de decisiones.

## 2. ORGANIZACIÓN.

### 2.1. DESPLIEGUE.

- Son órganos auxiliares de los sucesivos escalones de mando, los siguientes:

| ESCALON | ORGANOS AUXILIARES |
|---|---|
| EME. | –División de Inteligencia (Sc. de Contrainformación). |
| CAPITANIAS GENERALES | – 2as. Scs. de EM. |
| COMANDANCIAS GENERALES | – 2as. Scs. de EM. |
| GU.s | – 2as. Scs. de EM. |
| GOBIERNOS MILITARES | – 2as. Scs. de EM. |
| | – Oficinas de Información y Seguridad. |
| COMANDANCIAS MILITARES | – Oficinas de Información y Seguridad. |
| UNIDADES | – S-2 de PLM.s. |
| | – Oficiales de Información y Seguridad. |
| ORGANISMOS, CENTROS Y DEPENDENCIAS | – Oficinas de Información y Seguridad. |
| | – Oficiales de Información y Seguridad. |

- Cada uno de los órganos auxiliares es, simultáneamente, órgano de ejecución con respecto a niveles superiores del Mando correspondiente.
- En el ANEXO A, DESPLIEGUE, se concretan los órganos de información que constituyen el despliegue del Servicio de Información Interior.
- En cada Unidad y Centro se constituye además, como órgano de ejecución, la RED BASICA DE INFORMACION (ANEXO C).

### 2.2. PERSONAL.

#### 2.2.1. Plantillas.

- En ANEXO B, PLANTILLAS, figuran las fijadas para las Capitanías Generales, Comandancias Generales y determinados Gobiernos y Comandancias Militares.

11

# Anexo 8

## Cuadro resumen de las sentencias del Consejo Superior de Justicia Militar, peticiones de fiscal en casación y penas impuestas por el Tribunal Supremo a los participantes en los hechos del 23 de febrero de 1981

| Procesados | CSJM | FISCAL | TS |
|---|---|---|---|
| TG Jaime Milans del Bosch y Ussía | 30 | NO R | 30 |
| GD Alfonso Armada Comyn | 6 | 30 | 30 |
| GD Luis Torres Rojas | 6 | 20 | 12 |
| CN Camilo Menéndez Vives | 1 | 12 | 1 |
| Cor José Ignacio San Martín López | 3 | 15 | 10 |
| Cor Diego Ibáñez Inglés | 5 | 15 | 10 |
| Cor Miguel Manchado García | 3 | 12 | 8 |
| TCol Antonio Tejero Molina | 30 | NO R | 30 |
| Col Pedro Mas Oliver | 3 | 12 | 6 |
| Cte Ricardo Pardo Zancada | 6 | 15 | 12 |
| Cte José Luis Cortina Prieto | Ab | NO R | AB |
| Cap Juan Batista González | AB | NO R | AB |
| Cap Francisco Dusmet García-Figueras | 2 | 5 | 2 |
| Cap Carlos Álvarez-Arenas Pardina | 3 | 6 | 3 |
| Cap Ignacio Cid Fortea | 2 | 5 | 2 |
| Cap José Pascual Gálvez | 3 | 6 | 3 |
| Cap Francisco Acera Martín | 2 | 5 | 3 |
| Cap Juan Pérez de la Lastra Tormo | 2 | 5 | 3 |
| Cap Carlos Lázaro Corthay | 2 | 5 | 3 |
| Cap Enrique Bobis González | 2 | 5 | 3 |

| | | | |
|---|---|---|---|
| Cap José Luis Abad Gutiérrez | 3 | 7 | 5 |
| Cap Jesús Muñecas Aluilar | 3 | 7 | 5 |
| Cap Vicente Gómez Iglesias | 3 | 8 | 6 |
| Cap Francisco Ignacio Román | AB | NO R | AB |
| Tte Pedro Izquierdo Sánchez | AB | 3 | 1 |
| Tte César Álvarez Fernández | AB | 4 | 1 |
| Tte José Núñez Ruano | AB | 3 | 1 |
| Tte Vicente Ramos Rueda | AB | 3 | 2 |
| Tte Jesús Alonso Hernáiz | AB | 2 | 1 |
| Tte Manuel Boza Carranco | AB | 3 | 1 |
| Tte Santiago Vecino Núñez | AB | 3 | 1 |
| Tte Vicente Carricondo Sánchez | AB | 2 | 1 |
| Juan García Carrés | 2 | 12 | 2 |

# BIBLIOGRAFÍA

ARESPACOCHAGA, Juan de, *Carta a unos capitanes.* Madrid, 1994.

ARMADA, Alfonso, *Al servicio de la Corona*, Barcelona, Planeta, 1983.

BARBERÍA, José Luis, y PRIETO, J., *El enigma del elefante: la conspiración del 23-F*, Madrid, El País-Aguilar, 1991.

BLANCO, Juan: *23-F: Crónica fiel de un golpe anunciado*, Madrid, Editorial FN, 1995.

BUSQUETS, Julio, AGUILAR, Miguel Ángel, y PUCHE, Ignacio, *El golpe. Anatomía y claves del asalto al Congreso*, Barcelona, Ariel, 1981.

COLECTIVO DEMOCRACIA, *Los Ejércitos, más allá del golpe*, Barcelona, Planeta, 1982.

CID, Ricardo, CUADRA, Bonifacio, ESTEBAN, José Angel; JÁUREGUI, Fernando, LÓPEZ, Rosa, MARTÍNEZ, José Luis, VAN den EYNDE, Juan, *Todos al suelo*, Madrid, Punto Crítico, 1981.

CIERVA, Ricardo de la, *Episodios históricos*, 17 y 18 (1997).

FERNÁNDEZ LÓPEZ, Javier, *Diecisiete horas y media. El enigma del 23-F*, Madrid, Taurus, 2000.

FRAGA IRIBARNE, Manuel, *En busca del tiempo servido*, Barcelona, Planeta, 1987.

FUENTES GÓMEZ DE SALAZAR, Eduardo, *El pacto del capó. El testimonio clave de un militar sobre el 23-F*, Madrid, Temas de Hoy, 1994.

INFANTE, Jesús, *Opus Dei*, Barcelona, Grijalbo-Mondadori, 1996.

INIESTA CANO, Carlos, *Memorias y recuerdos*, Barcelona, Planeta, 1984.

IZQUIERDO, Antonio, *Claves para un día de febrero*, Barcelona, Planeta, 1982.

JÁUREGUI, Fernando, y MENÉNDEZ, Manuel Ángel, *Lo' que nos queda de Franco*, Madrid, Temas de Hoy, 1995.

JÁUREGUI, Fernando, CERNUDA, Pilar y BARDAVÍO, Joaquín, *Servicios secretos*, Barcelona, Plaza y Janés, 2000.

LEGUINECHE, Manuel, *El estado del golpe. El golpismo en Europa: Grecia, Italia, Turquía, Francia, Gran Bretaña, Polonia... y España*, Barcelona, Argos Vergara, 1982.

MARTÍNEZ INGLÉS, Amadeo, *La transición vigilada: del Sábado Santo rojo al 23-F*, Madrid, Temas de Hoy, 1994.

— *España indefensa*, Barcelona, Ediciones B, 1989.

MELIÁ PERICÁS, Josep, *Así cayó Adolfo Suárez*, Barcelona, Planeta, 1981.

— *La trama de los escribanos del agua*, Barcelona, Planeta, 1983.

MUNIESA, Fernando, *Los espías de madera*, Madrid, Foca, 1999.

NOURRY, Philippe, *Juan Carlos. Un rey para los republicanos*, Barcelona, Planeta, 1986.

ONETO, José, *23-F: Las claves 10 años después. La noche de Tejero*, Madrid, Tiempo, 1991.

OSORIO, Alfonso, *De orilla a orilla*, Barcelona, Plaza y Janés, 2000.

— *Trayectoria política de un ministro de la corona*, Barcelona, Planeta, 1980.

PARDO ZANCADA, Ricardo, *23-F: La pieza que falta. Testimonio de un protagonista*, Barcelona, Plaza y Janés, 1998.

PEROTE, Juan Alberto, *Confesiones de Perote. Revelaciones de un espía*, Barcelona, RBA Actual, 1999.

PLA, Juan, *La trama civil del golpe*, Barcelona, Planeta, 1982.

PREGO, Victoria, *Diccionario de la transición*, Barcelona, Plaza y Janés, 1999.

SEGURA, Santiago y MERINO, Julio, *Jaque al rey*, Barcelona, Planeta, 1983.

— *Las vísperas del 23-F*, Barcelona, Plaza y Janés, 1984.

SILVA, Pedro de, *Las Fuerzas del cambio*, Prensa Ibérica, 1996.

SORIANO, Manuel, *Sabino Fernández Campo. La sombra del Rey*, Madrid, Temas de Hoy, 1995.

URBANO, Pilar, *Con la venia: yo indagué el 23-F*, Barcelona, Plaza y Janés, 1987.

VERSTRYNGE, Jorge, *Memorias de un maldito*, Barcelona, Grijalbo, 1999.

VILALLONGA, José Luis de, *El Rey: Conversaciones con D. Juan Carlos I de España* (trad. de *Le Roi* de Manuel de Lope), Barcelona, Plaza y Janés, 1993.

VV.AA., *Cincuenta años en la vida de España*, Madrid, Información y Prensa, 1991.

VV.AA., *Historia de la Democracia, 1975-1995 veinte años de nuestra vida*, Madrid, Unidad Editorial, 1995.

VV.AA., *Memoria de la transición. Del asesinato de Carrero a la integración en Europa*, Madrid, El País-Aguilar, 1996.

# ÍNDICE GENERAL

INTRODUCCIÓN: CUATRO FRASES PARA LA HISTORIA ............ 7

1. UN PAÍS QUE ERA UN CAOS, O CASI ................................. 15
   ¿Por qué dimitió, de verdad, Adolfo Suárez? ................. 15
   La despedida de Abril ................................................... 19
   El contencioso con el general Armada ........................... 21
   No ha habido presiones militares .................................. 23

2. LA ESPAÑA DEL GOLPE ................................................. 27
   Tres conjuras, por lo menos........................................... 27
   Los golpes del CESID .................................................... 29
   El entramado de UCD ................................................... 30
   Las operaciones socialistas............................................. 32
   Los militares levantiscos, según el CESID ..................... 33
   Un militar a la Presidencia ........................................... 34
   Los informes reservados de Rodríguez Sahagún ............. 35
   Una España en crisis..................................................... 36
   El gran engaño: la legalización del PCE ......................... 38
   La ultraderecha se calienta ........................................... 41
   ¿La «Batalla de Argel»... en Victoria? ........................... 44
   Las tentativas de la democracia cristiana ....................... 46
   La alternativa no aceptada............................................. 47
   Soluciones Socialistas ................................................... 49

Inquietud en los cuarteles ................................... 52
No eran la trama civil ........................................ 53
Florecen los almendros ..................................... 54

3. LOS «ESPAÑOLES» QUE NOS DOMINARON ..................... 59
Un país de golpe en golpe ................................... 59
Un golpe cada 3,8 años ...................................... 61
La España de Galdós ......................................... 62
De Pavía a Primo de Rivera ................................. 63
Conspiraciones contra Franco .............................. 64
Quintero y el «modelo turco» ............................... 65
Golpismo a la carta: el fascio italiano ................... 66
La «operación De Gaulle» ................................... 68
Inglaterra: un lord contra Wilson ......................... 70

4. AQUELLOS GENERALES DEL 36, SUSTITUIDOS
POR LOS DE LA OTAN ..................................... 73
Milans, el insumiso ......................................... 73
El Ejército, franquista ..................................... 74
Tendencias internas ......................................... 78
Vacío democrático .......................................... 79
La ofensiva militar ......................................... 82
La conspiración permanente ................................ 84
Los ensayos del golpe ...................................... 87
El «despiste» de la II Bis .................................. 91

5. PERO ¿ES QUE HAY ALGÚN MILITAR QUE NO CONSPIRE? .... 93
El golpismo uniformado ..................................... 93
El grupo de los coroneles .................................. 94
Silva, presidenciable ....................................... 97
Carrés, Tejero y los tenientes generales .................. 99
Un golpe preparado en 48 horas ............................ 104

6. LA NOCHE DE TEJERO ...................................... 109
Un día más... y más ........................................ 109
Tejero se prepara .......................................... 111
El duro Muñecas ............................................ 113
Cassinello prepara el asalto al Congreso .................. 116
Torres Rojas, en la Brunete ................................ 119
Juste ordena media vuelta .................................. 121

Milans calienta motores ............................................. 122
Como en el siglo XIX ............................................. 124
Comienza el asalto .................................................. 126
Toque de queda en Valencia ....................................... 128
La Brunete, detenida................................................. 130
El ultra De Meer....................................................... 131

7. LA NOCHE DE LOS TRANSISTORES ....................... 135
Un sobresalto en Interior ........................................... 135
«Todos al suelo» ...................................................... 137
Etarras en el Congreso .............................................. 141
Estupor en el Estado Mayor ....................................... 142
Un gobierno de subsecretarios ..................................... 143
Tejero amenaza a Alcalá Galiano y a Aramburu............... 145
Anécdotas... y peligro............................................... 148
La «reconducción de la "reconducción"» ...................... 150
Armada va al Congreso............................................. 152
Pardo y Tejero se quitan la careta ............................... 158
La rendición total ................................................... 159

8. LA NOCHE DEL CESID............................................ 163
Demasiadas dudas.................................................... 163
Sólo un condenado .................................................. 166
Acusaciones contra Calderón....................................... 167
El «Informe Jáudenes» .............................................. 168
«Aquí nadie se entera de nada».................................... 170
Los servicios de Información, desinformados ................... 171
Las implicaciones a Cortina........................................ 172
«Ha sido el golpe de los capitanes»............................... 174
«Operación míster» .................................................. 176
Una prosa peculiar .................................................. 179
Un extraño cabo primero ........................................... 180
Una operación no muy clara ....................................... 183
Un embajador peculiar .............................................. 186
Todman y Armada, en La Rioja.................................... 189
Cortina, Todman y el Nuncio ..................................... 191

9. LA NOCHE EN LA ZARZUELA .................................. 193
Un partido de paddle frustrado.................................... 193
Dos informes ......................................................... 195

Apoyos extranjeros ............................................ 197
Un gesto afortunado ......................................... 198
Imprevisión golpista .......................................... 200
Cintas desaparecidas ......................................... 202
Acuartelar las tropas ......................................... 203
Contactos civiles ............................................... 204
Las maniobras de Alfonso Armada ................... 205
Esperando a Televisión Española ...................... 206
«Mientes como un bellaco» .............................. 207
Unas imágenes controvertidas ........................... 209
Milans se enfada con Tejero .............................. 210
La «equivocación» del Rey ................................ 212
El plan de Muñoz-Grandes ............................... 213
«Ya no puedo volverme atrás» .......................... 215
«Ése era el traidor» ........................................... 216
La noche en Televisión ..................................... 217
La Reina para el reloj ........................................ 219

10. EL JUICIO SEMIFINAL ..................................... 223
España, en cambio ............................................ 223
Una confesión del «Guti» .................................. 225
«Casi» todo sale a la luz .................................... 228
Pero ¿cuál fue el papel de Armada? ................... 231
Habla el «mudo» ............................................... 232
Verdades y mentiras .......................................... 234
La famosa lista de Gobierno .............................. 239
Las preguntas que nadie respondió .................... 243
Unas sentencias polémicas ................................ 245

11. LOS OTROS GOLPES ....................................... 247
Los dosieres olvidados de Laína ........................ 247
Una filtración policial ....................................... 250
El manifiesto de los cien ................................... 252
«Operación Cervantes»: el golpe duro de los coroneles.... 255
El «golpe de Lerma» ......................................... 261
El «caso Soteras»: tensión en el Ejército ........... 264
La Coruña, 1985: volar al Rey .......................... 265

12. ¿QUÉ FUE DE ELLOS? ..................................... 267
Un picadero en Valdemoro ............................... 267

¿Qué fue de los guardias? ......................................... 269
Los absueltos ......................................................... 270
Juan Batista González, el poeta................................. 273
El «constitucionalista» Francisco Ignacio Román ........ 274
Milans: sufrimientos por la Patria............................. 275
El «florista» Armada .............................................. 276
El conspirador-pintor Tejero Molina ......................... 277
Torres Rojas: doce años y muchos menos días ............. 278
San Martín: carrera truncada.................................... 279
Ibáñez y Manchado.................................................. 280
Ricardo Pardo, el sucesor de Blas Piñar..................... 281
García Carrés: boda en prisión ................................. 282
Camilo Menéndez, el consuegro ................................. 282
Los que salieron con Pardo ...................................... 283
El extraño caso Acera .............................................. 285
Los que llegaron a coroneles ..................................... 286
José Luis Abad: carrera empresarial........................... 287
Jesús Muñecas, el caballista ...................................... 288
Gómez Iglesias, el hombre de seguridad ..................... 289
Los que siguen en la Benemérita................................. 290
...Y más ascendidos ................................................. 291
Manuel Boza Carrasco.............................................. 293

ANEXO 1: PANORÁMICA DE LAS OPERACIONES EN MARCHA
(NOVIEMBRE DE 1980)............................................. 295

ANEXO 2: INFORME JÁUDENES.................................. 309

ANEXO 3: NOTAS Y TELEGRAMAS DEL REY. TELEGRAMAS
DEL REY A LOS CAPITANES GENERALES Y ALMIRANTES
A LAS 22.35 HORAS DEL 23 DE FEBRERO DE 1981 ............... 329

ANEXO 4: BANDOS DE MILANS DEL BOSCH (BANDO DIFUNDIDO
POR EL CAPITÁN GENERAL DE LA 3ª REGIÓN MILITAR
EL 23 DE FEBRERO DE 1981) ..................................... 331

ANEXO 5: TEXTO DEL MANIFIESTO DE LOS OCUPANTES DEL
CONGRESO A LAS 3.45 HORAS DEL 24 DE FEBRERO DE 1981 .... 335

ANEXO 6: DIMISIÓN DE SUÁREZ EL 29 DE ENERO DE 1981
COMUNICADO OFICIAL ........................................... 337

ANEXO 7: ESTADO MAYOR DEL EJÉRCITO. DIVISIÓN DE
INTELIGENCIA. INSTRUCCIÓN GENERAL 2/81. ORGANIZACIÓN Y
FUNCIONAMIENTO DEL SERVICIO DE INFORMACIÓN INTERIOR.... 339

ANEXO 8: CUADRO RESUMEN DE LAS SENTENCIAS DEL CONSEJO
SUPERIOR DE JUSTICIA MILITAR, PETICIONES DE FISCAL EN
CASACIÓN Y PENAS IMPUESTAS POR EL TRIBUNAL SUPREMO
A LOS PARTICIPANTES EN LOS HECHOS DEL 23 DE FEBRERO
DE 1981 ........................................................................ 347

BIBLIOGRAFÍA ................................................................ 349